MONOGRAPHS

universität
innsbruck

i • innsbruck university press

www.uibk.ac.at/iup

Globalisierung und Gerechtigkeit

Eine transdisziplinäre Annäherung

Alexander Eberharter
Andreas Exenberger (Hg.)

innsbruck university press
Univ.-Prof. Dr. Dr.h.c.mult. Tilmann Märk
Universität Innsbruck
Christoph-Probst-Platz, Innrain 52
A-6020 Innsbruck
www.uibk.ac.at/iup

Der Druck dieser Publikation wurde durch Zuwendungen aus den Förderungsbeiträgen der Univer-sität Innsbruck im Rahmen der „Aktion D. Swarovski & Co." und der Forschungsförderungsaktion der Fakultät für Volkswirtschaft und Statistik der Universität Innsbruck unterstützt.

Herausgeber: Alexander Eberharter, Andreas Exenberger
Verlagsredaktion: Carmen Drolshagen, Jasmine Heßler-Luger
Umschlaggestaltung: Alexander Eberharter
Lektorat: Alexander Eberharter
Satz: Alexander Eberharter und Andreas Exenberger
Herstellung: Books on Demand

ISBN: 978-3-902571-16-8

Inhaltsverzeichnis

---

* Eine ältere Version dieses Textes wurde bereits veröffentlicht in: Sandler, Willibald/Vonach, Andreas (Hg.): *Kirche: Zeichen des Heils – Stein des Anstoßes. Vorträge der vierten Innsbrucker Theologischen Sommertage 2003*. Frankfurt/M., Peter Lang, 2004, 165-191.

---

[*] Dieser Text wurde von Alexander Eberharter und Andreas Exenberger aus dem englischen Original ins Deutsche übersetzt. Die der Übersetzung zugrunde liegende Version des Texts ist unter dem Titel „The Civilizing Process of Globalization and Integration" 2007 als Nummer 16 in der Reihe „Innsbrucker Diskussionspapiere zu Weltordnung, Religion und Gewalt" erschienen (siehe http://www.uibk.ac.at/plattform-wrg/idwrg/idwrg_16.pdf).

Alexander Eberharter, Andreas Exenberger

Vorwort

„Globalisierung" und „Gerechtigkeit" – das sind die in ihrer Vielschichtigkeit und Mehrdeutigkeit nicht völlig auslotbaren Begriffe, um die sich die Beiträge dieses Sammelbandes gruppieren. Einer bestimmten wissenschaftlichen Disziplin verpflichtet oder über die Wissenschaft hinaus in konkrete Praxisfelder vorstoßend, sucht jeder Text auf eigene Weise, die Verbindungslinien freizulegen, die zwischen beiden Phänomenen hin- und herlaufen. Dabei könnte der Eindruck entstehen, dass einfach eine alte, traditionsreiche Fragestellung um einen neuen, noch jungen Aspekt erweitert wird – wenn sich nicht herausstellte, dass die Gerechtigkeit per se über eine Dimension der Globalität verfügt und sich die Globalisierung selbst weit in die Geschichte zurückverfolgen lässt.

Das vorliegende Buch ist aus einer ebenso inter- wie transdisziplinären Ringvorlesung zum Thema „Globalisierung" hervorgegangen, die im Sommersemester 2006 an der Leopold-Franzens-Universität Innsbruck stattfand. Andreas Exenberger, einer der Vortragenden, hatte sich damals an Alexander Eberharter, den Leiter der Lehrveranstaltung, mit dem Vorschlag gewandt, gemeinsam ein Buch mit den Beiträgen zur Ringvorlesung herauszugeben. Diese Idee fiel auf fruchtbaren Boden und gewann im Laufe eines Jahres nicht zuletzt dank der tatkräftigen Hilfe von Carmen Drolshagen von Innsbruck University Press die nun vorliegende Gestalt. Da ethische Dimensionen der Globalisierung bereits in der Lehrveranstaltung einen Schwerpunkt bildeten, bot es sich an, die Texte für die Publikation generell der Frage zu unterwerfen, inwieweit und in welchem Sinn Globalisierung nach Gerechtigkeit oder Gerechtigkeit nach Globalisierung verlangt. Formen und Ausmaß dieser thematischen Ausrichtung bestimmte jede(r) Autor(in) selbst.

Wie der Band hat auch die Ringvorlesung eine Vorgeschichte, und zwar eine, als deren Protagonist der Innsbrucker Arbeitskreis „Globales Lernen" in Erscheinung tritt, der ein Abkömmling eines gleichnamigen österreichweiten Arbeitskreises ist. In Kooperation mit Südwind Tirol (Verein für entwicklungspolitische Bildungs- und Öffentlichkeitsarbeit) hat dieser es sich zur Aufgabe gemacht, immer wieder nach neuen Möglichkeiten zu suchen, das öffentliche Bewusstsein für die Chancen und Gefahren der Globalisierung zu schärfen sowie den

Austausch von Wissen weltweit anzuregen. Als sich die Organisatoren des Arbeitskreises im Frühsommer 2005 zur Planung neuer Aktivitäten trafen, kam die Idee auf, durch die Gestaltung einer Ringvorlesung den bereits bestehenden Kontakt mit universitärer Forschung und Lehre gezielt neu zu beleben. Die Philosophisch-Historische Fakultät der Universität Innsbruck, insbesondere dank der Unterstützung von Margret Friedrich und Josef Zelger, zeigte sich offen für diese Initiative und erteilte Alexander Eberharter einen entsprechenden Lehrauftrag. Unter besonderer Mitwirkung von Andreas Oberprantacher und Sabine Mahlknecht gelang es, Wissenschafter(innen) verschiedener Fachrichtungen und Vertreterinnen von NGOs als Referent(inn)en für diese Ringvorlesung zu gewinnen. Eine von Südwind Tirol getragene und von Sabine Mahlknecht geleitete Workshopreihe flankierte die Lehrveranstaltung und sollte interessierten Studierenden die Möglichkeit bieten, Einblick in das gesellschaftspolitische, auf globale Themen ausgerichtete Engagement von in Tirol ansässigen NGOs zu bekommen.

Unser besonderer Dank gebührt den Autor(inn)en, die sich der Herausforderung gestellt haben, ihre Beiträge zunächst zur Ringvorlesung und dann zum Sammelband in ein transdisziplinäres Umfeld einzubetten. Als wir mit unserem Plan zu einer Publikation hausierten, fanden sich fast alle Vortragenden dazu bereit, die im Zuge der Vorlesungsreihe entstandenen grenzüberschreitenden Kontakte durch die Mitwirkung am Buch noch weiter zu vertiefen. Es wäre erfreulich, wenn auch zukünftigen Ringvorlesungen, trotz der infolge sich verengender Studienarchitekturen schwieriger werdenden Zeiten, ein so nachhaltiger Erfolg beschieden wäre.

Innsbruck im Juli 2007

Alexander Eberharter, Andreas Exenberger

Einleitung

Die Leitthemen dieses Sammelbandes, „Globalisierung" und „Gerechtigkeit", sind beide – wenn auch mehr für sich als in Kombination miteinander – bereits Gegenstand zahlloser Untersuchungen gewesen. Die Fülle des diesbezüglich vorliegenden Materials kann also in der Einleitung nicht einmal gestreift werden und die genannten Autor(inn)en können nur als Beispiele für viele gelten. Es gibt auch bereits ein Buch mit dem Titel „Globalisierung und Gerechtigkeit"[1], das freilich aus einer Schweizer Perspektive geschrieben ist und eher eine Materialiensammlung für den Schulunterricht darstellt. Davon wollen wir uns abheben und eine Form wissenschaftlicher Auseinandersetzung suchen, die sich dem doppelten Thema auf vielen verschiedenen Wegen annähert. Durchmisst man das Forschungsfeld der Globalisierung, so fällt auf, dass die explizite Hinwendung zum Problem der Gerechtigkeit überwiegend unterbleibt. Daher macht es insbesondere die Zusammenführung beider Fragestellungen nötig, die ausgetretenen streng disziplinären Pfade zu verlassen, denen der von Wirtschafts-, Sozial- und Kulturwissenschafter(inne)n dominierte Globalisierungsdiskurs gerne folgt, und sich auch – bei aller Unvollständigkeit – auf den Gerechtigkeitsdiskurs einzulassen.

Globalisierung *und Gerechtigkeit?*

Der globale Wandel, der sich gegenwärtig vollzieht, lässt sich – wie es auch oft genug geschieht – in einem Bild festhalten, in dem eine entfesselte, sich beinahe aller Beschränkungen entledigende Wirtschaft weltweit ungerechte Verhältnisse schafft und zugleich, durch die ausgeklügelte Inszenierung ihrer Unvermeidlichkeit, jeden Weg zu verbauen sucht, der aus diesen herausführen könnte. Die galoppierende soziale Ungleichheit auf nationaler und globaler Ebene lässt den Ruf nach Gerechtigkeit immer lauter werden. In seiner weltumspannenden Dominanz und seiner oft behaupteten Alternativlosigkeit drängt das herrschende Wirtschaftssystem Ansätze zu einer transnationalen Politik der Gerechtigkeit an die Wand. Es ist die Diskrepanz zwischen der durch das wirtschaftliche Streben nach Effizienz und Wohlstand

---

1 Gerster 2001.

beförderten Unausgewogenheit in der weltweiten Güter- und Chancenverteilung und der in wachsendem Maße nachdrücklichen Forderung nach mehr Fairness im nationalen wie internationalen Rahmen, die das Denken der Gerechtigkeit seit einiger Zeit (in erster Linie) antreibt.

Das Thema der Gerechtigkeit verankert sich so im Diskurs der Globalisierung. Viele Theorien sind bereits entstanden, die sich der Herausforderung einer globalen distributiven Gerechtigkeit[2] stellen, dem Problem eines moralischen Handelns, das ebenso wenig an Grenzen haltmacht wie Akte der Ökonomie, der Technik, der politischen, kulturellen und privaten Kommunikation, wie der Personen- und Warentransport, wie ökologische oder nukleare Katastrophen. Die mit der weltweiten Vernetzung wachsende Dimension und Komplexität jener Prozesse, die Ungerechtigkeit erzeugen (können) oder Gerechtigkeit schaffen (sollen), verlangen nach einer begründeten Form gerechten Handelns, das mit jenen Prozessen Schritt zu halten vermag. Soziale und ökonomische Entwicklungen der weltweiten Entgrenzung werfen so die Frage nach der „Globalisierung der Gerechtigkeit"[3] auf. Doch die politische Philosophie schwankt noch zwischen Positionen. Wenn die Möglichkeit *internationaler* oder *globaler* Gerechtigkeit in der Verteilung von Gütern mit Argumenten des *politischen Realismus*[4] nicht prinzipiell bestritten wird, werden *Nationalismus* und *Kosmopolitismus* als konträre, unvereinbare Ansätze gegeneinander in Stellung gebracht.[5] Bevor wir aber diesen zentralen Antagonismus von einem Extrem zum anderen durchqueren, wenden wir uns kurz einem anderen die Debatte dominierenden Standpunkt zu: der *Theorie der internationalen Kooperation*. An der Spitze ihrer Vertreter steht John Rawls.[6] Er denkt – grob vereinfacht – die „Gerechtigkeit als Fairness" von Prinzipien eines gemäßigten Egalitarismus her, auf die sich die Mitglieder einer Gesellschaft unter dem Schleier des Nichtwissens vernünftigerweise einigen würden. Dieses Modell des Gesellschaftsvertrages gilt auch für das Verhältnis zwischen nationalstaatlichen Gesellschaften, allerdings mit dem Unterschied, dass sich das Streben nach Gerechtigkeit auf internationaler Ebene nicht am Ideal der Gleichheit orientiert, sondern an dem des Weltfriedens. Für die Anderen, die nicht zur eigenen Gesellschaft gehören, gibt es demnach für Rawls keine Gerechtigkeit im Sinne fairer Verteilung von Reichtum, sondern nur einen Schutz kraft rechtstaatlicher Prinzipien und Menschenrechte, durch die er in seinem Konzept „Law of Peoples" die zwischenstaatliche Zusammenarbeit geregelt sehen will.

Vom Standpunkt des *Nationalismus*[7] werden moralische Verpflichtungen gegenüber benachteiligten Staaten ebenso wenig bestritten, aber deutlich den Verpflichtungen gegenüber den Mitbürgern des eigenen Landes nachgeordnet. Eine solche Unterscheidung im Grad morali-

---

2 Von der distributiven (aus-, zu- oder verteilenden) Gerechtigkeit hebt sich die kommutative (ausgleichende) ab – eine klassische Unterscheidung, die auf das fünfte Buch der *Nikomachischen Ethik* von Aristoteles (Gohlke 1956, 130) zurückgeht. In der Debatte zur globalen Gerechtigkeit nimmt der Begriff der distributiven Gerechtigkeit eine zentrale Stellung ein, während die beiden Spielarten der kommutativen Gerechtigkeit – „Tauschgerechtigkeit" im Vertragswesen und „korrektive Gerechtigkeit" im Strafwesen (Höffe 2001, 23) – keine oder nur eine nebengeordnete Rolle spielen.

3 Vgl. Hinsch 2003.

4 Klassische Referenz für den Realismus ist der Hobbes'sche *Leviathan* (1651).

5 Ein Beispiel dafür ist etwa Zurbuchen 2005.

6 Vgl. Rawls 1971 und 2001.

7 Vgl. etwa Miller 1995 oder Tamir 1993.

scher Bindung kann sich immerhin auf die intuitive Einsicht stützen, dass wir uns Mitgliedern einer überschaubaren Gruppe, mit der wir uns identifizieren können, in besonderem Maß moralisch verpflichtet fühlen. Der Nationalstaat erscheint so als eine identitätsstiftende Gemeinschaft, die es für uns zumindest erträglich, wenn nicht überhaupt erst möglich macht, die Lasten gerechter Verteilung auf uns zu nehmen.

Wenn es jedoch die ungleichen, unfairen Lebensbedingungen in den weniger entwickelten Ländern sind, denen eine Theorie globaler Gerechtigkeit Rechnung tragen sollte, dann sind sowohl Rawls' Entwurf als auch die nationalistische Position unbefriedigend. Die verschiedenen Versuche, die distributive Gerechtigkeit auf eine Gesellschaft, eine Nation oder einen Staat zu beschränken, müssen letztlich an dem Eindruck scheitern, den man von einer Welt – unserer gegenwärtigen Welt – gewinnt, in der groteske Ausmaße des Überflusses auf extreme Formen des Elends treffen. An solchen schwer bestreitbaren und allgemein auch nicht geleugneten Wahrnehmungen weltweiter Ungerechtigkeiten prallen theoretische und praktische Einwände gegen die für den *Kosmopolitismus*[8] kennzeichnende Idee einer universellen distributiven Gerechtigkeit ab. Während sich für Nationalist(inn)en der moralische Status eines Menschen danach richtet, ob er/sie der jeweils eigenen Nation angehört oder nicht, besitzt für Kosmopolit(inn)en jeder Mensch – eben weil er/sie ein(e) Weltbürger(in) ist – den gleichen Stellenwert. Mit diesem ethischen Universalismus als Basis der Begründung nimmt der Kosmopolitismus den Kampf gegen weltweite soziale und ökonomische Ungleichheiten auf, die der nationalistisch verengte Begriff distributiver Gerechtigkeit verfehlt.

Auf dem Wege zu ihrer so dringend und durchaus mit Grund verlangten „kosmopolitische[n] Ausweitung" lauert der Frage nach Gerechtigkeit, wie Burkhard Liebsch zu bedenken gibt, allerdings die „Gefahr" auf, „dass sie den Boden unter den Füßen verliert, wenn sie sich ganz und gar auf Fragen theoretischer Begründung konzentriert (wie es allzu oft geschieht), aber an der Erfahrung vielfacher Ungerechtigkeit nicht mehr Maß nimmt, von der sie ursprünglich ausgegangen ist".[9] Entlang von Levinas' Denken des Sozialen und Politischen arbeitet Liebsch darum heraus, wie „die Arbeit an globaler Gerechtigkeit" im Zeichen jener Interdependenz erfolgt, die zwischen der „Sorge um wirkliche, institutionell gesicherte, politische Gerechtigkeit" und dem „exzessiven Sinn für Ungerechtigkeit" besteht: „Wenn nur dieser Sinn eine selbst-gerechte Gerechtigkeit daran hindern kann, die wirkliche und mögliche Gerechtigkeit zu verwechseln und infolge dessen in die schlimmste Ideologie umzuschlagen, so kann umgekehrt nur die Sorge um wirkliche, institutionell gesicherte, politische Gerechtigkeit jenen Sinn für Ungerechtigkeit daran hindern, das Anliegen der Gerechtigkeit unter dem Druck übermäßiger Ansprüche zu zerstören."[10] Diesen Spagat suchen die Texte unseres Bandes zu bewältigen, indem sie zum einen wie Seismographen die Ungerechtigkeiten, die das herrschende wirtschaftspolitische System im lokalen wie im globalen Raum generiert, aufspüren und damit erfahrbar machen, zum anderen aber an Institutionen gebundene, wirkliche oder verwirklichbare Formen der Gerechtigkeit präsentieren.

---

8 Vgl. etwa Jones 1999 oder Pogge 2003.
9 Liebsch 2005, 90.
10 Liebsch 2005, 114.

In dem menschlichen Bemühen um Gerechtigkeit zwischen dem Bewusstsein für Ungerechtigkeit und der politischen Institutionalisierung misst Levinas der Demokratie besondere Bedeutung bei. Denn in ihrer unausgesetzten Suche nach der besseren Gesetzgebung bietet sich die demokratische Regierungsform mehr als alle anderen als institutionelles Vehikel für den notwendigen „ständigen Selbstzweifel der Gerechtigkeit"[11] an: Die Gerechtigkeit wäre keine, wenn sie sich nicht selbst daraufhin befragen würde, ob sie nicht gegen ihren universellen Anspruch bestimmte Individuen und Gruppen übergeht. Damit wird aber auch die gerechte Welt, die ein für alle Mal gerecht ist, in den Bereich der politischen Utopien verwiesen. Es gibt keine Gerechtigkeit, dafür aber die sich in ihrer Unlösbarkeit permanent erneuernde und somit immer unerledigt bleibende Aufgabe, anderen Menschen gerecht zu werden. Im Zuge der Globalisierung stellt sich diese Aufgabe, die den Menschen schon immer gefordert hat, in verschärftem Maße. Die entgrenzten, weltweiten Operationen auf unterschiedlichen Ebenen führen Menschen zusammen, die sich noch nicht auf eine Moral, eine Lebensform haben verständigen können und dennoch aneinander ihre Ansprüche stellen, die noch keine Einheit bilden, in der sich jede und jeder an einem ihr oder ihm zugewiesenen Platz aufgehoben fühlen könnte.

Das politische Schicksal, das das ethische Gerechtwerden in der sozialen Realität unausweichlich ereilt, besteht in der Systematisierung und Institutionalisierung des Strebens nach Gerechtigkeit. Jedem System der Gerechtigkeit, das sich auf eine allgemeine Theorie stützt und durch gesellschaftliche Institutionen konkret umgesetzt wird, haftet eine schwerwiegende, weitreichende Ambivalenz an: Es kommt darauf an, ob ein politisches System der Gerechtigkeit aus dem Krieg oder aus der schrankenlosen Verantwortung für andere hervorgeht.[12] Denn ein System, das dazu bestimmt ist, einen von der Sorge um sich selbst angetriebenen Krieg aller gegen alle abzuwehren, hat die Tendenz, sich abzuschließen und damit über die Ungerechtigkeiten hinwegzutäuschen, die es selbst enthält. Hingegen stellt eine Politik der Gerechtigkeit – oder eine der Freundschaft, wie sie Jacques Derrida nennt[13] –, die sich der unendlichen Aufgabe des Gerechtwerdens verpflichtet fühlt, ihre Theorie und institutionalisierte Systematik (das nationale Gesetz, das internationale Recht etc.) immer dann zur Disposition, wenn sie unmenschliche Härte denen gegenüber zeigt, die bisher ihrer Wachsamkeit entgangen sind: z.B. den Migrant(inn)en oder den Arbeiter(inne)n in unterentwickelteren Ländern gegenüber, die unter denkbar schlechten Bedingungen Waren herstellen, nicht zuletzt damit auf den Märkten der entwickelten Länder die Preise niedrig gehalten werden können. Es sind Phänomene wie diese, welche den Diskurs der Gerechtigkeit förmlich dazu zwingen, sich dem Thema „Globalisierung" zu öffnen.

Gerechtigkeit *und Globalisierung?*

Andererseits zählen Armutsmigration und Ausbeutungsökonomie mit ihren ethisch bedenklichen Schlagseiten zu den weltumspannenden Erscheinungen, die zweifellos ein Grund dafür

---

11 Levinas 1995, 273.
12 Levinas 1992, 347 f.
13 Derrida 2001.

sind, dass es allein drei „Schwarzbücher" gibt, die sich mit Globalisierung beschäftigen.[14] Auch verschiedene Wissenschaften haben sich dieses vielschichtigen Themas angenommen, insbesondere Ökonomie, Soziologie, Politologie, Philosophie und Kulturwissenschaften, aber auch Theologie und verschiedene Naturwissenschaften widmen sich teils intensiv dieser Begriffsschöpfung der 1980er-Jahre[15]. Eingedenk dieser Fülle ist freilich längst, wie das Jürgen Osterhammel und Niels Petersson einmal ausgerückt haben, „Pfadfinderschrifttum" erforderlich, um noch einen Weg durch das Dickicht zu finden.[16] Dass dabei unter „Globalisierung" jedenfalls ein Prozess zu verstehen ist, ergibt sich schon aus der grammatischen Struktur des Wortes. Es kann keinen Zustand bezeichnen, im Unterschied zuden Konzepten der „Globalität" oder des „Globalismus" (beide Begriffe gehen auf Ulrich Beck zurück[17]) oder der Vorstellung einer „globalisierten Welt", also einer Welt, die sich am Ende des Globalisierungsprozesses einstellen würde (wovon etwa Malcolm Waters ausgeht[18]). Globalisierung ist etwas Dynamisches und ihr Wesen liegt gerade in der Veränderung. In gewisser Hinsicht ist daher etwa der Begriff „globaler Wandel" ein Synonym für „Globalisierung".

In der Frage, was sich denn dabei verändert und in welcher Weise, gehen freilich die Meinungen bereits weit auseinander. Welche Rolle dem Menschen dabei zukommt, ist ebenfalls strittig, wenngleich Globalisierung in der Wissenschaft kaum je unabhängig vom Menschen gedacht wird.[19] So war Globalisierung einmal nicht viel mehr als die Verschiebung des Bezugsrahmens betrieblicher Tätigkeit von einem in welcher Weise auch immer beschränkten Markt auf einen globalen Markt, auf „den" Weltmarkt.[20] Inzwischen ist diese Verschiebung des Bezugsrahmens auch für Kultur und Kunst, für die Politik, für die Umwelt, für Information und Kommunikation und für viele andere Bereiche des täglichen Lebens von Menschen eingetreten, zumindest bis zu einem gewissen Grad. Gerade im Bereich der Umweltverschmutzung wurde dies auch relativ früh bemerkt. Aber selbst solche Wahrnehmungen lassen Raum für kritische Reflexionen des Phänomens, wie sie etwa zum Tragen kommen in der Rede von „Grenzen der Globalisierung"[21] oder von Globalisierung als „Mythos".[22] Diese Art

---

14 *Schwarzbuch Globalisierung* (2002), *Das Schwarzbuch des globalisierten Verbrechens* (2005) und *Schwarzbuch Neoliberalismus und Globalisierung* (2006).

15 Die ersten Einträge in englischen Wörterbüchern tauchten freilich bereits in den 1960er-Jahren auf, während der Ausdruck „Globalisierung" im Duden erst im Jahr 2000 Eingang fand. In den Rechts- und Sozialwissenschaften gab es eine gewisse Rezeption auch im deutschen Sprachraum in den 1960er- und 1970er-Jahren. Wirklich durchgesetzt hat sich der Begriff im Anschluss an vor allem betriebswirtschaftliche Arbeiten zwischen 1986 und 1992, die dazu beigetragen haben, dass er zum Modewort avanciert und vor allem zwischen 1993 und 1997 massiv ins Vokabular der Massenmedien eingedrungen ist.

16 Osterhammel/Petersson 2004, 7. Bemerkenswert an ihrer *Geschichte der Globalisierung* ist der Umstand, dass dieses Buch – ungewöhnlich in Zeiten der Globalisierung und doch wieder bezeichnend für ihren Charakter – eines der wenigen Beispiele eines im Original deutschsprachigen Textes ist, der inzwischen auch auf Englisch unter dem Titel *Globalization – A Short History* (2006) erschienen ist.

17 Vgl. Beck 1997.

18 Vgl. Waters 1995.

19 Anders als etwa in der Politik, wo Globalisierung – sehr oft als reine Schutzbehauptung – gerne als Sachzwang und damit nahezu naturgesetzlich präsentiert wird.

20 Klassische Referenzen dafür sind Levitt 1983 oder Ohmae 1992.

21 Vgl. Altvater/Mahnkopf 1996. Das Buch ist zuletzt 2004 überarbeitet in der 6. Auflage erschienen.

der Kritikwirft vor allem Licht auf die wichtige und selten gestellte Frage, ob der Begriff den tatsächlich ablaufenden Prozessen angemessen ist. Denn – vor dieser Falle sei nachdrücklich gewarnt – nicht alles, was sich heutzutage ändert, ist auch Globalisierung.

Grob zusammenfassend sind in den verschiedensten Wissenschaften insgesamt wohl zwei Grundrichtungen des Verständnisses von Globalisierung zu unterscheiden. In beiden Fällen wird dabei davon ausgegangen, dass das Handeln von Menschen in seiner Summe den Prozess ausmacht, wobei es sich durchaus um unbeabsichtigte Konsequenzen handeln kann. Das gebräuchlichere Verständnis von Globalisierung verweist darauf, dass etwas größer wird, also räumlich ausgedehnter. Das weniger gebräuchliche wendet den Ausdruck „Globalisierung" darauf an, dass etwas intensiver wird, also schneller, stärker, häufiger oder dichter.[23] In letzter Konsequenz vermischen sich diese beiden Konzepte zu einer Vorstellung von Globalisierung als einer sich in verschiedene Richtungen und bezogen auf verschiedene Dimensionen verstärkenden Integration. Ökonom(inn)en sprechen dann von Märkten oder Volkswirtschaften, Soziolog(inn)en von Gesellschaften, Politolog(inn)en von Politik oder Institutionen, Ökolog(inn)en von der Umwelt, andere auch von Kultur(en), Religion(en), Protestbewegungen, Kommunikation, Technik oder einfach nur von Menschen, und Historiker(innen) diskutieren die Geschichte der Globalisierung.[24] Diese historische Dimension wird vielleicht deutlicher, wenn von „Weltreichen" oder „Weltreligionen" die Rede ist, im Falle „globaler Apokalypse", einer „Weltkultur", der „Weltgesellschaft" oder von „Weltmärkten" ist sie aber ebenfalls zu finden. Dabei muss „Welt" keineswegs im Sinne des gesamten Globus verstanden werden. Sie kann durchaus auf Konzepte wie eine „bekannte" Welt, eine „zivilisierte" Welt, „unsere" (kleine) Welt oder eine sonst wie „relevante" Welt Bezug nehmen. Jedenfalls aber integriert sie nicht nur Räume, sondern auch Beziehungen und Lebensbereiche und hat daher zunehmende Interdependenz zur Folge, nicht nur zwischen Regionen, sondern auch z.B. zwischen Politikfeldern.

Gerade dieser Umstand wird aber von Einzelwissenschaften nur unzureichend erfasst. Ebenso wie ökonomische Analysen in diesem Kontext meist eng beschränkt auf die Integration von Märkten, die ökonomischen Aspekte von Migration oder die Vorzüge der Liberalisierung bleiben, thematisieren sozial- oder kulturwissenschaftliche Ansätze gerade ökonomische Aspekte teils überhaupt nicht oder ohne ausreichende Referenz auf die facheinschlägigen Ergebnisse. Das lässt sich aus der Struktur heutiger Wissenschaft zwar erklären, bleibt aber ein zentraler Mangel bei der wissenschaftlichen Bearbeitung aller vernetzter Querschnittsmaterien, wie Globalisierung zweifellos eine darstellt. Diesem Problem entgegenzutreten ist ein

---

22 Vgl. Hirst/Thompson 1999. Für diese beiden Autoren maskiert der Globalisierungsdiskurs die zunehmende Akkumulation von wirtschaftlicher und politischer Macht in der sogenannten „Triade", dem Dreieck aus Nordamerika, Westeuropa und Japan. Wie der aktuelle *Atlas der Globalisierung* (Gresh 2006) zeigt, entspricht dieser Befund in vielen Bereichen durchaus der empirischen Realität.

23 Klassische Referenz für diese „Verdichtungssichtweise" sind Beiträge zur „space-time-compression", also zur Beschleunigung von Zeit und zur Verkleinerung von Raum (vgl. etwa Harvey 1989 oder Virilio 1996), zu „Netzwerkgesellschaften" (vgl. etwa Castells 1996 und 2004) oder das breit rezipierte *Empire*-Konzept (vgl. etwa Hardt/Negri 2000 und 2004).

24 Vgl. für unterschiedliche Ansätze und zeitliche Dimensionen etwa Gills/Thompson 2006, Robertson 2003, Osterhammel/Petersson 2004 oder O'Rourke/Williamson 1999.

zentrales Anliegen dieses Sammelbandes. Wir wollen hier ganz bewusst Ansätze aus verschiedenen Wissenschaften vereinigen, um die Breite der Herangehensweisen aufzuzeigen und es zu ermöglichen, die zahlreichen Querverbindungen zwischen ihnen zu erkennen. Er steht damit in der Tradition von so ambitionierten Projekten wie *The Global Transformations Reader* und weiteren Beiträgen aus der Werkstatt von David Held und anderen.[25] In dieser Hinsicht stimmen wir mit Jürgen Osterhammel und Niels Petersson überein, dass Globalisierung heute „einen Sinn [hat] als Sammelbegriff für konkret beschreibbare Strukturen und Interaktionen mit planetarischer Reichweite", dass es sich dabei hingegen „nicht um einen autonomen Prozeß [handelt], der als unaufhaltsame historische Bewegung und unabweisbarer politischer Sachzwang daherkommt"[26].

Es folgt eine Zusammenschau der Artikel. Mit Bedacht geführte Schnitte quer durch die versammelten Texte legen die wichtigsten Themen frei, an denen sich der Globalisierungsdiskurs bricht: *Angst geht um, eine ungerechte Welt, Wege aus sozialen Ungleichheiten, die Herausforderung globaler Solidarität* und *Pluralität der Identitäten*. Die möglichen Zugänge zu und Übergänge zwischen den einzelnen Beiträgen, die dadurch eröffnet werden, sollen zum einen den inter- und transdisziplinären Charakter dieses Bandes erweisen und zum anderen für die Lektüre Wegmarken setzen.

Eine transdisziplinäre Annäherung

Angst geht um

In dem Maße, in dem sich die Ökonomie aus sozialen Ordnungen herauslöst, steht das Soziale überhaupt, wenn nicht gar das Überleben der menschlichen Gattung oder der Fortbestand der Welt auf dem Spiel. Ein beängstigender Zusammenhang, den in diesem Sammelband am allerdeutlichsten Claudia von Werlhof mit dem Diktum der „weltvernichtende[n] Globalisierung des Neoliberalismus" heraufbeschwört. Mit dieser oft nur latent erfahrenen kollektiven Angst vor dem Verlust von Identität und Lebensraum, die in der ganzen Welt, also auch in den sogenannten „entwickelten" Ländern, um sich greift, lässt sich z.B. soziologisch die in den politischen Diskursen westlicher Demokratien erstarkte, grassierende Heimatrhetorik erklären, wie es Pier-Paolo Pasqualoni tut, aber auch tiefenpsychologisch die in den Industrieländern verbreitete Kapitulation vor den vermeintlich unaufhaltsamen Kräften einer radikalisierten Marktwirtschaft, wie es Josef Berghold unternimmt.

Ein anderer Zugang, der Angst auslösen kann, ist der Blick, den Roland Psenner auf globale Veränderungen in der natürlichen Umwelt richtet. Er beschreibt dabei ausführlich und anschaulich die aktuellen Ergebnisse der Klimaforschung und die vielfältigen Wechselwirkungen, die in der Debatte um die Erderwärmung berücksichtigt werden müssen. Die Rückschlüsse, inwieweit diese Entwicklungen mit ökonomischen und sozialen Prozessen in Zusammenhang stehen, überlässt Psenner dabei hauptsächlich dem Gegenlesen seines Beitrags mit denen anderer Autor(inn)en (neben Werlhof und Berghold geht vor allem Ulrich Metschl

---

25 Vgl. etwa Held/McGrew 2000 und 2006.
26 Osterhammel/Petersson 2004, 112.

darauf ein). Mit aller Deutlichkeit wird ein solcher Konnex für jede(n) erkennbar, der/die vor der unausweichlichen Aufgabe steht, globale ökologische Veränderungen abzuwehren *(mitigation)* oder sich an sie anzupassen *(adaptation)*. Denn sozioökonomische Ungleichheiten, mit denen die gegenwärtige Welt behaftet ist, bedeuten sehr unterschiedliche reale Möglichkeiten der Reaktion. Psenners Schlussfolgerungen für die Frage, ob die Antwort der Menschheit auf diese teils selbst verursachte Herausforderung eher in der Abwehr oder in der Anpassung liegen kann, weisen eindeutig in die Richtung von Letzterem.

Eine ungerechte Welt

Anpassungen sind durch Ungerechtigkeiten beeinflusst und eine Form der Anpassung liegt in der Migration. Ein Großteil der Autorinnen und Autoren in diesem Band zeichnen in unterschiedlicher Weise Entwicklungen nach, die der Ungerechtigkeit weltweit Vorschub leisten, Michaela Ralser aber widmet sich der wohl markantesten Figur dieser globalen Tendenz: dem Armutsflüchtling in seiner rechtlosen, stets gefährdeten Lage. Die ungleiche Verteilung von Gütern, Chancen und Rechten ist politisch befestigt (durch staatliche und überstaatliche Grenz- und Migrationsregime) und wird ökonomisch ausgenutzt (durch alte wie neue Formen der Ausbeutungsökonomie, z.B. Schlepperwesen, prekäre, schlechtbezahlte Beschäftigungen, Handel mit Kindern, Frauen und Organen). Wie Ralser in ihrem Beitrag entfaltet, gewinnt das Phänomen der Armutsmigration Konturen auf dem Hintergrund einer von Zygmunt Bauman im Begriff der „Glokalisierung"[27] eingefangenen Wechselwirkung. Diese spielt sich ab zwischen dem schier ungebremsten, weltweiten wirtschaftlichen Wachstum und der hierarchischen Aufspaltung der Welt in privilegierte und benachteiligte sozioökonomische Räume, regulierte (rechtsstaatlich organisierte) und deregulierte Gebiete, globalisierte Bereiche und Zonen äußerster Lokalität. Entlang der Achsen, die die reichen Zentren der Welt mit ihren kargen, abhängigen, deregulierten Peripherien und Semiperipherien verbinden, enthüllt sich das ganze Ausmaß der Tragik von Migrant(inn)en, die hier wie dort Mechanismen der Exklusion ausgesetzt sind: Vertreibung, Marginalisierung (bis zur Einsperrung) und diskriminierende Integration.[28] Für diese Gruppe von Menschen scheint es auf der Welt kaum Raum zum bloßen Existieren zu geben, geschweige denn einen Ort, an dem sie ein gutes Leben nach ihren Vorstellungen und Wünschen führen könnte. Als Aufgaben einer NGO, die sich ihrer annimmt, für sie Freiheits- und Menschenrechte einfordert, sieht Ralser den theoretisch unterfütterten Protest und die praktische Hilfe an, die mit einer geschärften Sensibilität für das Fremde und die Anderen angegangen werden, mächtigen Gegnern wie politischen und ökonomischen Steuerungssystemen zum Trotz.

Wege aus sozialen Ungleichheiten

Die Debatte um nationale wie internationale Gerechtigkeit orientiert sich an einer bipolaren Struktur, in der eine ethikferne Ökonomie einer ethisch inspirierten Politik gegenübersteht. Je nach ideologischer Ausrichtung des Ansatzes wird der Akzent auf die Gegensätzlichkeit oder

---

27 Bauman 1996. Siehe dazu auch Robertson 1998, auf den der Begriff zurückgeht.
28 Vgl. Castel 2000.

die Zusammengehörigkeit beider Systeme gelegt. Einige der vorliegenden Beiträge beschäftigen sich daher auch explizit mit dieser Polarität und stellen zwei grundsätzliche wirtschafts- und gesellschaftspolitische Wege zur Diskussion, auf den – zumindest seinem Anspruch nach – totalen Markt zu reagieren: zum einen seine Zähmung (Korrektur, Einrahmung, Kontrolle) und Reform, welche etwa Wolfgang Palaver, Metschl oder Berghold zum Thema machen, zum anderen Verweigerung und Protest, denen sich vor allem Werlhof, Ralser und Sartori widmen. Während die einen dafür plädieren, die auf dem Faustrecht des Stärkeren begründete zynische, unfaire Logik des Wettbewerbs durch eine sozialethische und anthropologisch-weltanschauliche Rahmenordnung zu korrigieren, reden die anderen der Strategie das Wort, die neoliberale Wirtschaftspolitik mit alternativen und innovativen Weisen des Wirtschaftens (z.B. nicht-monetäre Tauschsysteme), Formen des politischen *empowerment* der Bürger(innen) (z.B. partizipativer Haushalt) und konkreten humanitären Einsätzen für die Verlierer des Systems zu umgehen, zu unterlaufen und radikal in Frage zu stellen. Dabei fällt auf, dass die Wahl der Reaktionsweise die herrschenden Machtkonstellationen widerspiegelt. Die Antworten der Zähmung kommen von oben – mächtigen politischen (und anderen) Eliten und Institutionen, die es entweder bereits gibt (z.B. EU, UNO, die katholische Kirche) oder die erst noch zu schaffen sind (z.B. die angedachte Weltföderation von Staaten). Die Reaktionen der Verweigerung dagegen gehen von unten aus – Menschrechts-NGOs, basisdemokratischen Protestbewegungen und anderen. Dabei geht es nicht nur um die gerechte Verteilung von Gütern und Dienstleistungen, sondern zugleich um die Überwindung des Materialismus, der sich sowohl im Ökonomismus als auch im Konsumismus artikuliert. Nur zu gern wird ja übersehen, dass sich dessen (zumindest im sogenannten „Westen") dominante Rolle in Wirtschaft, Politik und Gesellschaft für die „Habenichtse" auf dieser Welt äußerst nachteilig auswirkt. Es bedarf daher einer Kritik an einer zu radikalen marktwirtschaftlichen Orientierung, die zwei Stoßrichtungen hat: eine politische und eine weltanschauliche. Der Hebel für diese Verdoppelung der Kritik ist die Einsicht, dass der materielle Reichtum weder eine hinreichende noch notwendige Bedingung für menschliches Glück ist. In umfassenderen Konzepten des menschlichen Wohlergehens nimmt daher der Begriff der Freiheit eine zentrale Stellung ein, so z.B. in der Enzyklika *Solicitudo rei socialis*[29], an der sich Palaver direkt orientiert, aber auch im *Capability*-Ansatz von Amartya Sen[30], auf den sich Metschl, Pasqualoni und auch Andreas Exenberger explizit berufen. Das Steuerungssystem, das an den freien Markt herangebracht wird, muss dementsprechend nicht nur dem Prinzip gerechter Verteilung sondern auch dem der Freiheit verpflichtet sein.

Darüber hinaus findet sich bei Metschl, Exenberger und Palaver die Überzeugung, dass der Weg zu einer gerechteren Welt letztlich verbaut bleiben wird, wenn ökonomische und ethische Gerechtigkeitskonzepte gegeneinander ausgespielt werden, statt in ein Verhältnis der Komplementarität gebracht zu werden. Durch die Ökonomie verursachte soziale Probleme finden umso eher eine politische Lösung, je mehr ökonomische Theorien der Ausgewogenheit in die Suche nach angemessenen Konzepten von Gerechtigkeit eingebunden werden.

---

29 *Sollicitudo rei socialis*, die Sozialenzyklika von Johannes Paul II. aus dem Jahr 1987, nachzulesen online z.B. unter: http://198.62.75.1/www1/overkott/sollici.htm.
30 Vgl. etwa Sen 1999.

Denn die gegenseitige Ausschließung von Gerechtigkeit durch Gleichheit (eine tendenziell „politische" Forderung) und Leistungsgerechtigkeit (eine tendenziell „ökonomische" Forderung) ist nur eine behauptete, nicht zuletzt, weil jedes System von Gerechtigkeit Ungerechtigkeiten einschließt, teils sogar produziert. In dieser Hinsicht bedrohen die ideologischen Kämpfe um das richtige Verständnis von Gerechtigkeit letztlich die gerechtere Gestaltung der Welt. In ihnen fahren sich nämlich die Positionen nur fest, speziell wenn sie sich jeweils für exklusiv und ihrer Alternative gegenüber für antithetisch halten, statt sich wechselseitig zu befruchten, wie Exenberger am Beispiel der Rivalität zwischen der liberalen Wohlstandsökonomie und der an den Menschenrechten orientierten Armutsökonomie vor Augen führt.

Die Herausforderung globaler Solidarität

Letztlich steht und fällt das Projekt einer gerechteren Welt mit der Existenz einer universellen Solidarität, einer Solidarität aller mit allen. Entlang der durch Gesellschaften und über den Globus verlaufenden Scheidelinien zwischen Mächtigen und Schwachen, Gewinnern und Verlierern, von der Natur oder den gesellschaftlichen Verhältnissen Bevorzugten und Benachteiligten treten unweigerlich Ungerechtigkeiten, Formen der Unfairness auf. Sie verfestigen und verschärfen sich mehr und mehr, wenn nicht Menschen, die dazu in der Lage sind, bereit sind, für Menschen, die auf Unterstützung angewiesen sind, einzutreten – ungeachtet der Hautfarbe, Religion, Nationalität, des Standes und Geschlechts. Wie aber entsteht unter Menschen überhaupt Solidarität? Eine Bedrohung, die von außen kommt, vermag den Zusammenhalt im Inneren einer Gemeinschaft zu stärken. Solidarität, die sich auf diese Weise, über eine Abgrenzung, Verfeindung nach außen, bildet, bedient letztlich die egoistische Sorge, die sich jedes Mitglied angesichts eines gemeinsamen Feindes um sich selbst macht. Wer den Menschen nicht auf seinen Egoismus reduziert, wird jedoch zugeben, dass es Situationen gibt, in denen die Konfrontation mit den (bedürftigen) Anderen ein Gefühl der Solidarität hervortreibt, das nicht zwangsläufig in einem eigennützigen Kalkül untergeht.

Damit ein Gefühl oder Bewusstsein der Solidarität die Wirkmächtigkeit erlangt, auf die es abzielt, sind angemessene politische Strukturen zu schaffen. Wenn es darum geht, in einer entgrenzten Welt die Solidarität über das in seiner Reichweite beschränkte Gefühl hinauszuführen, setzt etwa Metschel auf die zwischenstaatliche Kooperation politischer Institutionen. Andererseits ist es die ethisch-soziale Beziehung mit jedem und jeder Anderen, das Bewusstsein einer universellen Verantwortlichkeit, welche die internationale Politik in die Richtung globaler und damit nicht exklusiver Solidarität zu lenken vermag. Darum sieht Palaver für die katholische Kirche die Chance und Aufgabe gekommen, einem Modell wie dem Beck'schen „Transnationalstaat"[31] den Weg zu ebnen, indem sie der Idee des universellen Zusammenhalts im Konzept der Geschwisterlichkeit aller Menschen eine anthropologisch-theologische Basis verleiht und das Bewusstsein der Menschen im Sakrament der Eucharistie danach zu bilden sucht.

---

31 Beck 1997, 221-228.

Pluralität der Identitäten

Kollektive Identitäten stiften zwar sozialen Zusammenhalt, sie definieren sich aber immer auch gegen ein Anderes. Darin liegt gerade für eine in vieler Hinsicht zusammenrückende Welt eine Problematik, der in diesem Band insbesondere Belachew Gebrewold und Pasqualoni nachgehen. Während Letzterer aber die Schwierigkeiten und Tücken der Identitätskonstruktion (zwischen Ethnozentrismus und Universalismus, zwischen Nationalismus bzw. Provinzialismus und Kosmopolitismus) in einer vernetzten Welt – in einer Auseinandersetzung mit dem Heimatbegriff – aus der zentraleuropäischen Perspektive der auch historisch bedingten Zerrissenheit behandelt, untersucht sie Ersterer – im Rahmen einer kritischen Analyse des Zivilisierungsprozesses – von der Seite des (post)kolonialen Afrika.

Die ehemals Kolonisierten ringen mit einer sie bereits gänzlich durchdringenden von außen aufgezwungenen Identität und den kulturellen Selbstkonzepten, die sich in einer Neuschöpfung von Bewusstsein entladen. Dieses Ringen kommt dann ganz praktisch oder oft sehr problematisch in den mit politischer Integration verbundenen Umwälzungen zum Ausdruck. In den westlichen Industriestaaten dagegen sehen die Menschen, wo sie sich nicht mit der letztlich überfordernden Geste des Kosmopolitismus für die ganze Welt öffnen, ihre sogenannte kleine, heile Welt bedroht, ihre Eigenheit und ihren Frieden. In ihrer Angst nehmen sie dann Zuflucht zu einem nationalistischen Heimat- und Kulturbegriff. Eine Lösung zumindest für den Westen, aber im Grunde genommen wohl auch für Afrika deutet Pasqualoni an, wenn er eine kulturelle Identität für „Bürger(innen) zweier Welten" ins Spiel bringt, eine kollektive Identität, die über nicht nur eine entweder kosmopolitische oder nationalistische Dimension verfügt, sondern über viele verschiedene. Denn wenn die Globalisierung nicht zu einer alle Differenzen nivellierenden Bewegung weltweiter Vereinheitlichung verflachen soll, bedarf es der Anstrengung, sich sowohl im lokalen als auch im globalen Raum, im Eigenen wie im Fremden zu verorten, lokale und globale Identitäten auszubilden, zu bewahren und miteinander in Dialog zu bringen und zu halten. Diese Aufgabe der mehrfachen Positionierung stellt sich für die Bewohner(innen) der entwickelten Welt ebenso wie für diejenigen weniger entwickelter, ehemaliger Kolonialländer, wenngleich in verschiedenen Ausgangslagen und auf unterschiedlich dramatische Weise.

Dieser Band stellt sich den unvermeidlichen Herausforderungen des 21. Jahrhunderts. Die einzelnen Texte richten den Blick auf weltweite Ungerechtigkeiten und andere krisenhafte Momente der Globalisierung. Dabei verrennen sie sich jedoch nicht in einem Defätismus, sondern weisen Wege aus aktuellen oder absehbaren Miseren. Andererseits stoßen aber auch bestehende oder projektierte politische Strukturen globaler Gerechtigkeit in dem einen oder anderen Beitrag auf Kritik.

Gegegebenes, Etabliertes auf jeder Seite nicht einfach hinnehmen, sondern mit Forderungen oder Gegenkonzepten der jeweils anderen Seite konfrontieren zu wollen, war das wesentliche Movens bei unserer Entscheidung, das Thema der Globalisierung an dem der Gerechtigkeit auszurichten und umgekehrt. Maßgeblich für uns, die Zugänge zu diesem thematischen Komplex möglichst breit – nicht nur in der Theorie, sondern auch in der Praxis – anzulegen, war: Wir beabsichtigten ein umfassendes, der Vielschichtigkeit der Gegenstände angemessenes

Bild zu zeichen; doch nicht weniger lag uns daran, die Möglichkeiten und Grenzen einer fachübergreifenden und praxisbezogenen Annäherung sichtbar zu machen.

Literatur

Altvater, Elmar/Mahnkopf, Brigitte: *Grenzen der Globalisierung: Ökonomie, Ökologie und Politik in der Weltgesellschaft*. Münster, Westfälisches Dampfboot, 1996.

Bauman, Zygmunt: „Glokalisierung oder Was für die einen Globalisierung, ist für die anderen Lokalisierung", in: *Das Argument* 217, 1996, 653-664.

Beck, Ulrich: *Was ist Globalisierung? Irrtümer des Globalismus – Antworten auf Globalisierung*. Frankfurt am Main, Suhrkamp, 1997.

Castel, Robert: „Die Fallstricke des Exklusionsbegriffs", in: *Mittelweg 36*, 9(3), 2000, 11-24.

Castells, Manuel: *The Information Age: Economy, Society and Culture, Part 1 – The Rise of the Network Society*. Cambridge/MA, Blackwell, 1996.

Castells, Manuel (Hg.): *The Network Society: A Cross-cultural Perspective*. Cheltenham, Elgar, 2004.

Gerster, Richard: *Globalisierung und Gerechtigkeit*. Bern, h.e.p. Verlag, 2001.

Gills, Barry K./Thompson, William R. (Hg.): *Globalization and Global History*. London, Routledge, 2006.

Gohlke, Paul (Hg.): *Aristoteles: Nikomachische Ethik*. Paderborn, Ferdinand Schöningh, 1956.

Gresh, Alain (Hg.): *Atlas der Globalisierung. Die neuen Daten und Fakten zur Lage der Welt*. Berlin, taz-Verlag, 2006.

Hardt, Michael/Negri, Antonio: *Empire*. Cambridge/MA, Harvard University Press, 2000.

Hardt, Michael/Negri, Antonio: *Multitude. War and Democracy in the Age of Empire*. New York, Penguin Press, 2004.

Harvey, David: *The Condition of Postmodernity: An Enquiry into the Origins of Cultural Change*. Oxford, Blackwell, 1989.

Held, David/McGrew, Anthony (Hg.): *Governing Globalization: Power, Authority and Global Governance*. Cambridge/UK, Polity Press, 2006.

Held, David/McGrew, Anthony (Hg.): *The Global Transformations Reader: An Introduction to the Globalization Debate*. Cambridge/UK, Polity Press, 2000.

Hinsch, Wilfried. „Globalisierung der Gerechtigkeit: politische Schwärmerei oder moralischer Realismus?", in: Kohler, Georg (Hg.): *Konturen der neuen Welt(un)ordnung. Beiträge zu einer Theorie der normativen Prinzipien internationaler Politik*. Berlin u.a., de Gruyter, 2003.

Hirst, Paul/Thompson, Grahame: *Globalization in Question. The International Economy and the Possibilities of Governance*. Cambridge/UK, Polity Press, 1999.

Höffe, Ottfried: *Gerechtigkeit: eine philosophische Einführung*. München, Beck, 2001.

Jones, Charles: *Global Justice. Defending Cosmopolitanism*. Oxford, Oxford University Press, 1999.

Levinas, Emmanuel: *Jenseits des Seins oder anders als Sein geschieht.* Freiburg/Br., Alber, 1992.

Levinas, Emmanuel: *Zwischen uns. Versuche über das Denken an den Anderen.* München, Hanser, 1995.

Levitt, Theodore: „The Globalization of Markets", in: *Harvad Business Review* 61(3), 1983, 92-102.

Liebsch, Bernhard: „Sinn für Ungerechtigkeit als Form menschlicher Sensibilität", in: Delhom, Pascal/Hirsch, Alfred (Hg.): *Im Angesicht der Anderen. Levinas' Philosophie des Politischen.* Zürich, Diaphanes, 2005, 89-114.

Miller, David: *On Nationality.* Oxford, Oxford University Press, 1995.

O'Rourke, Kevin H./Williamson, Jeffrey G.: *Globalization and History: The Evolution of a Nineteenth-century Atlantic Economy.* Cambridge/MA, MIT Press, 1999.

Ohmae Kenichi: *The Borderless World: Power and Strategy in the Interlinked Economy.* New York, Harper Perennial, 1991.

Osterhammel Jürgen/Petersson, Niels P.: *Geschichte der Globalisierung. Dimensionen, Prozesse, Epochen.* München, C.H. Beck, 2003.

Pogge, Thomas: *World Poverty and Human Rights.* Cambridge/UK, Polity Press, 2003.

Rawls, John: *A Theory of Justice.* Oxford, Oxford University Press, 1971.

Rawls, John: *Justice as Fairness.* Cambridge/MA, Belknap Press, 2001.

Robertson, Robert T.: *The Three Waves of Globalization: A History of a Developing Global Consciousness.* London, Zed Books, 2003.

Robertson, Roland: „Glokalisierung: Homogenität und Heterogenität in Raum und Zeit", in: Beck, Ulrich (Hg.): *Perspektiven der Weltgesellschaft.* Frankfurt/M., Suhrkamp, 1998, 192-220.

Sen, Amartya: *Development as Freedom.* Oxford, Oxford University Press, 1999.

Tamir, Yael: *Liberal Nationalism.* Princeton, Princeton University Press, 1993.

Virilio, Paul: *Fluchtgeschwindigkeit.* München, Hanser, 1996.

Waters, Malcolm: *Globalization.* London, Routledge, 1995.

Zurbuchen, Simone: „Globale Gerechtigkeit und das Problem der kulturellen Differenz – Eine kritische Auseinandersetzung mit dem liberalen Nationalismus", in: Angehrn, Emil/ Baertschi, Bernhard: *Globale Gerechtigkeit und Weltordnung – Justice global et ordre mondial.* Basel, Schabe, 2005, 121-141.

Ulrich Metschl

Globalisierung, Gerechtigkeit und öffentliche Güter

I

Der soziale Wandel, welcher sich seit einem halben Jahrhundert in den westlichen Industrie-staaten vollzieht, ist für die Soziologie immer wieder auch eine begriffliche Herausforderung. Mit der Rede von der Risikogesellschaft, der Multioptionsgesellschaft oder der derzeit favori-sierten Wissensgesellschaft ist es verschiedentlich durchaus gelungen, ein zeitweilig vorherr-schendes Lebensgefühl in den sogenannten postindustriellen Gesellschaften auf einen präg-nanten Nenner zu bringen. Doch am Ende war es nicht die Soziologie, sondern die Ökono-mie, welche die tief greifenden Transformationsprozesse der Gegenwart in das öffentliche Bewusstsein hob. Erst mit den vielfältigen Auswirkungen der Globalisierung fand die Tatsa-che des sozialen Wandels ihre endgültige Anerkennung und man darf annehmen, dass das allgemeine Interesse an der Globalisierung in dem Maße anstieg, wie diese zunehmend als eine Herausforderung empfunden wurde. Solange die Globalisierung eine Verheißung auf neue Märkte und Absatzchancen für weltweit operierende Unternehmen schien, blieb sie ein ökonomisches Phänomen von begrenztem Interesse. Doch nachdem die Schranken gefallen waren, die bis 1989 Ost und West getrennt hatten, und ostasiatische Länder begonnen hatten, ihre wirtschaftliche Entwicklung voranzutreiben, wurden diese Hoffnungen immer mehr überlagert von der Sorge um abwandernde Arbeitsplätze und erodierende Sozial- und Um-weltstandards. Die Erkenntnis, dass in einer globalisierten Wirtschaft andere Länder nicht nur willige Absatzmärkte bieten, sondern früher oder später auch als konkurrierende Anbieter auftreten, und die Befürchtung, gegen eine mitunter als unlauter angesehene Konkurrenz nicht bestehen zu können, haben in den westlichen Industriestaaten die grundsätzliche Ein-sicht befördert, dass die Globalisierung, als Projekt wie als Prozess, eine Entwicklung dar-stellt, die „gestaltet" werden muss.

Nun ist zwar die Gestaltung eines derart einschneidenden Wandels, wie ihn die Globalisie-rung darstellt, schon auf nationaler Ebene eine Aufgabe, die in ihren Dimensionen kaum überschätzt werden kann. Denn die unterschiedlichen Interessen der verschiedenen gesell-schaftlichen Akteure lassen eine unkontroverse Entscheidungsfindung schon unter weniger dramatischen Vorzeichen kaum erwarten, und homogene Interessen können nicht einmal bei den einzelnen Bürgern einer Gesellschaft unterstellt werden. Wer als Arbeitnehmer seine öffentlichen Pensionszahlungen um eine private Altersvorsorge ergänzt wissen will, erhofft sich damit, von eben der Stärke der globalisierten Aktienmärkte profitieren zu können, die er als Gewerkschaftsmitglied eher fürchtet. Die Vorteile eines durch die Globalisierung erweiterten Wettbewerbs für die Verbraucher erscheinen ein und derselben Person als abhängig Beschäftigter nur allzu schnell als Nachteil.

Doch derartige praktische Schwierigkeiten befreien nicht von der grundsätzlichen Verpflichtung, den sozialen Wandel fair und gerecht zu gestalten. Die Globalisierung ist daher zunächst, sofern nicht auf jeden Anspruch der politischen Einflussnahme verzichtet werden soll, nur eine weitere Herausforderung für die öffentliche Entscheidungsfindung, die im Sinne des Gemeinwohls an Kriterien der Gerechtigkeit gebunden ist.

Bei näherer Betrachtung kommt man allerdings um die Einsicht nicht herum, dass sich die Schwierigkeiten, die Globalisierung fair und gerecht zu gestalten, nicht auf praktische Aspekte beschränken. Denn üblicherweise wird Gerechtigkeit, jene vornehmste Tugend einer Gesellschaft, als das Verhältnis der Personen innerhalb einer Gesellschaft verstanden, welche ihrerseits dabei als abgeschlossene, mehr oder weniger eigenständige oder autarke Einheit vorausgesetzt wird. Gerade diese Voraussetzung aber wird von der Globalisierung, die ja die Grenzen des Nationalen und damit einer Binnengesellschaft überschreitet, aufgehoben. Für die Gerechtigkeitstheorie stellt sich daher mit der Globalisierung die Frage nach den Kriterien einer globalen Gerechtigkeit, die unabhängig von den Institutionen und Mechanismen einer abgeschlossenen und für sich bestehenden Gesellschaft gültig sind. Unterschiedliche Ebenen der Gerechtigkeit sind in der politischen Philosophie zwar nicht unbekannt, doch erst das Phänomen der Globalisierung zwingt die Gerechtigkeitstheorie, einen nicht unmittelbar an gesellschaftliche Strukturen gekoppelten Gerechtigkeitsbegriff zu entwickeln.

Der vorliegende Beitrag verfolgt zwei Anliegen. Zum einen soll die Schwierigkeit, welche die Globalisierung für eine tragfähige Konzeption von Gerechtigkeit darstellt, auf verständliche Weise beschrieben werden. Weil dies vor dem Hintergrund einer Gerechtigkeitsauffassung geschieht, die in der Tradition des politischen Liberalismus steht, wird die Globalisierung dabei nicht grundsätzlich in Frage gestellt. Auch die Überzeugung, dass die Effizienz einer freien Marktwirtschaft wohlstandssteigernde Auswirkungen haben kann, wird in diesem Zusammenhang nicht zur Debatte gestellt. Denn auch für die Suche nach einer gerechten Verteilung von Wohlstand gilt, einer bekannten Redensart entsprechend, dass man nur mit dem Wind gegen den Wind segeln kann. Dies macht die Frage nach Gerechtigkeit aber keineswegs gegenstandslos. Die ökonomische Theorie unserer Tage wird sich jedenfalls dem Vorwurf, mit ihrer Verteidigung der Globalisierung hinter ihre eigenen wohlfahrtsökonomischen Einsichten zurückgefallen zu sein, nicht ganz entziehen können. Eine Behauptung, die im Folgenden mehr vorausgesetzt als begründet wird, lautet, dass die Globalisierung zwar nicht per se als ungerecht angesehen werden muss, ja sogar durchaus auf wohlstandsmehrende Effekte zu ihren Gunsten verweisen kann, der bisherige Verlauf der Globalisierung aber gleichwohl kritisch zu beurteilen ist, weil er eine Verpflichtung auf Fairness und Gerechtigkeit vermissen lässt. Einseitige ökonomische Argumente mögen dem auch deshalb Vorschub geleistet haben, weil es bislang an einem belastbaren Begriff globaler Gerechtigkeit gemangelt hat.

Das zweite Anliegen ist daher die Auseinandersetzung mit einem konkreten Vorschlag für einen egalitaristisch orientierten Gerechtigkeitsbegriff, der den Besonderheiten der Globalisierung Rechnung trägt: dem von Amartya Sen vertretenen *Capability*-Ansatz. Das primäre Ziel dieses Ansatzes ist es, einen Maßstab zu schaffen für die Beurteilung der Fairness von Lebenschancen, der auf einer bestimmten Auffassung von menschlichem Wohlergehen basiert. Diese Auffassung wiederum, welche Martha Nussbaum und Amartya Sen in unterschiedlichen Nuancen entwickelt und vertreten haben, setzt Wohlergehen mit der Verwirklichung von autonom bestimmten Lebensplänen, die Personen für sich als wertvoll erachten, gleich.[1] Während Amartya Sen in diesem Zusammenhang den Aspekt der Lebensqualität betont, scheint mir für Fragen der Verteilungsgerechtigkeit ein Rückgriff auf ein von Sen kritisiertes Konzept von Ressourcengerechtigkeit unabdingbar. Für das in den *basic capabilities* zum Ausdruck kommende Wohlergehen, das einen globalen Gerechtigkeitsbegriff orientieren soll, bilden, so meine These, bestimmte öffentliche Güter, teils selbst globaler Natur, die unverzichtbare Grundlage. Die Schwierigkeiten, die sich der Bereitstellung öffentlicher Güter aber in aller Regel stellen, signalisieren schließlich, dass globale Gerechtigkeit zuvörderst eine Frage internationaler Kooperation von politischen Institutionen ist.

Die Betrachtung der Grenzen des Ansatzes, ein Konzept globaler Gerechtigkeit über öffentliche Güter zu entwerfen, steht am Schluss des Beitrags. Diesem voraus gehen zunächst eine nähere Betrachtung der Globalisierung und ihrer wesentlichen Merkmale sowie eine Darstellung der Schwierigkeiten, welche die bislang vorherrschenden Konzeptionen von Gerechtigkeit mit der Globalisierung haben.

II

Im öffentlichen Sprachgebrauch steht Globalisierung für die diffuse Wahrnehmung all jener Erscheinungen des sozialen Wandels, welcher sich in den westlichen Industriegesellschaften seit dem Ende des Zweiten Weltkriegs und in zumindest gefühlter Beschleunigung seit der Auflösung des Warschauer Pakts vollzieht. Mitunter wird mit Globalisierung aber auch ein Prozess bezeichnet, der in Europa seit mehr als 300 Jahren im Gange ist, mit der planmäßigen Erschließung von Kolonien begann und seinen vorläufigen Höhepunkt in der heutigen Internationalisierung der Handelsbeziehungen erreicht. Doch die Besonderheiten der Globalisierung geraten bei der Suche nach Kontinuitäten ebenso leicht aus dem Blick wie bei der Vermengung der unterschiedlichen Aspekte einer fortschreitenden Modernisierung, von der die Globalisierung im Übrigen freilich nicht unabhängig sein kann.

Tatsächlich besteht die Globalisierung in einem Prozess zunehmender wirtschaftlicher Verflechtung durch die Beseitigung von Barrieren für den Handel mit Waren, Kapital und Dienstleistungen sowie, wenngleich in weit geringerem Ausmaß, für den Verkehr von Perso-

---

1 Vgl. Nussbaum/Sen 1993. Während Nussbaum eher (neo)aristotelischen Vorstellungen von einem gelingenden Leben verpflichtet ist, steht Sen in der freiheitsbetonenden Tradition des Liberalismus.

nen.[2] Es verdient allerdings Beachtung, dass der internationale Handel, kaufkraftbereinigt, bereits zu Beginn des 20. Jahrhunderts ein Volumen erreicht hat, das nach den Einschnitten in die internationalen Handelsbeziehungen nach dem Ersten Weltkrieg erst wieder in den 1980er-Jahren erreicht worden ist.

Das besondere Merkmal der Globalisierung liegt aus ökonomischer Sicht aber nicht so sehr in der Internationalisierung der Handelsbeziehungen, sondern vor allem in den sinkenden und tendenziell gegen null gehenden Kosten für Informationsbeschaffung und Informationsverarbeitung. Neue Kommunikations- und Informationstechnologien erlauben mittlerweile die in den Kosten praktisch zu vernachlässigende Übertragung, Speicherung und Verarbeitung von Daten dank ständig sinkender Grenzkosten für jede zusätzlich übertragene Informationseinheit. Vieles spricht zwar dafür, dass immer noch Rohstoffe, allen voran Rohöl, der Schmierstoff der Weltwirtschaft sind, doch erst die Tatsache der räumlich und zeitlich unbegrenzten Verfügbarkeit von Information verhilft der Globalisierung zu ihren spezifischen Erscheinungsformen. Zu diesen zählt der gewachsene Einfluss weltweit operierender Finanzmärkte ebenso wie die Verlagerung selbst anspruchsvoller Dienstleistungen, vom Call-Center über Softwareentwicklung zur Diagnostik medizinischer Aufnahmen, in indische Hightech-Regionen.[3]

Insofern die Globalisierung den durch technologische Entwicklungen bedingten Vorteil sinkender Informationskosten nützt, befördert sie den Aufschwung wissensintensiver Tätigkeiten und mag daher als Ausdruck der sogenannten Wissens- oder Informationsgesellschaft genommen werden.[4] Und insofern wissensintensive Tätigkeiten oft in den Bereich der Dienstleistungen fallen, hängt die Globalisierung auch mit der als Tertiarisierung bezeichneten volkswirtschaftlichen Gewichtsverlagerung vom sekundären Sektor produzierender und verarbeitender Gewerbe auf den tertiären Sektor der Dienstleistungen und freien Berufe zusammen. Die sozialen Auswirkungen solcher Wandlungen sind nicht zu unterschätzen. Dennoch und trotz ihrer gesamtgesellschaftlichen Bedeutung bleibt die Globalisierung vorrangig ein ökonomisches Phänomen, das gleichermaßen einen Prozess wie ein Projekt umfasst.

Dementsprechend sind die Vorteile, die für die Globalisierung angeführt werden, vornehmlich ökonomischer Natur, obgleich verschiedene globale Herausforderungen, wie etwa eine drohende Klimaveränderung, nicht minder für ein Projekt der Globalisierung sprechen würden. Aber schon Adam Smith hat mit dem Hinweis auf Kostenvorteile überzeugend für den Freihandel und gegen merkantilistische Beschränkungen plädiert.[5] Auch die heutige Globalisierung wird mit den Vorteilen, die sich aus dem freien Handel nicht nur mit Gütern, sondern

---

2 Vgl. Stiglitz 2002, 9.

3 Die Phänomene der Globalisierung schildert anschaulich Friedman 2006, der dabei nicht zuletzt mit dem möglichen Missverständnis aufräumt, die Globalisierung würde sich auf die Abwanderung einfacher Industrietätigkeiten beschränken.

4 Wissensgesellschaft und Informationsgesellschaft müssen im soziologischen Sprachgebrauch nicht synonym gemeint sein, etwa wenn mit letzterem Begriff vor allem ein technischer Aspekt betont werden soll. Für unsere Zwecke allerdings können etwaige Unterschiede vernachlässigt werden.

5 Siehe Smith 1991 (Erstausgabe 1776), insbesondere Book IV, Chapter 2. Die bis heute gültige Einsicht in komparative Kostenvorteile wurde in der Folge insbesondere von David Ricardo formuliert.

auch mit Dienstleistungen ergeben, und insbesondere auch mit den Chancen freien Kapitalverkehrs verteidigt.

Der Abbau von Handelsbeschränkungen und die Öffnung nationaler oder regionaler Märkte, einschließlich der Finanzmärkte und zunehmend auch der Märkte für kapitalnahe Dienstleistungen von Banken und Versicherungen, zählen daher auch zu den Empfehlungen, welche im Rahmen des sogenannten *Washington Consensus* von Organisationen wie dem Internationalen Währungsfond (IMF) oder der Weltbank als Maßnahmen zur wirtschaftlichen Entwicklung und Wohlstandssteigerung seit den späten 1980er-Jahren vertreten bzw. als Voraussetzungen für die Kreditvergabe durch internationale Einrichtungen vorgegeben wurden. Neben der Deregulierung und der Marktöffnung sahen die im *Washington Consensus* vorgesehenen Empfehlungen auch die Verringerung von Staatsausgaben durch disziplinierte Führung öffentlicher Haushalte sowie die Privatisierung staatlicher Unternehmen zur Steigerung ihrer Wirtschaftlichkeit und Wettbewerbsfähigkeit vor.

Zwar umfasste der ursprüngliche Ansatz, der als Reaktion auf die ökonomische Schieflage lateinamerikanischer Länder in den 1980er-Jahren entworfen worden war, zusätzlich und neben wirtschaftlich belebenden Steuerreformen auch Investitionen in Bildung, Gesundheit und Infrastruktur sowie Mechanismen zum Schutz geistigen Eigentums, doch wahrgenommen und von Globalisierungskritikern bemängelt wurde der *Washington Consensus* vor allem als ein Programm zur Privatisierung, Handelsliberalisierung und Deregulierung, das in Verbindung mit der verordneten Haushaltsdisziplin und dem damit verbundenen Mangel an sozialstaatlichen Gestaltungsmöglichkeiten nicht nur zum Nachteil ärmerer Bevölkerungsgruppen, sondern zum Nachteil der so reformierten Länder insgesamt wirkte.[6]

Die Bilanz etwa der vom Internationalen Währungsfond eingeleiteten Reformmaßnahmen fällt für die verschiedenen Schwellenländer in der Tat mehr als zweifelhaft aus. So wurde der Zusammenbruch der asiatischen Finanzmärkte im Sommer 1997, der durch den Kursverfall der thailändischen Währung ausgelöst worden war, durch den IMF nicht nur nicht, wie es seine Aufgabe gewesen wäre, verhindert oder wenigstens gemildert, sondern durch die vom IMF angemahnte restriktive Haushaltspolitik offenbar verschärft. Auch der Übergang von der sowjetischen Planwirtschaft zur Marktwirtschaft Russlands, den der IMF als Schocktherapie ohne gleitende oder gesteuerte Übergangsphase durch eine schrittweise Marktöffnung verordnete, hinterlässt bis heute einen zwiespältigen Eindruck.[7]

Doch anders als eine mitunter undifferenziert und populistisch vorgetragene Kritik nahelegen will, ist das Projekt der Globalisierung durch die praktischen Schwierigkeiten seiner Umsetzung nicht schon widerlegt.[8]

---

6 An die Spitze der Kritik hat sich Joseph E. Stiglitz gesetzt, dessen Darstellung in Stiglitz 2002 die hier genannten Punkte folgen; siehe insbesondere die Kapitel 4 und 5 in Stiglitz (2002).

7 So betrug der Rückgang des Bruttoinlandsprodukts für Russland zwischen 1990 und 1999 54%, der Rückgang der Industrieproduktion sogar annähernd 60%; vgl. Stiglitz 2002, 143.

8 Selbstverständlich stellt auch Stiglitz die Globalisierung nicht in Frage, wenn er die Bedeutung der richtigen Reihenfolge bei Wirtschaftsreformen betont oder zu ihrer Gestaltung funktionierende Kontrollmechanismen, wie Banken- oder Börsenaufsichten, einfordert.

III

Die Hoffnungen, die sich mit der Globalisierung verbinden, beruhen auf den Einsichten in die Vorzüge einer freien Marktwirtschaft. Eine Rechtfertigung für die dezentralisierte Wirkungsweise des freien Marktes findet sich in den Lehrsätzen der neoklassischen Ökonomie. Die sogenannten fundamentalen Wohlfahrtstheoreme etwa weisen einen Zusammenhang zwischen idealem Markt mit vollkommenem Wettbewerb und kollektiver Wohlstandsmaximierung nach.[9] Dabei gilt nach dem ersten Hauptsatz der Wohlfahrtsökonomik, dass ein unter idealen Marktbedingungen bei vollkommenem Wettbewerb erreichbarer, ökonomischer Gleichgewichtszustand in einem zu präzisierenden Sinn von maximaler Effizienz ist. Als „pareto-effizient" oder „pareto-optimal" wird dabei ein Verteilungszustand x (von Ressourcen bzw. Gütern) bezeichnet, wenn es, vereinfacht gesprochen, nicht möglich ist, einen alternativen Verteilungszustand y zu erreichen, der für wenigstens einen beteiligten Akteur eine Verbesserung bringt, ohne auch nur einen anderen Akteur schlechter zu stellen. Durch das zweite fundamentale Wohlfahrtstheorem, welches besagt, dass bei gewissen Voraussetzungen und gegebenenfalls durch Transferzahlungen jeder pareto-optimale Zustand über ein Marktgleichgewicht zu erhalten ist, wird der Zusammenhang zwischen Markt und Effizienz der Allokation weiter betont.

Die Bedeutung dieser Lehrsätze liegt in dem darin verwendeten Kriterium der Pareto-Effizienz und dem normativen Charakter, der diesem zukommt. Mit allen Risiken der Vereinfachung können wir sagen, dass die fundamentalen Wohlfahrtstheoreme zeigen, dass durch das dezentralisierte Handeln des Marktes unter freien Wettbewerbsbedingungen, gleichsam wie durch Adam Smiths unsichtbare Hand gesteuert, nach einem spezifischen Wohlfahrtskriterium ein maximaler Wohlfahrtseffekt erreicht wird. Dem liegt die Überlegung zugrunde, dass von jedem Verteilungszustand aus, welcher eine Pareto-Verbesserung zulässt, der also nicht bereits selbst pareto-optimal ist, eine weitere Steigerung des kollektiven Wohlstands möglich ist. Denn für wenigstens einen Akteur gibt es eine Verbesserung, und zwar nach dessen eigener Nutzenbewertung, ohne dass auch nur ein anderer Akteur dabei einen Wohlstandsverlust hinnehmen muss.

Die Aussage, dass über ein vollkommenes Wettbewerbsgleichgewicht eine Maximierung des kollektiven Wohlstands erreicht wird, ist aber dennoch keine bedingungslose Rechtfertigung eines völlig freien Marktes oder gar einer *Laissez-faire*-Ökonomie. Wesentliche Bedeutung kommt nämlich folgenden beiden Beobachtungen zu:

☐   Der im ersten fundamentalen Wohlfahrtstheorem aufgezeigte Zusammenhang zwischen Wettbewerbsgleichgewicht und Pareto-Effizienz fußt auf der expliziten Annahme einer Wirtschaft mit ausschließlich privaten Gütern, also ohne öffentliche Güter, und ohne Externalitäten. Weil diese Voraussetzung in der Welt, in der wir leben, nicht erfüllt ist – unabhängig von der strittigen Frage, was als öffentliches Gut gelten kann, sind in unserer Welt externe Effekte jedenfalls der Normalfall –, können die Wohlfahrtstheoreme statt als Verteidigung der reinen Lehre des freien Marktes auch gelesen werden als Nachweis der

---

9 Zu den fundamentalen Wohlfahrtstheoremen siehe insbesondere Boadway/Bruce 1984, 82 ff., sowie Cornes/Sandler 1996, 24-25. Eine strenge Formulierung findet sich u.a. in Laffont 1989, 2-4.

Bedingungen, die gelten müssen, um die Stärken des freien Marktes überhaupt entfalten zu können.

☐   In der Regel sind weder Marktgleichgewichte noch pareto-optimale Zustände eindeutig. Als Verteilungskriterium und damit indirekt auch als Wohlfahrtskriterium ist die Pareto-Bedingung, wie nur zu gut bekannt ist, unzulänglich. Das folgende, klassische Beispiel illustriert seine Schwäche: Eine Großmutter möchte ihren Kuchen unter ihren drei Enkeln aufteilen. Sie hat die Möglichkeit, (a) einem der Kinder allein den ganzen Kuchen zu überlassen, (b) zwei Kindern jeweils einen halben Kuchen zu geben, ohne das dritte Kind zu beteiligen, oder (c) jedem der Kinder ein Drittel des Kuchens zuzuteilen. Jede dieser drei Möglichkeiten ist pareto-optimal und in der Tat ist jede Aufteilung des Kuchens, bei der dieser zur Gänze verteilt wird, pareto-optimal. Pareto-ineffizient sind lediglich solche Aufteilungen, bei denen ein Teil des Kuchens dem Genuss entzogen und kurzerhand weggeworfen wird. Doch nicht jede vollständige Aufteilung des Kuchens würde intuitiv als fair angesehen werden können, so dass mit dem Pareto-Kriterium noch kein hinreichendes Maß für Verteilungsgerechtigkeit gegeben ist.[10]

Die Unzulänglichkeit der Pareto-Bedingung als Verteilungskriterium war stets ein wesentlicher Impuls für die normative Ausrichtung der Wohlfahrtsökonomie. Hier soll sie aber vor allem auf eines hinweisen: Selbst wenn sich im Zuge der Globalisierung alle Vorteile des freien Marktes entfalten könnten, hätte sich die Frage nach der gerechten Verteilung des so erwirtschafteten Wohlstands keineswegs schon von selbst beantwortet. Dass sich die Vorteile des freien Marktes aber in der erhofften Weise entfalten können, ist zudem insoweit in Frage gestellt, als externe Effekte kaum wirkungsvoll zu verhindern sind, wie nicht zuletzt die Schwierigkeit, einen drohenden Klimawandel abzuwenden, belegt.

Um ein mögliches Missverständnis hinsichtlich des Anspruchs liberaler Gerechtigkeitstheorien auszuschließen, sei betont, dass Kriterien der Verteilungsgerechtigkeit die Effizienzkriterien, die für einen freien Markt sprechen, nicht ersetzen, wohl aber ergänzen sollen. Dies heißt insbesondere, dass selbst wenn mit der fortschreitenden Globalisierung Effizienzgewinne und damit Wohlstandszuwächse erreicht werden, was insbesondere vor dem Hintergrund des europäischen Vereinigungsprozesses durchaus glaubhaft ist, wir der Frage nach einer gerechten Verteilung des Wohlstands keineswegs enthoben sind. Unabweisbar werden Fragen der Verteilungsgerechtigkeit spätestens dann, wenn statt der ökonomischen Theorie die Wirklichkeit der bisherigen Globalisierung in den Blick genommen wird.

Es verdient allerdings Beachtung, dass die ökonomische Theorie für die Frage nach Verteilungsgerechtigkeit immerhin insoweit eine gewisse Vorentscheidung beinhaltet, als sie deren Reichweite eingrenzt. Denn der mögliche und von vielen befürchtete Verlust von Arbeitsplätzen in Europa und Nordamerika durch Abwanderung von Produktion und Dienstleistungen nach Osteuropa, Ostasien oder Indien stellt jedenfalls insofern nicht selbst schon eine Ungerechtigkeit dar, als es sich dabei „nur" um die im Sinne der Markteffizienz erforderlichen Anpassungen handeln könnte. Freilich müssen diese für die Betroffenen fair gestaltet

---

10 Mit der Existenz unterschiedlicher Gleichgewichtszustände auf unterschiedlichem Niveau hat Kaushik Basu gegen ökonomische „Rechtfertigungen" von Kinderarbeit argumentiert; vgl. Basu 2004.

werden, so schwierig die Bestimmung dessen, was dabei als fair gelten kann, angesichts der unterschiedlichen Interessen auch ist. Das „Recht auf Arbeit" kann jedenfalls in Shenzen nicht weniger zählen als in Dortmund oder Mailand. Wachsam sollte man gleichwohl gegenüber einer Tendenz sein, Gewinne zu privatisieren und Verluste oder Kosten der Gesellschaft aufzubürden. Gegen eine solche Tendenz eine Vorstellung von Gemeinwohl lebendig zu halten, ist unter den Vorzeichen der Globalisierung kaum leichter geworden und bleibt wohl die vornehmste Aufgabe für das, was angemessen als Zivilgesellschaft bezeichnet werden kann.

Die eigentliche Aufgabe für eine Theorie der Gerechtigkeit gegenüber der Globalisierung ergibt sich dennoch nicht aus den unterschiedlichen Anpassungsschwierigkeiten, die die globale Wirtschaftsdynamik unweigerlich mit sich bringt, sondern aus der im weltweiten Vergleich frappierenden Ungleichheit der Lebensbedingungen in den ärmeren Ländern gegenüber denen in reicheren. Sofern Hoffnungen genährt wurden, wonach ein liberalisierter Welthandel auch und gerade den Ärmsten der Erde zugutekommen müsse, bleiben diese bis heute weitgehend unerfüllt. Auch wenn mitunter Gegenteiliges zu hören ist, deuten die wohl verlässlichsten Zahlen darauf hin, dass sich die weltweite Ungleichheit in den letzten Jahren nicht nennenswert verringert hat. Die von den Vereinten Nationen ausgegebenen Milleniumsziele, mit denen eine Halbierung der weltweiten Armut bis zum Jahr 2015 angestrebt wird, sind in den vergangenen fünf Jahren nicht in greifbare Nähe gerückt, ungeachtet der punktuellen Fortschritte, die hier und da erreicht worden sind.

Anzuerkennen ist, dass sich der Anteil der Menschen, die von weniger als einem US-Dollar täglich leben müssen, weltweit tatsächlich verringert hat, und zwar von 28,3% im Jahre 1987 auf 24% im Jahre 1998. Doch ist dieser Rückgang vor allem auf die wirtschaftliche Entwicklung Chinas zurückzuführen und bedeutet wegen der weiter steigenden Weltbevölkerung keinen Rückgang in absoluten Zahlen. Hier ist nämlich ein Anstieg zu verzeichnen von 1,1832 Milliarden im Jahre 1987 auf 1,1989 Milliarden im Jahre 1998. Der Anstieg fällt noch deutlicher aus, als es diese 15 Millionen Menschen signalisieren, wenn die Bevölkerung Chinas herausgerechnet wird: den 879,8 Millionen Menschen, die im Jahre 1987 in extremer Armut lebten, standen 985,7 Millionen im Jahr 1998 gegenüber.

Ein ähnlicher Anstieg der weltweiten Armut ist zu registrieren, wenn Armut über die von der Weltbank bevorzugt verwendete Zwei-US-Dollar-Grenze gemessen wird. Nach Angaben der Weltbank stieg die Zahl der Menschen, die von weniger als zwei US-Dollar täglich leben müssen, von 2,781 Milliarden im Jahr 1990 auf 2,801 Milliarden im Jahr 1998, wobei aber im gleichen Zeitraum das weltweite Gesamteinkommen um jährlich 2,5% anstieg. Während die Welt also insgesamt reicher wurde, wurden die Armen immer mehr.

Nun sind derartige Zahlen in erster Linie statistische Schätzungen, die zudem, wie etwa die Größe des weltweiten Gesamteinkommens, vergleichsweise abstrakt bleiben. Armut dagegen wird konkret erfahren und sie ist, als Ungleichheit und Benachteiligung, über viele Merkmale fassbar.

Neben dem verfügbaren Haushaltseinkommen, dem zweifellos grundlegende Bedeutung zukommt, indem es u.a. zur Sicherung ausreichender Ernährung beiträgt oder den Zugang zu Bildungseinrichtungen öffnet, sind Faktoren wie Gesundheit oder Lebenserwartung, aber auch Möglichkeiten politischer Teilhabe entscheidend für die individuelle Lebensqualität und daher von Relevanz für die Beurteilung gerechter Verhältnisse. Armut bedeutet nicht nur, über ein geringes, für das tägliche Leben vielleicht unzureichendes Einkommen zu verfügen. Armut bedeutet auch, keinen oder einen erschwerten Zugang zu den Leistungen eines Gesundheitssystems zu haben, eine geringere Lebenserwartung zu besitzen oder selbst von elementaren Bildungsmöglichkeiten, etwa einem Primärschulunterricht, ausgeschlossen zu sein. Diese Faktoren sind keineswegs unabhängig voneinander. Statistische Korrelationen, auch innerhalb wohlfahrtsstaatlich verfasster Industrienationen, sind zuverlässig nachgewiesen für Einkommensarmut und verringerte Lebenserwartungen, für Einkommensarmut und verringerte Bildungschancen sowie für geringere Bildung und höhere Morbidität.

Die Einzelheiten der weltweiten Ungleichheit werden dagegen in dem vom Entwicklungsprogramm UNDP der Vereinten Nationen herausgegebenen *Human Development Report* regelmäßig aufgelistet. In der Messung anhand eines aggregierten Index, der der Erkenntnis Rechnung trägt, dass das menschliche Wohlergehen nicht unmittelbar am Pro-Kopf-Anteil des Bruttoinlandsprodukts oder anderer Standardmaße der volkswirtschaftlichen Gesamtrechnung abgelesen werden kann, rangiert seit Jahren Norwegen ebenso zuverlässig auf einem Spitzenplatz, wie Sierra Leone einen der letzten Plätze in der Liste von knapp 180 Staaten belegt. Was immer als Kernindikator für Armut genommen wird, dem *Human Development Report* ist zu entnehmen, dass die Armut in den Staaten Schwarzafrikas, Südostasiens und der früheren Sowjetunion wohnt, während der Reichtum sich auf Japan, Australien, Nordamerika und Westeuropa verteilt. Wenn aber diese Daten eine so klare Sprache sprechen, warum ist es dann so schwierig, eine tragfähige Konzeption von globaler Gerechtigkeit zu entwickeln?

IV

Das Interesse an Fragen globaler Gerechtigkeit ist selbst ein Merkmal der Globalisierung. Noch im späten 18. Jahrhundert konnte Adam Smith die Auffassung vertreten, dass unsere Anteilnahme am Schicksal und Wohlergehen ferner Völker an natürliche Grenzen stößt und daher zumeist wirkungslos bleibt.[11] Zwar stellt Smith ein Gefühl des allgemeinen Wohlwollens der Menschheit gegenüber nicht in Abrede, doch wie verlässlich kann eine solche Empfindung sein, wenn schon in überschaubaren menschlichen Gemeinschaften die Bereitschaft zur Solidarität begrenzt ist? Was jedenfalls eine durch ein entsprechendes moralisches Empfinden getragene „Weltgesellschaft" anbelangt, war Immanuel Kant kaum weniger skeptisch als Adam Smith.[12] Die im Denken der Aufklärung wurzelnde, liberale Konzeption von Gesellschaft, die eine solche als Zusammenschluss freier und gleicher Individuen zu Zwecken der Kooperation versteht, verzichtet nicht auf soziale Gefühle und Einstellungen, die den gesellschaftlichen Zusammenschluss tragen und es erlauben, Gesellschaften über die Verfolgung des bloßen Eigennutzes hinaus als auf Dauer angelegt zu sehen. Weil mit dem Hinweis auf die begrenzte Reichweite solidarischen Empfindens aber die Möglichkeit einer „Weltgesellschaft" bestritten wird, steht der Entwurf einer Konzeption von globaler Gerechtigkeit vor

---

11 "It very rarely happens, however, that our good-will towards such distant countries [China bzw. Japan; U.M.] can be exerted with much effect." Smith 2002 (Erstausgabe 1753), 270.
12 Vgl. Kant 1979 (Erstausgabe 1795).

einer ersten Hürde. Denn sämtliche existierenden Gerechtigkeitsbegriffe orientieren sich grundsätzlich an dem durch eine Gesellschaft und deren Strukturen und Institutionen vorgegebenen Bezugsrahmen. Deutlich erkennen lässt sich dies in der bekanntesten Gerechtigkeitstheorie der Gegenwart, der Theorie von John Rawls.[13]

Beginnend mit seinem Hauptwerk *A Theory of Justice* aus dem Jahr 1971 hat Rawls eine integrale Gerechtigkeitskonzeption vorgeschlagen, die sich als Alternative zum wohlfahrtsökonomisch lange dominierenden Utilitarismus versteht. Über einen vertragstheoretischen Ansatz unternimmt es Rawls, Grundsätze der Gerechtigkeit zu entwickeln, von denen angenommen werden kann, dass sie vernünftigerweise von einem Standpunkt der Unparteilichkeit aus zur Errichtung der Grundstruktur einer Gesellschaft gewählt würden. Der integrale Charakter der Rawls'schen Konzeption zeigt sich darin, dass diese nicht auf ein Konzept der Verteilungsgerechtigkeit, die die faire Allokation von Gütern und Ressourcen regelt, beschränkt ist, sondern insbesondere auch politische Rechte umfasst.

Die von Rawls vorgeschlagenen Gerechtigkeitsprinzipien lauten:
- ☐ Jede Person hat das gleiche Anrecht auf das umfassendste System von Freiheiten, das mit den Freiheiten der anderen Personen vereinbar ist.
- ☐ Soziale und ökonomische Ungleichheiten sind nur zulässig, sofern sie (i) mit öffentlichen Ämtern und Positionen verbunden sind, die für alle zugänglich sind, und (ii) zum Vorteil aller, also insbesondere zum Vorteil der am schlechtesten Gestellten, wirken (Differenzprinzip).

Der nachrangige Charakter reiner Verteilungsfragen wird aus einer Äußerung Rawls' deutlich, wonach grundsätzlich jeder Verteilungszustand gerecht sein sollte, der in einer Gesellschaft, welche den genannten Grundsätzen genügt, zustande kommt.

Die gesellschaftliche Grundstruktur, die durch die Grundsätze reguliert werden soll, umfasst die wichtigsten und grundlegendsten sozialen und politischen Institutionen einer beliebigen Gesellschaft. Dazu zählen eine Eigentumsordnung, etwa mit der Anerkennung von Privateigentum, oder die soziale Organisation mit der modernen Kleinfamilie als elementarer Einheit. Die Gesellschaft selbst wird dabei verstanden als faires System der Kooperation zu Zwecken des wechselseitigen Vorteils. In der von Rawls verteidigten Auffassung von Gerechtigkeit kommt der gesellschaftlichen Grundstruktur eine insgesamt egalisierende Funktion zu. Denn eine über ihrer Grundstruktur nach Maßgabe der Gerechtigkeitsgrundsätze errichtete Gesellschaft sieht eine egalitäre Zuteilung von Lebenschancen vor, deren Verwirklichung freilich auch von äußeren Umständen abhängen wird. Wie unschwer zu erkennen, zeichnet für den egalitaristischen Charakter der Rawls'schen Gerechtigkeitskonzeption vor allem das Differenzprinzip verantwortlich, das Ungleichheiten nur insoweit für gerechtfertigt ansieht, als diese mit der Gesellschaft als einem dauerhaft auf Kooperation und wechselseitigen Vorteil ausgerichteten Unternehmen vereinbar sind. Für die faire Zuteilung von Lebenschancen geht Rawls, wie noch erläutert werden wird, von sogenannten Primärgütern aus, unter denen solche Ressourcen zusammengefasst werden, die zur Verwirklichung individueller

---

13 Vgl. Rawls 1971. Zur Schwierigkeit, die sich daraus für ein Konzept globaler Gerechtigkeit ergibt, vgl. auch Sen 1999.

Lebenspläne als unabdingbar verstanden werden können und daher von allen Individuen vernünftigerweise erstrebt werden. Doch zunächst bleibt festzuhalten, dass der von Rawls formulierte Ansatz, bestehenden sozialen Ungleichheiten und Benachteiligungen durch einen egalitaristischen Begriff von Gerechtigkeit zu begegnen, einen Referenzrahmen in Form gesellschaftlicher Institutionen voraussetzt und daher nicht unmittelbar auf ein Konzept globaler Gerechtigkeit, das einen solchen Rahmen nicht voraussetzen kann, übertragbar ist.

In der ursprünglichen Formulierung der Theorie tritt dies klar zutage. Denn für diese hat Rawls eine „wohlgeordnete Gesellschaft" unterstellt, die durch ein hohes Maß an Homogenität der Wertvorstellungen geprägt ist. Obgleich im Einzelfall unterschiedliche Personen, vor dem Hintergrund unterschiedlicher Lebenserfahrungen und individueller Lebenspläne, unterschiedliche Verhältnisse als gerecht bzw. ungerecht beurteilen werden, und das heißt: unterschiedliche *Konzeptionen* von Gerechtigkeit vertreten mögen, besteht für eine wohlgeordnete Gesellschaft immerhin die Gewähr, dass ein von allen geteiltes und getragenes *Konzept* von Gerechtigkeit besteht. In einer wohlgeordneten Gesellschaft herrscht, so Rawls, Einigkeit über die Grundsätze der Gerechtigkeit, auch wenn deren Anwendung und Umsetzung mitunter kontrovers sein mag.

Zwar hat Rawls selbst die Annahme einer wohlgeordneten Gesellschaft in späteren Arbeiten als unrealistisch bezeichnet oder zumindest abgeschwächt und den für freiheitliche Gesellschaften charakteristischen Pluralismus der Lebensentwürfe wie Werthaltungen betont. Doch gilt auch unter der Abschwächung zu einem „überschneidenden Konsens", dass eine gerechte Gesellschaft einen Sinn für das kooperative Unterfangen voraussetzt, das eine Gesellschaft darstellt, weshalb der Pluralismus von Rawls um die Forderung seiner Vernünftigkeit ergänzt wird. Ohne auf die Kriterien für einen vernünftigen Pluralismus näher einzugehen, bleibt aber festzuhalten, dass Rawls seine Konzeption von Gerechtigkeit explizit auf eine mehr oder weniger als abgeschlossen und autark zu verstehende Gesellschaft relativiert und dabei sogar betont, eine Gerechtigkeitstheorie zu verteidigen, die primär dem Gesellschaftsmodell moderner, westlicher Demokratien, die rechtsstaatlich verfasst und marktwirtschaftlich organisiert sind, angemessen ist.

Man kann diesen Ansatz somit verstehen als die Anerkennung einer demokratischen Verfassungswirklichkeit, die auf die Bereitschaft ihrer Bürgerinnen und Bürger setzt, neben ihren individuellen Interessen auch so etwas wie ein Gemeinwohl anzuerkennen. Dass dies keine Selbstverständlichkeit ist, wird dort deutlich, wo sich im Zuge eines gescheiterten *nation-building* ganze Regionen anheischig machen, die Hobbes'sche Fiktion des Naturzustands als Krieg aller gegen alle Wirklichkeit werden zu lassen. Mit der Einschränkung aber, dass Gerechtigkeit ein binnengesellschaftliches Merkmal ist, bleibt die Frage nach einer internationalen oder globalen Gerechtigkeit zunächst unbeantwortet. Dies ist Rawls keineswegs entgangen. Er trägt dem Rechnung mit der Aufteilung des Gerechtigkeitsbegriffs auf mehrere Ebenen: Von der betrachteten binnengesellschaftlichen Gerechtigkeit unterscheidet sich einerseits, nach unten, eine lokale Gerechtigkeit, die das soziale Gefüge besonderer Institutionen und Verbände wie Kirchen, Armeen oder Gewerkschaften regelt, und andererseits, nach oben, eine internationale Gerechtigkeit, die, so Rawls, die Beziehungen von zumeist nationalstaatlich organisierten Gesellschaften zueinander regelt.[14] Erläuternd verweist Rawls in diesem Zusammenhang auf die These, dass derzeit keine politische Einheit unterhalb des Nationalstaats in der Lage sei, die notwendigen Voraussetzungen für ein gutes Leben zu sichern, während gleichzeitig keine politische Einheit oberhalb des Nationalstaates ausreichend demokratisch legitimiert erscheint. Die von Rawls im Rahmen dieser Unterscheidung skizzierte internationale Gerechtigkeit, das *Law of Peoples* – verstanden als Komplex politischer Ideen nicht als positives Recht wie das *Law of Nations* –, bleibt aber demgemäß weitgehend auf die Regelung zwischenstaatlicher Beziehungen beschränkt, ohne die globale Ungleichheit der Lebensbedingungen näher in den Blick zu nehmen. In Übereinstimmung mit seiner vertragstheoretischen Konzeption von binnengesellschaftlicher Gerechtigkeit geht auch das *Law of Peoples* von einem vernünftigen Pluralismus gesellschaftlicher Ordnungen aus, um zu erklären, wie die Verhältnisse und Beziehungen zwischen diesen Gesellschaften als fair und gerecht verstanden werden können. Der vernünftige Pluralismus lässt unterschiedliche Gesellschaftsformen insoweit zu, als diese immerhin an die Anerkennung bestimmter Grundsätze, minimaler rechtsstaatlicher Prinzipien und der Menschenrechte etwa, gebunden sind. Auch wenn dadurch grob unmenschliche, diktatorische Regimes aus der internationalen Staatengemeinschaft ausgeschlossen bleiben, heißt dies nicht, dass diese eine reine Versammlung freiheitlich-demokratischer Gesellschaften sein wird. Über die Rechtsstaatlichkeit hinausgehende Kriterien der Gerechtigkeit, insbesondere der gerechten Verteilung, bleiben bei diesem Ansatz aber ungeklärt. Die Gesellschaften, die unter dem *Law of Peoples* miteinander in Beziehung treten, um sich als Gesellschaft von Gesellschaften zu organisieren, werden selbst schon als mehr oder weniger gerechte Gesellschaften vorausgesetzt, um parallel der vertragstheoretischen Übereinkunft zwischen freien und gleichen Bürgern, die die binnengesellschaftlichen Gerechtigkeitsgrundsätze begründet, als gleichberechtigte und gleichrangige Verhandlungspartner ihr System der zwischengesellschaftlichen oder zwischenstaatlichen Kooperation zu organisieren.

Doch gerade diese Annahme der Gleichrangigkeit ist durch die konkreten Ausprägungen der Globalisierung fragwürdig geworden. Die Tatsache, dass die internationalen Handelsbeziehungen teils zurecht als unfair bezeichnet werden können, nicht zuletzt weil sich in ihnen bestehende Machtverhältnisse spiegeln, deutet darauf hin, dass sich die Vertragspartner eben nicht als freie und gleichberechtigte gegenübersitzen. Die oft als „strukturelle Gewalt" (Johan Galtung) bezeichnete Abhängigkeit weniger entwickelter Staaten von den reicheren Ländern findet bei Rawls kaum Beachtung und damit auch nicht die politische Ursache der Lebensbedingungen jener, die als die Verdammten dieser Erde gelten. Rawls' Ausführungen zur internationalen Gerechtigkeit sind hilfreich, wo es darum geht, Antworten auf globale Herausforderungen zu finden, die, wie Umweltfragen etwa, in nationalstaatlichem Rahmen nicht bewältigt werden können. Aber sie bleiben unbefriedigend, insoweit sie (a) Fragen der Verteilungsgerechtigkeit als rein innergesellschaftliches Problem verstehen und (b) den mit der Globalisierung einhergehenden und durch diese mitunter verstärkten Entwicklungen in den Verhältnissen zwischen Staaten oder auch Staatengruppen nicht gerecht werden. Rawls verteidigt seine Zurückhaltung in Fragen einer globalen Gerechtigkeit, die sich für die faire Zu-

---

14 Vgl. Rawls 2001, 11-13.

teilung von Lebenschancen in einem weltweiten Maßstab interessiert, mit dem Hinweis, vorrangig an einer „realistischen Utopie" interessiert zu sein, die sich mit einer innergesellschaftlichen Konzeption von Gerechtigkeit erreichen und verwirklichen lässt.[15] Wenn sich damit aber jeder weitere Versuch, globale Gerechtigkeit zu fassen, tatsächlich erledigt hätte, könnte Entwicklungshilfe allenfalls noch als Nothilfe verstanden werden, die aus Mildtätigkeit und Barmherzigkeit gewährt wird, ohne dass darauf ein Anspruch, sei es ein moralischer oder gar ein rechtlicher, erhoben werden könnte. Eine derartige Haltung scheint aber zu verkennen, dass die Schuld an ihrer misslichen Lage nicht ohne weiteres den Entwicklungsländern alleine angelastet werden kann.

V

Ein viel beachteter Ansatz, intuitive Vorstellungen von Gerechtigkeit für eine der Verbesserung von Lebensverhältnissen verpflichtete Entwicklungspolitik fruchtbar zu machen, stammt von Amartya Sen.[16] Leitgedanke dieses Ansatzes ist, dass das Ziel einer wohlfahrtsorientierten Politik darin bestehen muss, Voraussetzungen zu schaffen, die es den Individuen einer Gesellschaft erlauben, so weit wie möglich ein Leben nach eigenen Vorstellungen und Wünschen zu leben. Entwicklungspolitik erfordert so die Entwicklung zur individuellen Freiheit.[17] Sen führt in diesem Zusammenhang den Begriff der *capabilities* ein, bei denen es sich um Kombinationen von Lebensvollzügen als Tätigkeiten und Lebensweisen, sogenannten *functionings*, handelt, zwischen denen Individuen autonom wählen können.

Für ein besseres Verständnis des *Capability*-Ansatzes und seiner Implikationen empfiehlt sich die Betrachtung der Alternativen, von denen sich dieser Ansatz absetzen soll. Einer egalitaristischen Gerechtigkeitsauffassung zufolge besteht ein enger Zusammenhang zwischen Gerechtigkeit und Gleichheit. Doch nicht jede Form von Ungleichheit ist Ausdruck einer Ungerechtigkeit. Unterschiedliche freiwillige Anstrengungen beispielsweise sollten auch unterschiedlich honoriert werden, und selbst die Vorteile, welche sich aus größerem Talent oder höherer Begabung ergeben, verdienen entsprechende Anerkennung, ohne dass ein Streben nach Gerechtigkeit dem entgegenstehen müsste. Für einen egalitaristischen Gerechtigkeitsbegriff muss daher zuerst bestimmt werden, worin die im Namen der Gerechtigkeit geforderte Gleichheit besteht und wonach sich eine der Gleichheitsforderung widersprechende Benachteiligung bemisst. Rawls hatte zu diesem Zwecke einen Index von Primärgütern vorgeschlagen, anhand dessen ermittelt werden kann, welche Personen oder Personengruppe in einem gegebenen Gesellschaftszustand die am schlechtesten Gestellten sind.

Diese Primärgüter werden in folgende fünf Gruppen von Gütern oder Faktoren eingeteilt:
☐ Grundrechte und Freiheitsrechte, wie etwa Gewissens- und Glaubensfreiheit, oder das Recht auf freie Meinungsäußerung;

---

15 Rawls 2001, 13.
16 Eine zugängliche Darstellung des Ansatzes als Grundlage einer Entwicklungspolitik findet sich in Sen 2000.
17 Zu Sens Auseinandersetzung mit dem Begriff der Freiheit siehe Sen 2002.

☐ Freizügigkeit und freie Wahl der Berufsausübung;

☐ Befugnisse und Privilegien im Rahmen von Ämtern und hoheitlichen Positionen;

☐ Einkommen und Wohlstand, in einem mit Tauschwert verbundenen Sinn, zur Erreichung frei gewählter Ziele;

☐ die sozialen Grundlagen der Selbstachtung, verstanden als jene Merkmale grundlegender sozialer Institutionen, durch die sich Bürger als Personen geachtet fühlen, denen die Verwirklichung ihrer Lebenspläne offensteht und zugestanden wird.

Rawls' Primärgüter stellen mithin Ressourcen dar, die eine objektive Messung eines Wohlfahrtsniveaus und damit eventuell bestehender Ungleichheit erlauben. Die im Sinne der sozialen Gerechtigkeit geforderte Gleichheit ist dabei eine Ressourcengleichheit.

Sens Einwand gegen Primärgüter als Maßstab von Gleichheit bzw. Ungleichheit lautet, dass unter bestimmten Umständen um der Gerechtigkeit willen von der Gleichverteilung von Ressourcen abgewichen werden sollte. Bei den von Rawls betrachteten Gütern handelt es sich nämlich um Mittel, die von Akteuren im Sinne ihrer Lebensgestaltung genützt werden können. Doch wegen der menschlichen Verschiedenheit und der ganz unterschiedlichen individuellen Bedürfnisse und Wünsche werden verschiedene Personen mit ein und derselben Menge an Ressourcen oder Gütern ganz unterschiedliche Effekte erzielen. Auch die Auswirkung einer Gütermenge auf das eigene Wohlergehen wird individuell verschieden sein. Körperliche Behinderung verlangt einen höheren Aufwand an Mitteln, um das gleiche Maß an Mobilität zu erreichen, das nicht behinderte Personen üblicherweise erzielen. Wer körperlich hart arbeitet, hat vermutlich einen höheren Bedarf an Ernährung als eine Person, deren Tätigkeit sich auf das Anspitzen von Bleistiften beschränkt. Nicht die Güter selbst sind also die entscheidende Größe, sondern das, wozu diese Güter Personen befähigen. Gleiche Ressourcenzuteilung bedeutet nicht gleiches individuelles Wohlergehen. Dieses aber ist das Ziel fairer Verteilung.

Allerdings sprechen auch triftige Gründe gegen die utilitaristische Auffassung, Gleichheit oder Ungleichheit an einem subjektiven Index des Wohlergehens, sei es in Form mentaler Glückszustände wie im klassischen Utilitarismus, sei es in Form der Werte von interpersonell vergleichbaren Nutzenfunktionen, festzumachen. Denn die Ansprüche verschiedener Personen können, so Sen, sowohl zu hoch als auch zu bescheiden sein. Wer, wie Sen mit dem *Expensive-Tastes*-Beispiel veranschaulicht, aufgrund überhöhter Ansprüche erst zufrieden ist, wenn der Tag mit Kaviar und Champagner beginnt, während andere Milch und Schwarzbrot zu genießen wissen, kann nicht erwarten, bevorzugt behandelt zu werden. Umgekehrt darf, wie Sen mit dem *Tamed-Housewife*-Beispiel verdeutlicht, die Bescheidenheit einer Person, die sich in ihr Schicksal der Benachteiligung und Unterdrückung eingefunden hat, nicht zu ihrer weiteren Benachteiligung führen, sondern verlangt gerade nach entsprechender Kompensation.[18]

---

18 Die von Nussbaum und Sen zitierten Untersuchungen Martha Chens über Frauen in Bangladesh belegen den Wert dieser Betrachtungen. Chen schildert die Schwierigkeiten einer Alphabetisierungskampagne für Frauen in Bangladesh, mit der eine objektiv bestehende Benachteiligung behoben werden sollte, die von den betroffenen Frauen zunächst nicht als solche erlebt wurde. Der Widerstand gegen das Pro-

Sofern also Gerechtigkeit Gleichheit verlangt, kann diese weder in der Gleichheit der Güterzuteilung noch in der Gleichheit des Glückswerts oder der Präferenzerfüllung bestehen. Als ein Mittleres zwischen diesen Optionen schlägt Sen daher *capabilities* vor. Armut, so Sen, kann allenfalls näherungsweise über ein absolutes Armutsmaß wie die Ein-Dollar-Grenze der Weltbank bestimmt werden. Denn nicht der Mangel an Einkommen selbst ist entscheidend, sondern die damit verbundenen Einschränkungen an Ernährung, an Lebenserwartung, an Gesundheit oder Bildung. Diese Güter stellen die eigentlich erstrebten Güter dar, und mit ihnen verbinden sich *functionings*, d.h. Möglichkeiten, etwas zu tun oder zu sein, was den eigenen Wünschen und Vorstellungen entspricht. "*Functionings* represent parts of the state of a person – in particular the various things that he or she manages to do or be in leading a life."[19]
Sens Charakterisierung von *functionings* ist allerdings, wie G.A. Cohen betont, nicht frei von Mehrdeutigkeit.[20] Denn die Fähigkeit, lesen und schreiben zu können, wird ebenso zu den *functionings* gezählt wie der Zustand ausreichender Ernährung oder allgemein stabiler Gesundheit. In dieser Breite jedenfalls muss unter *functionings* alles verstanden werden, wovon wir vernünftigerweise annehmen können, dass es zu den Bedürfnissen und Wünschen eines normalen menschlichen Lebens zählt. Die von Sen daraus abgeleiteten *capabilities* betonen demgegenüber ein zusätzliches Element der Wahlfreiheit, das einer Vorstellung von personaler Autonomie entspricht. *Capabilities* sind alternative Kombinationen oder Vektoren von erreichbaren *functionings*, die jeweils einem möglichen Lebensvollzug entsprechen und zwischen denen Individuen wählen können.[21]
Man erkennt unschwer, welche Implikationen dieser Ansatz für entwicklungspolitische Konzepte besitzt. Denn das Ziel der Entwicklungspolitik ist dieser Sichtweise zufolge nicht mehr unmittelbar die Steigerung des Bruttoinlandsprodukts oder anderer volkswirtschaftlicher Kennzahlen, sondern besteht im ganz elementaren Sinn in der Verbesserung von Lebensbedingungen über die Sicherung grundlegender *capabilities*. Dabei kommt es gerade auf *capabilities* an, weil diese im Unterschied zu *functionings* einen politischen Aspekt von Handlungsfreiheit verkörpern, ohne den menschliches Wohlergehen einer liberalen Auffassung zufolge unvollständig bliebe. Ausdrücklich verteidigt Sen in diesem Zusammenhang den Vorrang einer demokratischen Gesellschaftsordnung vor rein wirtschaftsorientierten Reformprozessen.[22] Wie der mit dem *Capability*-Ansatz vorgegebene, normative Rahmen aber praktisch umgesetzt werden kann und wie etwa auch Chancengleichheit bei *capabilities* verstanden werden muss, sind Fragen, die der zunächst eher programmatische Vorschlag von Sen noch nicht unmittelbar beantwortet.

---

gramm, gerade von Seiten der Frauen, denen doch „geholfen" werden sollte, erklärt sich allerdings zum Teil aus der mangelnden Berücksichtigung des kulturellen Kontexts. Vgl. Nussbaum 1993, 258-259.
19 Sen 1993, 31.
20 Vgl. Cohen 1993.
21 "We should first note that capabilities are defined derivatively from functionings. In the space of functionings any point, representing an *n*-tuple of functionings, reflects a combination of the person's doings and beings, relevant to the exercise. The capability is a *set* of such functiong *n*-tuples, representing the various alternative combinations of beings and doings any one (combination) of which the person can choose." Sen 1993, 38.
22 Dies in ausführlicher Form in Sen 2000.

VI

Unter der gegebenen inhaltlichen Bestimmung von *capabilities*, die die Befriedigung elementarer menschlicher Bedürfnisse voraussetzen bzw. verlangen, liegt es nahe, im Rahmen dieses Ansatzes infrastrukturelle Einrichtungen zu fordern, welche die „Daseinsvorsorge" sicherstellen. Der Erhöhung der allgemeinen Lebenserwartung und der Sicherung ausreichender medizinischer Versorgung dient ein öffentliches Gesundheitswesen. Der Anspruch auf mindestens elementare Bildung und die dadurch gegebene Möglichkeit sozialen Aufstiegs durch Bildung können durch ein öffentliches Bildungssystem mit fair gestalteten Zugangsbedingungen eingelöst werden.

Ökonomisch betrachtet, handelt es sich bei diesen infrastrukturellen Einrichtungen um Kollektivgüter bzw. öffentliche Güter.[23] Im Unterschied zu (reinen) privaten Gütern zeichnen sich (reine) öffentliche Güter durch die Unteilbarkeit im Konsum, die oft auch als Nichtrivalität verstanden wird, und die Nicht-Ausschließbarkeit des Konsums aus. In der politischen Ökonomie galten Leuchttürme lange Zeit als das klassische Beispiel eines öffentlichen Gutes.[24] Der Nutzen, den ein Schiff aus den entlang einer Küste errichteten Leuchttürmen zieht, schmälert nicht den Nutzen, welchen ein anderes Schiff davon hat – somit ist der Konsum „unteilbar", weil das Gut für alle Konsumenten gleichzeitig verfügbar ist und nicht zwischen ihnen aufgeteilt werden muss. Zudem bleibt die Möglichkeit der Nutzung aber nicht auf bestimmte Schiffe beschränkt. Leuchttürme nützen auch jenen, die nichts zu ihrer Errichtung oder ihrem Unterhalt beisteuern, und sogar jenen, die sich mit unfreundlichen Absichten der Küste nähern. Das meint das Kriterium der Nicht-Ausschließbarkeit.[25] Aufgrund ihrer Eigenschaften wird für öffentliche Güter von einer latenten Unterversorgung ausgegangen. Die Annahme eines generellen Marktversagens bei ihrer Bereitstellung mündet daher häufig in die Forderung nach staatlicher Betätigung. Tatsächlich eignet öffentlichen Gütern in aller Regel eine politische Dimension, aber dies vor allem, weil ihre Verfügbarkeit und der Zugang zu den damit verbundenen Leistungen unmittelbar Fragen der Verteilungsgerechtigkeit berühren.

Sens *Capability*-Ansatz hatte zunächst zum Ziel, sowohl die Nachteile eines objektiven Güterindexes als auch die Nachteile eines rein subjektiven Nutzenindexes (über Glück oder Präferenzerfüllung) zur Bestimmung gerechtigkeitsrelevanter Ungleichheit zu vermeiden. *Capabilities* bewegen sich insofern zwischen diesen Extremen. Von Ressourcen unabhängig sind sie allerdings nicht. Die Möglichkeiten, die Individuen offenstehen zur Erreichung und Ver-

---

23 Streng genommen müssten dabei auch Clubgüter unterschieden werden, da zahlreiche infrastrukturelle Leistungen eher Clubgüter, mit Ausschlussmöglichkeit, sein dürften als reine öffentliche Güter. Da sich die im Folgenden verwendeten Beispiele jedoch mit starken Gründen als öffentliche Güter vertreten lassen, bleibt diese Feinheit hier unberücksichtigt. Zum Unterschied von öffentlichen Gütern und Clubgütern vgl. Cornes/Saddler 1996.

24 Mit diesem Beispiel befasst sich Ronald Coase in Coase 1974. Coase legt über die wirtschaftshistorische Betrachtung des britischen Leuchtturmsystems dar, dass ein öffentliches Gut erfolgreich über einen privatwirtschaftlichen Mechanismus, ohne besondere staatliche Intervention, bereitgestellt werden kann.

25 Die klassische Darstellung öffentlicher Güter in der modernen Ökonomie geht auf Samuelson 1954 zurück.

wirklichung selbst gewählter Ziele, ergeben sich nicht ausschließlich aus inneren Veranlagungen, sondern gründen maßgeblich in äußeren Gegebenheiten und Lebensumständen. Eine Frohnatur ersetzt nicht dauerhaft medizinische Leistungen und kompensiert allenfalls partiell fehlende Aufstiegschancen bei verhindertem Zugang zu Bildung. Wie derartige Ressourcen aber genützt werden und auch genützt werden müssen, wird von Person zu Person unterschiedlich sein. Als *basic capabilities* können solche gelten, die allen Menschen erstrebenswert erscheinen, weil sie die Voraussetzung für jede Form von eigenständiger Lebensweise bilden. Daher kann die Bereitstellung entsprechender Ressourcen als zentrale Aufgabe gestaltender Politik, auf nationaler wie übernationaler Ebene, angesehen werden. Auch Sens Beispiele für *basic capabilities* legen diese Auffassung nahe. Vermeidbaren Verringerungen der Lebenserwartung etwa muss durch Sicherung medizinischer Angebote und Hilfsmöglichkeiten ebenso wie durch die Aufrechterhaltung der öffentlichen Sicherheit (zum Schutz vor Gewalt) und auch durch Umweltschutzmaßnahmen gegen Luftverschmutzung, Lärm sowie Verunreinigung von Wasser oder Boden begegnet werden. Das Recht auf politische Teilhabe setzt eine funktionierende Rechtsordnung voraus. Zugleich muss ein funktionierendes Erziehungswesen jeder einzelnen Person die Fähigkeiten vermitteln, die erforderlich sind, um ein selbständiges Leben als freies und gleiches Mitglied der jeweiligen Gesellschaft führen zu können. Diesen programmatischen Zielsetzungen dienen die öffentlichen Einrichtungen eines funktionierenden Gemeinwesens – Gesundheitssystem, Rechtssystem, Bildungssystem –, und wo sie fehlen oder ihrer Aufgabe nicht gerecht werden, findet sich eine Gesellschaft rasch im Zustand fortgeschrittener Auflösung.

Die Rahmenbedingungen, die demnach weniger für das Funktionieren eines Gemeinwesens als vielmehr für das Gelingen einzelner Lebensentwürfe, zu dem ein fairer Anteil am allgemeinen Wohlstand gehört, unerlässlich sind und durch öffentliche Güter immerhin teilweise gesichert werden, erweisen sich als unterschiedlich dimensioniert. Denn die Reichweite eines öffentlichen Gutes muss sich nicht mit den Grenzen oder dem Umfang einer Gesellschaft decken. In jüngster Zeit wurden vor allem sogenannte globale öffentliche Güter vermehrt in den Blick genommen. Ein naheliegendes Beispiel für ein globales öffentliches Gut ist die Erdatmosphäre, doch sind öffentliche Güter von globalem Ausmaß keineswegs auf Umweltfaktoren beschränkt. Internationale Finanzmarktstabilität, das Weltkulturerbe oder international gültige technische Standards gelten gleichermaßen als globale öffentliche Güter.[26] Auch Gesundheit bzw. Gesundheitsvorsorge weist entsprechende Merkmale auf, da epidemische Erkrankungen in Zeiten der Globalisierung rasch zu einer weltweiten Bedrohung werden können, wie die Atemwegserkrankung SARS oder das für die Vogelgrippe ursächliche H5N1-Virus gezeigt haben.[27] Doch nicht alle Faktoren, die im Sinne des skizzierten Ansatzes für eine globale Gerechtigkeit erforderlich sind, müssen auch globale öffentliche Güter sein. Zu Recht weist Sen mit dem Begriff der „pluralen Einbindungen" darauf hin, dass die unterschiedlichen sozialen Bezugsrahmen, in die Personen eingebunden sind, ganz unterschiedli-

---

26 Globale öffentliche Güter und ihre vielfältigen Aspekte werden ausführlich behandelt in den Beiträgen in Grunberg u.a. 1999.

27 Chen, Evans und Cash weisen darauf hin, dass zwischen 1980 und 1999 29 Bakterien- und Virenstämme entdeckt wurden, die menschliche Erkrankungen auslösen können. Der AIDS-Erreger HIV ist darunter nur der bis heute bekannteste und dramatischste Fall; vgl. Chen u.a. 1999.

che Identitäten bedingen, die nicht restlos in einer Vorstellung von globaler Gleichheit aufgehen.[28] Auch die Faktoren, die der Befriedigung menschlicher Wünsche und Bedürfnisse dienen, werden sich dieser Variabilität beugen müssen und daher lokale, regionale oder eben auch nationale Besonderheiten aufweisen können.

Die wesentliche Einsicht bleibt gleichwohl, dass der auf Lebenschancen fokussierte *Capability*-Ansatz Sens mit der Forderung verbunden ist, über einen funktionierenden öffentlichen Sektor entsprechende Rahmenbedingungen zu schaffen, auf deren Grundlage individuelle Lebenschancen gesucht und verwirklicht werden können. Für ein Konzept von globaler Gerechtigkeit ist dies von unmittelbarer Bedeutung. Denn das Projekt der Globalisierung ist dadurch nicht nur an die pauschale Vorgabe gebunden, Bestimmungen zum Schutz der Umwelt oder Sozialstandards einzuhalten. Aus der genannten Einsicht folgt auch die konkretere Forderung, Einrichtungen des öffentlichen Sektors zu fördern und zu unterstützen und Maßnahmen zu unterlassen, die deren Wirken beeinträchtigen. Aus dieser Perspektive betrachtet, erweisen sich Empfehlungen des Internationalen Währungsfonds, im Zuge wirtschaftlicher Reformen eine Reduzierung des Staatshaushalts durch Streichung von Schulgeldern zu erreichen, nicht nur mittelfristig als kontraproduktiv, da ein verlässliches Ausbildungsniveau ein nicht unbedeutender Produktionsfaktor ist, sondern, im Sinne des *Capability*-Ansatzes, schlicht als ungerecht.[29]

Ein wesentlicher Aspekt einer globalen Gerechtigkeit ist daher, so können wir zusammenfassen, die Verfügbarkeit der öffentlicher Güter, die den gesellschaftlichen Rahmen für den Lebensvollzug freier und gleicher Individuen bilden.

VII

Sens *Capability*-Ansatz versteht sich als freiheitsbetonter Gerechtigkeitsbegriff. Er transportiert eine Vorstellung dessen, wozu Gerechtigkeit dient und was sie ermöglicht. Darin liegt eine Abgrenzung von ressourcenorientierten Gerechtigkeitskonzepten, die sich auf das konzentrieren, was gerechte Verhältnisse in materieller Hinsicht erfordern. Doch auch Freiheiten brauchen Ressourcen und sind an Voraussetzungen gebunden. Diejenigen Ressourcen, die als notwendige Bedingungen für Sens *capabilities* gelten müssen, sind, so habe ich argumentiert, öffentliche Güter. Doch auch öffentliche Güter sind in der Regel nicht naturgegeben, sondern müssen eigens bereitgestellt bzw. erhalten werden. Die notorischen Schwierigkeiten bei diesem Unterfangen erklären sich aus dem Umstand, dass in der Regel die Anreize fehlen, dies privatwirtschaftlich zu organisieren. Da wegen der Nicht-Ausschließbarkeit niemand, außer zu unvertretbar hohen Kosten, von der Nutzung abgehalten werden kann, sind Mitnahmeeffekte unausweichlich. Trittbrettfahrer bei öffentlichen Gütern nutzen den Umstand aus, dass auch diejenigen nicht vom Gebrauch abgehalten werden können, die zur Bereitstellung des öffentlichen Gutes nichts beigetragen haben.

Diese Erscheinungen sind wohl bekannt und sie lassen sich mit den Mitteln der Spieltheorie erhellend untersuchen. Der politischen Philosophie galten sie oft als ein Argument dafür, den

---

28 Vgl. Sen 1999.
29 Zu diesem und ähnlichen Vorwürfen vgl. Stiglitz 2002, Kapitel 3.

anarchistischen Herausforderungen mit der Idee einer im Umfang entsprechend begrenzten staatlichen Autorität entgegenzutreten. Doch für ein Konzept globaler Gerechtigkeit werfen sie eine Schwierigkeit auf. Wenn es stimmt, dass sich globale Gerechtigkeit an einer Vorstellung von fairen Lebenschancen mit der Aussicht auf individuelle Entfaltung orientiert, und wenn es weiter stimmt, dass diese Lebenschancen, bei aller Unterschiedlichkeit der „multiplen Identitäten" (Sen) von Personen, nur im Rahmen einer ausreichenden Daseinsvorsorge durch öffentliche Güter gewährleistet sind, dann setzt globale Gerechtigkeit funktionierende soziale Mechanismen und Institutionen in zumindest dem Umfang voraus, wie er für die Bereitstellung öffentlicher Güter unabdingbar ist. Damit aber beruht die globale Gerechtigkeit ihrerseits auf einem gesellschaftlichen Bezugssystem, das nach Maßgabe der Gerechtigkeit und der Fairness organisiert sein muss. Zwar wird globale Gerechtigkeit dadurch nicht wie bei Rawls zurückverwiesen auf rein binnengesellschaftliche Verhältnisse, doch wenn die Adressaten der Forderung nach globaler Gerechtigkeit auf jener Ebene zu suchen sind, auf der die Ausgestaltung internationaler Beziehungen erfolgt, dann bleibt die Frage, welche Institutionen und Mechanismen auf internationaler Ebene ebenjenes Marktversagen wirkungsvoll verhindern sollen, das für öffentliche Güter doch gerade charakteristisch ist.

Tatsache bleibt, dass keine internationale Institution existiert, der die Verwirklichung einer globalen Gerechtigkeit in nur annähernd dem Maße gelingen könnte, wie sich post-industrielle Wohlfahrtsstaaten um binnengesellschaftliche Gerechtigkeit bemühen. Die Aussichten auf eine globale Gerechtigkeit, die allen Menschen dieser Erde die gleichen Chancen auf individuellen Lebensvollzug sichert, sind daher mehr als zweifelhaft. Doch richtig ist auch, dass globale Gerechtigkeit wohl treffender als eine, wie es heute heißt, „Querschnittaufgabe" gesehen werden muss, der entsprechend der „pluralen Einbindungen" autonomer Individuen lokale, staatliche wie suprastaatliche Institutionen verpflichtet sind. Und schließlich bleibt die Aussicht, dass die Konzeption von globaler Gerechtigkeit als einer über die Verfügbarkeit öffentlicher Güter gesicherten Gleichheit individueller Lebenschancen immerhin eine normative Orientierung für die heute existierenden internationalen Institutionen bietet, deren Handeln ein Bekenntnis zu Fairness und Gerechtigkeit allzu oft hat vermissen lassen. Die Welt würde dadurch nicht vollkommen werden. Aber vielleicht ein bisschen gerechter.

Literatur

Barr, Nicholas: *The Economics of the Welfare State*. Oxford, Oxford University Press, [3]1998.

Basu, Kaushik: „Die Ökonomie der Kinderarbeit", in: *Spektrum der Wissenschaft* 1/04, 2004, 70-77.

Boadway, Robin/Bruce, Neil: *Welfare Economics*. Oxford/New York, Basil Blackwell, 1984.

Chen, Lincoln/Evans, Tim/Cash, Richard: „Health as a Global Public Good", in: Grunberg u.a. 1999, 284-304.

Coase, Ronald H.: „The Lighthouse in Economics", in: *Journal of Law and Economics* 17, 1974, 357-376 [auch abgedruckt in: Coase 1988, 187-213].

Coase, Ronald H.: *The Firm, the Market, and the Law*. Chicago, University of Chicago Press, 1988.

Cohen, G. A.: „Equality of What? On Welfare, Goods, and Capabilities", in Nussbaum/Sen 1993, 9-29.

Cornes, Richard/Saddler, Todd: *The Theory of Externalities, Public Goods and Club Goods.* Cambridge/UK, Cambridge University Press, [2]1999.

Friedman, Thomas: *The World is Flat.* London, Penguin Books, 2006.

Gosepath, Stefan: *Gleiche Gerechtigkeit. Grundlagen eines liberalen Egalitarismus.* Frankfurt/M., Suhrkamp, 2004.

Grunberg, Inge/Kaul, Isabelle/Stern, Marc (Hg.): *Global Public Goods. International Cooperation in the 21st Century.* New York/Oxford, Oxford University Press, 1999.

Kant, Immanuel: *Zum ewigen Frieden. Ein Philosophischer Entwurf.* Stuttgart, Reclam, 1979 [Originalausgabe von 1795].

Kesselring, Thomas: *Ethik der Entwicklungspolitik. Gerechtigkeit im Zeitalter der Globalisierung.* München, C.H. Beck, 2003.

Laffont, Jean-Yves: *The Economics of Uncertainty and Information.* Cambridge/MA, MIT Press, 1989.

Nussbaum, Martha: „Non-Relative Virtues: An Aristotelian Approach", in Nussbaum/Sen 1993, 242-269.

Nussbaum, Martha/Sen, Amartya (Hg.): *The Quality of Life.* Oxford, Oxford University Press, 1993.

Rawls, John: *A Theory of Justice.* Oxford, Oxford University Press, 1971.

Rawls, John: *Political Liberalism.* Cambridge/MA, Harvard University Press, 1993.

Rawls, John: *Justice as Fairness.* Cambridge/MA, Belknap Press, 2001.

Roemer, John: *Theories of Distributive Justice.* Cambridge/MA, Harvard University Press, 1996.

Roemer, John: *Equality of Opportunity*; Cambridge/MA, Harvard University Press, 1998.

Samuelson, Paul: „The Pure Theory of Public Expenditure", in: *Review of Economics and Statistics* 36, 1954, 387-389.

Sen, Amartya: „Equality of What?", in: McMurrin, S. (Hg.): *Tanner Lectures in Human Values I.* Cambridge/UK, Cambridge University Press, 1980.

Sen, Amartya: „Capability and Well-Being", in Nussbaum/Sen 1993, 30-53.

Sen, Amartya: „Global Justice. Beyond International Equity", in: Grunberg u.a. 1999, 116-125.

Sen, Amartya: *Development as Freedom.* New York, Anchor Books, 2000.

Sen, Amartya: *Rationality and Freedom*; Cambridge/MA, Belknap Press, 2002.

Smith, Adam: *The Wealth of Nations.* New York, Everyman's Library, 1991 [Originalausgabe von 1776].

Smith, Adam: *The Theory of Moral Sentiments.* Cambridge/UK, Cambridge University Press, 2002 [Originalausgabe von 1753].

Stiglitz, Joseph E.: *Globalization and its Discontents.* London, Penguin Books, 2002.

Andreas Exenberger

Divergente oder konvergente Utopien?
Ökonomische Globalisierung zwischen Freihandel und Armutsbekämpfung

> *Capitalism is the astounding belief that the most wickedest of men will do the most wickedest of things for the greatest good of everyone.*[1]

Einführung

Um die Motivation für diesen Text zu verdeutlichen, möchte ich ihm eine Feststellung aus einem früheren Text voranstellen: „Wann immer über Globalisierung gesprochen wird – je oberflächlicher, desto stärker ist das spürbar –, haben die beteiligten Personen unterschiedliche Vorstellungen darüber, was sie darunter verstehen. Damit aber fehlt dem Phänomen die Phänomenologie, die durch das Schaffen von unausgesprochenen Verständniszusammenhängen das Denken, Sprechen, Handeln und Diskutieren erleichtert. Daher können zur gleichen Zeit Menschen mit Globalisierung globalen Wohlstand verknüpfen und globale Armut, eine Gefahr und einen Segen, einen alten Hut und etwas fundamental Neues. Sie reden aneinander vorbei und nehmen sich jede Chance zur Diskussion."[2] Dieses weit verbreitete Festhalten an eigenen Überzeugungen verhindert in den Diskursen über wirtschaftliche Entwicklung und ökonomische Globalisierung oft den konstruktiven Dialog.[3] Mehr noch, es herrscht auch ein Missverhältnis zwischen den Fragen, die Ökonom(inn)en stellen, und den Antworten, die die Menschen wollen.[4] Man könnte das eiserne Beharren auf oft ideologiegetränkten Konzepten, die nicht selten utopischen Vorstellungen darüber ähneln, wie die Wirtschaft (oder der Mensch) sein soll, auch recht unmittelbar für Millionen von Opfern verantwortlich machen, die Revolutionen, Reformen oder Anpassungsmaßnahmen bislang weltweit gefordert haben.

---

1 Der britische Ökonom John Maynard Keynes (1883-1946), zitiert in Aisbett 2005, 35.
2 Exenberger/Cian 2006, 25.
3 Für Gegenbeispiele aus der Ökonomik vgl. etwa Aisbett 2005, Elliott u.a. 2004 und Kanbur 2001.
4 Aisbett 2005, 11. Das hat wohl auch mit dem biographischen Hintergrund von Ökonom(inn)en zu tun, der in der Regel in Industriestaaten liegt, und damit, wer sie in der Regel bezahlt …

Nun ist die Ökonomik zwar eine Wissenschaft, deren Vertreter(innen) sich selbst kaum je als Utopist(inn)en bezeichnen würden, sie hat es aber dennoch nicht nur dogmenhistorisch immer wieder mit Utopien zu tun. Die historischen Bezüge finden sich im Marxismus und noch deutlicher im utopischen Sozialismus, sie waren und sind aber auch in konservativen und liberalen Kreisen verbreitet, von der Bienenfabel über Adam Smith bis zu Friedrich von Hayek oder Milton Friedman. Die moderne Ökonomik als Wissenschaft bildet ja zudem im Wesentlichen keine realen Zustände ab, sondern beschäftigt sich mit Modellwelten, die nur ein idealisiertes Abbild der Welt sein können und wollen. Dabei stellt sie natürlich empirische Bezüge her und geht teils dazu über, das Verhalten der beteiligten Menschen nicht idealtypisch vorauszusetzen (im Sinne eines „rational" veranlagten *homo oeconomicus*[5]), sondern auf der Basis von Erkenntnissen der Verhaltenswissenschaften aus der Realität zu entnehmen.[6] Im Wesenskern der Ökonomik schlummert aber unverändert die „Maximierung von Nutzen" als Lebensinhalt des Menschen, zumindest soweit es seine wirtschaftlichen Beziehungen betrifft.[7] Dieser Ansatz, auf dem die Freihandelsideologie im Wesentlichen basiert, hat durchaus Erklärungskraft, solange er sich nicht für exklusiv hält.

Unter „Globalisierung" verstehen Ökonom(inn)en in der Regel die fortschreitende weltweite Integration von Güter-, Kapital- und Arbeitsmärkten, also wenig mehr als die Liberalisierung grenzüberschreitender Transaktionen. Sie hat zunehmende Ströme von Waren, Geld und Menschen sowie eine Konvergenz der Preise und Produktionsstandards zur Folge. Da Liberalisierung oft mit Freihandel geradezu gleichgesetzt wird, basiert die Begründung, warum diese Globalisierung vorteilhaft für die Menschen ist, oft auf Ideen, die im Zusammenhang mit theoretischen Überlegungen zum Handel entstanden sind.[8] Trotz einer gewissen globalen Standardisierung und Nivellierung, speziell der Preise, führte sie allerdings keineswegs zu zunehmender Konvergenz der Einkommen und also nicht zu mehr Gleichheit, speziell in den letzten zwei Jahrhunderten.[9] Auf der anderen Seite ist er ebenso eindeutig mitverantwortlich für historisch beispielloses materielles Wachstum in dieser Periode, zumindest in jenen Regionen, die daran partizipiert haben.[10]

Beides (Konvergenz wie Wachstum) kann für „Gerechtigkeit" stehen – die in der Ökonomik in der Regel mit der Maximierung von „Wohlfahrt" gleichgesetzt wird – und beides steht mit

---

5 Vgl. dazu etwa Manstetten 2000 oder Kirchgässner 1991.

6 Vgl. für eine knappe Einführung etwa Fehr 2002. Für solche Ansätze gab es in letzter Zeit auch Ökonomie-Nobelpreise, etwa 2002 (Daniel Kahneman und Vernon Smith) oder 2005 (Robert Aumann und Thomas Schelling).

7 Damit ist vereinfacht gesagt gemeint, dass jeder Mensch in Entscheidungssituationen jene Alternative wählen wird, die ihm vergleichsweise am meisten nützt. Dabei sind die „Opportunitätskosten" jeder Alternative zu berücksichtigen, die im entgangen Nutzen im Falle der Nichtwahl bestehen.

8 Es kann für diesen Beitrag genügen, diese Überlegungen kurz darzulegen. Sie werden analog auf die Bewegung von Kapital und (weitaus seltener) von Menschen angewandt.

9 Vgl. für Zahlen etwa Maddison 2001 (und die Daten-CD dazu). Betrug etwa das durchschnittliche Pro-Kopf-Einkommen (kaufkraftbereinigt) in Westeuropa im Vergleich zum Weltdurchschnitt im Jahre 1820 noch das 1,87fache, stieg dieser Wert bis 1913 auf das 2,42fache, bis 1973 auf das 2,97fache und bis 2001 auf das 3,31fache. Das bedeutet durchschnittliche jährliche Wachstumsraten während dieser Zeit von 1,55% für Westeuropa und 1,23% für die Weltwirtschaft.

10 Diese verbreitete Schlussfolgerung findet sich z.B. bei Lindert/Williamson 2003.

unterschiedlichen utopischen Grundkonzepten in Zusammenhang, die sich an den Idealen der Freiheit bzw. der Gleichheit orientieren. So halten Vertreter(innen) der Freihandelsideologie eine liberale Wirtschaft geradezu für die höchste Form einer auch ethisch gerechten Ordnung, weil sie Leistung angemessen honoriert. Sie erkennen in ihr den Schlüssel zur Armutsbekämpfung (durch letztlich diffundierendes Wirtschaftswachstum) und damit eine Konvergenz dieser Utopien. Vertreter(innen) einer alternativen Entwicklungsideologie, die dem ethischen Imperativ der Menschenrechte (und spezifischer der Armutsminderung) das Primat gegenüber ökonomischer Effizienz einräumen, betonen hingegen deren Divergenz. Ihrer Ansicht nach bedingen sich Wachstum und Armut geradezu gegenseitig.[11] Dieser Beitrag soll nun Licht auf die ökonomische Dimension dieses so folgenschweren Nichtverstehens werfen. Es geht dabei vor allem darum, die Argumente von Freihandelsbefürworter(inne)n nachvollziehbar zu machen, denen Ansätze einer Armutsorientierung[12] gegenübergestellt werden, ehe schließlich beide in einer Synthese im Zeichen der Globalisierung betrachtet werden sollen.[13]

Die Utopie des Freihandels

Der *homo oeconomicus* der neoklassischen Ökonomik

Die Welt, wie sie sich neoklassische Ökonom(inn)en[14] vorstellen, ist ein Ideal. Ihre prominentesten Vertreter(innen) sind sich dessen auch in der Regel bewusst, ihnen ist klar, dass es den *homo oeconomicus* nur im Rahmen ihrer Modelle gibt, nicht aber in der Realität. Wie etwa Milton Friedman, Ökonomie-Nobelpreisträger von 1976, darlegt, wenn er erklärt: "[T]he relevant question to ask about 'assumptions' of a theory is not whether they are descriptively 'realistic', *for they never are*, but whether they are sufficiently good approximations for the purpose at hand. And this question can be answered only by seeing whether the theory works, whether it yields sufficiently accurate predictions."[15] Ein Modell kann also gar nicht realistisch sein, weil es sonst unnütz wäre, und die Forderung muss nicht Realismus, sondern Prognosefähigkeit lauten.

---

11 Vgl. für eine andere Dimension dieser Debatte, den Konflikt zwischen Liberalismus und Protektionismus, etwa Kesselring 2003, 154-178.

12 Vgl. für einen Überblick über interdisziplinärer Ansätze im Lichte der „Option für die Armen" Sedmak 2005.

13 Für eine ausführlichere explizite Kritik an dem, was man als „neoliberale" Globalisierung versteht, sei auf den Beitrag von Claudia von Werlhof in diesem Band verwiesen oder auch auf die Beiträge von Josef Berghold und Wolfgang Palaver. Für weitere kritische Literatur sei auf Altvater/Mahnkopf 1996, Chossudovsky 2002, Stiglitz 2002 oder – als direkte Stimme der Aktivist(inn)en – Klein 2001 verwiesen.

14 Inhaltlich schließt die „neoklassische" Schule an die „klassische" Traditionslinie in der Ökonomik (Adam Smith und andere) an, die freilich methodisch infolge der sogenannten „marginalistischen Revolution" (die Anwendung des mathematischen Grenzwertprinzips) erheblich verändert wurde. Die Neoklassik begann in der zweiten Hälfte des 19. Jahrhunderts und blieb zunächst ein Ansatz unter mehreren, es wurden aber in der zweiten Hälfte des 20. Jahrhunderts (im Anschluss an die frühen Arbeiten von Paul Samuelson oder Milton Friedman) entscheidende Akzente gesetzt, die sie zur bis heute dominanten Linie innerhalb der Ökonomik werden ließen.

15 Zitiert in Manstetten 2000, 87 f. (Hervorhebung A.E.).

Nach Friedman ist also – überspitzt formuliert – der Inhalt der Annahmen irrelevant. Nichts-
destoweniger ist auch für ihn das Bild des egoistischen, rationalen, den Nutzen maximieren-
den *homo oeconomicus* – das die meisten Ökonom(inn)en verinnerlicht haben – am aussage-
kräftigsten, und für das weitere Verständnis der Freihandelsideologie ist die Kenntnis dieser
Vorstellung zweifellos von Vorteil. In seinen unbedingt erforderlichen Grundannahmen[16] ist
dieses Menschenbild dabei weniger radikal als in seinen einfacheren und daher an Annahmen
reicheren Variationen, die den meisten wissenschaftlichen und vor allem politischen Analysen zugrunde liegen. „Rational" etwa meint letztlich nur, dass die Menschen in der Lage sind,
ihre Vorlieben in eine Präferenzordnung zu übersetzen,[17] nicht hingegen, dass diese Vorlieben
selbst vernünftig sind. „Nutzenmaximierung" wird aus der Idee abgeleitet, dass mehr Güter
besser sind als weniger.[18] „Egoistisch" schließlich weist auf den individualistischen Hintergrund dieses Ansatzes hin, dass also der Nutzen anderer den eigenen nicht beeinflusst.
Vor allem Letzteres ist problematisch, weil die Interdependenz von Präferenzen (in Form von
Neid, Altruismus oder Nachahmung) hinreichend bekannt ist. Noch problematischer sind aber
die Präzisierungen des allgemeinen Ansatzes. In einer so gewonnenen Welt der „vollkomme-
nen Konkurrenz" kommen noch einige Beschränkungen hinzu: Es müssten Eigentumsrechte
an buchstäblich allem garantiert sein; alles müsste einen Preis haben und Gegenstand von
Markttransaktionen sein; insbesondere müsste alles Einkommen ausschließlich über den
Markt bezogen werden; schließlich herrscht in dieser Welt perfekte Information, jede(r) wäre
sich also z.B. der Qualität von Produkten und ihrer Preise jederzeit bewusst.[19] Das mündet in
Schlussfolgerungen wie jener von Milton Friedmann, "that both parties to an economic trans-
action benefit from it, *provided the transaction is bi-laterally voluntary and informed."*[20]
Diese Welt ist freilich ein Ideal. Zuerst ist der Mensch kein *homo oeconomicus* und man kann
zwar Institutionen schaffen, die z.B. Rationalität begünstigen, man wird aber anderes nie ganz
eliminieren können. Zum Zweiten gibt es keine vollständige Information, aber man kann den
Zugang zu Information verbessern und sich dem Ideal damit annähern. Zum Dritten gibt es
Externalitäten (d.h. positive oder negative Effekte von Transaktionen, die vom Markt nicht
bewertet werden), aber man wird sie durch „Internalisierung" verringern können. Zum Vierten gibt es keine flächendeckenden Eigentumsrechte und Bewertungen durch Preise, aber
man könnte solche – hypothetisch zumindest – definieren. Schließlich werden Markttransaktionen niemals allumfassend sein, sondern Menschen werden abseits von Märkten agieren,
selbst bloß abstrakt gedachten, z.B. in ihren persönlichen Beziehungen. Zu guter Letzt lässt
sich trefflich über den Grad der Freiwilligkeit von Transaktionen streiten, nicht nur, wenn es
um Kinderarbeit geht. Die ideale Welt der neoklassischen, „reinen" Ökonomik gibt es also
nicht und es wird sie vermutlich auch niemals geben, wenngleich man sich ihr annähern kann.

---

16 Vgl. etwa Manstetten 2000, 166-169.

17 Die den Axiomen der Vollständigkeit, Reflexivität und Transitivität folgen muss.

18 Diese Annahme der „Nicht-Sättigung" meint technisch nur, dass zumindest ein Gut konsumiert wird,
dessen Nutzenfunktion „streng monoton" ist, wo also der Nutzen mit steigendem Konsum stets zunimmt.

19 Bei „vollkommener Konkurrenz" gibt es viele kleine Unternehmen, die alle gewinnlos operieren, und
keine Unterschiede in den Preisen oder der Produktionstechnologie. Zudem besteht unbegrenzter Zugang
zum Kapitalmarkt für Unternehmen wie Konsument(inn)en.

20 Zitiert in Kanbur 2002, 478 (Hervorhebung im Original).

Das ist für ihre Vertreter(innen) kein unmittelbares Problem, sondern vielmehr bekennen sie sich dazu, nur einen Ausschnitt der Welt zu erklären. Die durchaus offene Frage ist dabei das Verhältnis dieser Erklärung zur Realität – nicht alle Analytiker(innen) geben die Beschränkungen so offen zu wie Friedman – und inwieweit sie in der Lage ist, zumindest in einem multidisziplinären Umfeld konkrete Lösungen für Probleme bereitzuhalten.[21]

Freihandel heißt vor allem Nichtdiskriminierung (also Gleichbehandlung ungeachtet der Herkunft), nicht etwa völlige Freiheit von Regulation. Er ist als Idee nicht zuletzt deshalb auch unabhängig von dieser neoklassischen Ökonomik denkbar, aber er steht zweifellos in einem besonderen Naheverhältnis zu dieser. In jedem Fall aber ist er eine Utopie: in der Welt der reinen Ökonomie, weil diese Welt selbst nur eine Ideal ist, und in der Welt der politischen Ökonomie, weil sie von Kompromissen wimmelt. Ausgangspunkt der Analysen ist dabei in der Regel eine Welt, in der zwei Länder bei der Produktion von zwei Gütern[22] sich in „Autarkie" befinden, also ausschließlich auf die Ressourcen des eigenen Landes angewiesen sind. Wird in dieser Welt unter neoklassischen Annahmen grenzüberschreitender Handel ermöglicht, profitieren unter Wohlfahrts- und Effizienzgesichtspunkten stets beide Länder davon.[23]

Konventionelle Freihandelserklärungen

Wenngleich die Freihandelserklärungen, die ich hier „konventionell" nennen möchte, bereits recht alt sind, gelten sie unverändert als Basis der wissenschaftlichen wie auch der politischen Argumentation. Schon Adam Smith argumentierte in *An Inquiry into the Nature and Causes of the Wealth of Nations* (1776) gegen den damals noch vorherrschenden merkantilistischen Zeitgeist, indem er die Vorteile der Arbeitsteilung anschaulich darstellte. Bei ihm geht es noch um relativ einfach verständliche absolute Kostenvorteile: Anstatt alle Güter selbst zu erzeugen, sollten jene Güter, die im Ausland billiger produziert werden können, dort eingekauft werden. Vierzig Jahre später setzte ein anderer Engländer diese Argumentation fort. David Ricardo bekämpfte in seinen *Principles of Political Economy and Taxation* (1817) die drohende Abwendung seines Landes vom Außenhandel. Er konnte begründen, warum es selbst dann zum Austausch von Gütern kommt, weil ein Land alle Produkte billiger herstellt als ein anderes. Ricardo entwickelte dazu die Idee der komparativen (relativen) Kostenvorteile. Der Punkt dabei ist, dass ein Land jenes Gut exportieren wird, das es *relativ* billiger herstellt als ein anderes, selbst wenn die Produktion *absolut* teurer ist. Sofern sich die Verhältnisse der Produktionskosten der Güter in den betrachteten Ländern in Autarkie unterscheiden, wird durch einen dazwischen liegenden gemeinsamen Weltmarktpreis, den sogenannten *terms of trade*,[24] ein Anreiz zur Spezialisierung geschaffen. Beide Länder werden ihre Produktion auf jenes Gut konzentrieren, dessen Preis relativ gestiegen ist. Das verschafft beiden

---

21 Ravi Kanbur bricht eine Lanze für eine ernst gemeinte „sozialwissenschaftliche Kooperation", die für Fragen der Entwicklungsökonomik (aber vermutlich auch darüber hinaus) besser geeignet wäre, als rein ökonomische Ansätze. Vgl. Kanbur 2002, vor allem 481-484.

22 Jeweils zwei nur der Anschaulichkeit halber; theoretisch ist dies längst verallgemeinert.

23 Wer nach noch einfacheren Erklärungen sucht, dem sei Norberg 2003 nahegelegt, wer es etwas komplexer haben möchte, kann sich an Standardlehrbüchern zur Außenwirtschaftslehre halten, wie etwa Krugman/Obstfeld 2006 oder Kenen 2000, oder – noch anspruchsvoller – Markusen 1995.

24 Die *terms of trade* entsprechen dem Preisverhältnis der Exportgüter relativ zu den Importgütern.

am Weltmarkt mehr Kaufkraft.[25] Weiterführende Modelle, die Kapital und andere Produktionsfaktoren berücksichtigen und (beispielsweise) abnehmende Grenzerträge unterstellen (je mehr von einem Faktor eingesetzt wird, desto geringer wird der Mehrertrag aus der Produktion), folgen derselben Logik und zeigen ebenfalls Wohlfahrtsverbesserungen in Form einer Ausweitung der Konsummöglichkeiten. Vor allem Eli Hekscher und Bertil Ohlin lieferten auf diese Weise in den 1930er-Jahren im Lichte einer dramatischen Wirtschaftskrise wieder Argumente zugunsten von internationalem Handel.[26]

Ein weiteres, recht altes Wohlfahrtsargument basiert schließlich auf der Aufhebung oder Verringerung von Zöllen. Da Zölle einen Keil zwischen Angebot und Nachfrage treiben und daher zum Umsatz von geringeren Mengen bei höheren Kaufpreisen für die Konsument(inn)en und zugleich geringeren Verkaufspreisen für die Produzent(inn)en führen, erhöht die Aufhebung dieser Verzerrung des Marktgleichgewichts die gesamtwirtschaftliche Wohlfahrt. Eines der wesentlichsten Merkmale der globalen Handelsliberalisierung nach dem Zweiten Weltkrieg war nicht zuletzt daher die massive Senkung von Zöllen und der in der Wirkung ähnliche Abbau von anderen Handelshemmnissen, was zumindest in den entwickelten Ländern im Wesentlichen die zu erwartenden positiven Folgen (Preissenkungen) hatte.[27]

Effizienzargumente

Es spricht noch etwas für die Teilnahme am Außenhandel: er verbessert die Effizienz des Ressourceneinsatzes weltweit. Während die Wohlfahrtsargumente meist von einem Modellrahmen ausgehen, in dem die Produktionsfaktoren zwar innerhalb des Landes mobil sind,[28] aber nicht über die Landesgrenzen hinaus (d.h. es gibt keine Auswanderung oder Kapitaltransfers), basieren die Effizienzargumente gerade auf dem Zulassen solcher Bewegungen. Die Faktoren wandern dorthin, wo sie die höchsten Renditen bzw. Löhne erhalten, und Unterschiede zwischen Ländern werden verringert, bis sich die Entlohnung dieser Faktoren international angeglichen hat. Wenn z.B. der Lohn für Arbeit in einem Land vergleichsweise hoch ist, dann herrscht dort offenbar eine Knappheit an Arbeitskräften. Man könnte erheblich billiger (und mehr) produzieren, wenn mehr Arbeitskräfte zur Verfügung stehen würden. Eine mögliche Lösung ist Einwanderung, die dazu führt, dass mehr produziert werden kann, zugleich aber die Löhne sinken, auch wenn das durch die Effizienzverbesserungen möglicherweise voll kompensiert werden kann. Darüber hinaus verbessert sich spiegelverkehrt

---

25 Ricardos Beispiel war Englands Außenhandel mit Portugal – ein Musterfall politischer Ökonomie, ging es doch auch darum, auf diesem Wege ein ökonomisches und politisches Abhängigkeitsverhältnis zu zementieren (nach dem Motto: Portugal sei gut beraten, sich *nicht* zu industrialisieren).

26 Das nach den beiden schwedischen Ökonomen benannte Modell ist bis heute Grundlage der meisten Standardansätze in der Außenhandelslehre.

27 Es gibt auch Wohlfahrtsargumente zugunsten von Zöllen: Das Optimalzollargument basiert auf dem Gedanken, dass es Zollsätze gibt, die dem Inland auf Kosten des Auslandes mehr Gewinn bringen, als die Verluste durch Verzerrungen von Angebot und Nachfrage ausmachen. Das Schutzzollargument wurzelt in der Idee, „junge" Industrien *(infant industries)* vor ausländischer Konkurrenz zu schützen, indem ausländische Produkte durch Zölle verteuert werden, bis die einheimischen kokurrenzfähig geworden sind.

28 Es also für eine(n) Arbeiter(in) z.B. keinen Unterschied macht, was produziert wird, oder für Kapitalist(inn)en, in was das Geld investiert wird.

auch die Effizienz der Wirtschaft, aus der die Arbeitskräfte abwandern (dort wird zwar weniger, aber qualitativ besser produziert). Eine andere Lösung wäre die Auslagerung der Produktion in Regionen, wo Arbeitskraft billiger ist.[29]

Ein weiteres, davon unabhängiges Effizienzargument basiert auf Größenvorteilen. Freihandel öffnet größere Märkte, dadurch steigt die Produktion und es können (das gilt zumindest in der Regel) die Durchschnittskosten gesenkt werden. Die Folge sind mehr und billigere Produkte für alle und damit eine Verbesserung der Effizienz (weil Verringerung der Kosten) und eine Verbesserung der Wohlfahrt (weil Preise sinken und damit die Kaufkraft steigt).

Progressive Freihandelserklärungen

Daran schließen sich Argumente zugunsten von Handel an, die ich „progressiv" nennen möchte. Sie erklären überzeugend den Handel zwischen Industriestaaten mit relativ ähnlichen Gütern, z.B. Autos. Das Kernargument basiert auf sogenannten „steigenden Skalenerträgen" (dass also die Durchschnittskosten der Produktion mit steigender Stückzahl abnehmen und damit die Erträge steigen) und auf unvollkommener Konkurrenz.[30] Aus diesen Prämissen folgt, dass Firmen schon in Autarkie so wenig verschiedene Produkte wie möglich erzeugen werden (also nur eines). Wird nun Handel zugelassen, bedienen die Firmen einen größeren Markt. Sie werden daher mehr produzieren, weil ihre Produktvariante ja auch im Ausland nachgefragt wird, und damit im Durchschnitt noch billiger.[31] Ergebnis der Marktöffnung ist ein Weltmarkt, in dem mehr Produktvarianten zu geringeren Preisen angeboten werden. Das ist gut für die Wohlfahrt (Konsument(inn)en sparen Geld und haben mehr Auswahl) und es ist gut für die Effizienz (die Kosten für den Ressourceneinsatz sinken).

Diese Argumentation erklärt den sogenannten intra-industriellen Handel zwischen ähnlichen Ländern, der vorher nicht erklärbar war, und sie liefert weitere Argumente zugunsten des Freihandels. Dazu kommt die Berücksichtigung von sogenannten *Spill-over*-Effekten, wie dem „Überschwappen" von Kenntnissen oder Technologien in andere Branchen und Industrien oder der Förderung von lokalen Zuliefer- oder Abnehmerbetrieben. Das geschieht in Form von Clusterbildung umso stärker, je größer die Unternehmenskonzentration ist. Handel fördert auch Demonstrationseffekte, wenn durch ausländische Produzent(inn)en oder Konsument(inn)en neue Vorlieben, Methoden und Techniken eingeführt werden, die dann nachgeahmt werden (können). Es ist daher nicht gleichgültig, welche Güter im Rahmen der handelsbedingten Spezialisierung erzeugt werden und in welche Branchen volkswirtschaftliche Investitionen (etwa in Infrastruktur oder Ausbildung) fließen. Es ist im Gegenteil sinnvoll, Produktionen mit starken positiven *Spill-over*-Effekten zu fördern, während speziell Industrien mit negativen nicht gefördert werden sollten.

---

29 Diese Entwicklung hat auch ein Spiegelbild: In einem Land mit relativ knappem Arbeitskräfteangebot werden sich aus dem Ausland eher kapitalintensive Betriebe ansiedeln.

30 Das gilt speziell für die Marktform der sogenannten „monopolistischen Konkurrenz", bei der am Gesamtmarkt für ein bestimmtes Gut (z.B. für Autos) zwar Konkurrenz herrscht, jeder Anbieter aber für eine bestimmte Produktvariante, eine „Varietät" dieses Gutes (z.B. eine bestimmte Marke), Monopolist ist.

31 Das gilt auch, wenn zwei Firmen in den beiden Ländern in Autarkie dieselbe Variante anbieten. Freilich wird nur eine von ihnen im Markt verbleiben und dann entsprechend mehr anbieten.

Die Utopie der Armutsbekämpfung

Gemäß der Überzeugung der meisten Ökonom(inn)en stellt Freihandel durch seine positiven Wohlfahrtseffekte zugleich eine im Hinblick auf Armutsbekämpfung effiziente Wirtschaftspolitik dar. Diese Einschätzung basiert im Wesentlichen auf dem Glauben an die Breitenwirkung von Wohlfahrtseffekten, dem Prinzip des *trickle down*, des „Hinuntertröpfelns" von Vorteilen. Damit ist gemeint, dass positive Effekte, einerlei, wo sie in einer Volkswirtschaft auftreten, über kurz oder lang bis in die entlegensten Winkel eines Landes und bis in die wirtschaftsfernsten Schichten einsickern. Das Problem dabei war freilich stets, dass dieser Effekt – wenn überhaupt – sich nur über die lange Frist zeigte.[32] Diese Einstellung ist auch blind für allfällige mit der Handelsöffnung verbundene Probleme. So können neue Chancen bestimmter Gruppen durchaus Nachteile für andere zur Folge haben: "International economists never tire of showing how global trading opportunities expand the choices available to individuals, groups, and countries. Critics are sensitive both to the gap between those enjoying greater choice and those without it and to the possibility that when the 'haves' exercise their expanded choice, the opportunities available to the 'have-nots' may actually shrink."[33]

Generell vernachlässigen die neoklassischen Analysen des Außenhandels auch seine Verteilungswirkung.[34] Sie erkennen darin zwar ein Problem, beschränken sich aber auf dessen Feststellung. Sobald es zu Änderungen der Produktionsstruktur in einem Land kommt, kommt es auch zu einer Änderung in der Nachfrage nach den in den einzelnen Sektoren eingesetzten Faktoren. Die Beschäftigten, Unternehmer(innen) und Anteilseigner(innen) in einem Sektor, der nun exportiert, profitieren von den besseren Verdienstchancen. Aber in anderen Sektoren leiden diese Gruppen unter ausländischer Konkurrenz und verlieren. Ökonom(innen) retten sich mit der Aussage, dass per Saldo die Wohlfahrtswirkung des Außenhandels eindeutig positiv ist, und dass es daher den Gewinner(inne)n jederzeit möglich wäre, die Verlierer(innen) durch profitfinanzierte Subventionen voll zu kompensieren. Wie dieser Umverteilungsprozess aber zustande kommen soll, wird kaum thematisiert, und nach gängigen Wohlfahrtskriterien genügt auch schon die reine Möglichkeit.[35] Ohne die politische Bereitschaft zum Ausgleich wird die Frage der Profite aus dem Außenhandel aber zu einer Frage von Interessengruppen und ihrem (politischen) Einfluss auf die Gestaltung des jeweiligen Handelssystems. Wenn

---

32 Eine Volkswirtschaft ist kein See, der gleichmäßig ansteigt, wenn man irgendwo Wasser hineinlässt; sie ist wahrscheinlich nicht einmal ein Sandhaufen, von dem wenigstens noch etwas hinunterrieselt; in manchen Fällen gleicht sie vielmehr dem Sieb eines Goldwäschers: was unten ankommt, ist Abfall, alles Wertvolle wird vorher aussortiert.

33 Elliott u.a. 2004, 39. Das trifft z.B. für das Effizienzargument über Größenvorteile zu: Wenn es für kleine Unternehmen etwa wegen hoher Einstiegskosten keine Möglichkeit gibt, in den Export zu gehen, dann werden sie durch diese Möglichkeit sogar geschädigt.

34 Dabei macht es einen Unterschied, ob der Mittelwert oder der Median der Wohlstandsveränderung betrachtet wird. Während Ersterer positiv ist, ist Letzterer oft niedriger oder sogar negativ. Zudem ist die Selbstwahrnehmung der Menschen in Bezug auf die Wohlstandsveränderung systematisch schlechter als das aggregierte Zahlen nahelegen würden (vgl. Aisbett 2005, 26).

35 So genügt es etwa nach Nicholas Kaldor und John Hicks (erstmals formuliert 1939), wenn die materielle Möglichkeit zum Ausgleich von Verlusten gegeben ist. Seine konkrete Durchführung würde jedoch z.B. eine Konservierung bestehender Vermögensverhältnisse zur Folge haben, die Idee der Kompensationszahlungen ist daher kein „Rezept für die Praxis". Vgl. Manstetten 2000, 162 oder Sohmen 1992, 307-318.

Außenhandelsgewinner(innen) dieses dominieren, dann sind – auch wenn ihre Zahl klein ist – Kompromisse nicht einmal notwendig.

Um nun diesen Problemen zu begegnen, fordern viele Aktivist(inn)en, aber auch Politiker(innen) und Ökonom(inn)en, speziell aus dem Feld der Entwicklungsökonomik, eine konsequente Armutsorientierung der Wirtschaftspolitik, sie fordern *pro-poor growth*.[36] Die Politik internationaler Organisationen, wenngleich sie methodisch heute meist dem herrschenden neoklassischen Paradigma folgt, beschäftigt sich schon seit den 1940er-Jahren mit Armut.[37] Der erste Jahresbericht der Weltbank, der dies explizit thematisiert, datiert freilich erst aus dem Jahr 1980, spricht aber bereits von „drei Jahrzehnten" relativ erfolgreicher Politik der Armutsbekämpfung.[38] Dieser Bericht fiel bereits in eine Zeit, als die lebendige Diskussion um eine „Grundbedürfnisstrategie" in der Entwicklungshilfe und einen *Physical-Quality-of-Life-*Index[39] zur Messung des Entwicklungsstandes bereits wieder im Abflauen war. Sie lebte erst um 1990 zaghaft wieder auf, als die Weltbank ihren zweiten Armutsbericht vorlegte und das Entwicklungsprogramm der Vereinten Nationen (UNDP) damit begann, Jahresberichte unter dem Leitstern der „menschlichen Entwicklung" zu publizieren.[40] 1996 wurde das „internationale Jahr der Armutsbekämpfung" ausgerufen und das UNDP stellte seinen Jahresbericht 1997 unter das Generalthema *Eradicating Poverty*.[41] Die Weltbank, eine für die Finanzierung von Entwicklungsprogrammen wesentlich wichtigere Teilorganisation der Vereinten Nationen (UN), zog mit ihrem Jahresbericht im Jahr 2000 nach, dessen Fokus *Attacking Poverty* war.[42] Es intensivierten sich die konkreten Bemühungen weiter, was in Armutsprogrammen im Rahmen der Tätigkeit der Weltbank ebenso zum Ausdruck kam,[43] wie in den wenig später von der UN verlautbarten *Millenium Developmental Goals*.[44] Das dabei weiterhin von einem engen Zusammenhang zwischen materiellem Wachstum und Armutsbekämpfung ausgegangen wird, zeigt etwa ein Statement von Robert Zoellick anlässlich seiner Präsentation als neuer Weltbankpräsident: "The World Bank has a vital mission to overcome poverty and despair through sustainable growth and opportunity."[45]

---

36 Vgl. etwa Ravallion/Chen 2001 oder White 2001 für relativ frühere einschlägige Arbeiten, für aktuelle Fallstudiensammlungen etwa Besley/Cord 2007 oder Grimm u.a. 2007.

37 Vgl. zu den folgenden Ausführungen auch Exenberger/Nussbaumer 2004.

38 Vgl. World Bank 1980, 2 f. Quantitativ blieb freilich das Wachstum der Länder "mit niedrigem Einkommen" weit hinter jenem der Industriestaaten zurück – konkret um den Faktor 72.

39 Vgl. Morris 1979.

40 Unter „menschlicher Entwicklung" ist dabei nicht nur materielles Wachstum (Prokopfeinkommen in Kaufkraft) sondern auch die Verbesserung der Lebensqualität und der Lebenschancen (Lebenserwartung, Alphabetisierungsgrad und Einschulungsquoten) von Menschen zu verstehen. Vgl. für das ursprüngliche Konzept UNDP 1990 und für die aktuelle Version UNDP 2006, 394.

41 Vgl. UNDP 1997. Es wollte also die Armut „auslöschen".

42 Vgl. World Bank 2000. Man zog sich also verbal darauf zurück, Armut „anzugreifen".

43 Vgl. Gartlacher 2007.

44 Vgl. http://www.un.org/millenniumgoals/; die acht Ziele sind es, (1) extreme Armut und Hunger zu reduzieren; (2) den Bildungszugang zu sichern; (3) die Gleichberechtigung von Frauen zu gewährleisten; (4) die Kindersterblichkeit zu reduzieren; (5) die Müttergesundheit zu verbessern; (6) globale Seuchen zu bekämpfen; (7) ökologische Nachhaltigkeit zu sichern; und (8) eine Entwicklungspartnerschaft aufzubauen.

45 Zitiert auf: http://www.whitehouse.gov/news/releases/2007/05/20070530-4.html (Pressemitteilung des Weißen Hauses vom 30. Mai 2007).

Auch wenn diese Ziele und Missionen bestenfalls langsam in konkrete Politik einsickern, bedeutet das doch immerhin einen konkreten Fortschritt gegenüber der bereits lange geäußerten Kritik, speziell an der Politik von Weltbank und Internationalem Währungsfonds (IMF). Dabei sind die Stimmen von Insidern besonders wichtig, wie etwa die des ehemaligen Chefvolkswirts der Weltbank und Ökonomie-Nobelpreisträgers Josef Stiglitz.[46] Seiner Ansicht nach haben die oft zitierten positiven Beispiele in Ostasien (Taiwan, Südkorea, Singapur, Hongkong, zuletzt China) ihren wirtschaftlichen Aufstieg vor allem der Tatsache zu verdanken, dass sie dem Ratschlag dieser Organisationen *nicht* gefolgt sind, ihre Wirtschaften *nicht* liberalisiert haben (bzw. nur selektiv) und sich *nicht* international verschuldet haben.[47] Besonders bemerkenswert findet Stiglitz in diesem Zusammenhang, wie sich die ideologische Grundlage des IMF seit seiner Gründung 1944 verändert hat: „Während sein Handeln ursprünglich von der Überzeugung getragen war, dass die Märkte oftmals nicht störungsfrei funktionierten, predigt er heute mit ideologischer Inbrunst die Überlegenheit des Marktes."[48]

Also geht es nicht nur um die Politik konkreter Organisationen, es geht um das gesamte System. Horst Afheldt widmet sein Buch *Wirtschaft, die arm macht* daher in erster Linie der Diskussion, dass das derzeit herrschende neoliberale Weltwirtschaftssystem unmittelbar zunehmende Ungleichheit und absolute Armut produziert. Er fokussiert dabei zwar auf Deutschland und damit auf die Industriestaaten, widmet aber im zweiten Teil des Buches auch der Weltwirtschaft und vor allem dem Freihandel breiten Raum. Seine Schlussfolgerung ist eindeutig: „Neoliberalismus als Mittel zur schnelleren Steigerung des Weltsozialprodukts ist also nichts anderes als ‚Opium für das Volk'. […] Dieses Resultat überrascht. Denn man sollte doch annehmen, dass sich die ausschließliche Ausrichtung des Lebens und der Politik auf Wirtschaftsinteressen zumindest wirtschaftlich als Vorteil erweist!"[49] Afheldts mögliche Lösung für dieses Dilemma ist eine Re-Regionalisierung der Weltwirtschaft mit ausgeprägtem Freihandel *innerhalb* der Regionen (um dessen Vorteile ausnutzen zu können), aber Protektionismus *zwischen* den Regionen (um die Massenkaufkraft und das Produktionspotential zu sichern, speziell in Europa). Diese Re-Regionalisierung soll von keynesianischer Wirtschaftspolitik flankiert werden, also einer aktiven Rolle des Staates.[50]

In diesem Zusammenhang ist auch auf Amartya Sen zu verweisen, der 1998 den Ökonomie-Nobelpreis für seine Arbeiten im Bereich der Theorie des *public choice* und der Wohlfahrtsökonomik erhalten, sich aber auch intensiv mit Armutsbekämpfung und Entwicklungsökonomik beschäftigt hat.[51] Seine Kernthese als Entwicklungsökonom besagt dabei, dass wirtschaftliche Entwicklung unmittelbar mit der Sicherung von „positiver Freiheit" zu tun hat.[52]

---

46 Stiglitz hat 2001 mit George Ackerlof und Michael Spence den Preis „für ihre Analyse von Märkten mit asymmetrischer Information" erhalten.

47 Vgl. Stiglitz 2002, 109 ff.; vgl. auch Raffer/Singer 2001, 138 ff.

48 Stiglitz 2002, 27.

49 Afheldt 2003, 129, für eine ausführliche Begründung 130 ff.

50 Vgl. Afheldt 2003, 209 ff.

51 Vgl. etwa Sen 1981, 1987 oder 1999. In den 1980er-Jahren schon beklagte Sen die „Ferne" der modernen Ökonomik von der Ethik, die nicht nur zu einer „Verarmung" der Wohlfahrtsökonomik geführt hat, sondern auch nachteilig für die Qualität der beschreibenden und der prognostischen Ökonomik war.

52 Vgl. Sen 1999. Als knappe Zusammenfassung kann man auch auf Kesselring 2003, 88 ff. zurückgreifen oder auch auf Böhler 2004, 11 ff.

Es handelt sich dabei um die Freiheit, etwas tun (oder lassen) oder etwas sein zu können, nicht nur darum, frei „von etwas" (z.B. Krieg) zu sein. Es geht darum, die Wahl zu haben. Wirtschaftliche Entwicklung erschöpft sich nicht in einer Steigerung des Wirtschaftswachstums, denn materielle Güter können für das Ziel „positive Freiheit" zwar nutzbar gemacht werden, reichen aber keinesfalls hin, um es zu erreichen und sind oft nicht einmal notwendig. Wohlstand ist in diesem Verständnis nichts Gutes an sich, sondern nur insofern er ein Instrument im Dienste eines besseren Lebens ist.[53]

Laut Sen verwirklicht sich die positive Freiheit in einem mehrstufigen Prozess: Am Beginn steht für den Menschen der Besitz von materiellen Gütern *(entitlement)*, dann müssen dazu Gestaltungsmöglichkeiten und -wünsche kommen, im Wesentlichen physische und psychische Voraussetzungen *(functionings)*, schließlich kommt es daher zu bestimmten Fähigkeiten *(capabilities)*, die kombiniert mit Wahlfreiheit *(freedom of decision)* zur tatsächlichen Gestaltung des Lebens führen, zu den Leistungen *(achievements)*, die ein Vektor der Gestaltungsmöglichkeiten sind. Am Ende steht ein Lebensstandard, der sich vor allem in Wohlbefinden äußert und in der Möglichkeit, etwas erreichen zu können. In der Entwicklungspolitik geht es nach Sen daher in erster Linie darum, dieses Geflecht von Befähigungen zu verdichten und damit die individuelle Entwicklungsbasis der Menschen zu verbessern, etwa in der Form von Investitionen in Ausbildung, Infrastruktur oder Gesundheitsversorgung oder von Demokratisierung. Dies wirkt stärker als z.B. materielle Umverteilung, weil diese oft ohne konkrete Folgen bleibt, nicht zuletzt wegen einem Mangel an *capabilities* bei den Begünstigten, den umverteilten Besitz in *achievements* zu transformieren. Sens Beitrag ist daher auch wichtig, weil die Würdigung seiner Leistungen Wasser auf die Mühlen derer war, die in internationalen Organisationen gerade wieder anfingen, Armutsbekämpfung zum Thema zu machen und sich für die „Ermächtigung" von Menschen *(empowerment)* und den Ausbau ihrer „Fähigkeiten" stark zu machen, anstatt für das bloße Wachstum einer abstrakten „Wirtschaft".[54]

Letztlich basiert die Utopie der Armutsbekämpfung – sie ist vor allem deshalb eine Utopie, weil sie angesichts der globalen Machtverhältnisse keine Chance auf politische Priorität hat – auf einem Misstrauen gegen die Regelungskraft des Marktes und darauf, dass wirtschaftlicher Effizienz zumindest kein Vorrang gegenüber fundamentalen Menschenrechten eingeräumt wird. Dies sind, in den Worten von Elliott, Kar und Richardson, „metaökonomische" Fragen.[55] So haben für Ökonom(inn)en in der Regel ökonomische Rechte (wie z.B. Eigentumsrechte) gegenüber politischen und sozialen Rechten (z.B. den meisten Menschenrechten) klaren Vorrang. Auch dominieren in diesem Weltbild individuelle Rechte (auch die juristischer Personen) gegenüber den Rechten von Gruppen. Diese Rahmenbedingungen erklären, warum Armutsbekämpfung, die eine nicht nur an ökonomischen Kennzahlen orientierte Politik zugunsten von Gruppen erfordert, einen schweren Stand hat.

---

53 Der Zusammenhang zwischen Wohlstand und Zufriedenheit ist – global betrachtet und vorsichtig formuliert – in der Tat unsystematisch. Bruno Frey und Alfred Stutzer etwa zeigen, dass steigender Wohlstand bis zu einem gewissen Niveau im Allgemeinen die Zufriedenheit steigert, dann aber tendenziell eher senkt; vgl. Frey/Stutzer 2001, 33 f. oder auch Tkalec 2003.
54 Vgl. etwa Fukuda-Parr 2003.
55 Elliott u.a. 2004, 45 f.

Eine Synthese im Zeichen der Globalisierung?

Die Argumentationslinien vieler (wenn auch nicht aller) theoretischer Konzepte in der Ökonomik folgen längst nicht mehr der einfachen Logik einer „reinen" Lehre und haben längst (teils seit mehr als hundert Jahren) viele der Bedenken aufgenommen, die heutige Protestbewegungen gegen eine neoliberal verstandene Globalisierung antreiben. Es ist bekannt und teils auch akzeptiert, dass der Mensch kein reiner *homo oeconomicus* ist (sondern z.B. auch altruistisch denken kann, Reziprozität hochhält und generell risikoavers ist), dass es Marktversagen gibt (u.a. im Falle von Externalitäten, ungleicher Information oder bei öffentlichen Gütern) und dass speziell globale Märkte viel eher von unvollkommener als vollkommener Konkurrenz gekennzeichnet sind. Aber, in den Worten von Ravi Kanbur: "Nevertheless, while their training highlights externalities, in their policy avatars the average mainstream economist is suspicious of interventions in markets based on the externalities arguments."[56]

Es wäre auch durchaus verfehlt, Ökonom(inn)en pauschal vorzuwerfen, sie würden Fragen der Verteilung des Wohlstandes nicht genug Aufmerksamkeit schenken, das gilt nicht einmal für Vertreter(innen) der Außenhandelslehre. Woran es in erster Linie mangelt, ist die richtige Wahrnehmung dieser Erkenntnisse, vor allem ihr Transfer in die Politik und die Medien, aber auch in die Führungsetagen von Unternehmen. Dort werden sehr oft Probleme des 21. Jahrhunderts mit Auszügen aus wissenschaftlichen Arbeiten des 18. oder 19. Jahrhunderts beantwortet. Auch hat die Militanz der Proteste gegen internationale Organisationen in Seattle 1999 und danach zweifellos dazu beigetragen, dass sich auch die „Macher" der Globalisierung ihrerseits in ihren Bastionen eingemauert haben.

Zwei sehr wesentliche Punkte sind meines Erachtens aber jedenfalls nur schwer zu bestreiten: Erstens war und ist eine liberale Marktwirtschaft, flankiert von freiem Handel, ein historisch beispielloser Wachstumsmotor. Kein anderes Wirtschaftssystem war bisher langfristig in der Lage, eine auch nur annähernd vergleichbare Steigerung des materiellen Wohlstandes zu erzielen. Das heißt nicht, dass es nicht im konkreten Einzelfall immer wieder sinnvoll und sogar notwendig sein kann, in irgendeiner Weise lenkend in dieses freie Spiel der Kräfte einzugreifen (wie in Ostasien nach 1945 ebenso wie im Rahmen der Sozialen Marktwirtschaft oder auch im Laufe der Wirtschaftsgeschichte der USA auch geschehen), aber insgesamt ist eine Marktwirtschaft, die in einem demokratischen Umfeld positive Freiheitsrechte und damit Handlungsspielraum garantiert, eine gute Sache. Zweitens aber ist sie offensichtlich kein Allheilmittel, und das nicht nur, weil sie unvollkommen angewandt wird. Eine völlig den idealen Modellbedingungen angepasste Wirklichkeit wäre nur schwer vorstellbar und kann wohl praktisch niemals umgesetzt werden, nicht nur deshalb, weil das Prinzip des *trickle down* nicht funktioniert, wenn man es nicht institutionell stützt. Die liberale Marktwirtschaft, insbesondere der freie Handel, hat zu allen Zeiten auch Verlierer produziert und ist auch heute nicht in der Lage, die eigene ökologische Nachhaltigkeit zu garantieren[57] oder auch nur die Versorgung der Weltbevölkerung mit allem Lebensnotwendigen sicherzustellen, wie u.a. 800 Millionen permanent unterernährte Menschen zeigen.[58]

---

56 Kanbur 2002, 479.
57 Ein Hinweis auf den aktuellen Weltklimareport des IPCC mag hier genügen; vgl. http://www.ipcc.ch.
58 Vgl. dazu ausführlich Ziegler 2005 oder auch FAO 2005.

Teil des Problems sind selbstverständlich die auch von liberalen Ökonom(inn)en und sogar dem IMF und der Weltbank konstatierten vermeidbare Marktunvollkommenheiten wie z.B. unnötig lange Behördenwege oder unzureichende Eigentumsrechte. William Easterly widmet in seinem jüngsten Buch *The White Man's Burden* diesem Problem ein ganzes Kapitel, wobei er die Krux schon in der Überschrift zusammenfasst: "The Rich have markets, the poor have bureaucrats".[59] Während die einen alle Vorteile ausnutzen können, werden die anderen verwaltet. So sind Eigentumsrechte heute etwa nicht für transnationale Konzerne unzureichend, sondern für die Masse der Bevölkerung von armen Ländern, die keine Eigentumstitel an dem Land, das sie bebauen, dem Haus, das sie bewohnen, oder dem Geschäft, das sie betreiben, erwerben können und damit auf „grauen" Märkten gefangen bleiben.[60] Teil des Problems ist aber auch der Zynismus eines Wirtschaftssystems, das gerade bei der Behebung dieser Unzulänglichkeiten aufgrund von Machtgefällen Menschen erst im großen Stil enteignet (etwa durch die Ersetzung traditioneller Eigentumsrechte durch kapitalistische) und zugleich darauf verweist, dass die Produktionsfaktoren (das sind z.B. die Arbeiterinnen in einer asiatischen Textilfabrik) eben entsprechend ihrer Grenzproduktivität entlohnt werden, und diese kann durchaus nahe null sein.[61] Denkt man dies – wie das die Globalisierungskritikerin Susan George als *advocatus diaboli* in ihrem *Lugano Report* getan hat – konsequent zu Ende, gelangt man zu der Schlussfolgerung, dass das derzeitige Wirtschaftssystem nur langfristig erhalten werden kann, wenn das offensichtlich vorhandene „Überangebot" an Menschen abgebaut wird, wenn also die Weltbevölkerung durch automatische Stabilisatoren (Krieg, Hunger, Seuchen) auf vier Milliarden Menschen sinkt.[62]

Das wird aller Voraussicht nach nicht geschehen, aber die völlig unterschiedlichen Analysen werden bleiben, ob etwa die anhaltende Armut Afrikas auf Ausbeutung durch globale Strukturen oder auf Korruption und innere Zerrüttung zurückzuführen ist, daher auf zu viel oder zu wenig ökonomische Offenheit und also auf zu viel oder zu wenig Globalisierung. Das Problem dabei ist, dass beide Begründungen sich für exklusiv oder zumindest wichtiger als die andere halten, obwohl sie doch beide Elemente der Wahrheit enthalten. Auch sind empirische Arbeiten zum Thema längst bei differenzierten Betrachtungen angelangt.[63] Handel und Auslandsinvestitionen hängen positiv mit Wachstum zusammen[64], das in der Regel die Armut dämpft, kurzfristige Kapitalbewegungen, exklusive Eigentumsrechte sowie „mächtige" Konzerne und (politische) Eliten sind hingegen problematisch. In diesem Zusammenhang stellt Emma Aisbett zusammenfassend fest: "Only a very small proportion of critics consider autarky to be an optimal trade policy. The vast majority agrees [...] that trade can be beneficial.

---

59 Vgl. Easterly 2006, 165-207.

60 Vgl. World Bank 2006, vor allem 178-223. Vgl. auch Norberg 2003.

61 In China steigen die Stundenlöhne der Textilarbeiterinnen (fast ausnahmslos Frauen) langsam in Richtung von umgerechnet 1 Euro, anderswo in Asien liegen sie aber zum Teil noch bei einem Zehntel davon – oft freilich die einzige Einkommensquelle und damit Chance auf sozialen Aufstieg.

62 Vgl. George 2001, Teil II, explizit 100-106. Nur der Klarheit halber: Diese Forderung ist als radikale Kritik am herrschenden, menschenverachtenden Wirtschaftssystem zu verstehen.

63 Vgl. für eine Zusammenfassung und Literaturverweise etwa Aisbett 2005, 7-11.

64 Auch wenn sich in einem Standardlehrbuch der Wachstumstheorie auf der Basis einer umfassenden empirischen Analyse der Satz findet: "Hence, there is only weak statistical evidence that greater international openness stimulates economic growth" (Barro/Sala-i-Martin 2004, 530).

They disagree, however, with the conclusion that the optimal policy for a developing country is to unilaterally free trade without bargaining for any concessions from rich countries in return."[65] So ähnlich sehen das auch Globalisierungsbefürworter(innen), deren Leitspruch „Globalisierung ist gut, aber nicht gut genug" lauten könnte.[66] Globalisierungskritiker(innen) hingegen wenden sich oft nicht gegen Globalisierung, sondern gegen „die" (neoliberale) Globalisierung und wissen sehr wohl, dass sie ja sogar in ihrem Protest von den Möglichkeiten globaler Vernetzung unmittelbar profitieren.

Ein Grundproblem in diesem oft viel zu ideologischen Kampf liegt also zweifellos in der allzu naiven Anwendung von ökonomischen Modellen in der politischen, aber auch ökonomischen Praxis, die Widerstand geradezu herausfordert. Das hat auch mit den Entwickler(inne)n dieser Modelle zu tun. Ravi Kanbur drückt es so aus: "[W]hen it comes to policy the average economist, by and large, reverts to the benchmark model both as a broad framework and as the workhorse of analysis."[67] Diese Modelle, wie auch die oben geschilderten, sind kontextresistent, d.h. sie beleuchten immer nur einen eng definierten Ausschnitt der Realität. Die Geschichte wird etwa meist ausgelagert. Ob es einen Unterschied macht, wie ein Land einen bestimmten Zustand erreicht hat, ist keine besonders oft gestellte Frage. Auch die Frage der Umverteilung ist in aller Regel ausgelagert. Wer warum den durch Handel möglichen zusätzlichen Wohlstand auch an die Verlierer der Marktöffnung abgeben soll und wie das geschehen kann, wird kaum diskutiert. Von einer möglichen „Belastung" der Modelle mit anderen ethischen Fragestellungen wird meist ganz abgesehen. Während die Erfinder(innen) der Modelle das in der Regel auch wissen, wird von den Anwender(inne)n dieser „Rezepte" so gehandelt, als gäbe es diese Einschränkung nicht, und entweder auf das *trickle down* vertraut oder nach dem sonst in einer liberalen Marktwirtschaft so verpönten Staat gerufen, der das Problem der Verteilungsgerechtigkeit lösen soll – natürlich ohne das freie Spiel der Kräfte zu stören; eine nicht unkomplizierte Aufgabe.

Zwei weitere grundlegende Widersprüche stehen einer Synthese beider Utopien im Wege, die freilich nahezu unauflöslich sind: Liberale werden eher an die Macht der Masse glauben, während Skeptiker(innen) die Sonderstellung von Eliten betonen; und was die Bedürfnisse der Eliten angeht, tendieren Liberale eher dazu, sie als deckungsgleich mit denen der Masse anzusehen (nach dem in Österreich wohlbekannten Motto „geht's der Wirtschaft gut, geht's uns allen gut"), während Skeptiker(innen) sie im Sinne eines Verteilungskampfes als nahezu entgegengesetzt ansehen werden. Skeptiker(innen) sehen daher zwei Probleme, die für Liberale nicht einmal existieren.[68] Liberale postulieren, dass Globalisierung die Macht von Eliten und Konzernen tendenziell reduziert, es also zu mehr Wettbewerb und damit Gerechtigkeit kommt, weil Partizipationschancen steigen und Preise sinken. Skeptiker(innen) sehen diese Macht hingegen durch Verlagerung von Entscheidungen auf höhere Ebenen und durch wachsende ökonomische Größenvorteile weiter gestärkt und erwarten daher größere Marktkon-

65 Aisbett 2005, 11.
66 Siehe dazu etwa Bhagwati 2004, eine fundierte ökonomische Analyse, oder Norberg 2003 und Balser/ Brauchmüller 2003, Beiträge von Journalisten. Auch Stiglitz 2006 geht (anders als sein vorletztes Buch) eher in diese Richtung.
67 Kanbur 2002, 479.
68 Sehr erhellend zu diesen Widersprüchen ist die tabellarische Zusammenstellung in Aisbett 2005, 50-51.

zentration, weniger Wettbewerb und damit weniger Gerechtigkeit, sondern vielmehr Monopolrenten auf Kosten der Allgemeinheit.[69]

So sind – zusammenfassend – die einen der Ansicht, dass die gesamtwirtschaftliche Wohlfahrt durch größtmögliches Wachstum maximiert wird, was mit der Akzeptanz von steigender Ungleichheit einhergeht, während die anderen meinen, dass mehr Gerechtigkeit nur durch einen Ausgleich von Vor- und Nachteilen aus dem wirtschaftlichen Austausch erreicht werden kann, was einen Verzicht auf das größtmögliche Wachstum einschließt. Das ist zugleich der Unterschied zwischen dem Streben nach langfristiger Gerechtigkeit (möglicherweise so langfristig, dass es niemand mehr erlebt), die in einer bestmöglichen Verbesserung der materiellen Basis einer Gesellschaft liegt, worauf dann Massenwohlstand aufbauen kann, und dem Streben nach Gerechtigkeit „heute", also dem jederzeitigen Beseitigen von Unausgewogenheiten (bzw. dem Abmildern der Folgen von Transformationsprozessen) auf Kosten von Wachstumspotentialen. So ist es eine Plattitüde, dass nur umverteilt werden kann, was zuvor verdient worden ist, zugleich aber wird der Markt von sich aus niemals Umverteilung leisten (die kann niemand marktgerecht nachfragen) und er kann nur hypothetisch alle Externalitäten berücksichtigen. Keine der beiden Utopien ist daher für sich in der Lage, eine gerechte Welt zu schaffen. Totale Gleichheit geht tendenziell auf Kosten zukünftiger Generationen, weil sie Leistungsanreize reduziert und damit das Schaffen von Wohlstand bremst. Ein völlig auf ökonomischer Leistungsäquivalenz basierendes System hingegen geht auf Kosten heutiger Generationen und widerspricht ganz offensichtlich fundamentalsten Gerechtigkeitsvorstellungen, wenn es z.B. nicht verhindern kann, dass Menschen verhungern.

Daher bedarf es einer Synthese zwischen den beiden utopischen Konzepten, die zugleich die Vorteile einer liberalen, marktwirtschaftlichen Ordnung und die Vorteile einer auf sozialen Ausgleich bedachten Politik nutzbar macht. Das ist auch nötig, weil Freiheit wie auch Fairness der Einbettung in demokratische Strukturen bedürfen, um letztlich von den betroffenen Menschen akzeptiert zu werden. Es wird niemals nachhaltige Unterstützung für den Freihandel geben, wenn er gleichzeitig auch zur Verarmung von großen Bevölkerungsgruppen führt. Vielmehr werden – in den Industriestaaten ebenso wie in Entwicklungsländern – protektionistische Praktiken politische Zustimmung finden. Zugleich wird reine Armutsbekämpfung ebenfalls zur Entsolidarisierung derer führen, die am meisten dazu beitragen könnten, und sie ist im globalen Maßstab ohne eine liberale Marktwirtschaft zumindest erschwert, weil ihr ein Teil der materiellen Basis fehlt.

Das Bewusstsein von der Größe und der Notwendigkeit einer (globalen) Solidargemeinschaft wächst im Zeichen der Globalisierung ebenso wie die Wachstumschancen auf expandierenden Märkten. Gerade deshalb ist mehr Gerechtigkeit auch in diesem Kontext möglich. Was als Königsweg zwischen den Extrempositionen viel strapaziert wird, entbehrt daher nicht einer gewissen Berechtigung: das Prinzip der Chancengleichheit. Es wäre nur völlig verfehlt, anzunehmen, dass man – etwa durch eine Öffnung von Märkten, die Einführung eines Mehrparteiensystems (was viele mit Demokratie verwechseln) oder durch flächendeckende Schul-

---

69 Dieser Widerspruch äußert sich auch darin, wie z.B. zunehmende Ungleichheit rezipiert wird. Für Liberale ist sie kaum problematisch, sondern als Leistungsanreiz sogar produktivitätsfördernd, während sie für viele Skeptiker(innen) einen zentralen Armutsindikator darstellt.

bildung – Chancengleichheit einfach herstellen könnte. Eine solche Sicht der Dinge wäre wieder kontextresistent. Vielmehr muss Chancengleichheit ihrerseits Entwicklungschancen bekommen.

Daher ist es wichtig, zu verstehen, wie die hier skizzierten utopischen Vorstellungen aus der Sphäre der Ökonomik mit Globalisierungskräften im Hinblick auf das Streben nach einer gerechteren (und damit ja auch stabileren und sichereren) Welt zusammenhängen. Es bedarf also, zusammenfassend, eines klaren Bewusstseins über den Kontext. Es gibt fördernde ebenso wie hemmende Faktoren und der Dialog zwischen den Vertreter(inne)n der beiden Utopien wäre besonders wichtig, um die richtigen Schlussfolgerungen zu ziehen. Um das Problem der katastrophalen Lebensbedingungen für mehr als ein Fünftel der Weltbevölkerung zu bewältigen, ist es letztendlich eine Notwendigkeit, die ideologischen Grabenkämpfe zu überwinden und die Argumente der jeweiligen Gegner zumindest anzuhören. Dazu sind die Bereitschaft und die Fähigkeit nötig, sich auch zu verstehen. Und beides ist verbesserungsbedürftig.

Literatur

Afheldt, Horst: *Wirtschaft, die arm macht. Vom Sozialstaat zur gespaltenen Gesellschaft.* Berlin, Antje Kunstmann, 2003.

Altvater, Elmar/Mahnkopf, Birgit: *Grenzen der Globalisierung: Ökonomie, Ökologie und Politik in der Weltgesellschaft.* Münster, Westfälisches Dampfboot, 1996.

Baldwin, Robert E./Winters, L. Alan (Hg.): *Challenges to Globalization. Analyzing the Economics.* Chicago, Chicago University Press, 2004.

Balser, Markus/Bauchmüller, Michael: *Die 10 Irrtümer der Globalisierungsgegner: wie man Ideologie mit Fakten widerlegt.* Frankfurt/M., Eichborn, 2003.

Barro, Robert J./Sala-i-Martin, Xavier: *Economic Growth.* Cambridge/MA, MIT Press, [2]2004.

Besley, Timothy/Cord, Louise (Hg.): *Delivering on the Promise of Pro-poor Growth. Insights and Lessons from Country Experiences.* Basingstoke, Palgrave Macmillan, 2007.

Bhagwati, Jagdish N.: *In Defense of Globalization.* New York, Oxford University Press, 2004.

Böhler, Thomas: *Der Fähigkeiten-Ansatz von Amartya Sen und die „Bevorzugte Option für die Armen" in der Befreiungstheologie. Zwei Ansätze auf dem Weg zur ethischen Begründung von Armutsforschung und Armutsreduktion.* Working Papers Facing Poverty 06, Universität Salzburg, 2004.

Chossudovsky, Michel: *Global brutal: Der entfesselte Welthandel, die Armut, der Krieg.* Frankfurt/M., Zweitausendeins, 2002.

Easterly, William: *The White Man's Burden. Why the West's Efforts to Aid the Rest Have Done So Much Ill and So Little Good.* New York, Penguin, 2006.

Elliott, Kimberly Ann/Kar, Debayani/Richardson, J. David: "Assessing Globalization's Critics: 'Talkers Are No Good Doers?'", in: Baldwin/Winters 2004, 17-60.

Exenberger, Andreas/Cian, Carmen: *Der weite Horizont. Globalisierung durch Kaufleute.* Innsbruck, Studien-Verlag, 2006.

Exenberger, Andreas/Nussbaumer, Josef: *Über praktische und theoretische Armut. Vom Vergessen wichtiger Fährten in der Ökonomik und von ihrer aktuellen Relevanz.* Working Papers Facing Poverty 08, Universität Salzburg, 2004.

FAO: The State of Food and Agriculture 2005: *Agricultural Trade and Poverty, Can Trade Work for the Poor?* Rom, FAO Publications, 2005.

Fehr, Ernst (Hg.): *Psychologische Grundlagen der Ökonomie: über Vernunft und Eigennutz hinaus.* Zürich, Verlag Neue Zürcher Zeitung, 2002.

Frey, Bruno/Stutzer, Alfred: *What Can Economists Learn From Happiness Research?* CESifo Working paper 503, CESifo München, 2001.

Fukuda-Parr, Sakiko: „The Human Development Paradigm: Operationalizing Sen's Ideas on Capabilities" in: *Feminist Economics* 9(2-3), 2003, 301-317.

Gartlacher, Stefanie: *Die Weltbank im Kampf gegen die globale Armut. Ein geschichtlicher Rückblick auf die Armutsbekämpfungsprogramme der Weltbank und den Verlauf der globalen Armut seit 1950.* Innsbruck, Diplomarbeit, 2007.

George, Susan: *Der Lugano-Report oder ist der Kapitalismus noch zu retten?* Reinbek bei Hamburg, Rowohlt, 2001.

Grimm, Michael/Klasen, Stephan/McKay Andrew (Hg.): *Determinants of Pro-poor Growth. Analytical Issues and Findings from Country Cases.* Basingstoke, Palgrave Macmillan, 2007.

Kanbur, Ravi: "Economic Policy, Distribution and Poverty: The Nature of the Disagreements", in: *World Development* 29(6), 2001, 1083-1094.

Kanbur, Ravi: "Economics, Social Science and Development", in: *World Development* 30(3), 2002, 477-486.

Kenen, Peter B.: *The International Economy.* Cambridge/UK, Cambridge University Press, [4]2000.

Kesselring, Thomas: *Ethik der Entwicklungspolitik. Gerechtigkeit im Zeitalter der Globalisierung.* München, C.H. Beck, 2003.

Kirchgässner, Gebhard: *Homo oeconomicus. Das ökonomische Modell individuellen Verhaltens und seine Anwendung in den Wirtschafts- und Sozialwissenschaften.* Tübingen, Mohr, 1991.

Klein, Naomi: *No Logo! Der Kampf der Global Players um Marktmacht; ein Spiel mit vielen Verlierern und wenigen Gewinnern.* München, Riemann, 2001.

Krugman, Paul/Obstfeld, Maurice: *Internationale Wirtschaft. Theorie und Politik der Außenwirtschaft.* München, Pearson Studium, [7]2006.

Lindert, Peter/Williamson, Jeffrey: "Does Globalization Make the World More Unequal?", in: Bordo. Michael/Taylor, Alan/Williamson, Jeffrey (Hg.): *Globalization in Historical Perspective.* University of Chicago Press, Chicago, 2003, 227-271.

Maddison, Angus: *The World Economy: A Millennial Perspective.* Paris, OECD, 2001.

Manstetten, Reiner: *Das Menschenbild der Ökonomie. Der homo oeconomicus und die Anthropologie des Adam Smith.* Freiburg/Br., Alber, 2000.

Markusen, James R.: *International Trade: Theory and Evidence.* New York, McGraw-Hill, 1995.

Morris, Morris D.: *Measuring the Condition of the World's Poor. The Physical Quality of Life Index*. New York, Pergamon Press, 1979.

Norberg, Johan: *Das kapitalistische Manifest: warum allein die globalisierte Marktwirtschaft den Wohlstand der Menschheit sichert*. Frankfurt/M., Eichborn, 2003.

Osterhammel, Jürgen/Petersson, Niels P.: *Geschichte der Globalisierung: Dimensionen, Prozesse, Epochen*. München, C.H. Beck, 2003.

Raffer, Kunibert/Singer, Hans W.: *The Economic North-South Divide. Six Decades of Unequal Development*. Cheltenham, Edward Elgar, 2001.

Ravallion, Martin/Chen, Shaohua: *Measuring Pro-Poor Growth*. Policy Research Working Paper Series 2666, The World Bank, 2001.

Sedmak, Clemens (Hg.): *Option für die Armen. Die Entmarginalisierung des Armutsbegriffs in den Wissenschaften*. Freiburg/Br., Herder, 2005.

Sen, Amartya: *Poverty and Famines: An Essay on Entitlement and Deprivation*. Oxford, Clarendon Press, 1981.

Sen, Amartya: *On Ethics and Economics*. Oxford, Basil Blackwell, 1987.

Sen, Amartya: *Development as Freedom*. Oxford, Oxford University Press, 1999.

Sohmen, Egon: *Allokationstheorie und Wirtschaftspolitik*. Tübingen, Mohr, ²1992.

Stiglitz, Joseph E.: *Die Schatten der Globalisierung*. München, Siedler, 2002.

Stiglitz, Joseph E.: *Die Chancen der Globalisierung*. München, Siedler, 2006.

Tkalec, Maritta: „Die Glücklichen" in: Hegemann, Carl (Hg.): *Erniedrigungen genießen. Kapitalismus und Depression III*. Berlin, Alexander Verlag, 2001, 168-174.

UNDP: Human Development Report 1990. *Concept and Measurement of Human Development*. New York, Oxford University Press, 1990.

UNDP: *Human Development Report 1997. Human Development to Eradicate Poverty*. New York, Oxford University Press, 1997.

UNDP: *Human Development Report 2006. Beyond Scarcity: Power, Poverty and the Global Water Crisis*. New York, Oxford University Press, 2006.

White, Howard: "Pro-poor Growth in a Globalized Economy", in: *Journal of International Development* 13 (5), Juli 2001, 549-569.

World Bank: *World Development Report 1980: Part II: Poverty and Human Development*. New York, Oxford University Press, 1980.

World Bank: *World Development Report 2000/01: Attacking Poverty*. New York, Oxford University Press, 2000.

World Bank: *World Development Report 2006: Equity and Development*. New York, Oxford University Press, 2006.

Ziegler, Jean: *Das Imperium der Schande: Der Kampf gegen Armut und Unterdrückung*. München, Bertelsmann, 2005.

Wolfgang Palaver

Solidarität in einer globalisierten Welt
Chancen und Aufgaben der katholischen Kirche

Ein kritischer Blick auf unsere gegenwärtige Welt zeigt, dass wir Gefahr laufen, unsere Welt in eine globale „Ellenbogen-Gesellschaft" zu verwandeln.[1] Die weltweite Konkurrenz aller gegen alle – und das in allen Lebensbereichen – droht zum dominanten Kennzeichen unseres Lebens zu werden. An die Stelle traditioneller Formen von Solidarität tritt eine Gleichgültig-keit, die sich nicht mehr um das Schicksal jener kümmert, die im alles bestimmenden Wett-lauf liegen bleiben: „Der Wirtschaftsliberalismus als herrschende Ideologie bringt die Men-schen dazu, in einer offenen Welt ohne Grenzen und ohne enge Gemeinschaften zu leben. Aber an die Stelle der alten Abgrenzungen und Feindseligkeiten tritt nun nicht eine allgemei-ne Solidarität oder gar eine universelle Brüderlichkeit. Im Gegenteil: Dieses Wirtschaftssys-tem ermuntert die Menschen zur völligen Gleichgültigkeit."[2] Auch der deutsche Soziologe Ralf Dahrendorf verbindet mit der Globalisierung eine Welt, in der „Konkurrenz groß- und Solidarität kleingeschrieben wird."[3]

Eine solche mit einem Haifischbecken oder freigelassenen Raubtieren[4] vergleichbare Welt lässt sich aus der Sicht des Münchner Soziologen Ulrich Beck als eine Form von *Globalismus*

---

1 Thureau-Dangin 1998.

2 Thureau-Dangin 1998, 40. – Dumouchel 1999, 299: „Der gesellschaftliche Ausschluss der Dritten durch die Doppelgänger ist das Ergebnis von Rivalitäten unter den Doppelgängern. Diese Ausschlüsse vollzie-hen sich in Gleichgültigkeit durch die Preisgabe traditioneller Solidaritätsverpflichtungen unter dem Zei-chen instrumenteller Vernunft." – Dumouchel 1999, 305: „Die schlimmsten Gewalttaten innerhalb des Sys-tems entstehen schlicht und einfach aus der Gleichgültigkeit der Doppelgänger gegenüber den Dritten, und diese Gewalt ist unsichtbar." – Vgl. auch Dumouchel 1999, 245-256.

3 Dahrendorf 1998, 48.

4 Vgl. Barber 2002, 13: „Der Kapitalismus ist ein kraftvoller und starker Tiger, der angestachelt werden kann, um eine Wirtschaft zu beleben – vorausgesetzt seine Kräfte werden durch staatsbürgerliche und politische Institutionen gebändigt. Die Globalisierung hat den Tiger aus dem Käfig gelassen und einen ‚wilden' Kapitalismus freigesetzt, der wie ein befreiter Tiger seine räuberischen und alles verschlingenden Gewohnheiten wieder aufgenommen hat."

bezeichnen, der im Unterschied zur multidimensionalen *Globalisierung* die imperiale Vorherrschaft der Wirtschaft und die Verdrängung der Politik bedeutet.[5] Dieser Globalismus
wurzelt ideologisch im heute vorherrschenden *Neoliberalismus*.

Ich glaube nicht, dass der Weg in eine globale Ellenbogen-Gesellschaft unumkehrbar ist. Der
Sprung in das Haifischbecken der Konkurrenz ist kein unabwendbares Schicksal. Die Globalisierung bietet sowohl Chancen als auch Gefahren für unsere Welt. Damit sie sich aber nicht
– im Sinne des Globalismus – auf die wirtschaftliche Dimension verkürzt, müssen wir gemeinsam einen Weg gehen, der Solidarität auch in einer globalisierten Welt möglich werden
lässt. Papst Johannes Paul II. spricht in seiner Botschaft zum Weltfriedenstag von 1998 zu
Recht von der Notwendigkeit einer „Globalisierung *in Solidarität,* einer Globalisierung *ohne
Ausgrenzung".*[6]

Meine Überlegungen erfolgen in vier Schritten. Erstens möchte ich kurz drei verschiedene
ordnungspolitische Konzeptionen einer „guten" Marktwirtschaft miteinander vergleichen
(Paläoliberalismus, Neoliberalismus, Ordoliberalismus), um aus wirtschaftsethischer Sicht ein
Antwort auf die Probleme der Globalisierung geben zu können. In einem zweiten Schritt stelle ich die wirtschaftsethische Position der katholischen Soziallehre dar, wobei ich sowohl auf
ihre Nähe zum Ordoliberalismus als auch auf ihre spezifische Sicht des Verhältnisses von
Konkurrenz und Solidarität hinweise. Ein dritter Schritt zeigt, dass es im Laufe der Geschichte sehr verschiedene Formen der Solidarität gegeben hat. Die christliche Solidarität unterscheidet sich dabei sehr deutlich von allen Formen der antagonistischen Solidarität, die bis
heute eine wichtige politische Rolle spielen. Ein vierter und letzter Schritt beleuchtet die
Chancen und Aufgaben der katholischen Kirche in einer Welt der Globalisierung. Im Vordergrund steht dabei die Bedeutung der Eucharistie als einer wichtigen Quelle des gesellschaftspolitischen Engagements der Kirche.

Paläoliberalismus, Neoliberalismus, Ordoliberalismus: drei ordnungspolitische Konzepte „guter" Marktwirtschaft

Eine wirtschaftsethische Auseinandersetzung mit den Problemen des heute vorherrschenden
Globalismus macht eine Unterscheidung verschiedener liberaler Konzepte notwendig. Der St.
Gallener Wirtschaftsethiker Peter Ulrich hat kürzlich eine hilfreiche Übersicht dieser ver-
schiedenen Ansätze veröffentlicht, an die ich mich im Folgenden anlehne.[7]

Am Beginn der Entstehung des westlichen Kapitalismus stand der Paläoliberalismus, der
ganz durch den Glauben an die segenbringende Kraft der freien Entfaltung des Wettbewerbs
gekennzeichnet war. Wir können im Blick auf diese Form eines Steinzeitliberalismus von einer pseudotheologischen Marktmetaphysik sprechen, die die Schaffung allen Wohlstandes
dem wunderbaren Wirken der „unsichtbaren Hand" des freien Marktes zutraute. Der Staat
soll gemäß dieser Lehre möglichst nicht in die Wirtschaft eingreifen. Ihm kommt nur noch
die Rolle eines *Nachtwächterstaates* zu, der sich einzig und allein um die Aufrechterhaltung

5 Beck 1997, 26-32.
6 Johannes Paul II. 1998, 167.
7 Vgl. Ulrich 2002, 167-176.

der Ordnung und die formale Gleichheit der Bürger vor dem Gesetz kümmert. Dieser Staat sorgt dafür, dass es „den Armen wie den Reichen gleicherweise verboten ist, nachts unter Brücken zu schlafen".[8] Der liberale Nachtwächterstaat sorgt sich weder um eine Unterstützung der Armen und Schwachen, noch setzt er Initiativen für eine materielle Gerechtigkeit. Selbst die Notwendigkeit einer staatlichen Wettbewerbspolitik findet im Paläoliberalismus keine genügende Berücksichtigung. Alexander Rüstow hat schon vor mehreren Jahrzehnten auf die pseudotheologischen Hintergründe des Paläoliberalismus hingewiesen und das antike Heidentum, vor allem den Stoizismus, als Quelle dieses Glaubens genannt.[9]

Die fast völlige Negation aller politischen Voraussetzungen eines funktionierenden Marktes im Paläoliberalismus führte zur Weiterentwicklung in Richtung des heute weitgehend vorherrschenden Neoliberalismus. Dieser befürwortet im Unterschied zum Paläoliberalismus durchaus ein Primat der Politik gegenüber der Ökonomie. Der Staat und zunehmend suprastaatliche Institutionen haben aus der Sicht des Neoliberalismus den Auftrag, offene Märkte politisch durchzusetzen und einen wirksamen Wettbewerb zu ermöglichen. Wer jemals das Spiel *Monopoly* gespielt hat, weiß aus eigener Erfahrung, dass ein ungeregelter Wettbewerb rasch zu Monopolen führt, die den Wettbewerb sehr schnell wieder abschaffen. Der Neoliberalismus zählt die Wettbewerbspolitik zu den wichtigsten politischen Aufgaben. Daneben sind als weitere Aufgaben der Aufbau und die Erhaltung des Rechtsstaates sowie die Geld- und Stabilitätspolitik zu nennen. Dennoch zeigt sich gerade in unserer Welt der Globalisierung, dass der Neoliberalismus die Sackgasse des Paläoliberalismus nicht überwinden kann, sondern letztlich wieder auf dessen Niveau zurückfällt. Ursache dafür ist der „Effizienzglaube" des Neoliberalismus, der die „‚reine' ökonomische Rationalität zum höchsten aller Werte" erhebt.[10] Alles wird der ökonomischen Effizienz untergeordnet. Der Neoliberalismus entpuppt sich als eine Form des Ökonomismus, der durch seine Absolutsetzung der ökonomischen Rationalität ebenfalls eine pseudoreligiöse Ideologie vertritt, die den totalen Markt predigt: „Der effizienzvernarrte Neoliberalismus vertritt den Primat der Politik nur genau so weit, wie es um die staatliche Bereitstellung der *Funktionsvoraussetzungen* des marktwirtschaftlichen Systems im Sinne einer effizienten Kapitalverwertung geht. [...] *Normatives Kriterium für ‚zulässige' Wirtschaftspolitik* ist aus neoliberaler Sicht [...] immer nur, dass der Marktmechanismus voll zur Wirkung gebracht wird – oder eben in einem Wort: die *Effizienz* des Marktes. Der neoliberale Schlachtruf ‚Mehr Markt!' verträgt sich aber durchaus mit dem funktionalistisch eingeschränkten Primat der Politik. Hingegen werden gestaltende politische Eingriffe nach ethischen Gesichtspunkten in aller Regel abgelehnt, soweit sie als ‚effizienzmindernd' eingestuft werden."[11]

Einen ganz anderen – ethisch viel überzeugenderen – Weg hat hingegen der Ordoliberalismus eingeschlagen, wie er nach dem Zweiten Weltkrieg von Leuten wie Wilhelm Röpke oder Alexander Rüstow entwickelt wurde. Der Ordoliberalismus vertritt ein Primat der Politik, das sich nicht auf eine bloße Ermöglichung eines weltweiten Marktes beschränkt, sondern dem

---

8 Nell-Breuning 1980, 83-84.
9 Rüstow 2001a; Monzel 1980, 223-231.
10 Ulrich 2002, 170.
11 Ulrich 2002, 171.

Markt eine dienende Funktion zuweist. Markt und Wettbewerb sind nur dann sinnvolle Instrumente, wenn sie im Dienste höherer Ziele stehen: „Die Marktwirtschaft ist nicht alles. Sie muß in eine höhere Gesamtordnung eingebettet werden, die nicht auf Angebot und Nachfrage, freien Preisen und Wettbewerb beruhen kann."[12] Der Ordoliberalismus vertritt ein zweistufiges Konzept des Primats der Politik. Auf einer ersten, höherrangigen Ebene steht das Ziel einer „Vitalpolitik". Dieser Begriff wurde von Rüstow geprägt. Er besagt, dass das Wohlbefinden der Menschen nicht auf rein materielle Werte reduziert werden darf, sondern alle Dimensionen des menschlichen Lebens umfassen muss.[13] Rüstow spielt auf Jesu Antwort an den Teufel in der Versuchungsgeschichte an (Mt 4,4; Lk 4,4: „Der Mensch lebt nicht nur von Brot"), anhand welcher er eine Definition der Vitalpolitik vornimmt: „Wir dürfen [...] nicht vergessen, daß der Mensch nicht von Brot allein lebt, und daß der verhängnisvolle Materialismus, der die Wirtschafts- und Sozialpolitik des 19. Jahrhunderts weithin beherrschte, gründlich überwunden werden muß. Darauf beruht ja auch meine Forderung, die traditionelle Sozialpolitik, bei der Lohnerhöhung und Arbeitszeitverkürzung einseitig im Vordergrund standen, durch eine Vitalpolitik zu ersetzen, die alle Faktoren in Betracht zieht, von denen in Wirklichkeit Glück, Wohlbefinden und Zufriedenheit des Menschen abhängen."[14] Rüstow vertritt mit der Vitalpolitik eine „anthropologische Fundierung der Sozialpolitik", deren Ziel ein „menschenwürdiges Leben" ist und die den Markt als ein Mittel zu diesem Zweck in den Dienst nimmt.[15] Die Vitalpolitik bettet das marktwirtschaftliche System in eine höhere Gesamtordnung ein. Dadurch lassen sich die blinden Marktkräfte nach ethischen Gesichtspunkten der Lebensdienlichkeit ausrichten und begrenzen.

Erst auf einer zweiten, untergeordneten Ebene siedelt der Ordoliberalismus die politische Aufgabe der Wettbewerbspolitik an. Die Durchsetzung offener Märkte und die marktwirtschaftliche Effizienz sind wichtige Aufgaben, die allerdings nur im Rahmen vitalpolitischer Vorgaben verfolgt werden dürfen.

Die katholische Soziallehre

Im Laufe der Geschichte sind gegen den Paläoliberalismus zuerst vor allem die Ideologien von *Sozialismus* und *Marxismus* aufgetreten. Im Zentrum stand dabei eine scharfe Verurteilung der Konkurrenz, die Marx beispielsweise als „Krieg unter den Habsüchtigen" brandmarkte.[16]

Wo ist nun der Ort der *katholischen Soziallehre* in diesem ideologischen Spannungsfeld zwischen Paläoliberalismus und Marxismus? Im Unterschied zum Marxismus hat die katholische Soziallehre durchaus immer den positiven Nutzen der Konkurrenz gesehen. So heißt es in der 1931 veröffentlichten Sozialenzyklika *Quadragesimo anno* von Papst Pius XI., dass die Wett-

---

12 Röpke 1958, 19.
13 Rüstows Vitalpolitik weist interessante Parallelen zu Amartya Sens weitem Entwicklungsbegriff auf, der auch den engen Bereich eines bloß materiellen Wohlstands überschreitet.
14 Rüstow 1955, 70; vgl. auch Rüstow 2001a, 142-145; Rüstow 2001b, 69-75 und 156; Röpke 1958, 144-145.
15 Rüstow 1960, 170.
16 Marx 1968 (Erstausgabe 1844), 511.

bewerbsfreiheit „von zweifellosem Nutzen" sein könne.[17] Ähnlich betont Johannes Paul II. in seiner letzten Sozialenzyklika *Centesimus annus* von 1991 in Bezug auf „bezahlbare Bedürfnisse", dass sowohl auf nationaler als auch internationaler Ebene „der freie Markt das wirksamste Instrument für die Anlage der Ressourcen und für die beste Befriedigung der Bedürfnisse zu sein scheint".[18]

Diese grundsätzlich positive Sicht der Konkurrenz lässt allerdings nicht den Schluss zu, dass sich die katholische Soziallehre mit der paläo- bzw. neoliberalen Position decken würde. So wie sie sich vom Marxismus unterscheidet, so besteht auch eine deutliche Distanz zu diesen Formen des Liberalismus. Ähnlich wie der Ordoliberalismus bewertet sie die Konkurrenz nur dann positiv, wenn sie in eine größere Rahmenordnung eingebettet ist. Der Wettbewerb darf nicht das oberste Prinzip der Gesellschaft oder Wirtschaft sein, sondern muss dem *Solidaritätsprinzip* untergeordnet bleiben: „Die Wettbewerbsfreiheit [...] kann [...] unmöglich regulatives Prinzip der Wirtschaft sein. [...] Um segenbringend für die Menschheit zu sein, bedarf sie selbst kraftvoller Zügelung und weiser Lenkung; diese Zügelung und Lenkung kann sie aber nicht selbst geben. Höhere und edlere Kräfte müssen es sein, die die wirtschaftliche Macht in strenge und weise Zucht nehmen: die soziale Gerechtigkeit und die soziale Liebe! Darum müssen die staatlichen und gesellschaftlichen Einrichtungen ganz und gar von dieser Gerechtigkeit durchwaltet sein."[19] Ähnlich heißt es auch in *Centesimus annus*, dass der Markt von den sozialen Kräften und vom Staat kontrolliert werden müsse.[20] Aus der Sicht der katholischen Soziallehre bedarf es also einer gesellschaftlichen Kontrolle des freien Marktes. Eine wichtige Möglichkeit dazu bildet der Sozialstaat.

Im Zeitalter der Globalisierung muss der Sozialstaat allerdings in Richtung einer politischen Weltordnung weiterentwickelt werden. Schon in *Quadragesimo anno* wurde im Anschluss an die Forderung einer sozialstaatlichen Ordnung von der Notwendigkeit der Schaffung „zwischenstaatlicher Vereinbarungen und Einrichtungen zur Förderung einer wahrhaft gedeihlichen wirtschaftlichen Zusammenarbeit" gesprochen.[21] Heute ist diese Aufgabe wichtiger denn je. Eine globalisierte Wirtschaft benötigt eine entsprechende global angelegte Rahmenordnung. So spricht Johannes Paul II. in *Centesimus annus* von der Notwendigkeit, „internationale Kontroll- und Leitungsorgane" zu errichten.[22]

Die katholische Soziallehre weist zum Ordoliberalismus aber nicht nur bezüglich der Betonung einer Rahmenordnung eine deutliche Parallele auf, sondern noch mehr in seiner Hochschätzung einer Wertordnung, die den materialistischen Ökonomismus überwindet und den Menschen in seiner Ganzheit sieht, der ein geistig-moralisches Wesen ist, das sein letztes Ziel in Gott selbst hat. In der katholischen Soziallehre wird immer wieder betont, dass der religiösen Ausrichtung auf Gott und sein Reich Vorrang vor allen ökonomischen und politischen Aktivitäten einzuräumen ist. In einer Welt des religiösen Kapitalismus kommt dieser Wertordnung eine zentrale Bedeutung zu. Nur wo diese religiöse Ausrichtung gelingt, kann den

---

17 *Quadragesimo anno* Nr. 88.
18 *Centesimus annus* Nr. 34.
19 *Quadragesimo anno* Nr. 88.
20 *Centesimus annus* Nr. 35.
21 *Quadragesimo anno* Nr. 89.
22 *Centesimus annus* Nr. 58.

pseudotheologischen Versuchungen von Paläo- und Neoliberalismus widerstanden werden. Diese religiöse Aufgabe gehört natürlich nicht ins Zentrum ordoliberaler Überlegungen, deren Vertreter sich in religiösen Dingen eher zurückhaltend geben. Aber es gehört zu den Vorzügen des Ordoliberalismus, dass er um die religiöse Natur des Menschen weiß und daher für die religiöse Aufgabe der Kirchen offen ist: „Der Paläoliberalismus wie der Kommunismus haben je eine für die betreffende Weltanschauung grundlegende Theologie, der Paläoliberalismus die deistisch-stoische Theologie der prästabilierten Harmonie, der Kommunismus die atheistische Eschatologie des vorbestimmten und voraussehbaren Sieges der Weltrevolution. Die katholische Kirche lehnt diese beiden ketzerischen Pseudotheologien im Namen ihrer eigenen rechtgläubigen Theologie mit Entschiedenheit ab, und wir Neoliberalen[23] lehnen sie mit nicht geringerer Entschiedenheit ab, zwar nicht aus theologischen, aber aus wissenschaftlichen Gründen, weil sich ihre Verkehrtheit, ihr Widerspruch zur wirklichen Struktur der Welt und des Menschen, objektiv nachweisen läßt. Wir Neoliberalen selber haben, im Gegensatz zu Paläoliberalismus und Kommunismus, gar keine eigene Theologie, unser Neoliberalismus hält sich vielmehr durchaus im Bereich der Schöpfungsordnung, des lumen naturale. Allerdings glauben wir, anthropologisch nachweisen zu können, daß das religiöse Bedürfnis zum angeborenen Wesen des Menschen gehört, aber wir machen uns nicht anheischig, dieses religiöse Bedürfnis unsererseits durch eine selbstfabrizierte Theologie zu befriedigen. Aber freilich ist unser Neoliberalismus nicht mit jeder beliebigen Theologie vereinbar."[24] Röpke nennt ausdrücklich die Kirche unter jenen Institutionen, die für den Rahmen der Marktwirtschaft wesentlich sind: „Selbstdisziplin, Gerechtigkeitssinn, Ehrlichkeit, Fairness, Ritterlichkeit, Maßhalten, Gemeinsinn, Achtung vor der Menschenwürde des anderen, feste sittliche Normen – das alles sind Dinge, die die Menschen bereits mitbringen müssen, wenn sie auf den Markt gehen und sich im Wettbewerb miteinander messen. Sie sind unentbehrliche Stützen, die beide vor Entartung bewahren. Familie, Kirche, echte Gemeinschaften und Überlieferungen müssen sie damit ausstatten."[25]

Als Beispiel für die Betonung der Wertordnung in der katholischen Soziallehre möchte ich die Kritik des Ökonomismus[26] und des Konsumismus in der von Papst Johannes Paul II. 1987

---

23 Rüstow und Röpke bezeichneten sich in Absetzung vom Paläoliberalismus als „Neoliberale". Dieser Begriff darf aber nicht mit dem heute gebräuchlichen und weiter oben beschriebenen Begriff des „Neoliberalismus" gleichgesetzt werden. Rüstow und Röpke haben später für ihre Position den Begriff „Ordoliberalismus" verwendet.

24 Rüstow 1960, 176-177. Vgl. dazu auch Rüstows Definition einer „umfassenden Anthropologie", die „das ganze Wesen des Menschen in seiner vollen Breite und Tiefe vom Biologischen bis zum Ethischen, Ästhetischen, Religiösen umfaßt" (Rüstow 1961, 69).

25 Röpke 1958, 170; vgl. auch Röpke 1958, 197.

26 Rüstow fordert die „Überwindung" des „abergläubischen ökonomozentrischen Materialismus", um „wieder zu einer gesunden und menschlichen Rangordnung der Werte und damit auch zu einer gesunden Einordnung und Ordnung der Wirtschaft selber zu kommen. Wir beginnen deshalb mit der Wirtschaft, weil sie der unterste aller Lebensbereiche ist, derjenige, dessen Aufgabe es ist, allen anderen sich unterzuordnen und zu dienen, und um von da aus zur Gestaltung des Lebens überhaupt in Gesellschaft, Staat und Menschheit aufzusteigen." (Rüstow 2001b, 103) Nach Röpke ist der Ökonomismus eine „unverbesserliche Sucht, das Mittel zum Zweck zu machen und nur an das Brot zu denken, nicht aber an das andere, wovon das Wort des Evangeliums spricht" (Röpke 1958, 149). Vgl. auch Barber 2002, 15: „Der neoliberale Mythos der allmächtigen Märkte hat eine neuartige – von unten nach oben verlaufende – Form der ab-

veröffentlichten Enzyklika *Sollicitudo rei socialis* heranziehen: „Gleichzeitig ist aber auch die ‚ökonomische‘ oder ‚ökonomistische‘ Auffassung selbst, die mit dem Wort ‚Entwicklung‘ verbunden ist, in eine Krise geraten. Tatsächlich erkennt man heute besser, daß die reine Anhäufung von Gütern und Dienstleistungen, auch wenn sie zum Nutzen der Mehrheit erfolgt, nicht genügt, um das menschliche Glück zu verwirklichen. Folglich bringen auch nicht die zur Verfügung stehenden vielfältigen echten Errungenschaften, die in jüngster Zeit durch Wissenschaft und Technik hervorgebracht worden sind, einschließlich der Informatik, die Befreiung von jeglicher Form von Knechtschaft. Im Gegenteil, die Erfahrung der letzten Jahre zeigt, daß die gesamte Menge der Hilfsquellen und Möglichkeiten, die dem Menschen zur Verfügung gestellt worden ist, wenn sie nicht von einer sittlichen Grundeinstellung gelenkt und auf das wahre Wohl des Menschengeschlechts hingeordnet wird, sich leicht gegen den Menschen richtet, um ihn zu unterdrücken. Eine betrübliche Feststellung aus der jüngsten Zeit sollte höchst lehrreich sein: Neben dem Elend der Unterentwicklung, das nicht geduldet werden kann, finden wir eine Art von Überentwicklung, die gleichermaßen unannehmbar ist, weil sie, wie die erste, im Gegensatz zum wahren Wohl und Glück steht. Denn diese Überentwicklung, die in einer übertriebenen Verfügbarkeit von jeder Art materieller Güter zugunsten einiger sozialer Schichten besteht, macht die Menschen leicht zu Sklaven des ‚Besitzens‘ und des unmittelbaren Genießens, ohne eine andere Perspektive als die Vermehrung oder den ständigen Austausch der Dinge, die man schon besitzt, gegen andere immer perfektere. Das ist die sogenannte Konsumgesellschaft oder der Konsumismus der so viele ‚Verschwendung‘ und ‚Abfälle‘ mit sich bringt. Ein Gegenstand, den man besitzt und der von einem anderen, noch perfekteren, übertroffen wird, wird beiseite geschoben, ohne seinen möglichen bleibenden Wert in sich selbst oder zugunsten eines anderen, ärmeren Menschen zu berücksichtigen. Wir alle greifen mit den Händen die traurigen Auswirkungen dieser blinden Unterwerfung unter den reinen Konsum: vor allem eine Form von krassem Materialismus und zugleich eine tiefgehende Unzufriedenheit, weil man sofort erkennt, daß man – wenn man nicht gegen die Flut der Reklame und das ständige verlockende Angebot von Produkten gefeit ist – um so mehr haben möchte, je mehr man besitzt, während die tieferen Wünsche unerfüllt bleiben oder vielleicht schon erstickt sind. Die Enzyklika [von] Papst Paul VI. hat auf den heute so

---

soluten Homogenität geschaffen, die zutiefst bedrohlich für die religiöse Vielfalt und das Streben nach immateriellen Gütern ist, ganz gleich, ob es sich dabei um kulturelle, erzieherische oder religiöse Vielfalt handelt. [...] Es ist eines der Rätsel unserer Tage, warum wir es Theokratie nennen und uns über Tyrannei beklagen, wenn die Religion jeden Bereich des Lebens bestimmen darf, und wir es Totalitarismus nennen und uns über die Zerstörung der Freiheit beklagen, wenn ein Einparteienstaat jeden Bereich des Lebens dominiert, aber wir es Freiheit nennen und den Triumph der eindimensionalen Marktgesellschaft feiern, wenn die Wirtschaft und der private Sektor jeden Bereich des Lebens dominieren. Eine globale bürgerliche Haltung wird ebenso den Bedürfnissen des Geistes wie bisher schon den Bedürfnissen des Körpers Platz einräumen müssen. Sie soll Pluralismus wie Privatheit sicherstellen und garantieren, dass ‚freie‘ Märkte nicht die Bedingungen wirklicher Freiheit untergraben. Diese Aufgaben gehen über die Schaffung globaler Institutionen zur Überwachung der Wirtschaft und die Regelung der sozialen Gerechtigkeit hinaus. Aber sie sind für den Sieg über den Terrorismus ebenso wichtig wie die ökonomische und politische Agenda. [...] Im Zeitalter des McWorld, das eine eigene säkulare Theologie mit einem aggressiven Glauben an materielle Produkte und den Konsum als Schlüssel zum guten Leben hat, haben sich Gläubige und Andächtige verdrängt gefühlt, selbst in Amerika und mit Sicherheit im Rest der Welt."

oft betonten Unterschied zwischen ‚Haben' und ‚Sein' hingewiesen, den zuvor schon das II. Vatikanische Konzil mit treffenden Worten ausgedrückt hatte. Das ‚Haben' von Dingen und Gütern vervollkommnet von sich aus nicht die menschliche Person, wenn es nicht zur Reifung und zur Bereicherung ihres ‚Seins', das heißt, zur Verwirklichung der menschlichen Berufung als solcher, beiträgt. Gewiß, der Unterschied zwischen ‚Sein' und ‚Haben' sowie die Gefahr, die einer reinen Vermehrung oder Auswechselung von Dingen, die man besitzt, im Hinblick auf den Wert des ‚Seins' innewohnt, muß nicht unbedingt zu einer Antinomie werden. Eine der größten Ungerechtigkeiten in der Welt von heute besteht gerade darin: Nur relativ wenige sind es, die viel besitzen, und viele jene, die fast nichts haben. Es ist die Ungerechtigkeit der schlechten Verteilung der Güter und Dienstleistungen, die ursprünglich für alle bestimmt sind. So ergibt sich folgendes Bild: Da gibt es jene – die wenigen, die viel besitzen –, die nicht wirklich zu ‚sein' imstande sind, weil sie durch eine Umkehrung der Hierarchie der Werte vom Kult des ‚Habens' daran gehindert werden; und dann diejenigen – die vielen, die wenig oder nichts besitzen –, die wegen der Entbehrung der elementaren Güter ihre grundlegende menschliche Berufung nicht zu verwirklichen vermögen. Das Übel liegt nicht im ‚Haben' als solchem, sondern in der Art und Weise des Habens, die auf die Qualität und die Rangordnung der besessenen Güter keine Rücksicht nimmt: Qualität und Rangordnung, wie sie sich aus der Unterordnung der Güter und aus deren Verfügbarkeit für das ‚Sein' des Menschen und seine wahre Berufung ergeben. Damit ist nachgewiesen, daß sich die Entwicklung, wenn sie auch eine notwendige wirtschaftliche Dimension besitzt, weil sie ja der größtmöglichen Zahl der Erdenbewohner die zum ‚Sein' unerläßlichen Güter zur Verfügung stellen muß, dennoch nicht in dieser Dimension erschöpft. Wenn sie auf diese beschränkt wird, wendet sie sich gegen diejenigen, die man damit fördern möchte."[27]

Formen der Solidarität

Ähnlich ambivalent wie das Konkurrenzprinzip ist auch das Prinzip der Solidarität, das im Laufe der Geschichte sich in vielfältiger Form ausgestaltet hat. Wie ist es der Menschheit – oder besser verschiedenen Gemeinschaften und Gesellschaften – im Laufe der Geschichte gelungen, Solidarität herzustellen?

Eines der ältesten Beispiele dafür findet sich in Hesiods Gedicht *Werke und Tage* aus dem 8. Jahrhundert vor Christus.[28] Hesiod weiß um Fluch und Segen der Konkurrenz, um die grundsätzliche Ambivalenz des Wetteifers. Er unterscheidet daher zwei Göttinnen der Zwietracht oder des Streits (Eris) voneinander. Die eine ist wie ihr Namensvetter Ares – der Kriegsgott – eine dunkle, zerstörerische Macht, die den Menschen nur Unglück bringt (sie verursachte den Trojanischen Krieg). Hingegen die andere – die gute Eris – ist ein Segen für die Menschheit, weil sie zu Fleiß und Arbeit antreibt: „Sieht [...] der Nichtstuer, wie sein reicher Nachbar mit Eifer pflügt, sät und sein Haus wohl bestellt, dann eifert der Nachbar dem Nachbarn nach, der zum Wohlstand eilt. Fördernd ist solcher Wetteifer für die Menschen, und so grollt der Töpfer dem Töpfer und der Zimmermann dem Zimmermann, der Bettler neidet dem Bettler, und der

---

27 *Sollicitudo rei socialis* Nr. 28.
28 Vgl. Palaver 1999, 79-87.

Sänger dem Sänger."[29] Diese scheinbar problemlose Unterscheidung der beiden Göttinnen lebt von Voraussetzungen, die gerade für die hier diskutierte Problematik der Globalisierung nicht unwichtig sind. Hesiods Welt ist denkbar weit von unserer Welt entfernt, in der ein ungebremster Globalismus das Primat der Politik bedroht. Der griechische Dichter spricht von einer ländlichen Agrargesellschaft, in der es keinen Außenhandel, keine Schifffahrt noch eine auf Geld aufbauende Ökonomie gibt.[30] Hesiods Gedicht hat nicht einmal mit frühesten Vorformen von Globalisierung oder gar Globalismus Kontakt. Die zweite Voraussetzung für Hesiods Unterscheidung zwischen einer guten und einer bösen Eris betrifft eine Rechtsordnung, die in dieser archaischen Welt Solidarität möglich macht. Diese Rechtsordnung ist aber nicht weniger ambivalent als der einzuhegende Wetteifer. Eine vom göttlichen Rachegedanken getragene Rechtsordnung bestraft jede Form der Hybris der Menschen, die über das erlaubte Maß hinauszugehen versucht.[31] Dreißigtausend unsterbliche Wächter des Zeus, die auf der Erde wandeln, sowie die Rachegöttinnen Nemesis und Dikè stehen symbolisch für das gewaltbewehrte Gehege der Konkurrenz. Hesiods Gedicht repräsentiert jene Form der „mechanischen Solidarität", die der französische Soziologe Durkheim als für die archaische Welt typisch bezeichnet und aufs engste mit einem religiös verwurzelten repressiven Strafrecht verbunden sieht.[32] Die von Durkheim als „mechanische Solidarität" beschrieben Form von Solidarität lässt sich auf den Sündenbockmechanismus zurückführen, wie er in der mimetischen Theorie René Girards dargestellt ist.[33]

In der Menschheitsgeschichte hat sich bisher Solidarität dort am leichtesten verwirklichen lassen, wo diese Einheit gegen einen Dritten, gegen einen gemeinsamen Feind gebildet werden konnte.[34] Das Feindbild bei Hesiod sind die Abweichler von der gesellschaftlichen Norm, die durch ein hartes Strafrecht abgeschreckt werden sollen. Hesiods Gedicht zeigt aber noch etwas zu wenig, wie das Politische selbst in den archaischen Gesellschaften zur Eindämmung der internen Gewalt diente. Für das Verständnis des Politischen in der archaischen Welt eignen sich besonders die *Eumeniden* des Aischylos.[35] In ihnen wird deutlich, dass äußere Feinde der beste Garant dafür sind, dass im Inneren eines politischen Gemeinwesens Solidarität erzeugt wird. In den *Eumeniden* geht es einerseits um die Überwindung des inneren Bürgerkriegs und andererseits wie bei Hesiod um das Fruchtbarmachen einer guten Konkurrenz. Aischylos verwendet das Wort *eris*, wo es um die Konkurrenz zwischen der Göttin Athene und den Erinnyen geht, jenen Rachegöttinnen, die in diesem Stück sich zu Segensgöttinnen wandeln. Kein tödlicher Wetteifer soll mehr zwischen ihnen herrschen, sondern nur noch der

---

29 Schönberger 1996 (Hesiod), Vers 21-26. Vgl. Rüstow 2001a, 196.

30 Vgl. Rüstow 2001a, 171. – Rüstow 2001b, 69: „Das Bauerntum ist auch die eigentliche natürliche Grundlage eines gesunden Liberalismus, wie das in bis heute klassischer Weise das antifeudale bäuerliche Lehrgedicht des alten Hesiod (nach 700 v. Chr.) zeigt."

31 Vgl. Schönberger 1996 (Hesiod), Vers 194-220 und Vers 237-246.

32 Durkheim 1999, 118-161.

33 Vgl. Palaver 2003, 183-250.

34 Rottländer 2002 übersieht diese problematischen Seiten der Solidarität, obwohl er bewusst methodisch von der Beobachtung faktischer Formen von Solidarität ausgeht.

35 Vgl. Palaver 1999, 87-90.

„Streit *[eris]* ums Gute".[36] Damit sich aber dieser fruchtbare Wetteifer entfalten kann, bedarf es einer politischen Rahmenordnung, die den inneren Krieg überwindet:

> „Mögen Wonne sie tauschen,
> In allumfassender Liebe eins,
> Hassen auch aus einem Geist!
> Dies lindert unter den Sterblichen viel."[37]

Diese Formel erklärt das Wesen archaischer Formen des Politischen, die keine zerstörerische Form innerer Konkurrenz kennen, sondern diese nach außen ableiten.[38]
Das Politische als konstitutive Verfeindung nach außen ist aber nicht nur für die archaische Welt typisch, sondern lässt sich auch in der modernen Welt immer wieder beobachten. Systematisch kann hier mit Otfried Höffe von Formen „antagonistischer Solidarität" gesprochen werden.[39] Als Beispiel möchte ich auf die politische Philosophie Rousseaus verweisen, der als einer der Gründerväter modernen politischen Denkens deutliche Spuren der archaischen Logik erkennen lässt.[40] Statt der Eris finden wir bei Rousseau im Gesellschaftszustand den Begriff der Eigenliebe *(amour propre)*. Diese ist nicht mehr wie Hesiods gute Eris prinzipiell gut und von einer zerstörerischen Emotion unterschieden, sondern eine – so wie für viele andere Denker der Neuzeit (Hobbes, Kant) – ambivalente Leidenschaft, die wenige gute und vor allem viele schlechte Folgen gleichzeitig mit sich bringt. Wie die Eris ist sie ganz vom Vergleich und der Konkurrenz bestimmt. „Ich würde darauf aufmerksam machen, wie sehr jenes universelle Verlangen nach Reputation, Ehren und Auszeichnungen, das uns alle verzehrt, die Talente und die Kräfte übt und vergleicht; wie sehr es die Leidenschaften anstachelt und vervielfacht; und – da es alle Menschen zu Konkurrenten, Rivalen, oder vielmehr Feinden macht – wie viele Schicksalsschläge, Erfolge und Katastrophen aller Art es täglich verursacht, daß es so viele Bewerber dasselbe Rennen laufen läßt. Ich würde zeigen, daß wir diesem Eifer, von sich reden zu machen, dieser Raserei, sich zu unterscheiden, die uns immer außerhalb unserer selbst hält, verdanken, was es an Bestem und was es an Schlechtestem unter den Menschen gibt: unsere Tugenden und Laster, unsere Wissenschaften und unsere Irrtümer, unsere Eroberer und unsere Philosophen, das heißt eine Menge schlechter Dinge gegenüber einer geringen Zahl guter."[41] Die Gefahren der Eigenliebe erzeugen in Rousseau den Wunsch, zu jener ländlichen Idylle zurückzukehren, die es Hesiod ermöglichte, eine grundsätzlich gute Eris anzunehmen. Rousseau würde am liebsten die in seiner Zeit schon deutlich spürbare Globalisierung und die ökonomische Geldlogik – also die ersten Vorboten des Globalismus – wieder rückgängig machen. Dann könnte an Stelle der zerstörerischen Eigenliebe wieder die Selbstliebe des Naturzustands treten, die anscheinend keine Konflikte kennt.

---

36 Staiger 1959 (Aischylos), Vers 974f.
37 Staiger 1959 (Aischylos), Vers 985-987.
38 Vgl. Meier 1995; Palaver 1998; Dumouchel 1999, 198 und 212f.
39 Höffe 2002, 91: „Die antagonistische Solidarität verfolgt kollektive Interessen gegen konkurrierende Kollektiva, beispielsweise geht es um die Abwehr von Feinden oder die Selbstbehauptung gegen Widersacher."
40 Vgl. Palaver 1999, 93-97.
41 Rousseau 1990, 257.

Rousseau sieht aber keine echte Möglichkeit mehr, in den harmonischen Naturzustand zurückzukehren. Um die negativen Folgen der Eigenliebe zu überwinden, bedarf es daher des Nationalstaates. Er ist für Rousseau die einzige Möglichkeit, die durch die Konkurrenz bestimmte Eigenliebe positiv zu kanalisieren. Damit die Eigenliebe nicht zum Krieg und zur Auflösung des menschlichen Zusammenlebens führt, muss sie mit dem Gemeinwohl in Übereinstimmung gebracht werden. Das wichtigste Mittel dazu ist nach Rousseau die Tugend der Vaterlandsliebe, der Patriotismus. Die Eigenliebe muss nach Rousseau also in „den gemeinsamen Wetteifer *[l'émulation commune]*", „fürs Vaterland zu leben und zu sterben", verwandelt werden.[42] Jeden Kosmopolitismus lehnte er dabei ab, da die Eigenliebe seiner Meinung nach nur durch den nationalen Kleinstaat überwunden werden kann. In seinem Werk *Vom Gesellschaftsvertrag* verficht Rousseau die Ansicht, dass die Feindschaft nach außen eine politische Solidarität im Inneren ermöglichen soll. Erst die Feindschaft gegen Dritte kann jenen Gemeinwillen erzeugen, der die Eigenliebe zur patriotischen Tugend erhebt. Wo er nach der Art des Zustandekommens des für seine politischen Theorie zentralen Gedankens des Gemeinwillens *(volonté générale)* fragt, verweist er indirekt auf die Notwendigkeit eines äußeren Feindes. „Die Übereinstimmung zweier Einzelinteressen kommt durch die Gegnerschaft gegen ein drittes zustande."[43] Das 19. und 20. Jahrhundert standen ganz unter dem Zeichen dieses bei Rousseau so deutlich hervortretenden Nationalstaates – oft sogar des Nationalismus – als Rahmen für die Solidarität.[44]

Zusammenfassend kann die Logik einer durch politische Verfeindung nach außen erzeugten Solidarität am Beispiel des politischen Links-Rechts-Schemas der letzten zwei Jahrhunderte veranschaulicht werden. Der Marxismus war grundsätzlich positiv gegenüber der Globalisierung eingestellt. Marx und Engels können als ihre Propheten bezeichnet werden. Der Marxismus ist aber gerade am Problem gescheitert, Solidarität ohne nationale Verfeindung zu schaffen. Nationale Mythen haben sich immer wieder stärker als der Mythos des Klassenkampfs erwiesen.[45] Ein kleines Zeichen für dieses Versagen ist auch das Ergebnis der Nationalratswahlen von 1999: 47% der Arbeiter haben eine Partei gewählt, die das Gefühl von Solidarität im Inneren des Landes dadurch vorzugaukeln versuchte, dass sie immer wieder verschiedene Formen der Feindschaft nach außen schürte.

Als Gegenbeispiel zum Marxismus kann auf den rechten Staatsdenker Carl Schmitt hingewiesen werden. Er hat gegen die am Anfang dieses Jahrhunderts immer deutlicher sichtbar werdenden Tendenzen hin zu Globalisierung und Globalismus jene mythische Konzeption des Politischen zu revitalisieren versucht, die wir bereits bei Aischylos kennen gelernt haben.[46] Sein Begriff des Politischen baut konstitutiv auf der Unterscheidung zwischen Freund und Feind auf. Setzte er anfangs auf die Verfeindung zwischen Nationalstaaten, so hoffte er später, dass es zu einer Verfeindung zwischen politischen Großräumen kommen könnte. Heute scheint Schmitt aktueller als die Gründungsväter des Marxismus zu sein. Seine theologisch aufgeladene Verfeindungslogik spiegelt sich im fundamentalistischen Kampf gegen Globali-

---

42 Rousseau 1981, 248.
43 Rousseau 1983, 31.
44 Vgl. Arendt 1986, 97-98.
45 Vgl. Schmitt 1985, 77-90.
46 Vgl. Palaver 2001.

sierung und Globalismus wieder. Die Formel des amerikanischen Politologen Benjamin Barber „Jihad versus McWorld" bringt jene Tendenz deutlich zum Ausdruck, die heute dialektisch mit der Globalisierung verbunden zu sein scheint: eine nationalistisch-fundamentalistische Gegenreaktion.[47] Der amerikanische Politologe Samuel Huntington hat in seinem Buch *Kampf der Kulturen* gerade auch am Beispiel des Fundamentalismus erklärt, dass Identität und damit indirekt auch Solidarität Feindschaft nach außen voraussetzen würden. Seine Formel dafür unterscheidet sich von der Schmitt'schen Logik nicht: „Menschen benutzen Politik nicht nur dazu, ihre Interessen zu fördern, sondern auch dazu, ihre Identität zu definieren. Wir wissen, wer wir sind, wenn wir wissen, wer wir nicht sind und gegen wen wir sind."[48] Die zwei Weltkriege dieses Jahrhunderts machen eine Abkehr von der Schmitt'schen politischen Logik notwendig. Weder nationalstaatlich motivierte Kriege noch militärische Konflikte zwischen den Kulturen sind in unserer Welt mit den heutigen technischen Möglichkeiten eine gangbarer Weg. Die Globalisierung zwingt uns vielmehr dazu, eine ganz neue Form von Solidarität zu leben.

Ein positives Beispiel für die Überwindung der Freund-Feind-Logik findet sich bis zu einem gewissen Grad in der Europäischen Union. Dennoch darf nicht übersehen werden, dass es auch für Europa immer wieder die Versuchung gab und noch gibt, sich durch die Abgrenzung nach außen zu einigen.[49] Während des Kalten Krieges konnte sich Europa beispielsweise vom Ostblock distanzieren. Diese Tatsache hat sicherlich die Versöhnung zwischen Frankreich und Deutschland innerhalb der damals entstehenden Europäischen Gemeinschaft leichter gemacht. Heute zeigt sich auch deutlich, dass die durch den Kalten Krieg gestärkte Solidarität sich sowohl positiv für die Entwicklungshilfe gegenüber den südlichen Ländern als auch für den Sozialstaat in den westlichen Ländern ausgewirkt hat. Das Ende des Kalten Krieges führte sowohl zu einer Reduktion der Entwicklungshilfe als auch zu einer Schwächung des Sozialstaates.[50] In den 1990er-Jahren grenzte sich Europa – vor allem die politische Linke – zunehmend von den USA ab. Mit den Ereignissen vom 11. September 2001 ist diese Möglichkeit vorerst etwas in den Hintergrund getreten. Als neue Versuchung zeigt sich nun die gefährliche Idee, Europa im Gegensatz zur islamischen Welt zu verstehen (Putin, Berlusconi). Damit aber Europa als positives Beispiel für eine Globalisierung in Solidarität dienen kann, muss es die Versuchung zum Bau der „Festung Europa" überwinden. Es geht um eine innere Solidarität in Europa, die nicht von der Abgrenzung nach außen lebt.

Ein wegweisendes Verständnis von Solidarität findet sich in der Enzyklika *Sollicitudo rei socialis*, wo die Solidarität als eine christliche Tugend verstanden wird, die ausdrücklich auch die Feindesliebe umgreift. Die Gemeinschaft des dreieinen Gottes wird dabei als „neuer Maßstab" und als neues „Modell der Einheit" zwischen den Menschen verstanden: „Die *Solidarität* ist zweifellos eine *christliche Tugend*. Bereits in der vorangegangenen Darlegung war es möglich, zahlreiche Berührungspunkte zwischen ihr und der Liebe auszumachen, dem Erkennungszeichen der Jünger Christi. Im Licht des Glaubens strebt die Solidarität danach, sich

---

47 Barber 1999.
48 Huntington 1996, 21.
49 Vgl. Ash 2001; Niethammer 2000, 530-531.
50 Vgl. Weizsäcker 2002, 61-63.

selbst zu übersteigen, um die *spezifisch christlichen* Dimensionen des völligen Ungeschuldet-seins, der Vergebung und der Versöhnung anzunehmen. Dann ist der Nächste nicht mehr nur ein menschliches Wesen mit seinen Rechten und seiner grundlegenden Gleichheit mit allen, sondern wird das *lebendige Abbild Gottes*, des Vaters, erlöst durch das Blut Jesu Christi und unter das ständige Wirken des Heiligen Geistes gestellt. *Er muß also, auch als Feind, mit der-selben Liebe geliebt werden*, mit der ihn der Herr liebt, und man muß *für ihn zum Opfer bereit sein*, auch zum höchsten: ,das Leben für die eigenen Brüder geben' (vgl. Joh 3,16). Das Be-wußtsein von der gemeinsamen Vaterschaft Gottes, von der Brüderlichkeit aller Menschen in Christus, der ,Söhne im Sohn', von der Gegenwart und dem lebenschaffenden Wirken des Heiligen Geistes wird dann unserem Blick auf die Welt gleichsam einen *neuen Maßstab zu ihrer Interpretation* verleihen. Jenseits der menschlichen und naturgegebenen Bindungen, die schon so fest und eng sind, zeigt sich im Licht des Glaubens *ein neues Modell der Einheit des Menschengeschlechtes, an dem sich die Solidarität in letzter Konsequenz inspirieren muß.* Dieses höchste Modell der Einheit, ein Abbild des innersten Lebens Gottes, des Einen in drei Personen, bezeichnen wir Christen mit dem Wort ,Gemeinschaft' *(communio).* Eine solche ausgesprochen christliche Gemeinschaft, die mit der Hilfe des Herrn sorgfältig gepflegt, er-weitert und vertieft wird, ist die Seele der Berufung der Kirche, um ,Sakrament' im bereits angegebenen Sinne zu sein."[51]

Chancen und Aufgaben der katholischen Kirche

Die katholische Kirche ist kein grundsätzlicher Gegner der Globalisierung. Gerade Johannes Paul II. betonte gegen Ende seines Lebens immer wieder die Chancen, die das Entstehen ei-ner „Weltgemeinschaft" mit sich bringen kann.[52]
Voraussetzung für eine positive Bewertung der Globalisierung bleibt die Abwehr des Öko-nomismus bzw. des Globalismus. Die Globalisierung bedarf des Primats der Politik. Die For-derung nach sozialer Gerechtigkeit verlangt im Zeitalter der Globalisierung eine internationa-le Ordnungspolitik. Es geht darum, auf internationaler Ebene geeignete Maßnahmen zu tref-fen, um auch das Funktionieren des weltweiten Marktes am Gemeinwohl zu orientieren.[53] Eine innerhalb der katholischen Soziallehre neue Entwicklung in diese Richtung leitet die Forderung nach einer „universalen politischen Gewalt" ein.[54] Konkret könnte eine solche

---

51 *Sollicitudo rei socialis* Nr. 40.
52 Vgl. Johannes Paul II. 1998, 167. – Johannes Paul II. 2000, 227-228: *„Es wird in dem Maße Frieden herrschen, in dem es der ganzen Menschheit gelingt, ihre ursprüngliche Berufung wiederzuentdecken, eine einzige Familie zu sein, in der die Würde und die Rechte der Personen jeden Standes, jeder Rasse und jeder Religion als vorgängig und vorrangig gegenüber jeglicher Unterschiedenheit und Art anerkannt werden. Von diesem Bewußtsein her kann die von der Dynamik der Globalisierung gekennzeichnete Ver-flochtenheit unserer heutigen Welt Seele, Sinn und Richtung erhalten. In diesen Entwicklungen, die freilich nicht ohne Risiken sind, liegen gerade im Hinblick darauf, daß aus der Menschheit eine auf den Werten von Gerechtigkeit, Gleichheit und Solidarität gegründete einzige Familie entstehen soll, außerordentliche und vielversprechende Chancen."*
53 *Centesimus annus* Nr. 10, 52.
54 *Pacem in terris* Nr. 137.

Weltautorität im Sinne einer Verbindung von Solidaritäts- und Subsidiaritätsprinzip durch eine kontinental gegliederte Weltföderation freier Republiken verwirklicht werden.[55] Die katholische Kirche unterstützt deutlich alle Entwicklungen in diese Richtung. Auch hier zeigen sich aber beim genaueren Hinsehen schwerwiegende Probleme. Ich möchte dazu auf ein konkretes sozialwissenschaftliches Modell eingehen, das ein Primat der Politik in der Welt der Globalisierung verwirklichen zu können hofft.

Der Münchner Soziologe Ulrich Beck schlägt die Bildung von Transnationalstaaten vor, die sich durch die Kooperation von Staaten bilden und eine Überwindung des Gewalttraumas der nationalstaatlichen Moderne darstellen.[56] Der Transnationalstaat muss von Politikern vorangebracht werden, die von einer auf globale Solidarität ausgerichteten Innenpolitik getragen werden. Schon ein kurzer Blick auf Österreich oder auf Europa lässt Becks Modell aber fast als naive Utopie erscheinen. Wo gibt es Politiker, die ihren Rückhalt in Wählern haben, deren erstes Anliegen nicht ihr eigenes Wohlergehen, sondern von vornherein das Bemühen um eine universale Solidarität ist? Der Transnationalstaat setzt ein „weltbürgerliches Bewusstsein" voraus.[57]

Hier kommt der Kirche als zivilgesellschaftlicher Akteurin eine wichtige Rolle zu.[58] Sie muss zu einer gesellschaftlichen Atmosphäre beitragen, die ein Konzept wie das des Transnationalstaates überhaupt erst möglich machen würde. Erste politische bzw. sozialethische Aufgabe der Kirche ist es, im Sinne der Botschaft Jesu Christi Kirche zu sein. Die traditionelle Form der Ermöglichung politischer Solidarität, die von der Feindschaft nach außen lebt, gehört theologisch gesehen in den Bereich der „Strukturen der Sünde".[59] Diese „Strukturen der Sünde" wurzeln in persönlichen Sünden, die eine Umkehr der Herzen der einzelnen Menschen notwendig machen.[60] Die Aufgabe der Umkehr ist nicht als individualistischer Kraftakt möglich, sondern setzt eine Gemeinschaft, einen „politischen Körper", voraus, der die Umkehr der Herzen trägt. Die katholische Soziallehre berührt sich hier mit der politischen Philosophie Rousseaus, der auch von der Notwendigkeit gesprochen hat, die Herzen der Menschen in bestimmter Weise auszurichten. Nach Rousseau ist der Mensch ein leidenschaftliches Wesen, dessen Herz auf das Vaterland ausgerichtet sein muss, um tugendhaft zu bleiben. Auch für die katholische Soziallehre spielen Leidenschaften eine wichtige Rolle. Aus katholischer Sicht geht es aber nicht um die Vaterlandsliebe, sondern um die Liebe Gottes, die durch die Kirche vermittelt wird.

Die Kirche als politischer Körper, als Sakrament der „Vereinigung mit Gott" und der „Einheit der ganzen Menschheit" ermöglicht die Tugend der Solidarität, die nicht mehr von notwendigen Ausschlüssen lebt.[61]

Am Beispiel der Eucharistie, des zentralen Mysteriums des Christentums, lässt sich dies besonders deutlich aufzeigen. Johannes Paul II. hat der Eucharistie in seiner Enzyklika *Sollici-*

---

55 Vgl. Büchele 1996.
56 Beck 1997, 221-228.
57 Vgl. Höffe 2002, 335-348; Ulrich 2002, 181-184.
58 Vgl. Weizsäcker 2002, 67.
59 *Sollicitudo rei socialis* Nr. 36.
60 *Quadragesimo anno* Nr. 127; *Gaudium et spes* Nr. 25 und 63; *Sollicitudo rei socialis* Nr. 38.
61 *Lumen gentium* Nr. 1; *Sollicitudo rei socialis* Nr. 40.

tudo rei socialis eine wichtige sozialethische Funktion zugeschrieben: „Das Gottesreich wird heute besonders *gegenwärtig* in der Feier des *Sakramentes der heiligen Eucharistie*, des Opfers des Herrn. [...] Durch die Eucharistie als Sakrament und Opfer vereinigt uns so der Herr *mit sich selbst und untereinander* mit einem stärkeren Band als jede rein natürliche Einigung und, so geeint, *sendet er uns* in die ganze Welt, um mit dem Glauben und Werken von Gottes Liebe Zeugnis zu geben, wodurch er das Kommen seines Reiches vorbereitet und, wenn auch in den Schatten der Zeit, vorwegnimmt. Wir alle, die an der hl. Eucharistie teilnehmen, sind dazu aufgerufen, durch dieses Sakrament den tieferen *Sinn* unseres Handelns in der Welt für Entwicklung und Frieden zu entdecken und hier die Kraft zu empfangen, um uns immer großherziger nach dem Beispiel Christi, der in diesem Sakrament ‚stets das Leben für seine Freunde gibt' (vgl. Joh 15,13), einzusetzen."[62] In der Eucharistiefeier liegt eine Umkehrung der ausschließenden Solidarität vor. Sie lebt nicht von der Einheit gegen Dritte oder einer Feindschaft nach außen, sondern lebt aus der Überwindung aller Ausschließungen, indem sich der ausgestoßene Logos selbst den Menschen schenkt. In jeder Eucharistiefeier ist immer der ganze Leib Christi präsent. Das ist ein symbolischer Ausdruck für die heute so notwendige Verbindung von Lokalität und Globalität. In der Eucharistie wurzelt die Struktur der Kirche selbst, die gerade angesichts der Globalisierung Modellcharakter besitzt. Die Feier der Eucharistie ist eine Gegenwelt zum ortlosen Globalismus, in dem sich die atomisierten Individuen immer mehr verlieren. Die Eucharistie sammelt die Menschen an ihren konkreten Orten, um, vom einen Leib gestärkt, den ganzen Leib Christi gegenwärtig werden zu lassen. In jeder einzelnen Eucharistiefeier ist immer die ganze Kirche präsent. Es zeigt sich hier eine Konzeption von konkreter Örtlichkeit, die weder einem abstrakten Universalismus (Globalismus) entspricht noch eine nach außen abgeschlossene bodenständige Lokalität (ausgrenzende Solidarität) bleibt. In der Eucharistie verkörpert sich eine lokalisierte Form des Universalismus, die typisch ist für die Kirche als eine universale Einheit lokaler Gemeinden. Ihre eigene Grundstruktur gibt der katholischen Kirche die Möglichkeit, ein Modell vorzuleben, wie eine „Globalisierung ohne Ausgrenzung" aussehen könnte. Als subsidiäre und zivilgesellschaftliche „Gemeinschaft von Gemeinschaften" bildet sie ein wichtiges Vorbild für eine demokratische Antwort auf die Globalisierung.[63]

Ganz konkret gilt es zu überlegen, welchen Beitrag die sonntägliche Eucharistiefeier zu einer Globalisierung in Solidarität leisten könnte. In seinem apostolischen Schreiben *Dies domini*

---

62 *Sollicitudo rei socialis* Nr. 48.

63 Guéhenno 1999: „Wollen wir, dass es morgen wirkliche ‚Bürger der Globalisierung' gibt, so müssen wir rasch ‚Stufen' zwischen dem Individuum und der Globalitätsebene einbauen. Wir müssen besondere Gemeinschaften als legitim anerkennen und zugleich ihre Verknüpfung mit weiter gefassten Gemeinschaften organisieren, damit die Welt zu einer ‚Gemeinschaft der Gemeinschaften' wird." – „Zur Stärkung der Demokratie ist es erforderlich, die Legitimität neuer, besonderer Gemeinschaften – nicht nur solcher politischer Natur, auch regionale und nicht staatliche Zusammenschlüsse – zu akzeptieren und dabei zu verhindern, dass diese sich abschotten. Das bedeutet, die Grenzen zu verwischen, vielfältige Zugehörigkeiten zu organisieren, darüber hinaus aber auch das Gleichgewicht zu verändern zwischen den traditionellen politischen Institutionen, zwischen Organisationen, die dem Gemeinwohl verpflichtet sind, und Privatorganisationen. Denn das Bedürfnis nach Zugehörigkeit, das jedem Menschen innewohnt, soll in den neuen Gemeinschaften jene Antworten finden, die politische Institutionen nicht mehr ausreichend zu bieten vermögen."

über die Heiligung des Sonntags vom 31. Mai 1998 hat Papst Johannes Paul II. einige Anregungen gegeben, was es heißen könnte, den Sonntag zu einem „Tag der Solidarität" zu machen.[64] Jeden Sonntag sind wir aufgefordert, eine „anspruchsvolle Kultur des Teilens" zu leben, die sich nicht auf eine „barmherzige ‚Obolus'-Mentalität" beschränkt, sondern tatsächlich den lokalen Kern einer globalen Solidarität bilden müsste.[65] Nach Johannes Paul II. haben die christlichen Gemeinden die „Pflicht, die Eucharistiefeier zu dem Ort zu machen, wo die Brüderlichkeit zu konkreter Solidarität wird und in der Überlegung und in der Liebe der Brüder die Letzten zu den Ersten werden, wo Christus selber durch die großzügige Gabe der Reichen an die Armen auf eine bestimmte Art das Wunder der Brotvermehrung in die Zeit weiterwirken kann".[66] Wo es uns auf lokaler Ebene gelingt, jede Woche einen Tag der Solidarität zu feiern, setzen wir entscheidende Schritte in Richtung einer Globalisierung in Solidarität.

Literatur

Bücher und Aufsätze:

Arendt, Hannah: *Über die Revolution.* München, Piper, [3]1986.

Ash, Timothy Garton: "Europe at War", in: *The New York Review* 48(20), 2001, 66-68.

Barber, Benjamin R.: *Demokratie im Würgegriff. Kapitalismus und Fundamentalismus – eine unheilige Allianz.* Frankfurt/M., Fischer Taschenbuch Verlag, 1999.

Barber, Benjamin R.: „Ein Krieg ‚jeder gegen jeden': Terror und die Politik der Angst", in: *Aus Politik und Zeitgeschichte* 18, 2002, 7-16.

Beck, Ulrich: *Was ist Globalisierung? Irrtümer des Globalismus – Antworten auf Globalisierung.* Frankfurt/M., Suhrkamp, 1997.

Binswanger, Hans Christoph: *Die Glaubensgemeinschaft der Ökonomen. Essays zur Kultur der Wirtschaft.* München, Gerling Akademie Verlag, 1998.

Büchele, Herwig: *Eine Welt oder keine. Sozialethische Grundfragen angesichts einer ausbleibenden Weltordnungspolitik.* Innsbruck, Tyrolia, 1996.

Dahrendorf, Ralf: „Anmerkungen zur Globalisierung", in: Beck, Ulrich (Hg.): *Perspektiven der Weltgesellschaft.* Frankfurt/M., Suhrkamp, 1998, 41-54.

Dumouchel, Paul: „Die Ambivalenz der Knappheit", in: Dumouchel, Paul/Dupuy, Jean-Pierre: *Die Hölle der Dinge. René Girard und die Logik der Ökonomie.* Münster, LIT Verlag, 1999, 175-308.

Durkheim, Emile: *Über soziale Arbeitsteilung. Studie über die Organisation höherer Gesellschaften.* Frankfurt/M., Suhrkamp, [3]1999.

Girard, René: *Das Heilige und die Gewalt.* Zürich, Benzinger, 1987.

Guéhenno, Jean-Marie: „Die neue Machtfrage. Wie lässt sich die Globalisierung beherrschen?", in: *DIE ZEIT* 51/1999, 11-12.

---

64 *Dies domini* Nr. 69-73.
65 *Dies domini* Nr. 70.
66 *Dies domini* Nr. 71.

Höffe, Otfried: *Demokratie im Zeitalter der Globalisierung*. München, C.H. Beck, [2]2002.

Huntington, Samuel P.: *Der Kampf der Kulturen. The Clash of Civilizations. Die Neugestaltung der Weltpolitik im 21. Jahrhundert*. München, Europa Verlag, 1996.

Johannes Paul II.: „Aus der Gerechtigkeit des Einzelnen erwächst der Friede für alle", 1998, in: Squicciarini, Donato (Hg.): *Die Weltfriedensbotschaften Papst Johannes Pauls II. 1993–2000. Beiträge zur katholischen Soziallehre*. Berlin, Duncker & Humblot, 2001, 163-174.

Johannes Paul II.: „Friede auf Erden den Menschen, die Gott liebt", 2000, in: Squicciarini, Donato (Hg.): *Die Weltfriedensbotschaften Papst Johannes Pauls II. 1993-2000. Beiträge zur katholischen Soziallehre*. Berlin, Duncker & Humblot, 2001, 225-238.

KAB (Bundesverband der Katholischen Arbeitnehmer-Bewegung Deutschlands): *Texte zur katholischen Soziallehre. Die sozialen Rundschreiben der Päpste und andere kirchliche Dokumente*. Bornheim, Ketteler, [8]1992.

Marx, Karl: „Ökonomisch-philosophische Manuskripte aus dem Jahre 1844", in: Marx, Karl/ Engels, Friedrich: *Werke – Ergänzungsband, Teil 1: Schriften, Manuskripte, Briefe bis 1844*. Berlin, Dietz Verlag, 1968, 465-588.

Meier, Christian: *Die Entstehung des Politischen bei den Griechen*. Frankfurt/M., Suhrkamp, [3]1995.

Monzel, Nikolaus: *Die katholische Kirche in der Sozialgeschichte. Von den Anfängen bis zur Gegenwart*. München, Günter Olzog Verlag, 1980.

Nell-Breuning, Oswald von: *Gerechtigkeit und Freiheit. Grundzüge katholischer Soziallehre*. Wien, Europaverlag, 1980.

Niethammer, Lutz: *Kollektive Identität. Heimliche Quellen einer unheimlichen Konjunktur*. Reinbek bei Hamburg, Rowohlt Taschenbuch Verlag, 2000.

Palaver, Wolfgang: *Die mythischen Quellen des Politischen. Carl Schmitts Freund-Feind-Theorie*. Stuttgart, Verlag W. Kohlhammer, 1998.

Palaver, Wolfgang: "Mimesis and Nemesis: The Economy as a Theological Problem", in: *Telos* 117, 1999, 79-112.

Palaver, Wolfgang: „Globalisierung und Opfer. Carl Schmitts Lehre vom Nomos", in: Dieckmann, Bernhard (Hg.): *Das Opfer – aktuelle Kontroversen. Religions-politischer Diskurs im Kontext der mimetischen Theorie*. Münster, LIT Verlag, 2001, 181-206.

Palaver, Wolfgang: *René Girards mimetische Theorie. Im Kontext kulturtheoretischer und gesellschaftspolitischer Fragen*. Münster, LIT Verlag, 2003.

Röpke, Wilhelm: *Jenseits von Angebot und Nachfrage*. Erlenbach-Zürich, Eugen Rentsch Verlag, 1958.

Rottländer, Peter: „Globalisierung der Solidarität?", in: Virt, Günther (Hg.): *Der Globalisierungsprozess. Facetten einer Dynamik aus ethischer und theologischer Perspektive*. Freiburg/CH, Universitätsverlag, 2002, 91-101.

Rousseau, Jean-Jacques: *Sozialphilosophische und Politische Schriften*. Düsseldorf, Winkler, 1981.

Rousseau, Jean-Jacques: *Vom Gesellschaftsvertrag oder Grundsätze des Staatsrechts*. Stuttgart, Reclam, 1983.

Rousseau, Jean-Jacques: *Diskurs über die Ungleichheit. Discours sur l'inégalité* (Kritische Ausgabe des integralen Textes mit sämtlichen Fragmenten und ergänzenden Materialien nach den Originalausgaben und den Handschriften). Paderborn, Ferdinand Schöningh, [2]1990.

Rüstow, Alexander: „Wirtschaftsethische Probleme der sozialen Marktwirtschaft", in: Boarman, Partrick M. (Hg.): *Der Christ und die soziale Marktwirtschaft*. Stuttgart, Kohlhammer, 1955, 53-74.

Rüstow, Alexander: „Paläoliberalismus, Kollektvismus und Neoliberalismus in der Wirtschafts- und Sozialordnung", in: Voegelin, Erich (Hg.): *Christentum und Liberalismus*. München, Karl Zink Verlag, 1960, 149-178.

Rüstow, Alexander: „Paläoliberalismus, Kommunismus und Neoliberalismus", in: Greiss, Franz (Hg.): *Wirtschaft, Gesellschaft und Kultur* (Festgabe für Alfred Müller-Armack). Berlin, Duncker & Humblot, 1961, 61-70.

Rüstow, Alexander: *Das Versagen des Wirtschaftsliberalismus*. Marburg, Metropolis-Verlag, [3]2001[a].

Rüstow, Alexander: *Die Religion der Marktwirtschaft*. Münster, LIT Verlag, 2001[b].

Sen, Amartya: *Development as Freedom*. New York, Alfred A. Knopf, 1999.

Schmitt, Carl: *Die geistesgeschichtliche Lage des heutigen Parlamentarismus*. Berlin, Duncker & Humblot, [6]1985.

Schmitt, Carl: *Der Begriff des Politischen*. Berlin, Duncker & Humblot, [3]1987.

Schönberger, Otto (Hg.): *Hesiod – Werke und Tage*. Stuttgart, Reclam, 1996.

Staiger, Emil (Hg.): *Aischylos – Die Eumeniden* (Orestie III). Stuttgart, Reclam, 1959.

Thureau-Dangin, Philippe: *Die Ellenbogen-Gesellschaft. Vom zerstörerischen Wesen der Konkurrenz*. Frankfurt/M., S. Fischer, 1998.

Ulrich, Peter: *Der entzauberte Markt. Eine wirtschaftliche Orientierung*. Freiburg/B., Herder, 2002.

Weizsäcker, Ernst Ulrich von: „Das Spannungsfeld zwischen Wohlstand, politischer Freiheit und sozialem Zusammenleben", in: Virt, Günther (Hg.): *Der Globalisierungsprozess. Facetten einer Dynamik aus ethischer und theologischer Perspektive*. Freiburg/CH, Universitätsverlag, 2002, 61-68.

Kirchliche Texte (alle jedenfalls online verfügbar):

Centesimus annus (Johannes Paul II., 1991), z.B. in: KAB 1992, 689-764.

Dies domini (Johannes Paul II., 1998), z.B. online unter: http://www.vatican.va/holy_father/ john_paul_ii/apost_letters/documents/hf_jp-ii_apl_05071998_dies-domini_ge.html.

Gaudium et spes (Zweites Vatikanisches Konzil, 1965), z.B. in: KAB 1992, 291-395.

Lumen gentium (Zweites Vatikanisches Konzil, 1964), z.B. online unter: http://www.stjosef. at/konzil/LG.htm.

Pacem in terris (Johannes XXIII., 1963), z.B. in: KAB 1992, 241-290.

Quadragesimo anno (Pius XI., 1931), z.B. in: KAB 1992, 61-122.

Sollicitudo rei socialis (Johannes Paul II., 1987), z.B. in: KAB 1992, 619-688.

Roland Psenner

Globale Veränderungen:
Atmosphäre, Ozeane, Landflächen

Wenn Ökonomen sich mit der Klimaerwärmung[1] befassen, scheint etwas dran zu sein. *The Economist* brachte am 15. September 2006 einen Sonderbeitrag unter der Schlagzeile „The heat is on". Darin wird festgestellt, dass eine Erwärmung um etwa 0,6°C im Laufe des 20. Jahrhunderts nicht gerade aufregend ist,[2] im Gegensatz zum vorhergehenden Jahrtausend (dessen Klima durch Schwankungen der Leuchtkraft der Sonne,[3] durch Vulkanausbrüche etc. geprägt war) kam mit der Industrialisierung ein neuer Faktor dazu: vom Menschen gemachte Treibhausgase.[4] Das wichtigste davon, CO_2, stieg seit Beginn der Industrialisierung von 280 ppm (*parts per million* = Millionstel) – ein Wert, der seit etwa einer Million Jahren nicht überschritten wurde – auf heute 380 ppm (siehe Abb. 1).

Am Ende des 21. Jahrhunderts wird die Konzentration des Kohlendioxids in der Atmosphäre, wenn es so weitergeht wie bisher, etwa 800 ppm erreichen, ein *Business-as-usual*-Szenario, das möglicherweise nicht sehr weit von der Realität entfernt liegen wird, wenn wir davon ausgehen, dass im Augenblick 85% der vom Menschen genutzten Energie aus fossilen Brennstoffen stammen und dass es 2030 immer noch ca. 80% sein werden. Die vom Lawrence Livermore National Laboratory, von der Universität von Kalifornien und dem US Department of Energy für die USA berechneten Daten für das Jahr 2005 zeigen ein ähnliches Bild: 86% der Energie stammen aus fossilen Brennstoffen, mit der Kernkraft sind es 94%. Interessant ist auch die Größe der Energieverluste, nämlich 56%,[5] d.h. der größte Teil der CO_2-Emissionen

---

1 Siehe für eine leicht lesbare Einführung Rahmstorf/Schellnhuber 2006.
2 Der neueste Report des Intergovernmental Panel on Climate Change (IPCC) vom 5. Februar 2007 nennt eine Erwärmung von 0,74°C seit dem Jahr 1906.
3 Die Veränderungen der Luminosität der Sonne, die im Zyklus von elf Jahren um ca. 0,1% schwankt, scheinen auch in längeren Zyklen keinen signifikanten Einfluss auf das Klima zu haben (Foukal u.a. 2006).
4 Ohne natürliche Treibhausgase wäre unsere Erde ein kalter Ort mit einer Durchschnittstemperatur von –20°C anstatt +14°C.
5 Vgl. Whitesides/Crabtree 2007.

geht auf verschwenderischen Umgang mit fossilen Brennstoffen zurück. Da es für die klima-
tische Wirkung ohne Relevanz ist, wo dieses CO_2 emittiert wird – ob von einem Flugzeug in
Europa, einem Kohlekraftwerk in China oder einem Waldbrand in Australien – ist es ebenso
belanglos, wo wir Gegenmaßnahmen treffen, was die Grundlage des Emissionshandels bildet.
Gegenmaßnahmen werden notwendig sein, wenn wir für Sozial- und Wirtschaftssysteme ka-
tastrophale Auswirkungen verhindern wollen.

Abbildung 1: Temperatur und Treibhausgaskonzentrationen in den letzten 400.000 Jahren

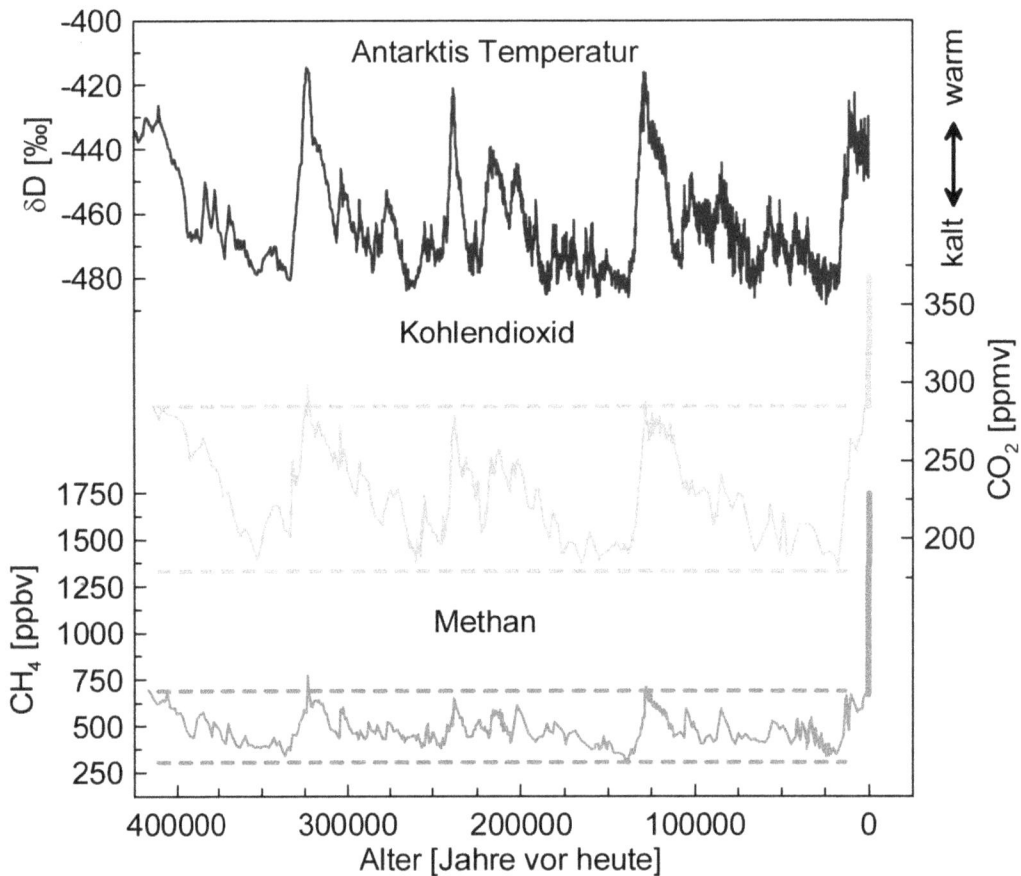

Erklärung: Konzentrationen an schwerem Wasserstoff (D), einem Indikator für die Temperatur (blaue Kurve),
CO_2 in Millionstel Teilen (orange Kurve) und Methan in Milliardstel Teilen (rote Kurve) im Laufe der letzen
vier Kalt- und Warmzeiten, gewonnen aus Eisbohrkernen aus der Antarktis. Quelle: Jacqueline Flückiger,
Universität Bern.

Wo dieser Grenzwert liegt, den wir auf keinen Fall überschreiten sollten, ist nicht klar, aber
sowohl Klimaforscher als auch Soziöökonomen gehen davon aus, dass wir eine CO_2-
Konzentration von 560 ppm, das ist das Doppelte des seit etwa 1 Million Jahren erreichten
Maximalwerts (siehe Abb. 1), nicht überschreiten sollten. Damit kann man, so die Annahme,

den Temperaturanstieg unter ca. 2°C halten und das Abschmelzen polaren Eises, großräumige Umstellungen in Windzirkulationen und Meeresströmungen, großflächige Dürren, Überschwemmungen und Stürme etc. so weit in den Griff bekommen, dass es zu keiner globalen Katastrophe kommt.

Abbildung 2: Temperatur und Treibhausgaskonzentrationen seit 1500

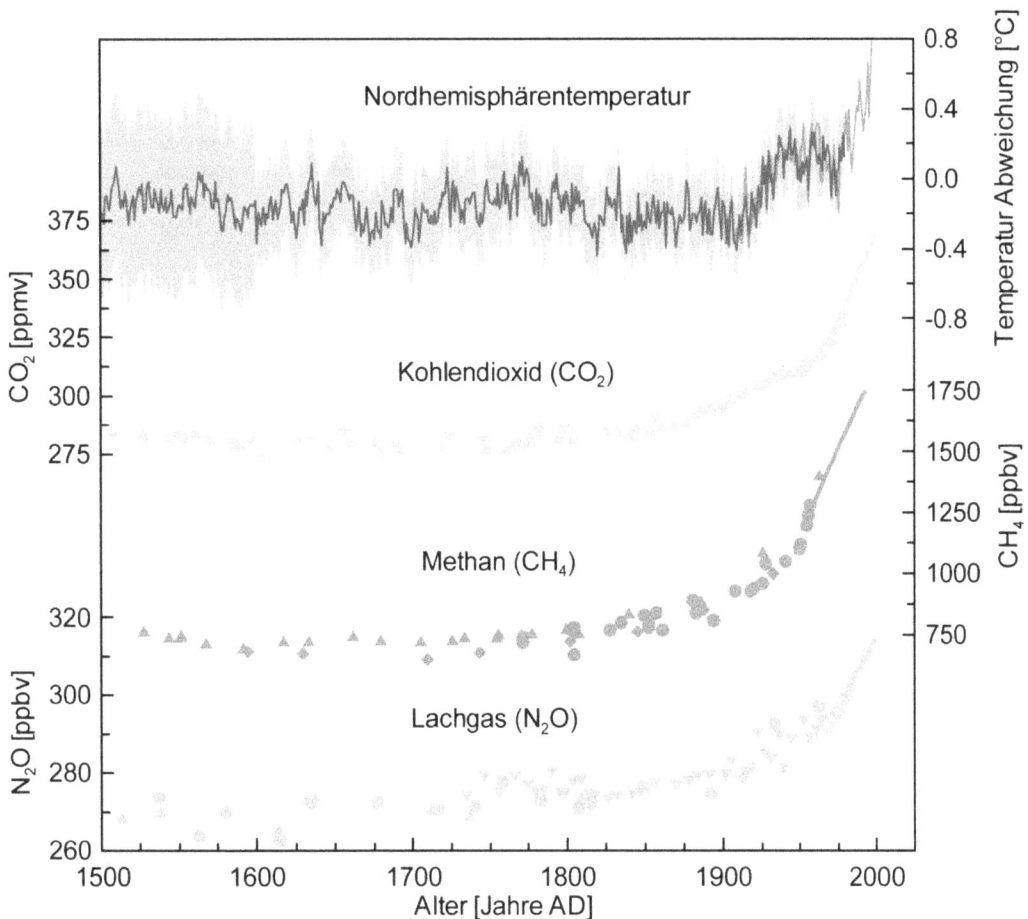

Erklärung: Rekonstruktion der mittleren Lufttemperatur der Nordhemisphäre seit 1500 (blaue Kurve; die graue Fläche gibt die Schwankungsbreiten an) im Vergleich zu den seit 1900 gemessenen Lufttemperaturen (rote Kurve ganz oben) und der Konzentration wichtiger Treibhausgase (Kohlendioxid CO_2 in Millionstel Teilen sowie Methan CH_4 und Lachgas N_2O, jeweils in Milliardstel Teilen). Quelle: Jacqueline Flückiger, Universität Bern.

Diesen Annahmen liegt folgende Überlegung zugrunde: Durch die Emission von Treibhausgasen (die zur Erderwärmung führen), aber auch von Aerosolen und Stäuben (die zur Abkühlung beitragen) haben wir die Energiebilanz der Erde seit 1880 um etwa +1,8 W/m^2 (Watt pro

Quadratmeter) erhöht.[6] Die neueste Zusammenstellung aus dem Report des Intergovernmental Panel on Climate Change (IPCC), die 2007 veröffentlicht wurde, zeigt die unterschiedlichen Teilnehmer in diesem Spiel der Kräfte, in dem sowohl natürliche als auch anthropogene, sowohl abkühlende als auch erwärmende Faktoren und Prozesse beteiligt sind (siehe Tab. 1). Dass die erwärmenden Kräfte überwiegen, geht aus dieser Tabelle eindeutig hervor.

Tabelle 1: Positive und negative Wirkungen bestimmter Faktoren (anthropogen und natürlich) auf die Strahlungsbilanz der Erde (in Watt pro m²)

Faktoren	Mittelwert	Schwankungsbreite	Reichweite
Langlebige Treibhausgase			
Kohlendioxid (CO_2)	1,66	1,49 / 1,83	global
Methan (CH_4)	0,48	0,43 / 0,53	global
Halogenierte Kohlenwasserstoffe	0,34	0,31 / 0,37	global
Lachgas (N_2O)	0,16	0,14 / 0,18	global
Ozon			
troposphärisch (bodennah)	0,35	0,25 / 0,65	kontinental bis global
stratosphärisch	−0,05	−0,15 / 0,05	kontinental bis global
Oberflächen-Albedo			
durch Schneeverschmutzung	0,1	0,0 / 0,2	lokal bis kontinental
durch Landnutzung	−0,2	−0,4 / 0,0	lokal bis kontinental
Aerosole			
direkt	−0,5	−0,9 / −0,1	kontinental bis global
Indirekt (durch Wolken)	−0,7	−1,8 / −0,3	kontinental bis global
Stratosphärischer Wasserdampf	0,07	0,02 / 0,12	global
Kondensstreifen	0,01	0,003 / 0,03	kontinental
Anthropogener Nettoeffekt	1,6	0,6 / 2,4	
Sonnenstrahlungsintensität	0,12	0,06 / 0,30	global

Erklärung: Die Tabelle gibt positive und negative Wirkung bestimmter Faktoren auf die Strahlungsbilanz der Erde wider, wobei die Faktoren absteigend nach dem Grad der wissenschaftlichen Absicherung angeordnet wurden (von hoch bei den Treibhausgasen bis zu niedrig bei den Kondensstreifen, wobei hier nur die direkten Wirkungen berücksichtigt wurden). Zum Mittelwert (jeweils in Watt pro Quadratmeter) wird auch die statistische Schwankungsbreite (90%-Konfidenzintervall) der Modellsimulation angegeben. Vulkanausbrüche, die generell zu einer Verringerung der Einstrahlung führen, sind hier nicht berücksichtigt, weil sie zu episodisch auftreten, ebenso wenig sind Faktoren berücksichtigt, die sehr niedrige wissenschaftliche Absicherung aufweisen. Verglichen mit dem natürlichen Einfluss der Veränderung der Strahlungsintensität der Sonne (0,12 W/m²) ergibt sich ein deutlich größeres Plus (von etwa 1,6 W/m²) im Vergleich zum vorindustriellen Zustand durch anthropogene, also vom Menschen verursachte oder verstärkte Faktoren. Quelle: IPCC 2007, 4.

Die zentrale Frage ist nun, um wie viel Grad Celsius sich die Erde pro W/m² an zusätzlicher Strahlungsenergie erwärmt – und wie lange es dauert, bis sich dieses neue Gleichgewicht einstellt. Heute geht man davon aus, dass die „Klimasensitivität" bei 0,75°C pro W/m² liegt und dass es etwa 50 Jahre dauert, bis ca. zwei Drittel des neuen Gleichgewichtszustandes erreicht sind. Wenn wir die tatsächliche Erwärmung von 0,6°C zwischen 1880 und 2000 heranziehen,

---

6 Vgl. Hansen u.a. 2005.

können wir annehmen, dass sich etwa die Hälfte der zusätzlichen Energie von 1,8 W/m^2 als Erwärmung manifestiert hat. Im Augenblick absorbiert die Erde etwa 0,85 W/m^2 mehr Energie, als sie in den Weltraum abstrahlt, d.h. sie ist noch nicht im Gleichgewicht und es wird deshalb noch 50 bis 100 Jahre dauern, bis sich die jetzt bereits in den Ozeanen gespeicherte Wärme als globale Erwärmung der Lufttemperatur auswirkt – allerdings nur, wenn wir den *status quo* aufrechterhalten, also die Konzentration der klimarelevanten Treibhausgase nicht mehr verändern – ein eher unwahrscheinliches Szenario. Dieses Beispiel demonstriert die zeitliche Dimension des Problems, das sich allein in dieser Hinsicht von bekannten Problemen der Vergangenheit, wie z.B. der Niederschlagsversauerung, unterscheidet.

Globaler Wandel ist allerdings mehr als Erwärmung und Zunahme von CO_2, sondern beinhaltet eine Reihe von Veränderungen, die sich weltweit auswirken. Dazu gehören alle Einflüsse, Kräfte und Substanzen, die sich entweder weltweit verteilen oder globale Wirkungen hervorrufen: Schwefeloxide, Stickstoffoxide, Methan (alle diese Moleküle wirken entweder als Treibhausgase oder als Vorläufer saurer Niederschläge) und toxische organische Verbindungen, wie z.B. polychlorierte Biphenyle (PCB), aber auch Stäube, die aus natürlichen oder anthropogenen Quellen stammen. Globale Wirkung entfaltet auch die Zunahme der UV-B-Strahlung, hervorgerufen durch die Zerstörung der Ozonschicht durch halogenierte Verbindungen, die seit der Mitte des zwanzigsten Jahrhunderts vom Menschen freigesetzt wurden. Obwohl die Erforschung der chemischen und physikalischen Prozesse, die zur Zerstörung des stratosphärischen Ozons führen, bereits vor mehr als einem Jahrzehnt zu Gegenmaßnahmen geführt hatte, erlebten wir im Oktober 2006 das größte jemals gemessene Ozonloch über der Antarktis.

Dass die menschlichen Aktivitäten das Klima global verändern können, ist seit der Vorstellung des Synthesis-Reports des IPCC am 5. Februar 2007 zu einer relativen Sicherheit (Wahrscheinlichkeit über 90%) geworden – dass CO_2 ein wirksames Treibhausgas ist, weiß man allerdings seit 150 Jahren. Es wäre deshalb interessant, danach zu fragen, warum eine Halbierung der Emission von CO_2 durch existente Technik so schwer durchzusetzen ist, während z.B. mit aller Gewalt – und miserablem Nutzungsgrad – versucht wird, Mais, Zuckerrohr und andere Nahrungsmittel in Kraftstoffe umzubauen, die wiederum zum größten Teil in Wärme anstatt in Bewegung oder nützliche Arbeit verwandelt werden. Ein gutes Beispiel für unsere Fixierung auf Produktionssteigerung liefert etwa *Science* vom 9. Februar 2007. In dieser Ausgabe zum Thema „Sustainability and Energy" geht es fast ausschließlich darum, wie mehr Energie produziert werden kann. Die Frage, warum wir mehr produzieren anstatt weniger verbrauchen wollen, ist in diesem Kapitel nicht zu beantworten, aber einige Zusammenhänge, die das IPCC bereits in seinem Bericht im Jahr 2001 veröffentlichte, sollen hier vorgestellt werden, um vor allem zwei grundlegende Begriffe zu erläutern: „Mitigation" und „Adaptation". Mitigation meint die Abschwächung oder Verminderung der Emission von klimawirksamen Treibhausgasen, Stäuben und Aerosolen. Adaptation meint Anpassung an den Klimawandel, der nicht nur Temperaturerhöhung, sondern geänderte Niederschlagsverteilung, Dürren und Überschwemmungen, stärkere Stürme, das Auftauen von Permafrost und einen Anstieg des Meeresspiegels mit sich bringt – um nur die augenfälligen Veränderungen zu erwähnen.

Da wir im Augenblick davon ausgehen müssen, dass der *societal response* nicht funktioniert oder viel zu schwach ist, bleibt die für die Menschheit interessanteste Frage, welche Wechselwirkungen zwischen klimatisch wirksamen Kräften und Ökosystemen bestehen. Wir verlassen uns, grob gesprochen, nicht auf soziale, politische und wirtschaftliche Kräfte, sondern auf „die Natur". Die Frage lässt sich einfach formulieren: Kommt es durch die Erhöhung der Kohlendioxidkonzentrationen in der Atmosphäre zu einer verstärkten Aufnahme von CO_2 und zur Umwandlung in Biomasse, z.B. in Ozeanen, Böden, Pflanzen und Mikroorganismen (negative Rückkopplung) – oder im Gegenteil zu einer erhöhten Freisetzung von Treibhausgasen (positive Rückkopplung)? Kurzfristige Experimente zeigen in der Regel eine Steigerung der Primärproduktion bei erhöhten Kohlendioxidkonzentrationen (z.B. in Wald- und Grasökosystemen), weshalb man angenommen hat, die ausgleichenden Kräfte würden einem (raschen) Anstieg der CO_2-Konzentrationen entgegenwirken und Kohlenstoff langfristig binden. Verfolgt man die Versuche jedoch über mehrere Jahre, stellt man fest, dass andere Faktoren, wie z.B. die Verfügbarkeit von Wasser und Nährstoffen, den Düngereffekt von CO_2 aufheben. Das bedeutet, dass wir uns nicht darauf verlassen können, dass die terrestrische Vegetation CO_2 in größeren Mengen aufnehmen wird, es scheint eher das Gegenteil der Fall zu sein: Durch das Auftauen von Permafrostböden in der Arktis – wo sich das Klima am stärksten erwärmt – werden große Mengen an Methan (ein zwanzigmal wirksameres Treibhausgas als CO_2) freigesetzt. Die Erwärmung von Böden erhöht generell die mikrobielle Atmungstätigkeit, was – zumindest kurzfristig – erhöhte CO_2-Emissionen bedeutet.

Das bekannteste Beispiel für eine positive physikalische Rückkopplung ist der durch die Erwärmung verursachte Rückgang der Ausdehnung des Meereises und der Schneebedeckung der Nordhemisphäre, wodurch die Albedo (Rückstrahlung) der Erde verringert, d.h. mehr Sonnenstrahlung von der Erdoberfläche und den Ozeanen absorbiert wird. Die Erwärmung des Ozeans (der seit Beginn der Industrialisierung die Hälfte des vom Menschen gemachten CO_2 absorbiert hat!) führt zur Ausdehnung und damit zu einem Anstieg des Meeresspiegels, zu dem die abschmelzenden Gletscher in zunehmendem Maß beitragen. Die Erwärmung des Wassers verringert die Löslichkeit von CO_2 – ein weiterer positiver physikalischer Rückkopplungsprozess. Zwei erhoffte negative Rückkopplungsprozesse, nämlich Zunahme der Wolkenbildung und Niederschläge, scheinen auszubleiben: Durch die Erhöhung der Lufttemperatur kann die Atmosphäre mehr Wasserdampf aufnehmen, was zu einer Zunahme der Wolkenbildung führen sollte; ob diese Wolken mehr Sonnenstrahlung in den Weltraum reflektieren oder im Gegenteil zum Treibhausklima beitragen, ist allerdings nicht entschieden. Der ebenfalls prognostizierte verstärkte Schneefall in der Antarktis (der durch eine Zunahme des Eisvolumens einen Anstieg des Meeresspiegels verhindern könnte) scheint ebenso wenig einzutreten.[7]

Mögliche Rückkopplungsprozesse zwischen Erwärmung, Treibhausgasen und mikrobiellen Gemeinschaften (in erster Linie das Plankton der Ozeane und Boden-Mikroorganismen) werden von Roland Psenner und anderen diskutiert.[8] Diese Autoren kommen zur Auffassung, dass die Erde, so wie wir sie heute erleben, im Prinzip ein Produkt mikrobieller Tätigkeit ist

---

7 Vgl. Kaufman/Koren 2006; Monaghan u.a. 2006.
8 Vgl. Psenner u.a. 2007.

(man denke nur an den Sauerstoff in der Atmosphäre, ein Produkt bakterieller Photosynthese und gleichzeitig die folgenreichste globale Veränderung seit Entstehung des Lebens).

Abbildung 3: Interdependenz von menschlichen und natürlichen Systemen

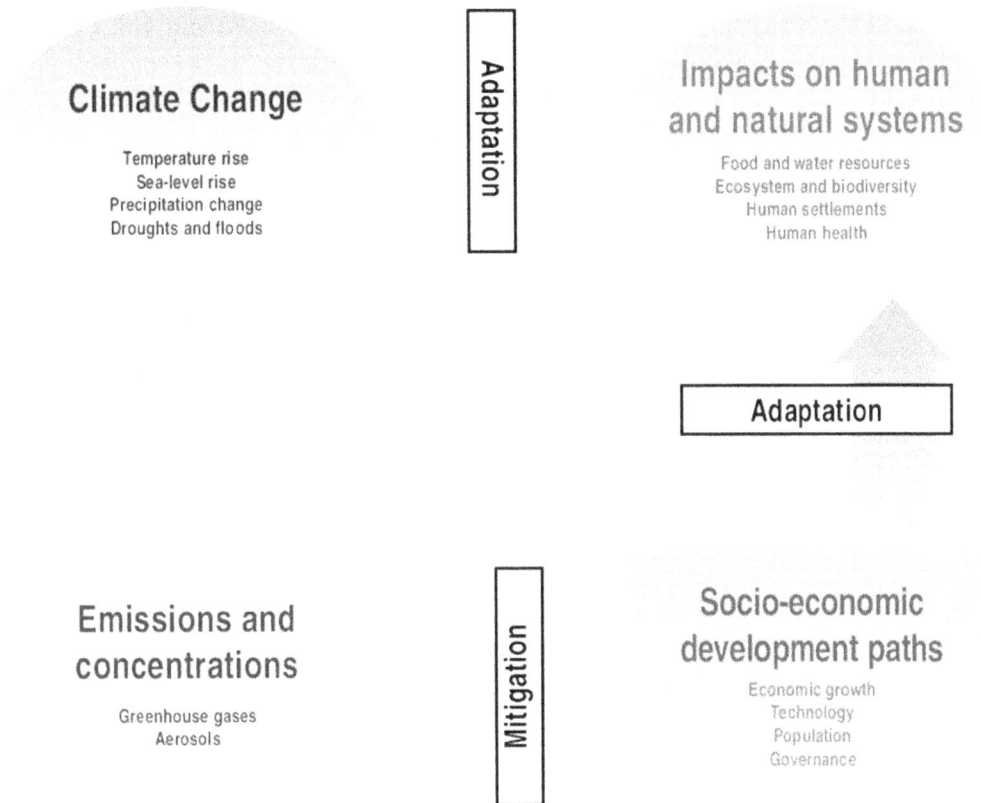

Climate Change

Temperature rise
Sea-level rise
Precipitation change
Droughts and floods

Adaptation

Impacts on human and natural systems

Food and water resources
Ecosystem and biodiversity
Human settlements
Human health

Adaptation

Emissions and concentrations

Greenhouse gases
Aerosols

Mitigation

Socio-economic development paths

Economic growth
Technology
Population
Governance

Erklärung: Die Abbildung gibt Auswirkungen (gelbe Pfeile) und gesellschaftliche Reaktionen (blauer Pfeil) im Wechselspiel zwischen sozio-ökonomischen Entwicklungen (von z.B. Wirtschaft, Technologie, Bevölkerung oder Politik), Emissionen und Konzentrationen von Treibhausgasen und Aerosolen, dem Klimawandel (Temperaturanstieg, Meeresspiegelanstieg, Veränderungen der Niederschlagsmuster und daher Dürren und Überflutungen) sowie natürlichen und menschlichen Ökosystemen an. Quelle: Watson u.a. 2001, 40.

Viele Zusammenhänge sind jedoch nicht klar, so muss man sich z.B. fragen, was die Erwärmung des Ozeans für die biologische Aufnahme und Abgabe von CO_2 bedeutet – physikalisch bedeutet sie klarerweise geringere Löslichkeit, also Abgabe von CO_2 an die Atmosphäre. Während in gemäßigten und mittleren Breiten eine stabilere Schichtung der oberflächennahen Wasserschichten einen verringerten Nachschub an Nährstoffen (Stickstoff, Phosphor, Eisen) aus der Tiefe bedeutet – was zu einer Abnahme der Primärproduktion und damit zu einer verringerten Bindung von CO_2 in Biomasse führen wird –, könnte die Erwärmung in polaren Gewässern zu einer Erhöhung der Primärproduktion führen. Heterotrophe Mikroorganismen (Bakterien, die organische Substanz abbauen) werden bei Erwärmung mehr CO_2 durch Atmung produzieren und weniger Kohlenstoff in Biomasse einbauen, als Folge davon wird die Konzentration von CO_2 in den Ozeanen zunehmen, was zusammen mit der durch die Erwärmung des Wassers verringerten Löslichkeit von CO_2 eine erhöhte Abgabe dieses Gases an die Atmosphäre bedeutet. Die gleichzeitige Versauerung der Ozeane könnte den Transport planktischer Biomasse in die Tiefe (und damit einen langfristigen Entzug von CO_2 aus der Biosphäre) verringern. Insgesamt bedeutet das wohl eine positive Rückkopplung, d.h. eine durch die Emission von CO_2 in die Atmosphäre ausgelöste Erhöhung der Emissionen durch eine Reihe physikalischer, chemischer und biologischer Prozesse.

Abbildung 4: Nachhaltigkeit der CO_2-Emissionen im globalen Ökosystem

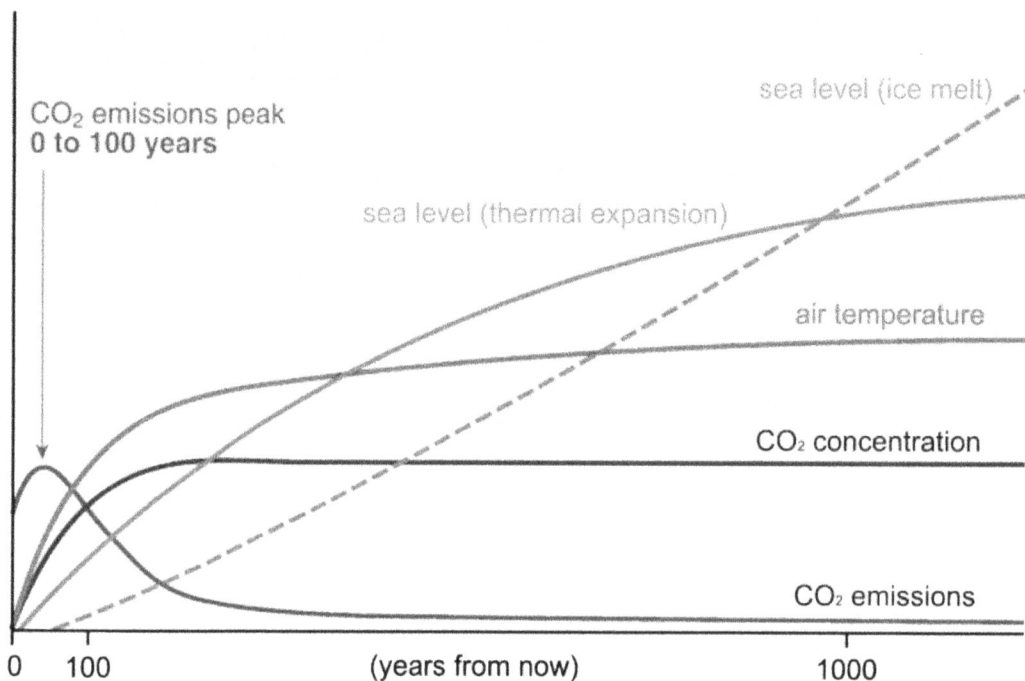

Erklärung: Wenn die CO_2-Emissionen im Laufe der nächsten 100 Jahre zurückgefahren werden, pendelt sich die CO_2-Konzentration der Atmosphäre erst nach ca. 200 Jahren auf einen stabilen Wert ein (je nach vorheriger Einbringung zwischen 450 und 1.000 ppm); die Lufttemperatur steigt jedoch über mehrere Jahrhunderte weiter an und der Meeresspiegel (allein durch die Ausdehnung des Wassers bei Erwärmung) sogar über Jahrtausende, selbst wenn man die Gletscherschmelze nicht berücksichtigt, die noch länger andauern wird. Quelle: Watson u.a. 2001, 89.

Wir müssen deshalb heute davon ausgehen, dass die sich selbst verstärkenden Kreisläufe überwiegen, sodass einige bereits von einem unaufhaltsamen Prozess oder einem „run-away effect" sprechen. Haben wir die Lawine bereits ausgelöst? Können wir die Entwicklung bremsen, d.h. die globale Erwärmung eindämmen *(mitigation)*, oder müssen wir uns an die unausweichlichen Folgen anpassen *(adaptation)*? Ein Faktum sollte man in diesem Kontext nicht übersehen, einerlei, wie man die Zusammenhänge zwischen natürlichen und menschlichen Systemen beurteilt: Da das globale Klimasystem komplex und träge ist, wirken sich heute eingeleitete Veränderungen erst gegen Ende des 21. Jahrhunderts aus (siehe Abb. 4), deshalb meinen James Hansen und andere, dass wir eine weitere Erwärmung der Atmosphäre im selben Ausmaß wie seit Beginn der Industrialisierung nicht vermeiden können, selbst wenn es uns gelänge, die Konzentration an Treibhausgasen auf dem heutigen Niveau einzufrieren (sic!).[9] Gabrielle Walker geht deshalb davon aus, dass das Klimasystem bereits gekippt ist (bildlich als „tipping point of the iceberg" bezeichnet) und auf ein neues Gleichgewicht oder Ungleichgewicht zusteuert.[10]

Abbildung 5: Veränderungen der Intensität der Sonnenstrahlung seit 1958 (in Prozent)

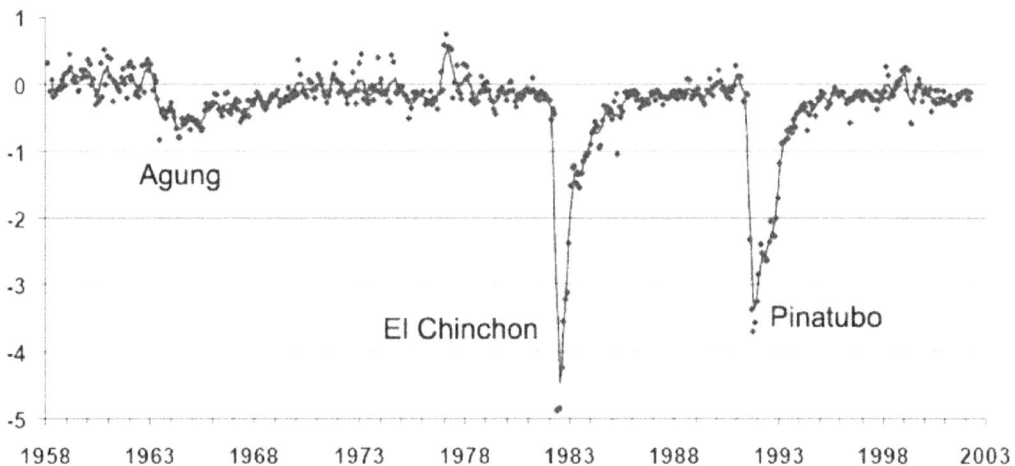

Erklärung: Die Abbildung zeigt die von der NOAA (http://www.noaa.gov) gemessenen Veränderungen der Intensität der Sonnenstrahlung auf Mauna Loa (Hawaii) im Vergleich zum Beginn der Messreihe im Jahr 1958 (jeweils in arithmetischen Mittelwerten über fünf Monate). Dieser Albedo-Effekt, der durch den Eintrag von Schwefelverbindungen in die Stratosphäre verursacht wird (die angeführten Namen sind jene von dafür u.a. verantwortlichen Vulkanausbrüchen), dient als Beispiel für die potentiellen Effekte des von Paul Crutzen vorgeschlagene *geo-engineering*, d.h. die geplante Emission von jährlich mehren Millionen Tonnen SO_2.

Paul Crutzen, der zusammen mit anderen die Zusammenhänge zwischen halogenierten Kohlenwasserstoffen und der Zerstörung der stratosphärischen Ozonschicht aufgeklärt und dafür den Nobelpreis für Chemie erhalten hat, schlägt heute vor, die Emission von jährlich fünf Millionen Tonnen Schwefel in die Stratosphäre vorzubereiten.[11] Dadurch entstehen Aerosole

---

9 Vgl. Hansen u.a. 2005.
10 Vgl. Walker 2006.
11 Vgl. Kerr 2006.

Abbildung 6: Globale Lufttemperaturprognosen für das 21. Jahrhundert

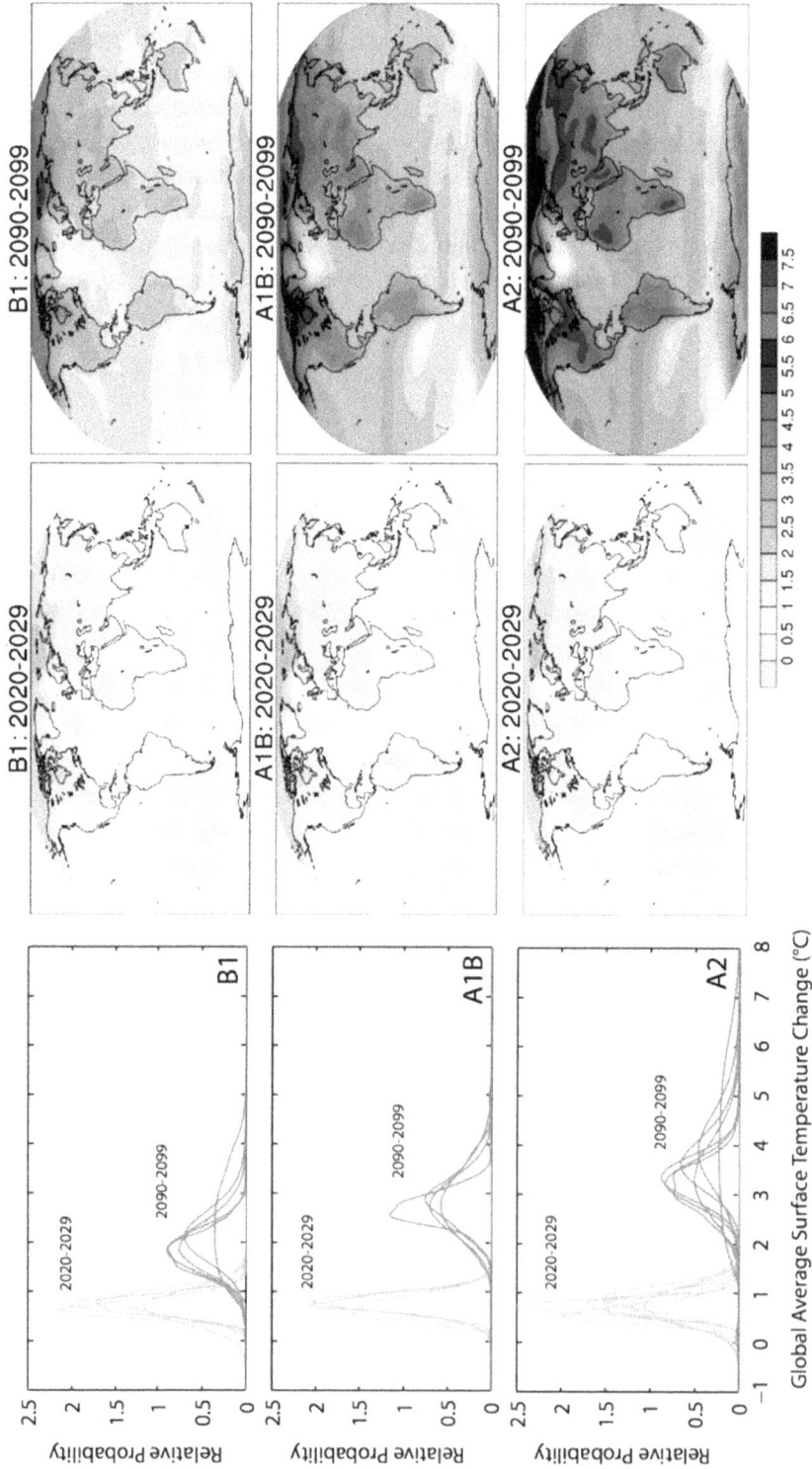

Erklärung: Die Abbildung stellt Vorhersagen für die Lufttemperatur im 21. Jahrhundert im Vergleich zum Zeitraum 1980-1999 unter Annahme verschiedener Szenarien (B1, A1B und A2) dar. Die Kurven auf der linken Seite geben die relativen Wahrscheinlichkeiten für globale Mittelwerte für die drei Szenarien und zwei Zeitspannen an (die jeweils verschiedenen Kurven beruhen dabei auf verschiedenen Zirkulationsmodellen), rechts findet sich die räumliche Verteilung. Quelle: IPCC 2007, 15.

(ähnlich wie zur Zeit des sauren Regens oder nach großen Vulkanausbrüchen), die einen Teil der Sonnenstrahlung in den Weltraum reflektieren.[12] Auf diese Weise könnte man die globale Erwärmung auf etwa 2 Grad Celsius einschränken, wodurch sich die schlimmsten Auswirkungen vermeiden ließen. Ein natürliches Beispiel für diesen Effekt ist die Eruption des Pinatubo, der weitaus größere Mengen an Schwefel in die Stratosphäre geschleudert und für eine merkliche, aber kurzfristige Abkühlung der Atmosphäre gesorgt hat (siehe Abb. 5): Die Intensität der Sonnenstrahlung hat für zwei Jahre um maximal 3% abgenommen, ein großer Wert verglichen mit der Änderung von 0,1% im elfjährigen Rhythmus der Sonnenflecken. Die Einwände gegen ein solches *geo-engineering project* entkräftet Crutzen mit dem Hinweis auf ein viel größeres „Projekt", das seit 150 Jahren in Gang ist, nämlich die Emission von Treibhausgasen.

Zu den am schwersten wiegenden Folgen eines sich selbst verstärkenden Treibhauseffekts zählen das Schmelzen grönländischen Eises und der daraus resultierende Anstieg des Meeresspiegels um einige Meter, das großflächige Auftauen von Permafrostböden mit der folgenden Emission von Methan und Kohlendioxid, die Zunahme an Wetterextremen (Dürren, Überschwemmungen und Stürme) sowie die Ausbreitung von Wüsten und das Verschwinden von Arten. Dass diese Veränderungen soziales Elend, Unruhen und Völkerwanderungen auslösen werden, ist wahrscheinlich: spätestens an diesem Punkt kann man von globalen Veränderungen sprechen. Trotzdem sind die regionalen und lokalen Auswirkungen[13] für die Betroffenen oft von größerer Bedeutung als ein globaler Mittelwert. Ein Blick auf die im IPCC Report 2007 vorgestellten Szenarien für die kommenden 25 bzw. 100 Jahre zeigt – ebenso wie ein Rückblick auf die Messdaten seit 1850 – eine sehr ungleiche Verteilung der Erwärmung: Die Nordhemisphäre, vor allem die Polarregion und die Gebirge der Welt, erwärmen sich weitaus schneller als andere Regionen (siehe Abb. 6).

Ein Blick auf die Temperaturkurve der Alpen zeigt ebenfalls diese Tendenz: stärkere Erwärmung und größere Schwankungen als der globale Durchschnitt (siehe Abb. 7). In Gebirgen wirken ähnliche Rückkopplungsprozesse wie in nördlichen Breiten (Albedo/Schmelze von Eis und Schnee), außerdem sind die Klimazonen, wie z.B. montane, alpine und nivale Bereiche, durch wenige Höhenmeter voneinander getrennt.
Wissenschaftler(innen) der Universität Innsbruck haben sich kürzlich mit möglichen Szenarien für die Zukunft der Alpen beschäftigt.[14] Brigitta Erschbamer etwa kommt zu dem Schluss, dass die Vegetationszonen, wie z.B. die Waldgrenze, sich rasch in die Höhe verschieben, Konkurrenzverhältnisse zwischen den Pflanzenarten sich verschieben und bestimmte alpine und nivale Arten aussterben werden.[15] Was Landnutzung, Berglandwirtschaft und Tourismus betrifft, kommen andere Autor(inn)en zum Schluss, dass soziale und wirtschaftli-

---

12 Vgl. Wigley 2006.
13 Mit dem sogenannten Downscaling, also der höher aufgelösten Darstellung von globalen Klimamodellen auf einer Skala von etwa 1 Kilometer, befassen sich eine Reihe von Institutionen, wie z.B. das Alfred-Wegener-Center der Universität Graz.
14 Vgl. Psenner/Lackner 2006.
15 Vgl. Erschbamer 2007.

che Entwicklungen die Hauptrolle für die zukünftige Entwicklung spielen, dass aber der Klimawandel mitentscheiden wird, welche Optionen bis zum Jahr 2020 und darüber hinaus offen
bleiben.[16] Interessant ist vor allem die Beziehung zwischen den globalen und den regionalen
(ähnlich wie zur Zeit des sauren Regens oder nach großen Vulkanausbrüchen), die einen Teil
oder lokalen Auswirkungen des globalen Wandels (hier als Summe aller Veränderungen, einschließlich des sozialen Wandels): Werden uns mehr die Veränderungen am Ort oder die in
anderen Teilen der Welt betreffen? Die Veränderung der Preise für Lebensmittel, Energie-
und Transportkosten, Einkommen privater Haushalte, Wandel von Vorstellungen, Wünschen
und Idealen, bessere Kommunikation usw. beeinflussen die Lebensbedingungen der Alpen-
bewohner ebenso wie der Klimawandel.

Abbildung 7: Temperaturentwicklung in den Alpen seit 1900

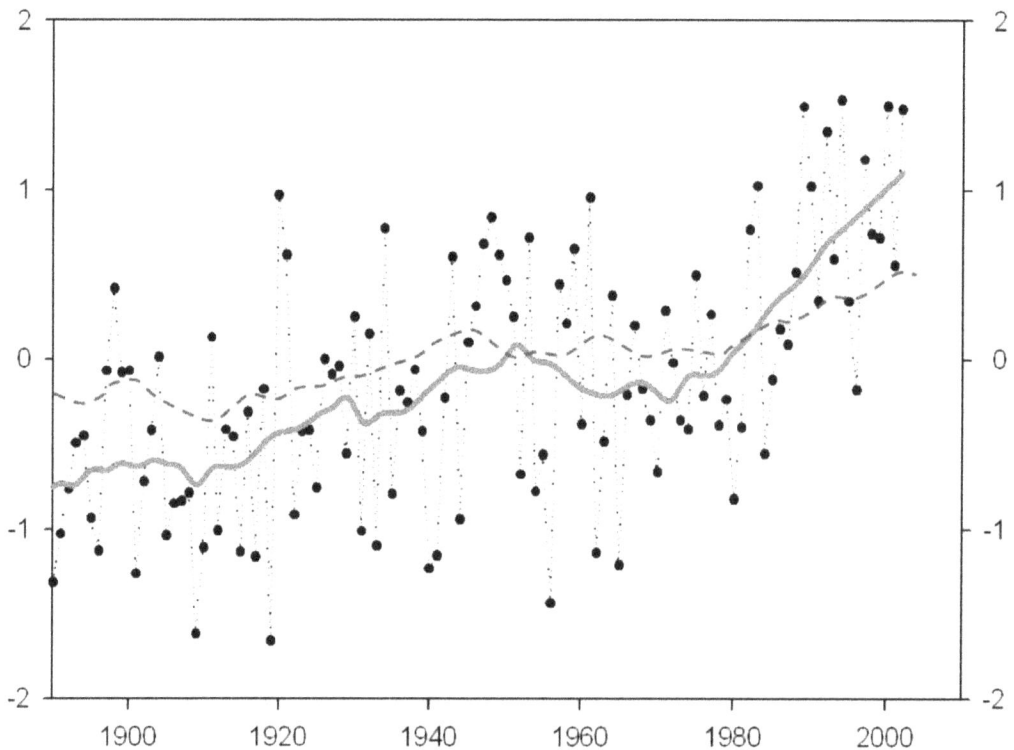

Erklärung: Jahresmittelwerte (Punkte) und gleitender Mittelwert alpiner Stationen (durchgezogene rote Kurve) im Vergleich zum globalen Mittelwert (blaue strichlierte Kurve), aufgetragen als Abweichungen vom
Mittelwert für die Jahre 1961 bis 1990; Quelle: Zentralanstalt für Meteorologie und Geodynamik, Wien.

---

16 Vgl. Tappeiner u.a. 2006; Schermer/Kirchengast 2006; Meixner 2006; Bourdeau 2006.

Zusammenfassung

Wenn wir zusammenfassend auf die naturwissenschaftlichen Aspekte des globalen Wandels zurückkommen, so beherrscht heute das Thema der physikalischen Rückkopplungen (Eis- und Schneebedeckung von Land und Wasser, Schwingungsprozesse zwischen Atmosphäre und Ozean, Auswirkungen von Meeresströmungen auf Erwärmung und Niederschläge usw.) die Prognosen. Was die Ökologie betrifft, besteht in der Erforschung der Zusammenhänge ein großes Problem darin, dass wir kurzfristige Effekte – z.B. die Steigerung der CO_2-Aufnahme von Pflanzen bei erhöhter Konzentration dieses Gases in der Atmosphäre oder den durch Erwärmung ausgelösten verstärkten Abbau organischer Substanz in Böden – gut kennen, die langfristigen Folgen auf Vegetation, Fauna und Mikroorganismen jedoch schwer vorherzusehen sind. Diese Unsicherheit über mögliche Wechselwirkungen gilt für terrestrische und aquatische Ökosysteme gleichermaßen, die Hinweise jedoch, dass wir im Augenblick (und wahrscheinlich noch für längere Zeit) vorwiegend positive Rückkopplungen zu erwarten haben, überwiegen. Das bedeutet, dass wir in Zukunft mit einer Beschleunigung der globalen Veränderungsprozesse rechnen müssen: *Mitigation* ist damit nicht obsolet, sondern für die langfristige Entwicklung unerlässlich, für das 21. Jahrhundert aber wird *Adaptation* zur entscheidenden Strategie.

Literatur

Bourdeau, Philippe: „Huit questions à l'avenir du tourisme alpin. Acht Fragen zur Zukunft des Alpentourismus", in: Psenner/Lackner 2006, 69-82.

Erschbamer, Brigitta: „Klimawandel – Risiko für alpine Pflanzen?", in: Psenner/Lackner 2006, 15-22.

Foukal, Peter V./Fröhlich, Claus/Spruit, Henk C./Wigley, Tom M. L.: „Variations in solar luminosity and their effect on the Earth's climate", in: *Nature* 443, 2006, 161-166.

Hansen, James/Nazarenko, Larissa/Ruedy, Reto/Sato, Makiko/Willis, Josh/DelGenio, Anthony/Koch, Dorothy/Lacis, Andrew/Lo, Ken/Menon, Surabi/Novakov, Tica/Perlwitz, Judith/Russell, Gary/Schmidt, Gavin A./Tausnev, Nicholas: „Earth's Energy Imbalance: Confirmation and Implications", in: *Science* 308, 2005, 1431-1435.

IPCC: *WGI Fourth Assessment Report. Summary for Policy Makers*. Genf: IPCC Publications, 2007, auch online unter: http://www.ipcc.ch/SPM2feb07.pdf.

Kaufman, Yoram J./Koren, Ilan: „Smoke and Pollution Aerosol Effect on Cloud Cover", in: *Science* 313, 2006, 655-658.

Kerr, Richard A.: „Polluted the Planet for Climate's Sake", in: *Science* 314, 2006, 401-403.

Meixner, Wolfgang: „Tourismus", in: Psenner/Lackner 2006, 57-67.

Monaghan, Andrew J./Bromwich, David H./Fogt, Ryan L./Wang, Sheng-Hung/Mayewski, Paul A./Dixon, Daniel A./Ekaykin, Alexey/Frezzotti, Massimo/Goodwin, Ian/Isaksson, Elisabeth/Kaspari, Susan D./Morgan, Vin I./Oerter, Hans/van Ommen, Tas D./van der Veen, Cornelius J./Wen, Jiahong: „Insignificant Change in Antarctic Snowfall Since the International Geophysical Year", in: *Science* 313, 2006, 827-831.

Psenner, Roland/Alfreider, Albin/Sattler, Birgit/Sommaruga, Ruben: *Global Change and Microbial Communities*. Mimeo, 2007.

Psenner, Roland/Lackner, Reinhard (Hg.): *Die Alpen im Jahr 2020* (= Alpine Space – Man & Environment, Band 1). Innsbruck, Innsbruck University Press, 2006.

Rahmstorf, Stefan/Schellnhuber, Hans-Joachim: *Der Klimawandel. Diagnose, Prognose, Therapie*. München, C.H. Beck, 2006.

Schermer, Markus/Kirchengast, Christoph: „Perspektiven für die Berglandwirtschaft", in: Psenner/Lackner 2006, 41-55.

Tappeiner, Ulrike/Tasser, Erich/Leitinger, Georg/Tappeiner, Gottfried: „Landnutzung in den Alpen: historische Entwicklung und zukünftige Szenarien", in: Psenner/Lackner 2006, 23-39.

Walker, Gabriella: „The Tipping Point of the Iceberg", in: *Nature* 441, 2006, 802-805.

Watson, Robert T., u.a. (Hg.): *Climate Change 2001: IPCC Synthesis Report*. Cambridge/UK, Cambridge University Press, 2001.

Whitesides, George M./Crabtree, George W.: „Don't Forget Long-term Fundamental Research in Energy", in: *Science* 315, 2007, 796-798.

Wigley, Tom M. L.: „A combined mitigation/geoengineering approach to climate stabilization", in: *Science* 314, 2006, 452-454.

Josef Berghold

Ängste, Angstabwehr und die Herausforderung einer Ethik der Solidarität
Psychologische Schlaglichter auf die Globalisierung

In einer bemerkenswerten Formulierung seiner klassischen Studie *Das Unbehagen in der Kultur* beschrieb Sigmund Freud einen sehr langfristigen und in der Tiefe wirksamen Globalisierungstrend, der schon seinem Wesen nach allen kulturellen Entwicklungen innewohnt. Grundsätzlich sei die Kultur als „besonderer Prozeß, der über die Menschheit abläuft", darauf angelegt, zunächst Vereinzeltes oder Getrenntes immer mehr miteinander zu verbinden:

„Wir fügen hinzu, sie sei ein Prozeß im Dienste des Eros, der vereinzelte menschliche Individuen, später Familien, dann Stämme, Völker, Nationen zu einer großen Einheit, der Menschheit, zusammenfassen wolle. Warum das geschehe, wissen wir nicht; das sei eben das Werk des Eros. Diese Menschenmengen sollen libidinös aneinander gebunden werden; die Notwendigkeit allein, die Vorteile der Arbeitsgemeinschaft werden sie nicht zusammenhalten."[1]

Unabhängig von der Frage, ob man eher dem Werk des Eros oder den Vorteilen der Arbeitsgemeinschaft (d.h. der durch sie ermöglichten wirtschaftlichen und technologischen Fortschritte) die wichtigere Rolle zuerkennen möchte, ist jedenfalls unverkennbar, dass dieser „über die Menschheit ablaufende Prozeß" in der neueren Geschichte eine immer mächtigere Dynamik entwickelt hat. Das sich beschleunigende Zusammenwachsen unserer Erde ist zu einem der zentralen Merkmale geworden, die unser Zeitalter am radikalsten und am nachhaltigsten prägen. In höchst augenfälliger Weise erleben wir heute eine immer dichter werdende Vernetzung, wechselseitige Durchdringung und Abhängigkeit zwischen den verschiedenen Teilen der Welt – sei es auch mit sehr ungleich verteilten Rollen, in sehr unterschiedlichen Geschwindigkeiten und sich dementsprechend verschärfenden sozialen Spannungen.

Während der Begriff der Globalisierung – der bisher noch stark mit den Dogmen des Marktwirtschafts-Fundamentalismus aufgeladen ist – erst in den 1990er-Jahren in den breiteren

---

1 Freud 1999 (Erstauflage 1930), 481.

Sprachgebrauch Einzug gehalten hat, liegt die Zeit, ab welcher die Tendenzen zum „Zusammenfassen der Individuen zu einer großen Einheit, der Menschheit," eine planetare Dimension erreicht haben, natürlich schon viel weiter zurück. Über die konkrete Epoche, der man die Anfänge der Globalisierung zusprechen mag, kann man freilich recht unterschiedlicher Meinung sein; je nach wissenschaftlichen Vorlieben wird sie leicht um etliche Jahrhunderte früher oder später angesetzt.

Mit einiger Berechtigung kann man den ersten unmittelbar „planetaren" Impuls jedenfalls – in Anlehnung an Karl Marx, Immanuel Wallerstein oder Edgar Morin – mit dem Beginn der europäischen Neuzeit in Verbindung bringen. Der Soziologe Morin plädiert noch konkreter für das Jahr 1492 (Kolumbus' Entdeckung Amerikas) als epochalen Wendepunkt, ab dem die Entwicklung weltumspannender Sozial- und Wirtschaftsstrukturen und eines „planetaren Bewusstseins" entscheidend Form angenommen hat (was nicht zuletzt vor dem Hintergrund einer in dieser Epoche zunehmend greifenden „Expansionszwangslogik" des modernen Kapitalismus schlüssig erscheint). Im Gegensatz dazu sind die Verbindungen etwa zwischen den Hochkulturen der Erde (und ihr Wissen übereinander) bis dahin – sofern es sie überhaupt gegeben hat – überwiegend noch sehr fragmentarisch und von äußerst langsamen Rhythmen gekennzeichnet gewesen.

Einen zweiten großen Ansatz und eine massive Verstärkung der langfristigen Globalisierungstrends hat dann das spätere 19. Jahrhundert gebracht: sei es durch die damaligen großen Revolutionen der Transport- und Kommunikationstechnologien, die rasanten Entwicklungen des Weltmarkts, den damaligen Wettlauf der Großmächte um die Kolonisierung der ganzen Erde oder auch durch die starke Verbreitung internationalistischer Ideen und Bewegungen. Die vergangenen Jahrzehnte haben uns schließlich eine neuerliche Zuspitzung und den bisherigen Höhepunkt der globalen Vernetzungen gebracht. Eine entscheidende Rolle spielen dabei zweifellos die sich im Vergleich zum 19. Jahrhundert noch wesentlich rapider beschleunigenden Neuerungen im Transport- und Kommunikationswesen (die Computertechnologie, die Digitalisierung der Information, die elektronische Datenübermittlung usw.). Sie haben auch zu einer Ausweitung der weltweiten Arbeitsteilung geführt, die vor wenigen Jahrzehnten noch unvorstellbar gewesen wäre.

Im Zusammenhang mit dem rasanten Anstieg der Zahl und Bedeutung transnationaler Konzerne und globaler Finanzmärkte wie auch internationaler politischer Körperschaften und NGOs verlieren die Nationalstaaten zunehmend mehr von ihrer (vor allem durch den Westfälischen Frieden von 1648 begründeten) Souveränität und ihrem Handlungsspielraum auf der globalen Arena. Darüber hinaus hat eine unsere ganze Erde betreffende Vernichtungsgefahr durch hoch entwickelte Waffensysteme und die Bedrohung der ökologischen Gleichgewichte dazu geführt, dass unsere menschliche Gesellschaft auch unter dem Vorzeichen des Damoklesschwerts zu einer engen Schicksalsgemeinschaft zusammengewachsen ist.[2]

Der Befund, dass die großen Globalisierungstrends in den letzten Jahrzehnten noch nie da gewesene Ausprägungen und Dimensionen erreicht haben, dürfte wohl nahezu ungeteilte Zustimmung finden – was natürlich nicht heißt, dass er auch genügend ernst genommen würde oder dass den damit einhergehenden gesellschaftlichen und psychologischen Herausforderun-

---

2 Vgl. Beck 1986.

gen das Maß an Aufmerksamkeit zuteil würde, das sie dringend verdienen. Mehr oder weniger treffende Darstellungen dieses Sachverhalts könnten jedenfalls in fast beliebiger Zahl und Variation zitiert werden.

„Nicht nur ist jeder Teil der Welt mehr und mehr ein Teil der Welt", umreißen ihn etwa Edgar Morin und Anne Brigitte Kern mit einprägsamen Formulierungen und Bildern, „auch die Welt als ganze ist mehr und mehr in jedem ihrer Teile präsent. Dies trifft nicht nur auf die Nationen und Völker, sondern auch auf die Individuen zu. So wie jeder Punkt eines Hologramms die Information des Ganzen, von dem er ein Teil ist, in sich trägt, so empfängt oder verwendet nunmehr jedes Individuum die Informationen und Substanzen, die aus der ganzen Welt kommen."[3] Dies gelte sowohl für den relativ wohlhabenden Durchschnittseuropäer – der zum Beispiel Weltnachrichten aus einem japanischen Radiogerät hört, zum Frühstück indischen Tee oder äthiopischen Mokka trinkt, sich mit einem Unterhemd aus ägyptischer Baumwolle oder einer Hose aus in Manchester verarbeiteter australischer Wolle ankleidet, sich eine Schweizer Armbanduhr anlegt, eine Brille mit Rahmen aus Schildblatt von den Galapagos-Inseln aufsetzt, Kirschen aus Chile, Bohnenschoten aus dem Senegal oder Melonen aus Guadeloupe essen mag – als auch (wenngleich unter sehr verschobenen Vorzeichen) für den typischen afrikanischen Slumbewohner, dem eine solche Teilhabe an der globalisierten Konsumwelt verwehrt ist:

„In seinem Alltagsleben unterliegt er den Auswirkungen des Weltmarktgeschehens, das die Preise für Kakao, Zucker und die von seinem Land produzierten Rohstoffe bestimmt. Er ist durch die vom Westen ausgehenden globalisierten Prozesse, besonders durch die Ausbreitung der industriellen Monokulturen, aus seinem Dorf vertrieben worden; vom bäuerlichen Selbstversorger ist er zu einem nach Lohnarbeit suchenden Stadtrand-Bewohner geworden; seine Bedürfnisse müssen nunmehr in der Geldform ihren Ausdruck finden. Er strebt nach Wohlstand. Er benutzt Aluminium- oder Plastikgeschirr, trinkt Bier oder Coca-Cola. Er schläft auf gefundenen Styroporplatten und trägt nach amerikanischem Vorbild bedruckte T-Shirts. Er tanzt zu synkretischer Musik, in der die Rhythmen seiner Tradition in eine aus Amerika gekommene Orchestrierung einfließen und dabei auch noch die Erinnerung an das vermitteln, was seine versklavten Vorfahren zur amerikanischen Musik beigetragen haben. Dieser Afrikaner, der zu einem Objekt des Weltmarkts geworden ist, ist zugleich auch Bürger eines nach westlichem Modell geschaffenen Staates geworden. So trägt also – im Guten wie im Schlechten – jeder von uns, ob reich oder arm, ohne es zu wissen, das ganze planetare Geschehen in sich. Die Globalisierung ist gleichermaßen unübersehbar, unterbewusst und allgegenwärtig."[4]

„*Wir leben längst in einer Weltgesellschaft*", befindet in vergleichbarer Weise Ulrich Beck in seinem richtungweisenden Buch *Was ist Globalisierung?*, „und zwar in dem Sinne, dass die Vorstellung geschlossener Räume fiktiv wird. Kein Land, keine Gruppe kann sich gegeneinander abschließen. Damit prallen die verschiedenen ökonomischen, kulturellen, politischen Formen aufeinander, und die Selbstverständlichkeiten, auch des westlichen Modells, müssen sich neu rechtfertigen."[5] Bei aller Unterschiedlichkeit der Definitionen und Dimensionen, die

---

3 Morin/Kern 1993, 33.
4 Morin/Kern 1993, 34.
5 Beck 1997, 27 f.

in den Bemühungen in Betracht kommen, das Wesentliche der großen Globalisierungstrends zu erfassen, gebe es doch einen sehr deutlichen gemeinsamen Nenner:
„Durchgängig wird eine zentrale Prämisse der Ersten Moderne umgestoßen, nämlich die Vorstellung, in geschlossenen und gegeneinander abgrenzbaren Räumen von Nationalstaaten und ihnen entsprechenden Nationalgesellschaften zu leben und zu handeln. Globalisierung meint das erfahrbare Grenzenloswerden alltäglichen Handelns in den verschiedenen Dimensionen der Wirtschaft, der Information, der Ökologie, der Technik, der transkulturellen Konflikte und Zivilgesellschaft, und damit im Grunde genommen etwas zugleich Vertrautes und Unbegriffenes, schwer Begreifbares, das aber mit erfahrbarer Gewalt den Alltag elementar verändert und alle zu Anpassungen und Antworten zwingt. Geld, Technologien, Waren, Informationen, Gifte ‚überschreiten‘ die Grenzen, als gäbe es diese nicht. Sogar Dinge, Personen und Ideen, die Regierungen gerne außer Landes halten würden (Drogen, illegale Einwanderer, Kritik an Menschenrechtsverletzungen), finden ihren Weg.“[6]
Eine für die Erörterung der mit dieser Entwicklung einhergehenden Krisen und Herausforderungen besonders fruchtbare Betrachtung stammt von Peter Sloterdijk, der in einem Abschnitt (im Band II) seiner großen Trilogie *Sphären* davon spricht, dass wir (im Rahmen einer „großen immunologischen Transformation“) *„unterwegs zu den Gesellschaften der dünnen Wände“* seien. Im Zusammenhang mit „einer politischen Poetik des Raumes oder einer ‚Makrosphärologie‘“ – in welcher „die Theorie der Intimsphären (Mikrosphärologie) auf die Ebene einer Theorie großer Immunstrukturen (Staaten, Reiche, ‚Welten‘) ‚aufgehoben‘ wird“ – stellen sich dabei Sloterdijk zufolge „alle Fragen der sozialen und personalen Identität unter morphologischen und immunologischen Aspekten dar, also unter dem Gesichtspunkt, wie in geschichtlich bewegten Großwelten überhaupt so etwas wie lebbare Formen des ‚Wohnens‘ oder des Bei-sich-und-den-Seinen-Seins eingerichtet werden können.“[7]
Die krisenhaften Entwicklungen und sozialen Ängste der neueren Globalisierungstrends hingen unter diesem Blickwinkel entscheidend mit dem Umstand zusammen, dass durch das zunehmende Brüchigwerden des Nationalstaats „das bisher größtmögliche politische Wohnverhältnis – gleichsam das Wohn- und Konferenzzimmer der demokratischen Völker (oder Volks-Einbildungen) – zur Disposition gestellt ist“ und es „in diesem Nationalwohnzimmer hier und dort schon sehr unangenehm zieht.“[8] Was die einst vertrauten nationalstaatlichen Wohnverhältnisse bereits seit Längerem aushöhle, ergebe sich vor allem aus einem zunehmenden Versagen der „ethnischen Containerfunktionen“, welche Sloterdijk in einer sehr aufschlussreichen Beschreibung erläutert:
„Was bislang unter Gesellschaft verstanden und mitverstanden wurde, war tatsächlich meistens nichts anderes als der Inhalt eines starkwandigen, territorialen, symbolgestützten, meistens einsprachigen Behälters – mithin ein Kollektiv, das in einer gewissen nationalen Hermetik seine Selbstgewissheit fand und das in seinen (für Fremde kaum je ganz verständlichen) eigenen Redundanzen schwang. Solche historischen Gemeinschaften, die sich am Schnittpunkt von Selbst und Ort aufhielten, die so genannten Völker, waren wegen ihrer Selbst-

---

6 Beck 1997, 44 f.
7 Sloterdijk 1999, 995 f.
8 Sloterdijk 1999, 997.

Container-Eigenschaften meist auf ein hohes Gefälle zwischen Innen und Außen angelegt –, (ein Sachverhalt, der sich in vorpolitischen Kulturen als naiver Ethnozentrismus, auf der politischen Stufe in der substanziellen Differenz des Innen- und des Außenpolitischen abzubilden pflegte)."[9]

Die unvermeidliche „Immunreaktion der lokalen Organismen gegen die Infektionen durch das höhere Weltformat" liefe zwar, wie Sloterdijk erklärt, durchaus nicht darauf hinaus, dass sich die große Mehrheit derer, die die Vorzüge moderner Freizügigkeit kennen gelernt haben, „im Ernst die militanten Klausuren der älteren Nationalstaatlichkeit" zurückwünschen würde („geschweige denn die totalitären Selbsthypnosen, die für tribale Lebensformen oft charakteristisch waren"). Dennoch „sind zahlreichen Zeitgenossen Sinn und Risiko des Trends hin zu einer Welt der dünnwandigen und durchmischten Gesellschaften weder verständlich noch willkommen."[10]

Aus seiner Analyse leitet Sloterdijk eine psychopolitische Kernfrage unseres Zeitalters ab: die Herausforderung, „die Schwächung der traditionellen ethnischen Container-Immunitäten nicht einfach nur als Formverlust und Dekadenz (das heißt als ambivalente oder zynische Beihilfe zur Selbstzerstörung) zu verarbeiten." Stattdessen müsste eine den unterschiedlichen Lebenslagen und Bedürfnissen entsprechende Bandbreite von „erfolgreichen Designs von lebbaren Immunverhältnissen" entwickelt werden. „Und eben diese können und werden sich gerade in den Gesellschaften der durchlässigen Wände auf vielfältige Weise neu herausbilden – wenn auch, wie seit jeher, nicht bei allen und nicht für jeden."[11]

Eine entscheidende Grundlage, auf der solche „lebbaren Immunverhältnisse" gedeihen können, besteht nun in einer breiten Bewusstseinsbildung (und emotionalen Verankerung) der tief greifenden Konsequenzen unserer rapide zunehmenden wechselseitigen Abhängigkeiten auf globaler Ebene: die immer dramatischer werdende Notwendigkeit – allein schon im Interesse des Überlebens unserer Zivilisation –, die Logik des Faustrechts so weit wie möglich zu überwinden und zu einer tragfähigen Grundlage der Solidarität und der gemeinsam getragenen Verantwortung für unser gemeinsames Schicksal auf unserem klein gewordenen Planeten zu gelangen.

Der für unser Zeitalter entscheidende Umstand, dass unser gesellschaftliches Handeln – insbesondere infolge rasanter technologischer Entwicklungen – immer weiter reichende Auswirkungen hat und damit auch automatisch der Zusammenhang aller Teile der Weltgesellschaft immer stärker wird, bringt es unausweichlich mit sich, dass sowohl die Möglichkeiten, sich gegenseitig zu schaden und zu zerstören (d.h. die grundsätzliche Verletzbarkeit aller), als auch die Möglichkeiten, sich gegenseitig zu nutzen und zu fördern (d.h. die grundsätzlichen Entwicklungschancen aller), immer mehr zunehmen und immer extremere bzw. stärker ausgeprägte Formen annehmen. Es wird also immer überlebensnotwendiger – und zugleich auch immer vielversprechender –, sich gegenseitig eben nicht schaden, sondern fördern zu wollen: Sowohl im allgemeinen Regelwerk des gesellschaftlichen Zusammenlebens als auch in der subjektiven Motivation der Einzelnen müsste das Prinzip, den eigenen Vorteil zum Schaden

---

9 Sloterdijk 1999, 1002.
10 Sloterdijk 1999, 1002 f.
11 Sloterdijk 1999, 1003.

oder unter Missachtung anderer anzustreben, nachhaltig vom Prinzip des gemeinsamen Vorteils abgelöst werden.

Die Schaffung einer tragfähigen Grundlage globaler Solidarität ist also zu weit mehr als „bloß" einer Frage wirtschaftlicher Zweckmäßigkeit oder sozialer Gerechtigkeit geworden, sie entwickelt sich immer mehr auch zu einer nackten Existenzfrage. „In unserer Epoche kann nur mehr eine von zwei Alternativen eintreffen", erklärt etwa Noam Chomsky in einem viel beachteten Film über sein Leben und seine Arbeit:

„Entweder nimmt die Bevölkerung ihre Geschicke selbst in die Hand, macht die Interessen der Gemeinschaft zu ihrem Anliegen und lässt sich durch Werte der Solidarität, des Mitgefühls und der Sorge für andere leiten – oder bald wird niemand mehr ein Geschick in die Hand nehmen können [...] Die Voraussetzungen für unser Überleben [...] erfordern vernünftige Planung im Interesse der gesamten Gesellschaft, und das bedeutet heute: im Interesse der Menschheit als ganzer."[12]

Es sind insbesondere drei – sich wechselseitig bedingende und verstärkende – Faktoren, die dieser Herausforderung immer größere Dringlichkeit verleihen:
□ die unaufhaltsame Entwicklung der Waffentechnologien;
□ die eskalierende Bedrohung unserer ökologischen Lebensgrundlagen;
□ der zunehmende Verlust des gesellschaftlichen Zusammenhalts (eines notwendigen Mindestvertrauens im Zusammenleben) in immer größeren Bereichen, den die marktwirtschaftsradikale Globalisierung über die zunehmende Verelendung eines Großteils der Weltbevölkerung mit sich bringt.

Die umfassende Bedrohung unseres Überlebens durch die moderne Entwicklung militärischer Massenvernichtungstechniken wird durch die Existenz der Atombombe lediglich besonders eindringlich zum Ausdruck gebracht, beschränkt sich freilich bei Weitem nicht auf sie und wurde auch schon längst vorher von sensiblen Beobachtern zum Ausdruck gebracht – wie etwa von Freud in den abschließenden Sätzen seiner bereits eingangs zitierten Schrift:

„Die Menschen haben es jetzt in der Beherrschung der Naturkräfte so weit gebracht, daß sie es mit deren Hilfe leicht haben, einander bis auf den letzten Mann auszurotten. Sie wissen das, daher ein gut Stück ihrer gegenwärtigen Unruhe, ihres Unglücks, ihrer Angststimmung."[13]

Die notwendige Überlebensreaktion auf diese Gefahr – von Freud als Anstrengung des „ewigen Eros" umschrieben – müsste sich eben entscheidend in der Erkenntnis niederschlagen, dass unser Überleben nur durch die Schaffung einer tragfähigen, die ganze menschliche Gesellschaft umfassenden Basis solidarischer Beziehungen eine ernsthafte Chance haben kann; das heißt nur durch einen radikalen und breiten Abbau der Motivation zum Einsatz der schon vorhandenen Tötungstechnologien – und ganz unmöglich durch selbst noch so gut gemeinte Rüstungskontrollen oder Beschränkungen der Weitergabe von Waffensystemen (sofern man in solchen Zusammenhängen überhaupt an guten Willen glauben mag). Den kurz- oder mit-

---

12 Zitiert nach Achbar 1996, 221.
13 Freud 1999 (Erstauflage 1930), 506.

telfristigen pragmatischen Nutzen, den entsprechende internationale Abkommen haben können, stelle ich natürlich nicht in Abrede.

Ebenso wie die Zugänglichkeit ist unter dem neueren Vormarsch des Marktwirtschafts-Fundamentalismus auch die Nachfrage nach Atomwaffen gestiegen, wie etwa der Friedensforscher Mariano Aguirre bereits lange vor den diesbezüglichen aktuellen geopolitischen Konflikten feststellen konnte:

„In der Epoche der harten Konkurrenz um Märkte, Ressourcen und Investitionen meinen die Führer mancher Länder, dass eine Handvoll Atomwaffen – oder die Absicht, sie zu besitzen – dienlich sind, um die eigene internationale Position in Verhandlungen zu stärken und sich darüber hinaus auch auf regionaler Ebene durchzusetzen."[14]

In gleicher Weise wie hinsichtlich der waffentechnischen Bedrohungen kann es auch nur dann eine Chance auf die Rettung unserer ökologischen Lebensgrundlagen geben, wenn die heute vorherrschende Logik allgemeiner Konkurrenz (des vorrangigen Erzwingens eigener Vorteile zum Nachteil anderer) nachhaltig überwunden wird zugunsten einer von allen mitgetragenen Verantwortlichkeit für das Gleichgewicht unserer Biosphäre – einer solchen universellen Verantwortung bedarf es, um sicherzustellen, wie es etwa Hilary French vom Worldwatch Institute formuliert, „dass die Weltwirtschaft des 21. Jahrhunderts die Hoffnungen der Menschen auf eine bessere Zukunft erfüllt, ohne die natürliche Grundstruktur zu zerstören, auf der das Leben selbst beruht."[15] Und ähnlich kann nur auf der Grundlage globaler solidarischer Beziehungen – und der damit ermöglichten konstruktiven Umwidmung sehr weit reichender Ressourcen – der eskalierenden wirtschaftlichen Verelendung gegengesteuert, Wohlstand und Entwicklung für alle Menschen gewährleistet und damit das für unsere Zivilisation überlebensnotwendige Maß an sozialem Zusammenhalt gesichert werden.

Wie bereits angedeutet, stehen die großen gesellschaftlichen Trends, die sich in neuerer Zeit unter der Flagge globaler Marktkonkurrenz durchsetzen, nun freilich im scharfen Gegensatz zu dieser Herausforderung. Wesentliche politische Weichenstellungen, schwergewichtige wirtschaftliche Entwicklungen, weithin vorherrschende Lebensstile oder Werthaltungen gehen mit zuweilen gespenstisch anmutender Präzision in die Gegenrichtung dessen, was im Sinne unseres längerfristigen Überlebens und der Sicherung einer menschenwürdigen Existenz für alle notwendig wäre. Eine sehr einseitig und eingeschränkt verstandene „Globalisierung" – die zur Rechtfertigung der marktwirtschaftsradikalen Forderungen herhalten muss – fährt einen eindeutigen Kollisionskurs gegen eine weitaus grundlegendere Globalisierung, die eine immer umfassendere Interdependenz impliziert und aus der sich die existenzielle Notwendigkeit solidarischer Kooperation ergibt. Eine vielfach behauptete Notwendigkeit der Unterwerfung unter die Zwänge eines entgrenzten „freien" Marktes steht der tatsächlichen Notwendigkeit global geteilter Verantwortung ähnlich unvereinbar gegenüber wie Feuer und Wasser.

Eine flächendeckende Propagandawalze, die die Globalisierungsdynamik zur alleinigen Bestätigung der marktwirtschafts-fundamentalistischen Weltsicht in Beschlag nimmt, verfolgt, wie deren scharfsinnige Kritikerin Viviane Forrester ausführt, einen sehr durchsichtigen

---

14 Aguirre 1996, 23.
15 French 2000, 12.

Zweck. Indem sich der „Neoliberalismus" mit den historischen Globalisierungstendenzen – die in ihrer grundsätzlichen Logik zweifellos unaufhaltsam sind – gleichzusetzen versucht, will er „auch selber als unumkehrbar und unausweichlich gelten und die Geschichte damit auf die momentane Etappe seiner Vorherrschaft und Übermacht einfrieren – oder vielmehr glauben machen, dass sie in ihr festgefroren sei."[16]

Die ideologischen Vorzeichen, unter denen das allgemeine Globalisierungsszenario heute überwiegend präsentiert wird, liefern den Rahmen für eine breite Indoktrinierungskampagne, in der die Öffentlichkeit bereits seit mehreren Jahrzehnten mit einem Strom von Schlagworten überschwemmt wird: „Flexibilität", „Modernisierung", „Verschlankung", „Standortsicherung", „Reformen", „Effizienzsteigerung", „Strukturanpassung", „Deregulierung", „Eigenverantwortung" und viele ähnliche mehr. Die trotz aller sprachlichen Taschenspielertricks einfach erkennbare Absicht, die mit diesen – Lebendigkeit, Leichtigkeit, Befreiung und Fortschritt suggerierenden – Euphemismen vorangetrieben wird, zielt dahin, in möglichst radikaler Manier möglichst viele der Hindernisse zu beseitigen, die den globalen Konzernen in ihrem Drang zum schnellst- und größtmöglichen Profit im Wege stehen.[17]

Percy Barnevik, Präsident des Elektroindustrie-Konzerns ABB/Asea Brown Boveri (eines der größten transnationalen Konzerne der Welt), der sich zeitweilig gar als besonders ethisch engagierter Wirtschaftsführer zu vermarkten verstand, brachte diese Absicht einmal mit eher überraschender Offenheit zum Ausdruck:

„Unter Globalisierung würde ich verstehen, dass meine Gruppe die Freiheit hat zu investieren, wo und wann sie will, zu produzieren, was sie will, zu kaufen und zu verkaufen, wo sie will, und dabei möglichst wenigen arbeits- und sozialrechtlichen Beschränkungen zu unterliegen."[18]

Im Sinne dieser auf die Spitze getriebenen Marktorientierung bezieht sich die Rede von der Globalisierung also vor allem auf eine Entwicklung, in der die Regeln und Institutionen immer mehr ausgehöhlt werden, die das wirtschaftliche Handeln zuvor – unter den Rahmenbedingungen der in den Nachkriegsjahrzehnten verfolgten keynesianischen Wirtschafts- und Konjunkturpolitik – noch auf ein gewisses Maß an sozialstaatlicher Verantwortung verpflichten konnten. Im hochgradig wahnhaften Weltbild, das dabei zum Tragen kommt, wird das möglichst ungehinderte Faustrecht der Starken zum Prinzip der freien Entfaltung der Marktkräfte verklärt, gesetzliche oder kollektivvertragliche Garantien für Schwache hingegen als unerträgliche Beschränkungen verteufelt, durch welche dem vorgeblich „freien" Wechselspiel von Kauf und Verkauf widernatürlicher Frevel angetan würde.

Der allseitige Verdrängungswettbewerb, der sich unter diesen Bedingungen zunehmend durchsetzen und verschärfen muss, hat – wie Christian de Brie vom Observatoire de la Mondialisation ausführt – „wenig gemein mit dem fairen Wettstreit von tapferen Recken, wie er uns in den liberalen Heldensagen geschildert wird und wo immer der Beste von Marktes Gnaden gewinnt: der beste Preis, das beste Produkt, die beste Dienstleistung. Aber im ökonomischen Krieg ist – wie in den mittelalterlichen Turnieren – jeder Streich erlaubt, der den

---

16 Forrester 2000, 16.
17 Vgl. Bourdieu 1998, 39.
18 Zitiert nach Ziegler 2003, 142.

Sieg sichert, je fintenreicher, desto besser."[19] Und der in Frage kommenden Mittel, um den eigenen Erfolg zum Schaden der anderen zu erzwingen, gibt es da beinahe unübersehbar viele:

„Marktabsprachen und Kartelle, Missbrauch marktbeherrschender Positionen, Dumpingpreise und Produktkoppelung, Missbrauch von Insiderwissen und Spekulation, feindliche Übernahme und Zerschlagung von Mitbewerbern, gefälschte Bilanzen und manipulierte Transferpreise, Steuerhinterziehung und Steuerflucht mittels Offshore-Filialen und Briefkastenfirmen, Zweckentfremdung öffentlicher Investitionsbeihilfen und manipulierte Ausschreibungsverfahren, Korruption und versteckte Provisionen, ungerechtfertigte Bereicherung und Missbrauch öffentlichen Eigentums, Abhörpraktiken und Spionage, Erpressung und Denunziation, Verstoß gegen arbeitsrechtliche und gesundheitspolizeiliche Vorschriften, Verletzung der gewerkschaftlichen Organisationsfreiheit, Hinterziehung von Sozialbeiträgen, Umweltverschmutzung usw."[20]

Die grundlegende Mentalität, die solchen Wettbewerbsmethoden entspricht, hat sich auch in relativ abgeschirmten kleinräumigen Milieus wie etwa dem des Bank- und Versicherungswesens in Österreich längst durchsetzen können. Ein berufstätiger Student der Psychologie berichtet in seiner Doktorarbeit von einem Vortrag, den er als Teilnehmer am internen Seminarprogramm einer führenden österreichischen Bank zu hören bekam:

„Nach Meinung des Referenten kann man angesichts von immer härteren Bedingungen in der Arbeitswelt zukünftig nur dann bestehen und Erfolge verzeichnen, wenn man sich auch die Moral seiner folgenden Kurzgeschichte zu Herzen nimmt. Hierbei befinden sich zwei befreundete Topmanager in einsamer Wildnis auf einer Trekking-Tour. Als sich ihnen noch in größerer Entfernung ein riesiger und vermeintlich hungriger Bär zu nähern beginnt und die Lebensgefahr der beiden immer deutlicher wird, öffnet einer seinen Rucksack, packt ein Paar Laufschuhe aus und beginnt sie sich in aller Ruhe anzuziehen. Daraufhin versucht der andere seinem Freund zu erklären, dass ihm seine Schuhe nichts nützen werden, weil doch der Bär zum einen schneller laufen kann als ein Mensch und zum anderen auch noch über eine weit höhere Ausdauer verfügt. Nachdem er sich die Schuhe fertig angezogen hatte, meinte er zu den Ratschlägen seines Partners, dass es ihm schon klar sei, dass er niemals schneller als ein Bär laufen könne, doch in diesem Fall ist es entscheidend, schneller als der Freund laufen zu können."[21]

Dass die „Moral", die die Betreiber und Propagandisten der marktwirtschaftsradikalen („neoliberalen") Globalisierung mithilfe derartiger Geschichten predigen, nicht nur im Sinne bildhafter Gleichnisse gemeint ist und letztlich auch auf eine sehr konkrete Dynamik physischer Gewalt und der Unterminierung von Rechtsstaatlichkeit hinausläuft, kann man etwa de Bries Ausführungen entnehmen:

„Im Zweifelsfall scheuen sie sich nicht, die Dienste organisierter Berufsverbrecher in Anspruch zu nehmen. Vom Arbeitgeber angeheuerte Schläger, ‚gelbe' Gewerkschaften, Streikbrecher, Privatmilizen und Todesschwadronen finden in vielen Unternehmensfilialen und Zu-

---

19 de Brie 2000, 15.
20 de Brie 2000, 15.
21 Wurzer 2003, 158.

lieferfirmen der Dritten Welt ein reiches Betätigungsfeld." Aber etwa auch in Japan „wacht auf den Generalversammlungen die Yakusa darüber, dass widerspenstige Aktionäre richtig abstimmen. Unbequem gewordene Mittelsmänner und allzu neugierige Untersuchungsrichter werden aus dem Weg geräumt. Endlos ist die Liste der Geschäftsleute, Banker, Politiker, Richter, Rechtsanwälte und Journalisten, die einem ‚Selbstmord‘ zum Opfer fielen, indem sie einen Capuccino mit Zyankali tranken, den Strick nahmen, mit auf den Rücken gefesselten Händen aus dem zehnten Stock sprangen, sich zwei Kugeln durch den Kopf schossen, in einer Pfütze oder voll bekleidet in ihrer Badewanne ertranken, von einem Bus überrollt oder in Beton gegossen oder in einem Säurebad aufgelöst wurden, inmitten ihrer Leibwächter auf offenem Meer von ihrer Jacht fielen, mit ihrem Flugzeug oder in ihrem Auto in die Luft gesprengt wurden. Für einen Wirtschaftsführer ist es bekanntlich das höchste Lob, wenn man ihn einen ‚Killer‘ nennt."[22]

Die enorme Wirksamkeit, die die extremen Marktwirtschafts-Propagandisten mit Hilfe ihrer millionenschweren Thinktanks und ihren weiträumig konzertierten Medienstrategien entfalten konnten,[23] erklärt sich auch vor einem sehr zentralen Hintergrund, und zwar aus dem Umstand, dass die großen demokratischen und sozialen Errungenschaften der letzten Jahrhunderte – durch die dem Faustrecht der Starken immerhin einige wesentliche Grenzen gesetzt werden konnten – hauptsächlich innerhalb der Nationalstaaten durchgesetzt worden sind und bis heute noch wenig praktische Erfahrung mit ihrer Umsetzung auf übernationaler Ebene gemacht worden ist.[24] Je mehr sich die Vorstellung vom gesellschaftlich Möglichen auf die Horizonte des bisher Gewohnten beschränkt, desto mehr kann es daher als etwas schicksalhaft Unausweichliches erscheinen, dass das sich immer deutlicher abzeichnende Brüchigwerden des nationalstaatlichen Rahmens mit einem automatischen Kahlschlag bei den sozialen Sicherungsnetzen einhergeht – und allgemeiner mit einer unaufhaltsamen Aushebelung der demokratischen Einflussmöglichkeiten auf unser kollektives Schicksal.

Die unablässig eingehämmerte Behauptung einer naturgesetzlichen Zwangsläufigkeit, mit der sich ihre Forderungen auf jeden Fall durchsetzen müssten, bildet denn auch ein Kernstück der marktwirtschaftsradikalen Propaganda-Dampfwalze. Ihre fatale Wirkung wird unter anderem recht sinnfällig als „TINA-Syndrom" beschrieben (nach den Anfangsbuchstaben des Margaret Thatcher zugeschriebenen Ausspruchs „There Is No Alternative"). Unter diesem gefährlichen Syndrom der Resignation leiden heute, wie die Soziologin Maria Mies anmerkt, „die meisten Menschen in den reichen Ländern [...] Sie sehen keine Alternative und passen sich – hilflos – den neuen Verhältnissen an, selbst wenn das an Selbstaufgabe grenzt."[25] Ähnlich beschreibt auch Pierre Bourdieu den Neoliberalismus als „Eroberungswaffe. Er predigt einen wirtschaftlichen Fatalismus, gegen den jeder Widerstand zwecklos erscheint. Der Neoliberalismus ist wie Aids: Er zerstört das Immunsystem seiner Opfer."[26]

Ein Zerfall des Immunsystems von sozialem Sicherheitsgefühl, Zukunftsperspektive und solidarischem Engagement – von Anliegen also, die im Orwell'schen *Neusprech* des Marktwirt-

---

22 de Brie 2000, 16.
23 Vgl. Dixon 1998.
24 Vgl. Habermas 1998, 150 ff.
25 Mies 2001, 17.
26 Zitiert nach Ziegler 2003, 53.

schafts-Fundamentalismus gerne als „überholtes Privilegien- und Besitzstandsdenken" denunziert werden (hinter dem z.B. verschiedene „Uralt-Ideologen" oder „gewerkschaftliche Betonköpfe" stünden, die sich der angeblichen Unausweichlichkeit sogenannter „Reformen" verweigern würden) – macht vor allem auch blind für die durchaus sinnvollen und realistischen Alternativen, die bereits von einer breiten Palette von Kritikern des TINA-Syndroms angedacht und eingefordert werden. Diesen Gegenentwürfen liegt insbesondere die naheliegende Überzeugung zugrunde, dass dem globalen Freibeuterkapitalismus, der sich den nationalstaatlichen Verbindlichkeiten entzogen hat, die Strukturen einer Art „Weltinnenpolitik"[27] oder „globaler Sozialverträge"[28] nachwachsen müssen, auf deren Grundlage die wirtschaftlichen Akteure auch auf weltweiter Ebene in die soziale, demokratische und ökologische Pflicht genommen werden können.

Solange freilich derartige Alternativen nicht realpolitisch zu greifen beginnen, müssen sich die Zukunftshorizonte unweigerlich mit massiven Ängsten verdüstern. Die Schere zwischen dem ärmsten und dem reichsten Fünftel der Welt klafft jedes Jahr um etwa drei Prozent weiter auseinander. Die 225 größten Privatvermögen der Welt haben eine derart astronomische Größenordnung erreicht, dass sie den gesamten Jahreseinkünften der 2,5 Milliarden ärmsten Menschen (ca. 40 Prozent der Weltbevölkerung) gleichkommen.[29] Die Zahl der „extrem Armen" auf der Welt ist sogar nach den Kriterien der Weltbank in nur einem Jahrzehnt um fast 100 Millionen angestiegen,[30] doch auch in den wirtschaftlich hoch entwickelten Ländern (die über 80 Prozent der Reichtümer der Erde für sich vereinnahmen) zeichnet sich im Zusammenhang mit rasanten technologischen Innovationsschüben ein Szenario ab, in dem der Mehrheit der Menschen der Absturz ins wirtschaftliche Elend und ins soziale Abseits droht. „Nur wenige unter uns können wirklich sicher sein", schreibt Zygmunt Bauman, „dass ihr Zuhause, wie solide und blühend es heute auch erscheinen mag, nicht vom Gespenst künftigen Niedergangs heimgesucht wird [...] Einkommen, soziale Position, Anerkennung der Nützlichkeit und der Anspruch auf Selbstachtung können alle miteinander – über Nacht und ohne Aufhebens – verschwinden."[31]

Die massiven Überzähligkeitsängste, die durch solche Perspektiven ausgelöst werden müssen, betreffen außer der Sorge um die wirtschaftliche Existenz auch den drohenden Verlust jener Grundlagen der persönlichen und sozialen Identität, die durch Berufstätigkeit oder damit vergleichbare soziale Funktionen gebildet werden (umso mehr, als die eigene Arbeit Selbstbejahung, Anerkennung und verstehende Spiegelung durch andere ermöglicht). Wer gesellschaftlich „nicht gebraucht" wird, keine als sinnvoll empfundene Rolle mehr einnehmen kann und keine entsprechende Anerkennung finden kann, dem bzw. der droht ein fataler Absturz des Selbstgefühls, wenn nicht gar der soziale Tod.

Eine stark ausgeprägte, an zahlreichen Phänomenen unserer Zeit erkennbare Tendenz zur Verschiebung, Verleugnung und Verdrängung von Bedrohungswahrnehmungen weist denn auch ganz besonders darauf hin, wie sehr die aktuelle gesellschaftliche Atmosphäre von eska-

---

27 Vgl. Menzel 1998, 259-262.
28 Vgl. Group of Lisbon 1997.
29 Vgl. Ziegler 2003, 59.
30 Vgl. Ziegler 2003, 60.
31 Bauman 2000, 37.

lierenden Ängsten beherrscht wird. Wo Angst vor allem in maskierter und verfremdeter Weise zum Ausdruck kommt, muss sie weitaus intensiver sein als dort, wo man sie sich bewusst eingestehen kann. Als typische Symptome solcher Angstabwehr erscheinen etwa eine verbreitete konsumistische Passivität und entsprechende Hingabe an eine betäubende Unterhaltungskultur der „Spaßgesellschaft", eine ähnlich häufige Weigerung, sich für politische Auseinandersetzungen zu interessieren und mitverantwortlich zu fühlen (als ob man sich dadurch ihren Auswirkungen entziehen könnte), oder aber auch ein viele (regionale, nationale, kontinentale) Formen annehmendes Festungsdenken, das wesentlich von der Illusion genährt wird, man könne sich durch entsolidarisierende Einigelung von den beängstigenden globalen Entwicklungen irgendwie abschotten.

Anhand dieser Dynamik einer sich durch ihre Verdrängung selbst verstärkenden Angstspirale schält sich immerhin auch der Ansatz einer Antwort auf die Frage heraus, wie das Bewusstsein und die Bereitschaft gefördert werden könnten, sich den gesellschaftlichen und psychologischen Herausforderungen der Globalisierung in angemessener Weise zu stellen. Er müsste zu einem wesentlichen Teil in der Richtung verfolgt werden, kreative Möglichkeiten zu entdecken und auszuloten, wie wir bei der Aufrechterhaltung unseres psychischen Gleichgewichts mit weniger Angstabwehr auskommen können – uns mit unseren Ängsten also offener auseinandersetzen können, anstatt von ihnen blind getrieben zu werden. Je mehr man – schon ganz allgemein betrachtet – den Ursachen eigener Ängste ins Auge sehen kann, desto weniger lähmend und kräftezehrend sind sie und desto eher erlauben sie die Mobilisierung und den gezielten Einsatz von Ressourcen, Verstand und Energie, um den entsprechenden Bedrohungen entgegenzutreten. Wozu im Zusammenhang mit den Ängsten, die durch die aktuellen Globalisierungstrends hervorgerufen werden, ganz besonders auch die Bemühung zählen muss, an glaubwürdigen solidarischen Gegenmodellen zur marktwirtschaftsradikalen Globalisierung zu arbeiten und sich für deren Verwirklichung zu engagieren.

Im Gegensatz zu diesem Anliegen zeichnen sich nun – wie bereits grundsätzlich erörtert – die nach wie vor vorherrschenden gesellschaftlichen Trends dadurch aus, dass sie oft in die genaue Gegenrichtung dessen gehen, was sich einem innehaltenden Nachdenken als dringende Notwendigkeit aufdrängen müsste. Dieses Auseinanderklaffen kann man sich etwa anhand der folgenden wesentlichen Entwicklungen verdeutlichen:

☐ Statt solidarischer Kooperation setzt sich überwiegend das Konkurrenzprinzip des „survival of the fittest" durch;

☐ statt Strukturen zivilgesellschaftlicher Konsensfindung und tragfähigen Interessensausgleichs – militärische Hochrüstung und der Wahn, die sich verschärfenden Konflikte mit überlegenen Gewaltmitteln und ausufernden Überwachungssystemen unter Kontrolle bringen zu können;

☐ statt gegenseitiger Respektierung und Offenheit zum Dialog – eine massive Zunahme rassistischer, ethnisch-nationalistischer und fremdenfeindlicher Bewegungen und Stimmungen;

☐ statt Rücksichtnahme auf nachhaltige Entwicklung und ökologische Gleichgewichte – ein nahezu demonstrativ bedenkenloser Wegwerf-Konsumismus der „Spaßgesellschaft" und ein gleichermaßen rücksichtsloses Vorgehen kapitalistischer Unternehmen unter dem Diktat der Aktienkurse;

☐ statt einer ernsten Auseinandersetzung mit unser aller existenziellen Gefährdung durch diese (und ähnliche) Entwicklungen – verbreitete Anfälligkeiten für wahnhafte Inszenierungen von Allmacht, Überlegenheit und Unverletzbarkeit;

☐ statt einer breite Teile der Gesellschaft erfassenden Leidenschaft für eine kompetente öffentliche Meinungs- und Willensbildung (die sich angesichts der akuten Krisendynamik eigentlich von selbst entfachen müsste) – massive Tendenzen zur Entpolitisierung und öffentlichen Apathie, zum Rückzug der Interessen in die kleine private Lebenssphäre.

Aus tiefenpsychologischer Sicht bietet es sich natürlich an, diese radikalen Gegensätze zwischen leicht erkennbarer Notwendigkeit und tatsächlichem Verhalten besonders unter dem Gesichtspunkt unbewusster Abwehrmechanismen zu analysieren. Ein spezifischer Abwehrmechanismus, der im hier umrissenen Zusammenhang zentrale Aufmerksamkeit verdienen dürfte, ist der der *Reaktionsbildung* (bzw. auch der Verkehrung der Wirklichkeit ins Gegenteil), wie er zuerst von Anna Freud beschrieben wurde.[32] Seine wesentliche Logik besteht in einem zwanghaften Betonen (einem besonders „dicken Auftragen") des genauen Gegenteils dessen, was die betreffenden Menschen unterschwellig spüren und erkennen, sich aber soweit nur irgend möglich nicht bewusst eingestehen wollen. Gegen die verdrängten bzw. verleugneten Inhalte werden also aufwändige Gegenbesetzungen errichtet, gewissermaßen mit hohem Kräfteverschleiß fortgesetzt neue Verteidigungswälle aufgeworfen – wodurch das Zensurierte freilich indirekt auch eine recht deutliche Bestätigung erfährt (und bei einem aufmerksamen Hinschauen oft auch relativ leicht erkennbar ist).

Eine von den Anliegen globaler Solidarität, sozialer Gerechtigkeit und nachhaltiger Entwicklung geleitete ethische Perspektive könnte also aus einer Auseinandersetzung mit der tieferen Logik des Abwehrmechanismus der Reaktionsbildung – mit den dahinter stehenden Ängsten und mit den Chancen, Breschen in seine Verdrängungs- und Verleugnungs-Bollwerke zu schlagen – brauchbare Orientierungshilfen gewinnen. Ein für diese (von vielschichtigen Widersprüchen gekennzeichnete) Dimension des menschlichen Gefühlslebens geschärfter Blick sollte – so wäre zu hoffen – erfinderische Mittel und Wege auskundschaften können, um einer breiten Bewusstseinsbildung über die Herausforderungen unserer zusammenwachsenden Weltgesellschaft (und einem entsprechenden politischen Gestaltungswillen) immer wieder auf die Sprünge zu helfen.

Literatur

Achbar, Mark (Hg.): *Noam Chomsky. Wege zur intellektuellen Selbstverteidigung.* München, Marino, 1996.

Aguirre, Mariano: *I giorni del futuro. La società internazionale nell'era della globalizzazione.* Trieste, Asterios, 1996.

---

32 Vgl. Freud 1984 (Erstauflage 1936), 39 f. und 55 ff.

Bauman, Zygmunt: „Vereint in Verschiedenheit", in: Berghold, Josef/Menasse, Elisabeth/Ottomeyer, Klaus (Hg.): *Trennlinien. Imagination des Fremden und Konstruktion des Eigenen*. Klagenfurt/Celovec, Drava, 2000, 35-46.

Beck, Ulrich: *Risikogesellschaft. Auf dem Weg in eine andere Moderne*. Frankfurt/M., Suhrkamp, 1986.

Beck, Ulrich: *Was ist Globalisierung? Irrtümer des Globalismus – Antworten auf Globalisierung*. Frankfurt/M., Suhrkamp, 1997.

Bourdieu, Pierre: „Le mythe de la ‚mondialisation' et l'État social européen", in : Bourdieu, Pierre: *Contre-feux. Propos pour servir à la résistance contre l'invasion néo-libérale*. Paris, Raisons d'agir, 1998, 34-50.

de Brie, Christian: „Geschäft ist Geschäft", in: *Le Monde diplomatique* 6(4), 2000, 15-16.

Dixon, Keith: *Die Evangelisten des Marktes*. Konstanz, Universitätsverlag, 2000.

Forrester, Viviane: *Une étrange dictature*. Paris, Fayard, 2000.

French, Hilary: *Vanishing Borders: Protecting the Planet in the Age of Globalization*. New York, Norton, 2000.

Freud, Anna: *Das Ich und die Abwehrmechanismen*. Frankfurt/M., Fischer, 1984 (Erstauflage 1936).

Freud, Sigmund: *Das Unbehagen in der Kultur. Gesammelte Werke, Band XIV*. Frankfurt/M., Fischer, 1999 (Erstauflage 1930), 419-506.

Group of Lisbon: *Grenzen des Wettbewerbs. Die Globalisierung der Wirtschaft und die Zukunft der Menschheit*. Darmstadt, Luchterhand, 1997.

Habermas, Jürgen: „Die postnationale Konstellation und die Zukunft der Demokratie", in: Habermas, Jürgen: *Die postnationale Konstellation. Politische Essays*. Frankfurt/M., Suhrkamp, 1998, 91-169.

Menzel, Ulrich: *Globalisierung versus Fragmentierung*. Frankfurt/M., Suhrkamp, 1998.

Mies, Maria: *Globalisierung von unten. Der Kampf gegen die Herrschaft der Konzerne*. Hamburg, Rotbuch, 2001.

Morin, Edgar/Kern, Anne Brigitte: *Terre-Patrie*. Paris, Seuil, 1993.

Sloterdijk, Peter: *Sphären. Makrosphärologie, Band II: Globen*. Frankfurt/M., Suhrkamp, 1999.

Wurzer, Thomas: *Die Menschheit auf Bewährungsprobe*. Philosophische Dissertation, Universität Klagenfurt, 2003.

Ziegler, Jean: *Die neuen Herrscher der Welt und ihre globalen Widersacher*. München, Bertelsmann, 2003.

Claudia von Werlhof

West End.
Die weltvernichtende Globalisierung des Neoliberalismus und Antworten von unten

Fragen zur Einführung

Gibt es eine Alternative zur Plünderung der Erde?
Gibt es eine Alternative zu Krieg?
Gibt es eine Alternative zur Zerstörung der Welt?

Solche Fragen werden nicht gestellt, denn sie sind absurd. Aber jetzt stellen sie sich, und zwar allen. Also müssen sie gestellt werden. Das Absurde schlechthin ist in der Welt, und zwar in Gestalt ihrer beschleunigten Annihilation. Diese ist das inzwischen überall zu beobachtende Resultat der „Globalisierung" des sogenannten „Neoliberalismus".
Dieser selbst hält sich allerdings für alternativlos. TINA – „There Is No Alternative!" Denn: Es geht um das Geschäft der Geschäfte, das große Fressen, die letzte Schlacht – Armageddon.

Falsch?
Maßlos übertrieben?
Kein österreichisches Problem?

Es ist zu klären, was Globalisierung und Neoliberalismus sind, woher sie kommen, wer sie betreibt, was sie von sich selbst behaupten, was sie tun, warum sie derart fatale Wirkungen haben, warum sie vor dem Scheitern stehen und warum dennoch an ihnen festgehalten wird.
Danach ist zu klären, welche Antworten auf sie seitens derer gegeben werden, die mit den Folgen des globalisierten Neoliberalismus im wahrsten Sinne des Wortes nicht (werden) leben können.

Was „neoliberale Globalisierung" ist

TINA

Wenn man über die neoliberale Globalisierung – bzw. die Globalisierung des Neoliberalismus – schreiben will, ist zunächst einmal anzuerkennen, dass es damit überhaupt ein Problem gibt und worin es besteht.

Wir werden jetzt seit ungefähr 20 Jahren damit traktiert, dass es angeblich weder eine Alternative zur neoliberalen Globalisierung/der Globalisierung des Neoliberalismus gibt noch eine solche braucht. Es handelt sich um TINA: „There Is No Alternative!" Das betonte immer wieder die Eiserne Lady, Margaret Thatcher – peinlich genug für die Frauen, dass ausgerechnet eine Frau an der Macht die Politik der Erbarmungslosigkeit anführt.

Gleichzeitig wird mit TINA aber auch eine Art Sprech- und Denkverbot ausgesprochen, nach der Devise: Es lohnt sich gar nicht, den Neoliberalismus und die sogenannte Globalisierung zu analysieren und darüber zu diskutieren, weil sie wie eine Art höhere Gewalt ohnehin unvermeidlich sind. Ob man nun akzeptiert, was geschieht, oder nicht, die Dinge gehen sowieso ihren angeblich unaufhaltsamen und dabei – bzw. dennoch – angeblich so schwer verständlich zu machenden Gang. Also: Friss oder stirb!

Es wird suggeriert, dass es beim Neoliberalismus und seiner Globalisierung, also einer ganz bestimmten, historisch entstandenen und definierbaren Wirtschaftspolitik, um nichts Geringeres als ein Naturgesetz gehe. Das entsprechende Handeln der Wirtschaftssubjekte, so sehr es auch von Eigennutz, Rücksichtslosigkeit, Gier und sozialer Kälte geprägt sein könne, oder gar solle, stehe daher im Einklang mit der „menschlichen Natur" und sei am Ende auch noch für alle von Vorteil.

Wieso aber ist die von Adam Smith, dem Begründer des ökonomischen Liberalismus, im 18. Jahrhundert sogenannte „unsichtbare Hand", die hinter dem Einzelnen den Wirtschaftsprozess angeblich zum allgemeinen Wohl steuere,[1] inzwischen zur sichtbaren Faust geworden? Warum beschert der heutige Wirtschaftsliberalismus lediglich einer winzigen Minderheit enorme – wenn am Ende auch vorübergehende – Vorteile, während er der Mehrheit und am Ende allen, ja der Erde selber so große Nachteile bringt, dass sogar ihr Überleben gefährdet ist, und das noch dazu auf Dauer?

Überall auf der Welt schweigen sich die meisten Medien, insbesondere das Fernsehen, über das Problem aus, indem sie z.B. darauf verweisen, es sei dem Publikum nicht verständlich darstellbar.[2] Das hat damit zu tun, dass die meisten Medien inzwischen in Konzernhand sind und der Neoliberalismus Konzernpolitik ist. In Österreich aber wird noch nicht einmal der Begriff „Neoliberalismus" einschlägig verwendet und auch die Globalisierung hat es schwer, als österreichisches Problem anerkannt zu werden.[3] Es herrscht ein eigentümlicher Provinzialismus vor, als wäre Österreich irgendwie von all dem ausgenommen, was sonst in der Welt los ist. Ja, wenn man Bundeskanzler Schüssel reden hörte, zweifelte man nachgerade daran,

---

1 Vgl. Binswanger 1998.
2 Mies/Werlhof 2003, 23 ff. und 36 ff.
3 Vgl. Salmutter 1998 und Dimmel/Schmee 2005.

dass es überhaupt irgendwelche Schwierigkeiten gibt. Motto: Wo kein Begriff, da kein Problem! Namenlos und unaussprechlich, undenkbar und damit nicht vorhanden? Felix Austria …

Nachdem der österreichische EU-Beitritt 1995 nicht zu übersehende Folgen hatte und hat, und zwar genau die, die überall auftreten, wo der Neoliberalismus praktiziert wird, wird da bisher dennoch kaum ein Zusammenhang gesehen. Dabei ist die EU neben und zum Teil noch vor den USA der Hauptmotor des Neoliberalismus und seiner Globalisierung.

Was das Neue am Neo-Liberalismus ist

Der Neoliberalismus als Wirtschaftspolitik begann in Chile 1973. Für seine Einführung wurde seitens der US-Regierung ein Putsch gegen einen demokratisch gewählten sozialistischen Präsidenten organisiert und eine wahrlich blutige Militärdiktatur eingerichtet. Nur so konnte das neoliberale Modell der sogenannten Chicago Boys unter Milton Friedman, Schüler des österreichischen Landsmannes Friedrich von Hayek, in der Praxis durchgesetzt werden.
Dieses Modell orientiert sich am Wirtschaftsliberalismus und der Freihandelsidee des 18. und 19. Jahrhunderts, von denen schon Johann Wolfgang von Goethe sagte (im Faust 2): „Freihandel, Piraterie und Krieg – dreieinig, nicht zu trennen!"

Im Mittelpunkt des alten und neuen Wirtschaftsliberalismus stehen:
☐ „Eigennutz und Individualismus;
☐ Ausgrenzung von ethischen Prinzipien aus dem Wirtschaftsgeschehen bzw. ‚Entbettung' der Wirtschaft aus der Gesellschaft;
☐ Wirtschaftliche Rationalität als reines Kosten-Nutzen-Kalkül mit dem Ziel der Profitmaximierung;
☐ Konkurrenz als wichtigste Triebkraft für Wachstum und Fortschritt;
☐ Spezialisierung und Ersetzung des Prinzips der Selbstversorgung durch profitablen Außenhandel (komparative Kostenvorteile);
☐ Keine Kontrolle des Marktes durch die öffentliche Hand (Staat)".[4]

Neu an diesem Modell ist heute, dass all dies nun für sämtliche Beteiligte und Bereiche der Wirtschaft, ja für die ganze Gesellschaft, und zwar in aller Welt, gelten soll, wobei diese Art des Wirtschaftens auf das gesamte Leben und die gesamte Natur ausgedehnt wird. Das heißt:
☐ dass die einstmals entbettete Wirtschaft auf diese Weise inzwischen selbst das Bett für alles andere zu sein beansprucht und damit auch die politische Macht;
☐ dass eine neue, umgekehrte „Wirtschafts-Ethik" und mit ihr ein Menschenbild definiert wurden, die das sogenannte „Gutmenschentum", wie den Altruismus, das uneigennützige Helfen, das Versorgen anderer und das Verantwortung-Übernehmen, überhaupt verhöhnen.[5] Es wird sogar behauptet, dass das Gemeinwohl in allen seinen Aspekten realistischerweise nur vom ungebremsten Egoismus des Einzelnen sowie insbesondere vom Wohl der transnationalen Konzerne, die inzwischen das Wirtschaftsgeschehen bestimmen, abhänge. Entsprechend müsse „die Wirtschaft", worunter letztlich paradoxerweise nur die

---

4 Mies 2004, 34.
5 Vgl. Gruen 1997.

Konzerne verstanden werden, „frei" sein, und das heißt frei von jeder Verantwortung und
frei von jeder Leistung für die Gesellschaft;

☐ dass das rationale Kosten-Nutzen-Kalkül mit dem Ziel der Profitmaximierung inzwischen
nicht nur für den unternehmerischen Produktionsbereich und die damit zusammenhängen-
den Dienstleistungen und Handelsaktivitäten gelten soll, sondern auch für den bisher gerade vom Profitmotiv ausgenommenen und historisch deshalb geschaffenen öffentlichen
Sektor und den ebenfalls ausdrücklich vom Kosten-Nutzen- und Profit-Denken frei gedachten Reproduktionsbereich, insbesondere in Gestalt der privaten Haushalte;

☐ dass die Profitmaximierung in kürzester Zeit – also lediglich spekulations- und sharehol-
dervalueorientiert – und deswegen möglichst grenzenlos, globalisiert, also nicht mehr etwa am nationalen Eigenbedarf oder gar anderen, „außerökonomischen" Interessen orientiert erfolgen soll, denn die Konzerne verstehen sich heute nicht mehr als zugehörig zu einer bestimmten Nation oder Gesellschaft;[6]

☐ dass dafür ein „ebenes Spielfeld" – das sogenannte „level playing field" – geschaffen
wird, welches für die „globalen Spieler" – die „global players" – die von ihnen selbst definierten günstigsten Bedingungen ohne „Hemmnisse" legaler, sozialer, ökologischer, kultureller oder eben nationaler Art bietet;[7]

☐ dass die Konkurrenz damit auf einem Markt stattfindet, der frei von allen nicht marktkon-
formen bzw. außerökonomischen oder „protektionistischen" Einflussnahmen ist, mit Ausnahme jener, die den „großen Spielern" selbst, den Konzernen, dienen, sodass deren ma-
ximalem „Wachstum" und „Forschtritt" – und somit angeblich auch dem der kleineren
Unternehmen und insbesondere dem der Arbeitsplätze – nichts mehr im Wege steht.

Der Unterschied zum alten Wirtschaftsliberalismus ist einmal ein quantitativer: Nach einer
Phase der teilweisen Unterbrechung durch „Systemkonkurrenz", Krise des Kapitalismus und
Nachkriegs-„Keynesianismus" (nach John Maynard Keynes) mit seiner Orientierung am So-
zial- und Wohlfahrtsstaat, an der internen Massenkonsum-Nachfrage (sogenannter „Fordis-
mus") und am Ziel der Vollbeschäftigung im Norden werden nun erneut die wirtschaftslibera-
len Prinzipien der Vergangenheit durchgesetzt und darüber hinaus verallgemeinert und „globalisiert". Denn die Systemkonkurrenz ist weggefallen. Warum? Der Streit geht darüber, ob
nun „der Kapitalismus" in Gestalt des „Goldenen Westens" über „den – finsteren? – Sozialismus" gesiegt habe oder ob – ganz anders – das beide enthaltende „moderne Weltsystem"[8]
heute insgesamt in einer Krise sei, die in eine totale, alle Rücksichtnahme ausschließende
Konkurrenz um die globalen Ressourcen und „Investitions"-, d.h. Kapitalverwertungs-Mög-
lichkeiten in aller Welt führe.

Die laufende Globalisierung des Neoliberalismus zeigt, wer Recht hat. Denn dieser Prozess
hat auch qualitative Folgen, die zu völlig neuen Phänomenen führen: Anstatt einer mit der
angeblichen „Freiheit des Marktes" gegebenen demokratischen „vollständigen Konkurrenz"
vieler kleiner Anbieter setz(t)en sich nun die bereits vorhandenen großen Unternehmen durch

---

6 Vgl. Sassen 2000.
7 Mies/Werlhof 2003, 24.
8 Vgl. Wallerstein 1979 und 2004.

und es entstehen neue Oligopole und Monopole von bisher unbekannter Größe. Der Markt ist
damit nur noch frei für die Großen, heute die transnationalen Konzerne, und für alle anderen
„unfrei". Diese werden zu abhängigen Zwangsproduzent(inn)en, -arbeiter(inne)n und -konsu-
ment(inn)en bzw. fallen ganz aus dem Markt heraus, indem sie dort nicht mehr anbieten noch
nachfragen können. Das soll inzwischen schon für über 50% der Weltbevölkerung gelten,
Tendenz wachsend.[9]

Das Kartell-Recht greift nicht mehr, weil als die Norm nun die Transnationalen gelten. Die
Konzerne – nicht „der Markt" als anonymer Mechanismus – bestimmen nach und nach sämtliche Spielregeln, z.B. die Preise und die Gesetzgebung, und geraten außer politischer Kontrolle. Das Spekulantentum mit durchschnittlich über 20% Profitrate[10] setzt sich gegen seriöse
Produzenten durch, die im Vergleich „unrentabel" werden. Das Geld wird „zu schade", um es
in vergleichbar wenig lohnende, langfristige oder gar „nur" dem Leben dienende Projekte zu
stecken. Es wandert nach „oben" ab. Das „Finanzkapital" bestimmt immer mehr, was „die
Märkte" sind und tun,[11] ja es hat sich bzw. wurde – nämlich durch Nixons Abkoppelung des
Dollar vom Goldstandard im Jahr 1973 – inzwischen vom Produktivkapital weitgehend
„emanzipiert" und bildet nun eine Finanz-Blase, die das durch Produktion gedeckte Geld-
Volumen um ein Zigfaches übersteigt.[12] Außerdem sind inzwischen die meisten von uns wie
auch alle Regierungen logischerweise bei ihm verschuldet, weil das Geld dort ist und nicht
bei uns.[13]

Was „neoliberale" Entwicklungen bewirken

Die neoliberalen Entwicklungen werden massiv durch die sogenannte „Reformpolitik" vorangetrieben.[14] Sie bringen folgende Wirkungen mit sich:

☐ Kleinere, mittlere und selbst größere Unternehmen gehen wegen ihrer im Vergleich zu
   Spuk-ulationsgewinnen „unterdurchschnittlichen" Ergebnisse – man denke an ein generel-
   les Wirtschaftswachstum von 1 bis 2% – pleite, werden wegkonkurriert oder geschluckt.
☐ Der öffentliche Sektor als historisch absichtlich installierter Bereich einer nicht profitori-
   entierten Wirtschaft und Verwaltung wird in „lohnende" Bereiche aufgeteilt und umge-
   staltet, die Gustostückerl werden von Konzernen übernommen – „privatisiert" – und der
   Gesamtbereich des „Öffentlichen" und des Sozialstaats wird „schlank" gemacht, also um
   seine nicht Gewinn versprechenden Anteile, um die es ja ursprünglich gerade ging, reduziert. Dadurch gehen immer mehr öffentliche Sozialleistungen für die sogenannte Daseinsvorsorge und ein wachsender Teil der bisherigen „Normalarbeitsverhältnisse" im öffentlichen, aber auch im bisherigen privaten Sektor der Klein- und Mittelbetriebe verloren, die immerhin bisher rund 80% der Arbeitsplätze stellten. Der angebliche Zusammen-

---

9 Vgl. George 2001.
10 Vgl. Altvater 2005.
11 Vgl. Altvater/Mahnkopf 1996.
12 Vgl. Lietaer 1997 und Kennedy 1991.
13 Vgl. Creutz 1996.
14 Vgl. Shiva 1995.

hang von Wachstum und Arbeitsplätzen ist nicht vorhanden. Ja, wo das Wachstum lediglich in der Fusion von Unternehmen besteht, gehen sie sogar immer mehr verloren.[15]

☐ Die meisten neuen Arbeitsverhältnisse, wo es sie überhaupt gibt, sind „prekär", also nur auf Teilzeit vorhanden bzw. niedrig entlohnt, was bedeutet, dass man von ihnen allein nicht mehr leben kann.[16] Damit werden die Arbeitsbedingungen im Norden denen im Süden und die der Männer denen der Frauen tendenziell angeglichen, anstatt umgekehrt, wie man und frau bisher annahmen. Denn nun drohen die Konzerne damit, andernfalls noch mehr in den Süden – bzw. in den Osten – abzuwandern oder/und vor allem auf weibliche Billig-Lohnarbeit ohne gewerkschaftlichen „Anhang" auszuweichen, wie es seit den 1970er Jahren bereits in den „freien Produktionszonen" (FPZ, Weltmarktfabriken oder *maquiladoras*) geschieht, wo seitdem etwa Computerchips, Turnschuhe, Kleider und Elektronik herkommen.[17] Dort sorgen kolonial-kapitalistische und generell autoritär-patriarchale Verhältnisse seit Jahrhunderten dafür, dass Massen von solchen Arbeitskräften zur Verfügung stehen.[18] Die „Auslagerung" nicht nur von Industrien in ebendiese FPZ, sondern nun auch von Dienstleistungen ist vor allem ein Ergebnis der sogenannten „dritten industriellen Revolution" in Gestalt der neuen Informations- und Kommunikationstechnologien. Viele Arbeitsplätze verschwinden dabei überhaupt, weil die Computerisierung dafür gesorgt hat, dass nun auch im Verwaltungs- und Bürobereich die Automation bzw. Maschinisierung Einzug gehalten hat.[19] Die von Fortschrittsbegeisterten nicht vorgesehene Kombination von *high tech* und *low* oder gar *no wage* sorgt dafür, dass die für den Außenhandel so zentralen „komparativen Kostenvorteile" heute vor allem im Bereich der Arbeitskosten bestehen, so lange, bis im Prinzip auch in Österreich „chinesische Löhne" Einzug halten. Dabei zählt letztlich auch das Argument nicht, dass „die Wirtschaft" die Massennachfrage braucht. Denn einer Konzern-Wirtschaft ist es gleich, ob Österreicher kaufen oder z.B. chinesische und indische Konsumenten. Außerdem steht die heute wieder aktuelle Option offen, das Geschäft von der Konsumgüter- in die Rüstungsindustrie zu verlagern.[20]

☐ Der Produktionsmittelbesitz wird in immer weniger Händen konzentriert, zumal das Finanzkapital, weil es selbst prekär ist, immer aggressiver alle Sachwerte okkupiert. Es entstehen dabei auch neue Formen des Privateigentums, z.B. durch den bereits erwähnten „Ausverkauf" öffentlichen Eigentums und durch die Transformation ehemals öffentlicher, aber auch privater Dienstleistungen bzw. Produktionen in solche, die durch Konzerne angeboten werden können, gerade auch in Bereichen, die vom Profitmotiv bisher zum Teil bewusst ausgenommen waren – z.B. Bildung, Gesundheit, Wasserver- und -entsorgung oder Energie. Auch neue Formen der sogenannten „Einfriedung" (*enclosure*, Enklaven) ehemals öffentlicher, privater, noch in Gemeinbesitz befindlicher (Allmende, *commons*) oder noch gar nicht ökonomisch genutzter Gebiete, wie z.B. der Meere, der Regenwälder

---

15 Mies/Werlhof 2003, 7 ff.
16 Vgl. Ehrenreich 2001.
17 Vgl. Fröbel u.a. 1977.
18 Vgl. Bennholdt-Thomsen u.a. 1992.
19 Vgl. Fröbel u.a. 1977.
20 Vgl. Chossudovsky 2002.

und von Gegenden, die Bodenschätze oder genetische Vielfalt aufweisen bzw. von geopolitischem Interesse sind, wie Gebiete, durch die Pipelines gehen (sollen), sind dazuzurechnen.[21] Aber auch technologisch neu geschaffene virtuelle Räume, wie Informationsnetzwerke, und der Zugang zu anderen Medien werden in neues Privateigentum verwandelt.[22] Das heißt, dass auch dieses neue Privateigentum im Wesentlichen durch mehr oder weniger räuberische Formen der Aneignung zustande kommt, also eine Neuauflage und Fortsetzung des historischen Prozesses der sogenannten „ursprünglichen Akkumulation" darstellt,[23] die jetzt weltweit eine bedeutende Konjunktur hat: Wachstum durch Enteignung!

☐ Dadurch, dass die meisten Menschen aber immer weniger Zugang zu Produktionsmitteln haben, nimmt die Abhängigkeit von immer spärlicher vorhandener bzw. entlohnter Arbeit auch noch zu. Da mit dem Sozialstaat die „Daseinsvorsorge" als öffentlich garantierte immer mehr zugrunde geht und auf die Dauer nur mehr privat, d.h. teuer, in oft schlechter(er) Qualität bzw. nicht mehr flächendeckend angeboten wird – denn es hat sich inzwischen als Mythos herausgestellt, dass Private immer Besseres leisten als Öffentliche –, kommt es zur Unterversorgung, wie wir sie sonst nur vom kolonialen Süden kennen. Statt dass also der Süden in Richtung Norden „entwickelt" würde, wie immer behauptet wird, findet umgekehrt eine Unterentwicklung des Nordens statt, der dem Süden des „Weltsystems" immer ähnlicher wird. Und diese Unterentwicklung ist – wie im Süden auch – das Ergebnis von Entwicklung,[24] von der neuesten zumal! Denn, wo keine Unterentwicklung, da keine Entwicklung.[25] Das dürfte nun langsam auch den „Entwicklungshelfern" auffallen.

☐ Frauen werden zunehmend dazu angehalten, die drohende Unterversorgung durch zunehmende Versorgungsarbeit im Haus wettzumachen. Die Arbeitsbelastung und Unterbezahlung der Frauen nehmen dabei unerträgliche Ausmaße an, zumal sie generell gerade auch außerhalb des Hauses nur mehr miserabel bezahlte, nämlich „hausfrauisierte" Arbeit[26] vorfinden, auf die sie dennoch angewiesen sind. Gleichzeitig macht die Kommerzialisierung auch vor der Haustür nicht halt. Selbst die Hausarbeit wird zum Teil vergesellschaftet und zum „Arbeitsplatz" umfunktioniert – neue Dienstmädchenfrage –, ohne deswegen aber ihren Charakter als prinzipiell nicht oder kaum entlohnte Arbeit endlich zu verlieren.[27] Außerdem werden Frauen immer mehr in die Prostitution gezwungen,[28] die inzwischen eines der größten Geschäfte weltweit ist. Das zeigt nicht nur, wie wenig die „Emanzipation" dazu führt, dass Frauen Männern „gleichgestellt" werden, sondern auch, dass „kapitalistische Entwicklung" keineswegs in einer Zunahme „freier" Lohnarbeitsverhältnisse bestehen muss, wie bisher von links meist behauptet.[29] Wäre dies der Fall, dann

---

21 Vgl. Isla 2003 und 2007.
22 Vgl. Hepburn 2005.
23 Vgl. Werlhof 1991 und 2003a.
24 Vgl. Frank 1969.
25 Vgl. Mies 2004.
26 Bennholdt-Thomsen u.a. 1992.
27 Vgl. Werlhof 2004a.
28 Vgl. Isla 2003 und 2007.
29 Vgl. Wallerstein 1979.

würde Neoliberalismus bedeuten, dass der Kapitalismus gerade – und auch noch freiwillig – in dem Moment verschwindet, wo er seine größte Ausdehnung erreicht. Im „Weltsystem" gibt es inzwischen mit Hunderten von Millionen Quasi-Sklaven mehr davon als jemals in der Geschichte[30] und das autoritäre Modell der „freien Produktionszonen" erobert den Osten und zunehmend auch den Norden. Die Schere zwischen Arm und Reich hat noch nie so weit auseinandergeklafft wie heute, weil durch all diese Phänomene eine verstärkte und beschleunigte rigorose Umverteilung von unten nach oben stattfindet. Die Mittelschichten steigen ab.

□ Es zeigt sich, dass der Neoliberalismus nicht das Ende des Kolonialismus, sondern ganz im Gegenteil auch die Kolonisierung des Nordens bedeutet. Diese „neue Kolonisierung der Welt"[31] verweist zurück auf die Anfänge des „modernen Weltsystems" im „langen 16. Jahrhundert",[32] als die Eroberung Amerikas, seine Ausplünderung und seine koloniale Umgestaltung den Aufstieg und die „Entwicklung" Europas erst ermöglichten. Man sieht, die sogenannten „Kinderkrankheiten" der Moderne sind im Gegensatz zur üblichen Sichtweise auch die Krankheiten ihres fortgeschrittenen Alters, ja werden zum allgemeinen Prinzip ihrer neuesten Entwicklung, indem sie auch noch ausgedehnt anstatt eingeschränkt werden. Denn, wo kein Süden, da kein Norden, wo keine Peripherie, da kein Zentrum, wo keine Kolonie, da keine – zumindest keine „westliche" – Zivilisation.[33] Da nun aber Österreich Teil dieses Weltsystems ist, wird es nun immer mehr selbst zu einer Kolonie der Konzerne (zunächst vor allem der deutschen), was nicht ausschließt, dass es – vorläufig – selbst kolonisierend unterwegs ist, z.B. im Osten.[34]

□ Soziale, kulturelle, traditionelle und ökologische Rücksichtnahme wird entsprechend abgeschafft und macht einer neuen Plünderungsmentalität Platz. Alle weltweit noch vorhandenen Naturressourcen – Bodenschätze, Wälder, Wasser, Gen-Pools – geraten ins Visier der „Verwertung". Eine rapide ökologische Zerstörung durch Raubbau macht sich breit. Wer mehr Gewinn dadurch macht, dass er Bäume fällt anstatt pflanzt, lässt sich heute nicht daran hindern, sie zu fällen.[35] Die Öffentlichkeit bzw. der Staat schreitet auch nicht ein, selbst wenn der Klimawandel bereits eingetreten und absehbar ist, dass eine weitere Abholzung der letzten Regenwälder das Erdklima unwiederbringlich zerstören wird, von anderen Effekten einmal abgesehen.[36] Trotz der neuerdings zu hörenden Lippenbekenntnisse in Richtung Klimaschutz werden Klima-, Tier-, Pflanzen-, Menschen- und allgemein Naturschutzrechte bisher nicht gegen Konzerninteressen eingeklagt, geschweige denn durchgesetzt, obwohl der Regenwald keine erneuerbare Ressource ist und das gesamte Ökosystem der Erde von ihm abhängt. Die Kommandantin des Spaceshuttles, das 2005 die Erde umrundete, stellte beim Blick auf unseren Planeten fest: „Das Zentrum Afrikas brennt!" Es handelt sich um den Kongo, in dem sich der letzte große Regenwald des Kon-

---

30 Vgl. Bales 2001.
31 Mies 2004.
32 Vgl. Wallerstein 1979, Frank 2005 und Mies 1996.
33 Vgl. Werlhof 1996.
34 Vgl. Hofbauer 2003 und Salzburger 2006.
35 Vgl. Lietaer 1997.
36 Vgl. Raggam 2004.

tinents befindet und ohne den es keine Regenwolken über den Quellen des Nil mehr geben wird. Dafür wird man dann endlich an die schon so lange begehrten Bodenschätze des Kongo herankommen, um die seit Jahren schon immer wieder neue Kriege toben, an Koltan für Handys, das es nur dort zu geben scheint, an Erdöl, Diamanten und so weiter. Auch die Wälder Asiens brennen seit Jahren und das brasilianische Parlament hat Ende 2005 der Abholzung von 50% des noch stehenden Anteils Brasiliens am Amazonas zugestimmt. Währenddessen verdichten sich Gerüchte, dass Brasilien und Venezuela ihre Anteile am Amazonas überhaupt verkauft haben, aber nicht an die Amerikaner, sondern – „links", wie sie angeblich sind – an die Chinesen, die inzwischen unter chronischem Holzmangel leiden und ihr riesiges Wirtschaftswachstum sowie ihre Rolle als werdende ökonomische Weltmacht nicht ohne Ressourcen aus aller Welt aufbauen können. Beim heutigen Rennen um die letzten Ressourcen der Erde fragt sich, was eigentlich die Welthandelsorganisation, WTO, gedacht hat, als sie China 2001 als neues Mitglied aufnahm: Sie dachte vermutlich an den chinesischen Riesenmarkt, aber nicht an die chinesische Riesenkonkurrenz. Immerhin lebt in China ein Viertel der Menschheit und es ist längst ausgerechnet, dass die weitere Ausdehnung der westlichen Lebensweise umso eher zum ökologischen Kollaps führen wird, je umfassender und schneller sie geschieht.[37]

☐ Tendenziell wird nun alles, was auf der Erde existiert, in „Waren" verwandelt. Alles wird zum Objekt des „Handels" und der Kommerzialisierung, also eigentlich zum Objekt der „Liquidierung", der Verwandlung in liquide Geldmittel, gemacht. Mit dem Kapitalismus in seiner neoliberalen Phase wird nun also auch global nicht nur die kostengünstigere, mehr oder weniger „lohnlose" anstelle der regulär entlohnten Warenproduktion bevorzugt, sondern es wird als offensichtliches Hauptziel verfolgt, alle(s) in Waren zu verwandeln[38], einschließlich des Lebens selbst. So geht es nun in rasantem Tempo der gewaltsamen Vollendung, der lückenlosen Vervollständigung dieser „Produktionsweise" entgegen, der allgemeinen Kapitalisierung bzw. „Ver-Geldung"[39] von allem, was da kreucht und fleucht. Deshalb entstehen nicht nur das Lob des Marktes, sondern geradezu ein „Marktfundamentalismus". An den Markt wird förmlich wie an einen Gott geglaubt, weil ohne ihn das alles gar nicht geht. Wenn der einzige Zweck des Wirtschaftens die totale, globale und maximale Akkumulation von Geld/Kapital als abstraktem Reichtum ist, muss überall und für alles ein „freier", d.h. im Sinne der Konzerne und mit kapitalistischem Geld funktionierender Welt-Markt da sein. In der globalen Eile, mit der diese Bedingung für die Realisierung der neuen Profitmöglichkeiten geschaffen wird, wo es sie bisher nicht gegeben hat – z.B. im Irak, in Osteuropa oder in China –, wird aber grundsätzlich eines übersehen. Die abstrakte Form des Reichtums, die geschaffen wurde, um angehäuft werden zu können, setzt die Zerstörung der Natur als eines konkreten Reichtums voraus. Was bleibt, ist – wie es Johan Galtung einmal formulierte – „ein Loch im Boden" und daneben eine Müllhalde nicht mehr verwendbarer Waren, ausrangierter Maschinen und nicht mehr gültiger Geldscheine. Denn der abstrakte Reichtum kann, wenn kein ausreichend konkreter mehr da ist

---

37 Vgl. Sarkar 2003.
38 Vgl. Wallerstein 1979.
39 Genth 2006.

– heute vor allem in Gestalt der letzten Bodenschätze –, ganz plötzlich wieder verschwinden. Er „verdunstet", sagte Marx.[40] Das bedeutet, dass er eigentlich gar kein Reichtum ist.
So fragt sich überhaupt, wo denn der ganze Reichtum geblieben ist, den das moderne
Wirtschaften angeblich geschaffen hat. Er ist letztlich vor allem in Form von Geld – noch
dazu virtuellem bzw. Buchgeld – vorhanden, als eine jeglicher Vielfalt entbehrende Mo-
no-„Kultur", die nur mehr einige wenige kontrollieren, während immer mehr Menschen
buchstäblich nicht mehr wissen, wovon sie eigentlich leben sollen. Keine „Ressourcen",
keine Produktionsmittel und kein Geld, das geht sich nicht aus. Das ist der Nihilismus dieser Wirtschaftsweise. Die ganze Welt wird in Geld verwandelt und ist dann sozusagen
weg. Man kann Geld ja nicht essen. Was also nicht berücksichtigt wird, ist die Unmöglichkeit, die Ware-Geld-Kapital-Maschinerie in Natur bzw. konkreten Reichtum zurück-
zuverwandeln. Man geht praktisch davon aus, dass die „Ressourcen", die „Springquellen
des Reichtums"[41], erneuerbar bzw. ebenso unendlich sind, wie das daraus geschöpfte
„Wachstum" sein soll.[42] Das ist natürlich ein Irrtum, und er beginnt heute aufzufallen,
nachdem z.B. gerade der *peak* bei der Ölförderung überschritten wurde, also die 50%-
Marke in der Ausbeutung der Gesamtvorhaben. Aber gerade die Aussicht auf ein Ende
mancher Ressourcen scheint das Rennen weiter anzuheizen. Die Natur wird immer knap-
per, weil sie immer mehr, immer schneller und mit technisch immer „perfekteren" Mitteln
in die Ver-Wertung gerät. Dadurch werden vorübergehend zwar neue Investitions- und
Gewinnmöglichkeiten, also neue Wachstumspotentiale geschaffen, die sogar den Zugang
zu den noch in der Zukunft liegenden Akkumulationsmöglichkeiten jetzt schon herstellen.
Aber auf die Dauer ist diese Politik schon aus materiellen Gründen nicht möglich. Sie
führt notwendig in den ökologischen, ökonomischen, monetären, sozialen, politischen und
gesellschaftlichen Kollaps[43], der in weiten Teilen der Welt längst läuft – West End. Oder
was sonst bedeutet es, wenn auf der höchsten Zivilisationsstufe, die angeblich je erreicht
wurde, jede Sekunde ein Mensch auf der Welt verhungert?[44] Diese Politik entbehrt daher,
höflich gesprochen, aller Seriosität. Sie ist stattdessen in jeder Hinsicht ein Verbrechen.
Aber die banale Rationalität, mit der sie, angeblich „vernünftig", daherkommt und die
Hannah Arendt „die Banalität des Bösen" genannt hat, macht sie für viele immer noch unsichtbar. Sie erkennen ihren Charakter nicht. Es ist dies – wiederum – zu interpretieren als
Ausdruck einer enormen geistigen und seelischen Krise, welche die von den meisten noch
gar nicht wahrgenommene materielle Krise begleitet – nämlich die der Annihilation der
Materie durch ihre Transformation, die wir irgendwie irreführend als „Materialismus" bezeichnen (ich dagegen als „Patriarchat"[45]). Die Fülle der *Mater*-ie von „Mutter Erde" ist
nämlich dabei, einer unfruchtbaren, gemachten Öde zu weichen, welche die meisten nicht
sehen können, solange ihnen der „Fortschritt" mit seinem angeblich „besseren" Ersatz den
Blick verstellt. Die letzte Stufe des Patriarchats, der Kapitalismus, ist sinn-los und am

---

40 MEW 13, 111.
41 MEW 23, 530.
42 Vgl. Werlhof 2003b.
43 Vgl. Diamond 2005.
44 Vgl. Ziegler 2004.
45 Werlhof 2003b.

Ende auch das Sein los: *Kaputt-alismus*. Wie konnten wir es nur zulassen, wird man sich bald überall fragen, dass die gesamte Wirtschaft und nicht nur sie, sondern auch die Politik, die Wissenschaft, die Kunst und die gesamte Gesellschaft lediglich auf ein einziges Motiv reduziert wurden: den Monismus des Geld-Machens?

☐ Dass Kapitalismus und Demokratie angesichts des herrschenden „monetären Totalitarismus"[46] typischerweise zueinander gehören, entpuppt sich im Neoliberalismus als Mythos schlechthin. Der Primat der Politik vor der Wirtschaft ist verloren gegangen. Die Politiker(innen) aller Parteien an der Macht haben ihn selbst abgeschafft. Konzerne diktieren die Politik. Demokratische Regeln gelten nicht mehr, wenn es um Konzerninteressen geht. Eine öffentliche Kontrolle findet nicht mehr statt. Öffentliche Räume verschwinden. Die *res publica* wird durch eine *res privata* bzw. *res privata transnationale* abgelöst, wobei *privare* mit „rauben" zu übersetzen ist. Recht haben nur noch die neuen Machthaber. Sie stellen sich alle Lizenzen aus, die sie brauchen, die „Lizenz zum Plündern" ebenso wie die „Lizenz zum Töten".[47] Wer sie behindert oder ihnen dieses „Recht" abspricht, wird ins Unrecht gesetzt, kriminalisiert, – bereits oder erst demnächst – als „Terrorist" definiert oder – wie im Falle unbotmäßiger Regierungen – als sogenannter „Schurkenstaat" mit Krieg bedroht, wenn nicht gleich überzogen – wie Jugoslawien, Afghanistan, der Irak und demnächst außer dem Libanon vielleicht Syrien und der Iran. US-Präsident Bush hat jüngst sogar mit dem „präemptiven", also dem vorbeugenden Erstschlag mit Atomwaffen gedroht, falls sich die USA durch Massenvernichtungswaffen bedroht fühlen sollten.[48] Die EU hat dem bisher nicht widersprochen.[49] Neoliberalismus und Krieg sind die zwei Seiten derselben Medaille.[50] Freihandel, Piraterie und Krieg sind – auch und erst recht heute – „dreieinig, nicht zu trennen". Ja, der Krieg ist nicht nur „gut für die Wirtschaft"[51], sondern geradezu zu ihrer Voraussetzung und gewissermaßen zur „Fortsetzung der Wirtschaft mit anderen Mitteln" geworden. Wirtschaft und Krieg sind kaum mehr voneinander unterscheidbar.[52] Kriege um Ressourcen[53], insbesondere Öl und in naher Zukunft vor allem Süßwasser, haben – z.B. mit den Golfkriegen – schon angefangen. Der Militarismus tritt wieder einmal „als Vollstrecker der Kapitalakkumulation" auf[54], nun allerdings potentiell überall und immer.

☐ Menschen- und Souveränitätsrechte sind von Menschen, Völkern und Regierungen auf Konzerne übergegangen.[55] Das Volk als Souverän ist praktisch abgesetzt. Es hat eine Art „Putsch" stattgefunden. Das politische System des Westens und der bisherige National-staat als Garant und Ausdruck der internationalen Arbeitsteilung im modernen Weltsys-

---

46 Genth 2006
47 Mies/Werlhof 2003 und Mies 2004.
48 Vgl. Chossudovsky 2005.
49 Vgl. Chossudovsky 2006.
50 Vgl. Altvater u.a. 2003 und Mies 2004.
51 Hendersen 1996.
52 Vgl. Werlhof 2004b.
53 Vgl. Klare 2001.
54 Luxemburg 1970.
55 Vgl. Clarke 1998.

tem lösen sich immer mehr auf[56] und entwickeln sich gemäß ihrer neuen untergeordneten Rolle zu „peripheren Staaten" in einer tendenziell despotischen „neuen Welt-Ordnung".[57] Die Demokratie gilt zunehmend als überholt. Angeblich „schadet sie der Geschäftsfähigkeit" (das gilt auch für Österreich[58]). In dieser neuen Ordnung gibt es auch eine neue Arbeitsteilung, die aber im Prinzip nicht mehr grundsätzlich zwischen Nord und Süd, Ost und West unterscheidet – das heißt, alles gilt als Süden. Außerdem wird ein entsprechendes neues „internationales Recht" geschaffen, das *top down*, von oben nach unten, gilt und alle noch vorhandenen nationalen, regionalen, lokalen und kommunalen Rechte verdrängt, ja sogar vor- und rückwirkend zu Fall bringt (vgl. die *Roll-back-* und *Stand-still*-Klauseln in den WTO-Abkommen[59]).

Die Logik des Neoliberalismus als einer Art totalem Neo-Merkantilismus heißt also: Alle Ressourcen, alle Märkte, alles Geld, alle Profite, alle Produktionsmittel, alle „Investitions"-Möglichkeiten, alle Rechte und alle Macht auf der Welt den Konzernen! „Die Konzerne kriegen alles!"[60], und zwar sofort. Sie können damit sogar machen, was sie wollen. Niemand hat ihnen dreinzureden. Und sie dürfen den ganzen Globus buchstäblich aufs Spiel setzen, denn man muss ihnen gestatten, einen Weg aus ihrer Krise zu finden. Eine Verantwortung tragen sie nicht. Der bisherige Gesellschaftsvertrag ist aufgekündigt.[61] Die Konsequenzen zu thematisieren ist verboten. Widerstand gilt – schon oder erst demnächst – als „Terror" und wird verfolgt.[62]

Schlussbemerkungen

Wie kann diese Politik den Menschen so erklärt werden, dass sie ihr zustimmen? Gar nicht, natürlich. Daher wird das ja auch nicht getan. Im Neoliberalismus findet die Ideologie ihr Ende. Denn der Neoliberalismus ist ein bewusster Betrug an den Interessen von 99% der Menschen auf diesem Globus, er legalisiert direkt Raub und Plünderung überall, und er ist der Intention ebenso wie der Wirkung nach ein wahres Massenvernichtungsmittel auch ohne direkte Kriegshandlungen. Wie viele Menschenleben wurden dem Neoliberalismus schon geopfert? Es wird geschätzt, dass sie bereits in die Hunderte von Millionen gehen.[63]
Generell sind die WTO und ihre Abkommen auf Völkerrechtsebene angesiedelt, was paradox ist, wo sie doch die Plünderung der von ihnen entrechteten Völker betreiben. Ein Verstoß gegen sie gilt aber als Verletzung der internationalen Rechtsordnung, die allemal über nationales und lokales Recht gestellt ist. Die WTO-Abkommen können demnach als Ermächtigungs-

---

56 Vgl. Sassen 2000.
57 Vgl. Hardt/Negri 2001 und Chomsky 2003.
58 Vgl. Werlhof 2005.
59 Vgl. Mies/Werlhof 2003.
60 Frei nach Richard Sennett, dem Autor von *Die Kultur des Neuen Kapitalismus* (2005) und *Der Flexible Mensch* (1998).
61 Vgl. Werlhof 2003a.
62 Vgl. Chossudovsky 2005.
63 Vgl. Ziegler 2004; die ganze Nummer 47 (zweites Halbjahr 2004) des Magazins *Widerspruch* war dem Thema „Agrobusiness – Hunger und Recht auf Nahrung" gewidmet.

gesetze für eine politische Globalverfassung zugunsten von Oligarchen verstanden werden und als erster Versuch, eine Art neototalitäre Weltregierung zu installieren. Ich nenne die WTO inzwischen WKO, Weltkriegsordnung, oder auch W k.o.; wie ein Tsunami fegt sie über die Welt, um dabei alles Verwertbare aus ihr herauszusaugen.

Antworten von unten

Die Diskussion um Neoliberalismus, Globalisierung und Alternativen dazu begann in Mexiko am 1.1.1994 mit dem Aufstand von gut vorbereiteten Indios aus dem südmexikanischen Urwald.[64] Mitglieder der sogenannten Zapatistischen Nationalen Befreiungsarmee – benannt nach Emiliano Zapata, dem mexikanischen Bauern und erfolgreichen Anführer der mexikanischen Revolution von 1910 – „besetzten" gewaltlos einige zentrale Plätze in den Zentren der Provinz Chiapas. Unter ihnen waren Männer, Frauen und Kinder. Sie erklärten ihren Kampf gegen die Integration Mexikos in die neoliberale NAFTA, die nordamerikanische Freihandelszone, in die auch die USA und Kanada am gleichen Tag eintraten. Einer ihrer Redner, der inzwischen weltberühmte Subcommandante Marcos, erklärte, warum. Der Neoliberalismus sei ein „Weltkrieg der Finanzzentren gegen die Menschheit" und der Ausdruck der weltweiten Krise – nicht des Welterfolgs – des Kapitalismus.
Die Indios hatten beschlossen, dabei nicht widerstandslos mitzumachen. Ihre Alternative war ihnen klar. Sie haben sofort angefangen, sie zu praktizieren – trotz aller Widerstände von Seiten der Regierung und des Militärs.[65] Sie besteht in ihrer indigenen Version des „guten Regierens", wie sie es nennen, und zwar durch Basisdemokratie, Egalität und eine nicht ausbeuterische, auf Selbstversorgung beruhende Ökonomie auf der Grundlage einer lokalen „Autonomie" sowie der Anerkennung der „Würde" eines jeden.[66] Dabei stützen sie sich auf ihre langen historischen Erfahrungen aus der Zeit vor der Kolonisierung, das sogenannte „tiefe Mexiko", ein kulturelles und spirituelles Erbe, das sie über die Jahrhunderte bewahrt haben.

Indessen hat im Norden die zivilgesellschaftliche Bewegung gegen die neoliberale Globalisierung erst 1997/98 mit dem Kampf gegen die Ratifizierung des MAI (Multilateral Agreement on Investment), des Investitions-Abkommens der WTO bzw. OECD, begonnen. Ihr erster Erfolg war das Scheitern des MAI durch die schließliche Weigerung Frankreichs, ihm zuzustimmen. Die Bewegung breitete sich schnell über die ganze Welt aus und brachte bis zu 15 Millionen Menschen auf die Beine, als es hieß, auch gegen Kriege, erst in Jugoslawien, dann in Afghanistan und im Irak, zu mobilisieren. 2002 und 2003 überwog die „Stoppt-GATS!"-Kampagne von internationalen Gruppen – wie Attac –, die überall Zulauf erhielten. Gleichzeitig entwickelte sich die Bewegung der „Sozialforen", auf denen sich jährlich Gruppen, Alternativbewegungen und Kritiker(innen) der neoliberalen Globalisierung treffen, national, regional, kontinental oder global. Dabei kamen und kommen bis zu über 100.000 und mehr Menschen aus aller Welt zusammen. Ihr Motto: „Eine andere Welt ist möglich!" Wei-

---

64 Vgl. Topitas 1994.
65 Vgl. Rodriguez 2005.
66 Vgl. Werlhof 1996.

ters versammelte sich die Bewegung regelmäßig protestierend bei den Gipfeltreffen der WTO, des WEF (World Economic Forum) in Davos, der G8 oder der Weltbank und brachte zwei WTO-Konferenzen, in Seattle und Cancún, zum völligen Scheitern, wodurch die WTO erheblich geschwächt wurde.[67]

Dennoch ist Euphorie fehl am Platze. Denn eine Alternative zum Neoliberalismus entsteht nicht nur durch Proteste und Analysen. Sie muss praktiziert werden. Hier scheiden sich die Geister. Denn es werden auch „Alternativen" diskutiert, die mit Sicherheit keine sind, wie z.B. eine Reform der WTO, eine „Gestaltung" der Globalisierung durch NGOs, die Rückkehr zum Keynesianismus, zur „sozialen Marktwirtschaft" oder auch zum Sozialismus. Solche Vorschläge verkennen die Lage und verniedlichen das Problem.

Der Neoliberalismus stellt eine Apokalypse, eine „Enthüllung", dar. Deshalb kann er angesichts der von ihm selbst produzierten Realität auch gar nicht mehr gerechtfertigt werden. Das ist der Grund, warum die Betreiber dieser Politik, wenn sie zu offensichtlich wird, einfach lügen. Es gibt hier die Möglichkeit der Rechtfertigung am Ende nicht mehr. Das ist das einzig Gute am Neoliberalismus. Er präsentiert ungeschminkt und absolut radikal die Wahrheit über die vor allem westliche „Zivilisation".

Es braucht daher nichts Geringeres als eine andere Zivilisation – nicht bloß eine andere Ökonomie, Gesellschaft oder Kultur. Diese Zivilisation kann nur im größtmöglichen Gegensatz zum Neoliberalismus bestehen: Die Logik der Antworten und Alternativen kommt daher schließlich aus der Reversion der Logik des Neoliberalismus. Denn der Neoliberalismus hat inzwischen wirklich alles umgekehrt, was ein „gutes Leben" für alle Lebewesen auf der Erde ermöglichen würde.

Aber selbst wenn die Antworten von unten halbwegs zum Tragen kämen, wäre doch nicht zu übersehen, wie sehr die Erde schon beschädigt wurde. Sie ist an vielen Stellen nicht mehr das Paradies, das sie vor 500 Jahren noch war, vor 200, vor 100. Die Verwüstung ist erheblich vorangeschritten, das Süßwasser schwindet, vor allem auch durch das Abtauen von Gletschern und Polen, das Klima verändert sich mit Turbulenzen und Katastrophen, der Schutz der Atmosphäre gegen die Weltraumstrahlung ist vielerorts nicht mehr wirksam (Ozonschichtproblem), viele Arten der Fauna und Flora sind ausgestorben, die meisten Kulturen und ihr Wissen sind zerstört, die meisten Bodenschätze verbraucht. Und all das geschah in einer so kurzen Zeit, dass sie in einer Erdgeschichte, die man sich in einem einzigen Tag zusammengedrängt vorstellt, nicht einmal die letzte Tausendstelsekunde ausmacht.

Selbst wenn es also gelingt, vor allem ein neues Verhältnis zur Natur und mit ihm eine neue Ökonomie und eine neue Technik zu schaffen, darüber hinaus ein neues Geschlechterverhältnis, das endlich von gegenseitigem Respekt getragen ist, ein neues Generationenverhältnis, das längerfristig ausgerichtet ist bis mindestens in die „siebte Generation", und ein neues politisches Verhältnis, das auf Egalität und der Anerkennung der Würde jedes Einzelnen beruht, dann stellt sich immer noch die Frage nach einer angemessenen „Spiritualität" gegenüber der Erde. Dabei können uns die existierenden Religionen allerdings nicht wirklich helfen, wie sie auch bisher nichts Grundsätzliches gegen die laufende Vernichtung getan haben.

---

67 Vgl. Shiva 2005.

Es geht um das Problem der zu versuchenden Wiedergutmachung wenigstens eines Teils der Schäden und der Gewalt, die der Erde zugefügt wurden. Niemand weiß, in welchem Umfang und ob dies überhaupt möglich sein wird. Aber es ist sicher, dass dazu eine völlig neue *cultura*, eine „Pflege" des Verhältnisses zur Erde gebraucht wird, die auf emotionalen Qualitäten beruht, die in uns immer nur bekämpft und vernichtet oder für die Warenproduktion preisgegeben wurden. Wir müssten also wieder fühlen, Schmerz ertragen, Ängste verlieren und lieben lernen in einem Ausmaß, das noch ganz und gar unvorstellbar ist.[68] Vielleicht gelänge uns dann dieser Neubeginn des Lebens auf und mit unserer Erde.[69] Eine andere haben wir jedenfalls nicht.

In der Zwischenzeit hat aber schon eine Menge begonnen, was in diese Richtung weist. In vielen Gegenden des Südens haben vor allem die indigenen Bevölkerungen ähnliche Bewegungen angefangen wie die Zapatisten in Mexiko.[70] Insbesondere die Indios in Lateinamerika sind zu Millionen zu ihren alten, eine Vielfalt konkreten Reichtums hervorbringenden Anbaumethoden und der Selbstversorgung zurück- bzw. vorgekehrt, haben ebenso viel lokale Mini-Märkte für den Tausch ihrer nicht selbst verbrauchten Produkte gegründet und sichern damit das Überleben und die ökologischen Bedingungen in ihrer Umgebung und weit darüber hinaus:[71] Die weltweite Bauernbewegung La Via Campesina setzt sich überall für die Rechte solcher Kleinbauern ein und hat inzwischen aber Millionen Mitglieder. Überall in der Welt ist die „Lokalisierung"[72] von Politik und Ökonomie im Aufwind. Es bilden sich neue Gemeinschaften, neue *commons* – Allmenden, also Formen von Gemeinschaftsbesitz – und Kooperativen. Lokale Räte organisieren und vernetzen sich regional. In Indien nennt man diese Verhältnisse *living democracy*, den Beginn einer *earth democracy*.[73]

Im Norden ersetzen lokale „Schwund"-Währungen in Tausenden von Fällen bereits das Geld, das Zinsen trägt und als Wertaufbewahrungs- und damit Spekulations-, anstatt nur als Tauschmittel verwendet wird.[74] Eine „Solidar-Ökonomie" entgegen einer Profit-Wirtschaft und eine „grüne Ökonomie"[75] dehnen sich international aus. In Nord und Süd wird mit dem sogenannten „partizipatorischen Budget" experimentiert, bei dem die lokale Bevölkerung in Gemeinden und Stadtteilen mit über die Verwendung der Steuergelder bestimmt. Ja, sogar eine Ökonomie des Schenkens und eine ebenso postkapitalistische wie postpatriarchale Gesellschaft werden wieder diskutiert.[76] In grundlegender Weise werden überall neue gemeinschaftliche Erfahrungen jenseits des Egoismus gesucht. Es werden Gemeinschaften gegründet, die zueinander stehen. Letztlich geht es darum, dass jede(r) Einzelne umdenkt, umfühlt und neu zu handeln beginnt.

---

68 Vgl. Anders 1994 und Vaughan 1997.
69 Vgl. Korten 2006.
70 Vgl. Esteva 2003.
71 Vgl. Bennholdt-Thomsen u.a. 1999.
72 Norberg-Hodge 2003.
73 Vgl. Werlhof 2001.
74 Vgl. Lietaer 1999.
75 Milani 2000.
76 Vgl. Vaughan 2004 und 2007.

Von oben sind noch nie Alternativen gekommen. Sie entstehen dort, wo sich die Menschen einzeln und in Gruppen entscheiden, die Initiative zu ergreifen, um wieder über ihre Lebensbedingungen selber zu entscheiden.[77] Von unten aus[78] breiten sich ein neues Lebensgefühl, eine neue Kraft und eine Gegenseitigkeit aus, die jede(n) Beteiligte(n) stärkt und aus dem Gefängnis einer „Individualität" befreit, die dazu diente, die Menschen auf lebende Waren oder von selbst funktionierende Maschinen zu reduzieren.

Diese Bewegungen unterlaufen die Projekte der Globalisierung, der Konzerne und der Politiker(innen) des Neoliberalismus vor allem dadurch, dass sie eine völlig andere Geisteshaltung eingenommen haben. Sie sind vom Glauben abgefallen und haben das Spiel durchschaut. „Entwicklung" ist zum Schimpfwort geworden oder Anlass für Witze. Von den Politiker(inne)n wird erwartet, dass sie „endlich alle abhauen!" („¡Qué se vayan todos!"), wie zuletzt in Argentinien. Denn das ist überall klar geworden: Mit Politik und Politiker(inne)n im Sinne der bestehenden politischen Systeme will hier niemand mehr zu tun haben, weil erkannt worden ist, dass Politik als System niemals den Menschen dient, sondern ein Betrug an ihnen ist, sie spaltet und unter Ausbeutungs- und Herrschaftsverhältnisse zwingt. Und darauf reagieren immer mehr Menschen in aller Welt inzwischen nachgerade allergisch. Denn sie haben lange genug erfahren, dass sich Herrschaft für das Leben immer als „kontraproduktiv" erweist.

Selbstverständlich gibt es eine Alternative zur Plünderung der Erde, zum Krieg und zur Vernichtung der Welt – die ja seltsamerweise wirklich stattfinden. Indem das erkannt wird, beginnt etwas ganz Neues. Das Erste ist, mit der Gewalt aufzuhören, und zwar möglichst noch bevor der Bumerang der Hybris uns allen auf den Kopf fällt.

Literaturhinweise

Altvater, Elmar: *Das Ende des Kapitalismus, wie wir ihn kennen*. Münster, Westfälisches Dampfboot, 2005.

Altvater, Elmar/Chossudovsky, Michel/Roy, Arundhati/Serfati, Claude: *Globalisierung und Krieg* (=Sand im Getriebe 17, Internationaler deutschsprachiger Rundbrief der ATTAC-Bewegung, 16. Januar 2003, auch online unter: http://www.attac.de/aktuell/rundbriefe/sig/sandimgetriebe17_03_1.rtf.

Altvater, Elmar/Mahnkopf, Birgit: *Grenzen der Globalisierung. Ökonomie, Ökologie und Politik in der Weltgesellschaft*. Münster, Westfälisches Dampfboot, 1996.

Anders, Günther: *Die Antiquiertheit des Menschen, Band 1: Über die Seele im Zeitalter der zweiten industriellen Revolution*. München, Beck, 1994.

Bales, Kevin: *Die neue Sklaverei*. München, Kunstmann, 2001.

Bennholdt-Thomsen/Holzer, Veronika Brigitte/Müller, Christa (Hg.): *Das Subsistenzhandbuch. Widerstandskulturen in Europa, Asien und Lateinamerika*. Wien, Promedia, 1999.

---

77 Vgl. Korten 1995.
78 Vgl. Mies 2001.

Bennholdt-Thomsen/Mies, Veronika Maria/Werlhof, Claudia von: *Frauen, die letzte Kolonie. Zur Hausfrauisierung der Arbeit.* Zürich, Rotpunkt, 1992.

Binswanger, Hans Christoph: *Die Glaubensgemeinschaft der Ökonomen.* München, Gerling Akademie Verlag, 1998.

Chomsky, Noam: *Hybris. Die endgültige Sicherstellung der globalen Vormachtstellung der USA.* Hamburg, Europaverlag, 2003.

Chossudovsky, Michel: *War and Globalization. The Truth behind September 11.* Oakland/CA, Global Outlook, 2002.

Chossudovsky, Michel: *Americas „War on Terrorism".* Ottawa, Global Research, 2005.

Chossudovsky, Michel: "Nuclear War against Iran", Centre for Research on Globalization, Mimeo, 2006 (3. Jannuar), online unter: http://www.globalresearch.ca/index.php?context=viewArticle&code=%20CH20060103&articleId=1714.

Clarke, Tony: „Der Angriff auf demokratische Rechte und Freiheiten", in: Mies/Werlhof 2003, 80-94.

Creutz, Helmut: *Das Geldsyndrom. Wege zur krisenfreien Marktwirtschaft.* Frankfurt/M., Ullstein, [3]1996.

Diamond, Jared: *Kollaps. Warum Gesellschaften überleben oder untergehen.* Frankfurt/M., Fischer, 2005.

Dimmel, Nikolaus/Schmee, Josef (Hg.): *Politische Kultur in Österreich 2000-2005.* Wien, Promedia, 2005.

Ehrenreich, Barbara: *Arbeit poor. Unterwegs in der Dienstleistungsgesellschaft.* München, Kunstmann, 2001.

Esteva, Gustavo: „Mexiko: Unseren eigenen Weg gemeinsam mit den Graswurzelbewegungen finden", in: Werlhof u.a. 2003, 189-201.

Frank, Andre Gunder: „Die Entwicklung der Unterentwicklung", in: Echevarria, Bolivar/Kurnitzky, Horst (Hg.): *Kritik des bürgerlichen Antiimperialismus.* Berlin, Wagenbach, 1969, 30-45.

Frank, Andre Gunder: *Orientierung im Weltsystem. Von der Neuen Welt zum Reich der Mitte.* Wien, Promedia, 2005.

Fröbel, Folker/Heinrichs, Jürgen/Kreye, Otto: *Die neue internationale Arbeitsteilung. Strukturelle Arbeitslosigkeit in den Industrieländern und die Industrialisierung der Entwicklungsländer.* Reinbek, Rowohlt, 1977.

Genth, Renate: „Die Bedrohung der Demokratie durch die Ökonomisierung der Politik", Feature für den Saarländischen Rundfunk, gesendet am 4. März 2006.

George, Susan: Statements bei der Podiumsdiskussion zwischen Vertreter(inn)en des World Economic Forum (WEF) und Globalisierungsgegner(inne)n in Salzburg. Mimeo, 9. Juli 2001.

Gruen, Arno: *Der Verlust des Mitgefühls. Über die Politik der Gleichgültigkeit.* München, dtv, 1997.

Hardt, Michael/Negri, Antonio: *Empire.* Cambridge/MA, Harvard University Press, 2001.

Hendersen, Hazel: *Building a Win-Win World. Life Beyond Global Economic Warfare.* San Francisco/CA, Berrett-Koehler, 1996.

Hepburn John: „Die Rückeroberung von Allmenden – von alten und von neuen", in: *ZNet*, 15. September 2005, auch online unter: http://www.zmag.de/artikel.php?id=1589.

Hofbauer, Hannes: *Osterweiterung. Vom Drang nach Osten zur peripheren EU-Integration*. Wien, Promedia, 2003.

Isla, Ana: "Women and Biodiversity as Capital Accumulation: An Eco-Feminist View", in: *Socialist Bulletin* 69, 2003, 21-34.

Isla, Ana: "The Kyoto Protocol. A War on Subsistence", in: *Women & Environments* 74-75, 2007, 31-33.

Kennedy, Margrit: *Geld ohne Zinsen und Inflation. Ein Tauschmittel, das jedem dient*. München, Goldmann, 1991.

Klare, Michael T.: *Resource Wars. The New Landscape of Global Conflict*. New York, Metropolitan Books, 2001.

Korten, David: *When Corporations Rule the World*. San Francisco/CA, Berrett-Koehler, 1995.

Korten, David: *The Great Turning. From Empire to Earth Community*. San Francisco/CA, Berrett-Koehler, 2006.

Lietaer, Bernard: „Jenseits von Gier und Knappheit", Interview mit Sarah van Gelder in: *YES!* 2, April 1997, auch online unter: http://home.tiscali.de/alex.sk/D_Lietaer.html (deutsche Version) bzw. http://www.yesmagazine.org/article.asp?ID=886 (englische Originalversion „Beyond Greed and Scarcity")

Lietaer, Bernard: *Das Geld der Zukunft. Über die destruktive Wirkung des existierenden Geldsystems und die Entwicklung von Komplementärwährungen*. München, Riemann, 1999.

Luxemburg, Rosa: *Die Akkumulation des Kapitals. Ein Beitrag zur ökonomischen Erklärung des Imperialismus*. Frankfurt/M., Verlag Neue Kritik, [4]1970.

Marx, Karl/Engels, Friedrich: *Werke, Band 13* (=MEW 13) Berlin, Dietz, [7]1971 (nach der 4. Originalauflage von 1890).

Marx, Karl/Engels, Friedrich: *Werke, Band 23* (=MEW 23). Berlin, Dietz, [20]1974 (nach der 4. Originalauflage von 1890).

Mies, Maria: *Patriarchat und Kapital. Frauen in der internationalen Arbeitsteilung*. Zürich, Rotpunkt, [5]1996.

Mies, Maria: *Globalisierung von unten. Der Kampf gegen die Herrschaft der Konzerne*. Hamburg, Rotbuch, 2001.

Mies, Maria: *Krieg ohne Grenzen. Die neue Kolonisierung der Welt*. Köln, PapyRossa, 2004.

Mies, Maria/Werlhof, Claudia von (Hg.): *Lizenz zum Plündern. Das Multilaterale Abkommen über Investitionen „MAI". Globalisierung der Konzernherrschaft – und was wir dagegen tun können*. Hamburg, Europaverlagsanstalt, 2003.

Milani, Brian: *Designing the Green Economy. The Postindustrial Alternative to Corporate Globalization*. Lanham, Rowman & Littlefield, 2000.

Norberg-Hodge, Helena: „Lokale Lebensadern: Gegen Globalisierung – für Lokalisierung", in: Werlhof u.a. 2003, 202-212.

Raggam, August: *Klimawandel. Biomasse als Chance gegen Klimakollaps und globale Erwärmung*. Wien, Ökosoziales Forum Österreich, 2004.

Rodriguez, Sergio: „The Zapatista Approach to Politics", Interview mit Miguel Romero am 6. Oktober 2005, online unter: http://auto_sol.tao.ca/node/view/1649.

Salmutter, Hans (Hg.): *Wie viel Globalisierung verträgt unser Land? Zwänge und Alternativen.* Wien, ÖGB Verlag, 1998.

Salzburger, Andrea: *Zurück in die Zukunft des Kapitalismus. Kommerz und Verelendung in Polen.* Frankfurt/M., Peter Lang Verlag, 2006.

Sarkar, Sharal: „Nachhaltige Entwicklung: Der vergebliche Rettungsversuch für eine sterbende Illusion", in: Werlhof u.a. 2003, 69-83.

Sassen Saskia: *Machtbeben. Wohin führt die Globalisierung?* Stuttgart, DVA, 2000.

Shiva, Vandana: *Trading Our Lives Away. An Ecological and Gender Analysis of "Free Trade" and the WTO.* New Delhi, Research Foundation for Science, Technology and Natural Resource Policy, 1995.

Shiva, Vandana: "From Doha to Hong Kong via Cancún. Will WTO Shrink or Sink?" in: *ZNet*, 12. Dezember 2005, auch online unter: http://www.zmag.org/content/showarticle.cfm?ItemID=9308

Topitas (Hg.): *„Ya basta!" Der Aufstand der Zapatistas.* Hamburg, Libertäre Assoziation, 1994.

Vaughan, Genevieve: *For-Giving. A Feminist Criticism of Exchange*, Austin/TX, Plain View Press, 1997.

Vaughan, Genevieve (Hg.): *The Gift, Il Donno: A Feminist Analysis.* Rom, Meltemi editore, 2004.

Vaughan, Genevieve (Hg.): *Women and the Gift Economy. A Radically Different Worldview is Posssible.* Toronto, Inanna Publications and Education, 2007.

Wallerstein, Immanuel: „Aufstieg und künftiger Niedergang des kapitalistischen Weltsystems", in: Senghaas, Dieter (Hg.): *Kapitalistische Weltökonomie. Kontroversen über ihren Ursprung und ihre Entwicklungsdynamik.* Frankfurt/M., Suhrkamp, 1979, 31-67.

Wallerstein, Immanuel (Hg.): *The Modern World-System in the Longue Durée.* Boulder/CO, Paradigm Publishers, 2004.

Werlhof, Claudia von: *Was haben die Hühner mit dem Dollar zu tun? Frauen und Ökonomie.* München, Verlag Frauenoffensive, 1991.

Werlhof, Claudia von: „Fragen an Ramona. Die Zapatisten, die indianische Zivilisation, die Matriarchatsfrage und der Westen", in Werlhof, Claudia von: *Mutter-Los. Frauen im Patriarchat zwischen Angleichung und Dissidenz.* München, Verlag Frauenoffensive, 1996, 189-224.

Werlhof, Claudia von: „Globale Kriegswirtschaft oder Earth Democracy?", in: Grüne Bildungswerkstatt (Hg.): *Die Gewalt des Zusammenhangs. Neoliberalismus – Militarismus – Rechtsextremismus.* Wien, Promedia, 2001, 125-142.

Werlhof, Claudia von: „MAInopoly: Aus Spiel wird Ernst", in: Mies/Werlhof, 2003[a], 148-192.

Werlhof, Claudia von: „Fortschrittsglaube am Ende? Das kapitalistische Patriarchat als ‚alchemistisches System'", in: Werlhof u.a. 2003[b], 41-68.

Werlhof, Claudia von: *Frauen und Ökonomie.* Mechernich, Gerda-Weiler-Stiftung, 2004[a].

Werlhof, Claudia von: „Vom Wirtschaftskrieg zur Kriegswirtschaft. Die Waffen der ‚Neuen-Welt-Ordnung‘“, in: Mies 2004[b], 40-48.

Werlhof, Claudia von: „Speed kills!“, in Dimmel/Schmee 2005, 284-292.

Werlhof, Claudia von/Bennholdt-Thomsen, Veronika/Faraclas, Nicholas (Hg.): *Subsistenz und Widerstand. Alternativen zur Globalisierung*. Wien, Promedia, 2003.

Ziegler, Jean: „Das tägliche Massaker des Hungers“, in: *Widerspruch* 47, 2004, 19-24.

Vera Sofia Sartori

Gestärkte Bürgerschaft in einer globalisierten Welt?
Das partizipative Modell von Porto Alegre

Einführung

Seit Jahrzehnten umgibt uns der Begriff der (neoliberalen) Globalisierung, ob in Diskussionen, Zeitungsartikeln oder in Seminaren auf der Universität. Damit einher geht das Gefühl, dass die Globalisierung ein unaufhaltsamer Prozess ist, dem man ohnmächtig gegenübersteht bzw. in dem Alternativen zu den politischen und wirtschaftlichen Entwicklungen schwer zu sehen sind.

Dieser Beitrag stellt ein politisches Modell der partizipativen Demokratie vor, das in Brasilien seinen Ursprung, aber mittlerweile weltweit Anklang gefunden hat. Das Modell stellt einen Versuch dar, den immer enger werdenden demokratischen Raum neu zu besetzen und auszuweiten, der Politikverdrossenheit entgegenzuwirken und über gezielte Maßnahmen soziale Gerechtigkeit zu schaffen. Es handelt sich um das *Orçamento Participativo*, den partizipativen Haushalt, der seit 1989 in Porto Alegre (Brasilien) durchgeführt wird.[1]

Im folgenden Text wird nach einem kurzen Einstieg in das Thema Neoliberalismus das Modell in seiner Funktionsweise und seinen politischen sowie sozialen Auswirkungen vorgestellt. Anhand des *Orçamento Participativo* soll dargestellt werden, dass politische Modelle greifen können, die nicht der neoliberalen Doktrin unterworfen sind.

(Neo)liberalismus

Adam Smith gilt wegen seines Werkes *An Inquiry into the Nature and Causes of the Wealth of Nations* (1776) als Begründer des Liberalismus. Er lehnte eine zentralstaatliche Wirt-

---

1 Einschlägige weiterführende Literatur zum Thema sind etwa Nitschke 2002 (zur Einführung), Abers 2000 oder Herzberg 2002. Weitere Titel finden sich in der Literaturliste.

schaftspolitik ab und proklamierte die Notwendigkeit eines sich selbst regulierenden Marktes. Eingriffe des Staates werden abgelehnt, da sich der Markt von alleine steuert und die Kooperation von Individuen unbeeinträchtig sein soll. Im Anschluss an Smith waren Friedrich von Hayek und Milton Friedmann ausschlaggebend für die Begründung des Neoliberalismus Ende der 1960er, Anfang der 1970er. So schreibt Milton Friedmann 1962 in seinem Buch *Capitalism and Freedom*: "A liberal is fundamentally fearful of concentrated power. His objective is to preserve the maximum degree of freedom for each individual [...]. He is suspicious of assigning to government any functions that can be performed through the market, both because this substitutes coercion for voluntary co-operation in the area in question and because, by giving government an increased role, it threatens freedom in other areas."[2]

Als oberstes Prinzip gelten die persönliche und demnach auch die wirtschaftliche Freiheit; Staatseingriffe würden die Wirtschaft und die Entwicklung der Gesellschaft beeinträchtigen. In den Augen des Neoliberalisten stellt der Staat einen bürokratischen Apparat dar, der demnach seine Funktionen auf das Gewährleisten von Ruhe und Ordnung, das Sicherstellen eines Rechtssystems und die Bekämpfung der Inflation reduzieren sollte. Es wird davon ausgegangen, dass der Staat keine soziale Gerechtigkeit verwirklichen könne und Unterschiede im Status als naturgegeben hinzunehmen seien. Die sich durch den Markt ergebende Ungleichverteilung habe eine allokative Funktion, da sie als Anreiz und Lenkungsmittel diene. Durch staatliche Eingriffe würden Bürger(innen) entmündigt und eingeschränkt in ihrer persönlichen Freiheit. Für Milton Friedmann bedeutet soziale Verantwortung die Maximierung der Gewinne von Unternehmen. Der ökonomische Liberalismus möchte die Kosten für soziale Verantwortung so gering wie möglich halten. Kernelemente der neoliberalen Ethik sind Eigennutzstreben sowie Konkurrenz. Ein strategischer Erfolg des Neoliberalismus ist die Schaffung von Ohnmachtsgefühlen in der Bevölkerung. Hand in Hand geht damit die so oft zitierte Demokratiekrise in den Industriestaaten, die nicht zuletzt auf das geringe (politische) Mitspracherecht von Bürger(inne)n zurückzuführen ist.

Tatsächlich fehlt der neoliberalen Ideologie eine Theorie der Bürgerschaft. Schon Margaret Thatcher, eine Verfechterin des Neoliberalismus und von Privatisierungen, meinte: „[T]here is no such thing as society."[3] Auf Grund der Privatisierung der *res publica* werden Menschen in erster Linie als Konsument(inn)en bzw. Verbraucher(innen) und nicht als Bürger(innen) angesehen.

Daher werden Modelle gesucht und erprobt, in denen die Kooperation statt der Konkurrenz wieder auflebt und in denen das Gemeinwohl statt des Eigennutzstrebens im Vordergrund steht.

Die partizipative Demokratieform hat ein Bild von Eigenschaften und Kompetenzen der Bürger(innen), das sich in vielen Aspekten von der liberalen Demokratie unterscheidet. Das Staatsbürger(innen)modell der partizipatorischen Theorie betont (im Gegensatz zur liberalen Theorie), dass Bürger(innen) zu mehr Beteiligung fähig sind. In dieser Theorie setzt man auf den Eigenwert von Beteiligung und Demokratisierung gesellschaftlicher und wirtschaftlicher

---

2 Friedmann 1962, 39.
3 In einem Gespräch mit der Zeitschrift *Woman's own* am 31. Oktober 1987.

Ebenen, die noch nicht demokratisiert worden sind. Durch die partizipative Demokratieform wird die Beziehung zwischen Staat, Institutionen und Bürger(inne)n neu definiert. Es wird eine neue nicht staatliche öffentliche Sphäre geschaffen, in der die soziale und politische Entwicklung eine neue Dimension erlangt. Durch Partizipation steigt die soziale Verantwortung von Bürger(inne)n, sie fördert die Entstehung einer staatsbürgerlichen Haltung.

Die partizipatorische Demokratietheorie will den Kreis der Stimmberechtigten vergrößern und das Ausmaß der Beteiligung an Entscheidungen über öffentliche Angelegenheiten erhöhen. Dadurch entwickelt sich die These der Selbstverwirklichung und Transformation der Bürger(innen) durch Beteiligung, Aussprache und öffentliche Willensbildung. Bürger(innen) verwandeln sich so zu vollentfalteten Staatsbürger(innen). Die partizipatorische Demokratietheorie beinhaltet mehr als nur Willensäußerungen. Sie beruht auf anspruchsvollen Prozeduren der Beratung, Kommunikation und Beschlussfassung. Diese Auffassung führt zu einer deliberativen Politik, in der es zu Willensbildung und Verständigung über öffentliche Angelegenheiten kommt. Der Austausch von Meinungen, Beratungen und Konfliktaustragungen bilden das Herzstück der öffentlichen Debatte, die der Demokratie einen neuen Wert beimisst.

Im folgenden Kapitel wird das Modell der partizipativen Demokratie, wie es in Porto Alegre umgesetzt wird, vorgestellt. Es geht um den Prozess und die Auswirkungen eines partizipativen Haushaltes *(Orçamento Participativo)*, einer alternativen Art und Weise, mit den vorhandenen ökonomischen Ressourcen einer Stadt umzugehen.

Porto Alegre und das *Orçamento Participativo*

Porto Alegre ist die Gründungsstadt des Partizipationsmodells *Orçamento Participativo* und die Hauptstadt des Bundeslandes Rio Grande do Sul in Brasilien.

Porto Alegre zählt zu den größten Städten Brasiliens und hat knapp 1,3 Millionen Einwohner(innen). Wie in den anderen brasilianischen Städten unterlag Porto Alegre einem rasanten Urbanisierungsprozess: Zwischen 1960 und 1980 verdreifachte sich die Einwohner(innen)-zahl. Die Fläche des städtischen Siedlungsgebietes verfünffachte sich dadurch. Die Wohnungssituation wurde für die ärmeren Schichten immer prekärer. Ende der 1980er-Jahre lebte ein Drittel der Stadtbevölkerung in den sogenannten *vilas*, in Blechhütten.[4]

1989 gewann die PT *(partido dos trabalhadores*/Arbeiterpartei) die Oberbürgermeisterwahlen. Die PT warb während der Wahlkampagne mit der Einführung eines neuen Modells, das der Stadtbevölkerung erlauben würde, über das verfügbare Haushaltsbudget der Stadt mitzuentscheiden. Die PT hatte vor, eine Art Machttransfer zugunsten der organisierten Arbeiterschaft zu verwirklichen. Die Partei wollte einen Teil der Entscheidungsmacht mit bisher ausgegrenzten und benachteiligten Akteuren teilen. Eine Demokratisierung des Haushaltsplanes sollte durchgeführt werden. Die Umsetzung einer alternativen, gerechteren und bürgernahen Administration sollte durch eine verstärkte Kontrolle der Gesellschaft über die Stadt, durch mehr Transparenz und das Recht auf politische Partizipation erfolgen. Damit verbunden war die Idee, Bürger(innen) in den Rang von aktiven Partner(inne)n und Protagonist(inn)en der öffentlichen Politik zu heben. Seit 1989 wird der Haushaltsplan unter Einbeziehung der Zivil-

---

4 Navarro 1999.

gesellschaft erstellt.[5] Im folgenden Abschnitt wird der administrative Prozess des partizipativen Haushaltes beschrieben.

Geographische Ausgangssituation

Die Stadt Porto Alegre wurde nach kulturellen, politischen und wirtschaftlichen Kriterien in 16 Stadtteile oder „Regionen" (Bezirke) aufgeteilt. Diese Aufteilung wurde unter Mitwirkung der Bürger(innen), die in Nachbarschaftsvereinigungen organisiert waren, durchgeführt.

In den 16 Regionen werden zweimal im Jahr öffentliche Bürger(innen)versammlungen einberufen. Jeder Stadtteil entscheidet dann, welche Prioritäten innerhalb der 16 möglichen Themengebiete gesetzt werden:

- ☐ Tiefbau
- ☐ Abwasser
- ☐ Wohnen und Grundstücksregulierung
- ☐ Asphaltierung
- ☐ Erziehung
- ☐ Sozialleistungen
- ☐ Gesundheit
- ☐ öffentlicher Nahverkehr
- ☐ Sport und Freizeit
- ☐ Freizeiträume
- ☐ öffentliche Beleuchtung
- ☐ wirtschaftliche Entwicklung, Tourismus
- ☐ Kultur
- ☐ Müllentsorgung
- ☐ Jugend
- ☐ städtische Mobilität

Die Prioritäten betreffen jedoch immer nur den jeweiligen Stadtteil, manchmal wieder nur bestimmte Viertel oder Straßen. Für gesamtstädtische Forderungen wurden thematische Foren bzw. Versammlungen gegründet.

Die thematischen Foren

1994 wurden fünf thematische Foren für die ganze Stadt gegründet, um über folgende Sachthemen zu beraten:[6]

- ☐ Verkehr und Transportwesen
- ☐ Gesundheit und Soziales
- ☐ Erziehung, Kultur und Freizeit
- ☐ Wirtschaftsentwicklung und Steuerpolitik
- ☐ Stadtentwicklung und -organisation
- ☐ Umweltsanierung (seit 2001)

Diese neue Partizipationsform ermöglicht es, über die Regionen hinaus demokratische Entscheidungen zu treffen sowie den Prozess für andere Bereiche zu öffnen. Organisationen und Akteure wie Intellektuelle, Gewerkschaftler(innen), Landwirt(inn)e(n), Student(inn)en, Ökolog(inn)en und Unternehmer(innen) sollen dadurch vermehrt angesprochen werden.

Die Treffen der Regionen und der thematischen Foren werden in *rodas* bzw. Versammlungsrunden unterteilt. Die *rodas* sind die wichtigsten Versammlungen im Rahmen des Prozesses,

---

5 Zimmermann 2002, 41.

6 Vgl. http://www2.portoalegre.rs.gov.br/op, dort unter dem Menüpunkt „Regiões e Temáticas" und dann unter „Temáticas" zu finden (http://www2.portoalegre.rs.gov.br/op/default.php?reg=3&p_secao=5).

da hier jede(r) Bürger(in) direkt Prioritäten wählen und sich einbringen kann. Sie sind der Ort der Interessensartikulation, des politischen Engagements und der aktiven Teilnahme. Das *Orçamento Participativo* wird in zwei Hauptrunden und eine Zwischenrunde unterteilt.[7] Das Jahr beginnt immer mit der ersten offiziellen Runde, darauf folgt die Zwischenrunde mit inoffiziellem Charakter und im Frühsommer findet die zweite offizielle Runde statt. Nach den organisierten Runden wird der Haushaltsplan auf der Grundlage der Ergebnisse aus den Runden entworfen. Dies geschieht jedoch, ohne die direkte Teilnahme der Bürger(innen), durch die direkt gewählten Delegierten (Delegiertenforum).

Erste Runde

Das OP unterliegt einem Zyklus von zehn Monaten. Die Sitzungen werden von der Stadtverwaltung, dem Verantwortlichen des GAPLAN *(Gabinete de Planificación)*, dem Koordinator des partizipativen Haushaltes und Berater(inne)n der einzelnen Regionen einberufen.
An den Sitzungen kann jede(r) Bewohner(in) (ab 16 Jahren) Porto Alegres teilnehmen.[8] Die Versammlungen finden nicht zeitgleich statt, sondern hintereinander. Die Tagesordnung einer Versammlung der ersten Runde lässt sich in drei wesentliche Punkte unterteilen:
a) Rechenschaftsbericht: Die Stadtverwaltung berichtet über den aktuellen Stand der Arbeiten, die in den letzten Jahren beschlossen worden sind, und über den laufenden Investitionsplan für das aktuelle Jahr. Außerdem informiert ein(e) Vertreter(in) der Verwaltung über die finanziellen Möglichkeiten der Kommune.
b) Auswertung: Der Rechenschaftsbericht wird anschließend von den Teilnehmer(inne)n debattiert und kritisch ausgewertet. Die Stadtverwaltung muss sich für ihre Entscheidungen rechtfertigen.
c) Wahl der Delegierten: An den Versammlungen nehmen mehrere Hundert Bürger(innen) teil. Entsprechend der Anzahl der Beteiligten werden nach einem bestimmten Schlüssel Delegierte gewählt. Die Delegierten bilden das Delegiertenforum und vertreten die Interessen der einzelnen Gruppen innerhalb der Sitzungen.

Nach der ersten offiziellen Runde beginnt die inoffizielle Phase des OP. Diese Phase wird Zwischenrunde genannt, da sie zwischen den beiden offiziellen stattfindet.

Zwischenrunde

Die Versammlungen der Zwischenrunde haben keinen offiziellen Charakter. In dieser Periode versammeln sich die Bewohner(innen) unabhängig, ohne die Anwesenheit der Stadtverwaltung, und legen ihre Prioritäten fest.
Die Zwischenphase stellt die aktivste Zeit des OP dar. Hier werden Bürger/innen) mobilisiert und Investitionen in hitzigen Gesprächen ausdiskutiert. Nachdem die Prioritätenlisten während der Zwischenphase aufgestellt worden sind, kann die zweite offizielle Runde beginnen.

---

7 Vgl. http://www2.portoalegre.rs.gov.br/op, dort unter den Unterpunkten zum Menüpunkt „Como funciona", vor allem unter „Geral" (http://www2.portoalegre.rs.gov.br/op/default.php?p_secao=15) und „Ciclo" (http://www2.portoalegre.rs.gov.br/op/default.php?p_secao=16).
8 Genro/de Souza 1998, 53.

Zweite Runde

Sie wird nach den gleichen Kriterien und mit der gleichen Methode durchgeführt wie die erste Phase. Die Stadtverwaltung stellt die voraussichtlichen finanziellen Mittel und die Kriterien der Verteilung der Investitionsmittel für das kommende Jahr vor. Die Kriterien werden vom Delegiertenforum während des Jahres ausgearbeitet. Die in der vorherigen Runde ausgewählten Delegierten präsentieren die Forderungen der Bewohner(innen) der Region. Das Dokument umfasst eine Liste, in der die Themen nach Priorität aufgelistet sind, und ein Papier, in dem Vorschläge zu den Arbeiten gemacht werden.

Aus der folgenden Tabelle geht hervor, welche Prioritäten in den letzten Jahren gewählt worden sind.

Tabelle 2: Prioritäten aller Regionen zwischen 1995-2005[9]

OP	1. Priorität	2.Priorität	3.Priorität
2005	Wohnungspolitik	Bildung	Soziales
2004	Wohnungspolitik	Soziales	Bildung
2003	Wohnungspolitik	Bildung	Asphaltierung
2002	Wohnungspolitik	Bildung	Asphaltierung
2001	Asphaltierung	Wohnungspolitik	Tiefbau
2000	Wohnungspolitik	Asphaltierung	Gesundheit
1999	Tiefbau	Asphaltierung	Wohnungspolitik
1998	Asphaltierung	Wohnungspolitik	Tiefbau
1997	Wohnungspolitik	Asphaltierung	Tiefbau
1996	Asphaltierung	Tiefbau	Grundstücksregelung
1995	Asphaltierung	Grundstücksregelung	Tiefbau

Die Listen werden vom GAPLAN systematisiert. Seine zentrale Aufgabe besteht darin, die für die Investitionen verfügbaren Mittel unter den Regionen aufzuteilen. Alle Anfragen werden einzeln geprüft und von einem technischen, rechtlichen und finanziellen Blickpunkt aus analysiert. Die Mittelvergabe (die Verteilung der finanziellen Ressourcen) erfolgt für alle 16 Regionen nach folgenden gewichteten Kriterien:

Kriterien für die Mittelvergabe

a) Festgelegte Priorität der Region: Je nach der Einschätzung der Wichtigkeit der Themen vergibt die Bevölkerung in jeder Region Punkte an die vorgegebenen Themen. Die Punkte der vier erstgereihten werden zusammengezählt. Das Thema, das insgesamt am meisten Punkte verbucht hat, wird als erstes bearbeitet, dasjenige, das die zweithöchste Priorität

---

9 Vgl. http://www2.portoalegre.rs.gov.br/op, dort unter den Unterpunkten zu „Prioridades da Cidade", vor allem unter „Temáticas de 1992-2004" (http://www2.portoalegre.rs.gov.br/op/default.php?p_secao=27) und „Temáticas de 2005" (http://www2.portoalegre.rs.gov.br/op/default.php?p_secao=28).

darstellt, als zweites etc. Durch die Höhe der Punkteanzahl wird ersichtlich, welche Investitionen die gesamte Stadtbevölkerung für am nötigsten hält. Die drei höchstgereihten Themen werden jedenfalls in der gesamten Stadt in Angriff genommen und damit selbst in jenen Regionen, die diesen eine geringere Wichtigkeit eingeräumt haben.

b) Mangel an öffentlichen Dienstleistungen/Infrastruktur im Bezirk: Dieser Mangel wird aus den Daten der Stadtverwaltung ermittelt. Je höher der Bedarf ist, der sich in einer Region feststellen lässt, desto mehr Punkte bekommt die Region.

c) Gesamtbevölkerung der Region: Durch dieses Kriterium werden Stadtteile mit sehr hohem Bevölkerungsanteil stärker gewichtet.

Je nachdem, wie die einzelnen Kriterien in den jeweiligen Regionen ausgeprägt sind, erhalten sie unterschiedliche Werte. Für jede der 16 Regionen werden die Punkte zusammengezählt und daraus der prozentuale Anteil jeder Region an einer Investitionsart errechnet.

Tabelle 3: Punkteverteilung nach Merkmalen 1995-2005[10]

Punkte	Priorität	Infrastrukturmangel	Bevölkerung
1	Vierte	bis 25%	bis 49.999
2	Dritte	26-50%	50.000 bis 99.999
3	Zweite	51-75%	100.000 bis 199.999
4	Erste	76-100%	über 200.000

Ausarbeitung des Haushaltsentwurfes

Bei der Ausarbeitung des Haushaltsentwurfes führt der GAPLAN eine detaillierte Analyse der finanziellen Möglichkeiten durch. Die Forderungen der thematischen Foren und die Ausgaben der laufenden Projekte werden und müssen berücksichtigt werden. Der neue Haushaltsplan muss schlussendlich noch vom Stadtrat ratifiziert werden. Die gesamtstädtische Prioritätenliste stellt den ersten Indikator dar. Die höchsten Noten der Regionen werden addiert und die ersten drei werden bei den Investitionen bzw. bei der Mittelzuweisung berücksichtigt. Den zweiten Indikator bilden die Prioritäten der thematischen Versammlungen. Da es sich hier um größere Projekte handelt, welche die ganze Stadt betreffen, sind die Ausgaben entsprechend hoch. So werden Haushaltsmittel für diese Prioritäten über mehrere Jahre vergeben. Der dritte Indikator betrifft die grundlegenden Leistungen der Stadtverwaltung: Die Kosten für Müllentsorgung, Schulen, Wasserversorgung etc. müssen gedeckt sein. Diese Leistungen verschlingen einen großen Teil der verfügbaren Mittel. Darum wird versucht, durch höhere Steuereinnahmen und effizientere Leistungen den finanziellen Rahmen zu erweitern.[11]

Die drei Indikatoren berücksichtigend, entwickelt der GAPLAN den Haushaltsentwurf. In dem Entwurf sind die Kosten für Personal, Verbrauch, Investitionen, Schuldentilgung etc. angeführt. Es ist ein Vorprojekt, in dem die Forderungen und das vorhandene Budget aufeinan-

---

10 Alle Tabellen aus: Genro/de Souza 1998, 54-57.
11 Herzberg 2002, 58.

der abgestimmt werden. Nun wird dieser Entwurf dem Delegiertenforum (bestehend aus den Delegierten der Bürgerversammlung) vorgelegt. Der zusammengetretene Rat hat eine Schulung in Haushaltsfragen durchlaufen und diskutiert mit dem GAPLAN den Anteil der Investitionen. Der Entwurf darf erst dann zur Verabschiedung weitergereicht werden, wenn er vom Beirat genehmigt worden ist. Im September wird der aufgestellte Haushaltsplan dem Bürgermeister übergeben. Seine Behörde koordiniert dann die Beratung über die strittigen Fragen. Danach wird der Haushaltsentwurf dem Stadtrat übermittelt, der darüber beschließt.[12] Der Stadtrat ist allein gesetzlich dazu befugt, den Haushaltsplan zu verabschieden.

Die sozialen Konsequenzen des *Orçamento Participativo*

Akzeptanz der Bevölkerung

Die Teilnahme der zivilen Bevölkerung ist die Basis und Grundvoraussetzung für das Gelingen und die Sinnhaftigkeit des auf direkter Demokratie aufbauenden Modells. Die Zahl der Beteiligten konnte konstant erhöht werden. Aus der Steigerung der Teilnehmer(innen)zahl kann man schließen, dass sich jedes Jahr mehr Menschen für den Prozess interessieren und bereit sind sich aktiv zu beteiligen. Die gut besuchten Versammlungen und der große Zuspruch bei den thematischen Foren weisen auf die Akzeptanz des OP unter den Bürger(inne)n hin. Auch wenn nun über 100.000 Menschen sich in irgendeiner Weise an der Interessensartikulation beteiligen, so stellen sie doch „nur" ca. 15% der Wahlbevölkerung dar. Auf den ersten Blick könnte sich das als ein Legitimationsdefizit herausstellen. Doch auch die passive Bevölkerung spricht für das OP, so sind 85% der Einwohner(innen) Porto Alegres mit dem OP vertraut und davon bezeichnen 80% es als eine „gute Sache".[13] Eine absolute Mehrheit steht somit dem OP positiv gegenüber. Wiederum knapp 60% der aktiven Teilnehmer(innen) geben an, dass ihr Stadtteil von den durch das OP umgesetzten Forderungen profitiert hat.
Über die Hälfte aller Teilnehmer(innen) der regionalen Foren kommen aus ärmeren Schichten, d.h. sie verdienen zwischen ein und vier Mindestlöhnen, sie bilden die stärkste Gruppe. Die Teilnehmer(innen) der thematischen Foren weisen jedoch ein höheres Bildungsniveau sowie Einkommen auf.

Ein weiteres Indiz für die Akzeptanz und den Erfolg des OP ist die Weiterführung des Modells über Jahrzehnte: Die gewählte Arbeiterpartei (PT) wurde dreimal hintereinander wieder gewählt und konnte somit ihre Politik der „Umkehrung der Prioritäten" mit dem OP 16 Jahre lang fortsetzen. Bei den Wahlen im Oktober 2004 kam es dann zu einem Machtwechsel: Die Bürgermeisterwahlen wurden mit José Fogaca von der PPS, der Sozialistischen Volkspartei, gewonnen, der am 1. Jänner 2005 sein Amt antrat. Mit dem Slogan „Das Gute beibehalten, das Nötige ändern" versicherte er der Bevölkerung die Weiterführung des partizipatorischen Modells bzw. dessen Verbesserung mit einer Steigerung der Effizienz.

---

12 Vgl. Gustmann 2000, 80 f.
13 Hees 2000, 15.

Tabelle 4: Bürgermeister der Stadt Porto Alegre seit 1989

Legislaturperiode	Bürgermeister	Partei
1989 bis 1993	Olivio Dutra	Partido dos Trabalhadores (PT)
1993 bis 1997	Genro Tarso	Partido dos Trabalhadores (PT)
1997 bis 2001	Raul Pont	Partido dos Trabalhadores (PT)
2001 bis 2005	Genro Tarso / Joao Verle[14]	Partido dos Trabalhadores (PT)
seit 2005	Jose Fogaca	Partido Popular Socialista (PPS)

Zusammenfassend weisen folgende Indikatoren auf das Gelingen des OP hin:
☐ die steigende Anzahl der aktiven Teilnehmer(innen) an den Versammlungen
☐ die Akzeptanz des OP innerhalb der gesamten Bevölkerung
☐ die überproportionale Partizipation von ärmeren Schichten
☐ die Beteiligung von allen sozialen Gruppierungen
☐ die dreifache Wiederwahl der PT
☐ keine Abschaffung des OP trotz Parteiwechsels

Die sozialen Verbesserungen in Porto Alegre

Im letzten Abschnitt haben wir gesehen, dass Tausende Bürger(innen) am *Orçamento Participativo* teilnehmen und die Mehrheit dem Prozess positiv gegenübersteht. Nun stellt sich die Frage, ob durch die direkte Mitbestimmung der Bürger(innen) ihre soziale Lage verbessert worden ist und ob ihre mühevolle Interessensartikulation Früchte trägt.

Durch die Gewichtung der Mittelvergabe im OP-Prozess werden ärmere und bevölkerungsdichtere Regionen bevorzugt. Zwischen 1996 und 1998 wurden über 260 Millionen US-Dollar für Projekte, die die Bürger(innen) festgelegt hatten, ausgegeben. Der Großteil dieser Ausgaben ist in infrastrukturelle Sachleistungen in ärmeren Regionen investiert worden.[15] Jedes Jahr werden Straßen in der Gesamtlänge von 20 bis 25 km asphaltiert, die Mehrzahl dieser Straßen liegt in den armen Stadtteilen von Porto Alegre. Sehr arme Regionen profitieren von Dienstleistungen und materiellen Verbesserungen, die ohne das OP nicht möglich gewesen wären. Dazu der amerikanische Soziologie Gianpaolo Baiocchi: "Of the hundreds of projects approved, investment in the poorer residential districts of the city has exceeded investment in wealthier areas as a result of these public policies. [...] Similarly, these investments have been redistributive; districts with higher levels of poverty have received significantly greater shares of investment."[16] Durch den partizipatorischen Haushalt ist die Anzahl der Elendsviertel zurückgegangen. Das frühere Elendsviertel Vila Planetário z.B. besteht mittlerweile aus 88 Steinhäusern, in denen ca. 500 Menschen leben. Sanitäre Einrichtungen sind ge-

---

14 Mit Ende April 2002 wurde Joao Verle Bürgermeister, da Genro Tarso September/Oktober 2002 als Kandidat bei den Gouverneurswahlen antrat.
15 Vgl. Wampler 2000.
16 Baiocchi 2003, 50 f.

baut worden und durch Asphaltierungen versinken die Bewohner(innen) während der Regenzeit nicht mehr im Schlamm.[17]

Doch nicht nur die Armen haben vom OP profitiert. In all den Jahren wurde der Infrastruktur Priorität eingeräumt. Heutzutage haben 98% aller Bewohner(innen) fließendes Wasser, im Jahre 1988 hatten es dagegen nur 75%. Das Ausmaß der Kanalisierung ist von 46% auf 98% im ganzen Stadtgebiet gestiegen. 98% aller Bewohner(innen) sind an das Elektrizitätsnetz angeschlossen. Schon 1996 erreichte die Müllabfuhr 100% aller Einwohner(innen). Mittlerweile werden knapp 40% des Stadtbudgets für Gesundheit und Bildung ausgegeben (1985 waren es nur 13%), die Zahl öffentlicher Schulen hat sich vervierfacht und die der Schüler(innen) verfünffacht. Dazu kommen Projekte für Straßenkinder, die ihnen den Schulbesuch ermöglichen. Die Stadtverwaltung hat zum zweiten Mal in Folge den brasilianischen Preis für die kinderfreundlichste Politik erhalten.

Der kommunale Wohnungsbau besitzt einen zentralen Stellenwert. Zwischen 1989 und 2000 wurden 11.513 Wohnungseinheiten gebaut. Mit dem Programm zur Regulierung des Grundstückswesens und zur Urbanisierung von Favelas[18] wurden illegal besiedelte Stadtgebiete legalisiert, und zwar durch das Gesetz „Recht des Bürgers auf die Stadt".[19] Das Programm zur Schaffung selbstverwalteter Wohnungskooperationen hilft Familien beim kollektiven Erwerb von Baugrundstücken durch öffentliche Finanzierungshilfen sowie bei der Bauplanung und technischen Durchführung.

Porto Alegre ist mehrmals zur Stadt mit der höchsten Lebensqualität Brasiliens erklärt worden. Auch ist Porto Alegre, nach UNO-Kriterien, eine der lebenswertesten Städte der südlichen Hemisphäre und schneidet am besten ab unter den 500 Städten mit über 500.000 Einwohner(inne)n.[20]

Soziale Gerechtigkeit

Durch die oben angeführten Daten und Zusammenhänge kann behauptet werden, dass die Interessensartikulation der Bürger(innen) Früchte trägt und dass es zu sozialen Verbesserungen durch das OP gekommen ist. Es handelt sich dabei oft um kleinere, wenig sichtbare Projekte, die jedoch den Forderungen der Einwohner(innen) entsprechen.

Die materiellen Verbesserungen gehen auf Forderungen der Bürger(innen) zurück, die zu knapp 70% respektiert werden. Dieser hohe Prozentsatz zeigt, dass die Interessen der Bürger(innen) von der Gemeinde ernst genommen und verwirklicht werden.

Durch den partizipatorischen Haushalt konnte auf zwei Ebenen soziale Ungerechtigkeit vermindert werden: auf der politischen und auf der materiellen Ebene. Durch die demokratischen Aktionen auf breiter Basis wird der Abbau sozialer und ökonomischer Ungleichheiten ermöglicht. Ärmere und marginalisiertere Menschengruppen werden in den Prozess miteinbezogen; sie tragen hauptsächlich das Modell. Das OP wird nicht von Eliten geführt, alle haben glei-

---

17 Zimmermann 2001, 41.
18 Sie bestehen in der Regel aus Hütten aus Blech und/oder Plastik.
19 Dierkes 2002a, 26.
20 Dierkes 2002b, 37.

ches Stimmrecht, was in klientelistischen Zeiten nicht der Fall war. Zudem profitieren periphere und ärmere Gebiete mehr durch das OP als gut versorgte Stadtteile.

Kritiker(innen) der partizipativen Demokratie argumentieren, dass ärmere, ungebildetere und marginalisierte Schichten einer Gesellschaft durch direkte Demokratie stärker diskriminiert und benachteiligt werden. Organisierte Interessensartikulation und direkte Beteiligung erfordern ein gewisses Maß an Politisierung, Zeitmanagement, Selbstvertrauen, Disziplin und Motivation. Den Kritiker(inne)n zufolge weisen ärmere Schichten durch ihre schlechteren Lebensbedingungen diese Eigenschaften nur im geringeren Maße auf. Somit würden sie durch direkte Partizipationsmechanismen nochmals benachteiligt und die Fäden hielten weiterhin die politischen und wirtschaftlichen Eliten in der Hand. Der Vorwurf, dass direkte Demokratie hierarchische und klassenspezifische Unterschiede verstärkt wiederspiegle, greift im Falle des partizipativen Haushaltes in Porto Alegre in sehr geringem Maße. Die Teilnehmer(innen) des OP kommen aus allen sozialen Schichten, die Mehrheit wird von den „nicht so armen Armen" („the poor, not so poor")[21] gestellt. Doch diese „Armen" sind nicht die Mehrheit der gesamten Bevölkerung Porto Alegres. Es werden ärmere Bevölkerungsschichten stärker vom OP angesprochen, sie dominieren die regionalen Versammlungen, sie sind im Verhältnis zu ihrem Anteil an der Gesamtbevölkerung überproportional vertreten. Auch wenn die thematischen Foren verstärkt von Bessergestellten besetzt werden, ist der partizipative Haushalt von Ärmeren und Ungebildeteren geprägt. Das OP verändert maßgeblich das Bild der Repräsentanz: Arme, Frauen, Arbeitslose sind überproportional vertreten.

Die Benachteiligung von marginalisierten Menschen findet in nur zwei Fällen statt: bei den Entscheidungsfindungsprozessen der regionalen Versammlungen und bei der Besetzung des Delegiertenforums. Die aller Ärmsten sind zwar beim OP stärker vertreten, als es ihrem Anteil an der Gesamtbevölkerung entspricht, doch stellten sie 1995 mit 11% die kleinste Gruppe bei den regionalen Versammlungen dar. In den thematischen Foren macht die Gruppe in der Regel nicht mehr als 3% aus. Die relativ schwache Repräsentanz der aller Ärmsten (die weniger als einen Mindestlohn verdienen) stellt ein Problem dar, da gerade diese Menschen der Basisversorgungen am dringendsten bedürfen. Diese Menschen zu erfassen und zu motivieren, ist für die Gemeinde ein schwieriges Unterfangen, da es sich oft um Personen handelt, die nicht registriert sind und keinen festen Wohnsitz haben.

Die politischen Auswirkungen in Porto Alegre

Die politischen Auswirkungen des *Orçamento Participativo* sind vielschichtig und vielversprechend. Es können konkrete Veränderungen im „Politik-Machen" beobachtet werden: Es ist zu einem Rückgang von Klientelismus und Korruption und zu einer erhöhten Transparenz gekommen. Doch auch im theoretischen und abstrakteren Sinne hat das OP zu einer politischen Veränderung beigetragen. Eine neue Beziehung zwischen Staat und Volk ist durch die Schaffung einer öffentlichen, nicht staatlichen Sphäre entstanden, die die Demokratisierung

---

21 Abers 2000, 80. Die „nicht so armen Armen" sind Personen, die den Gegenwert von ein bis zwei Mindestlöhnen verdienen.

des politischen Aktionismus befördert hat. Es ist zum *empowerment* der Bürger(innen) gekommen, das politische Bewusstsein und Demokratieverständnis konnten erhöht werden. Das OP hat den deliberativen Aspekt der Demokratie verstärkt.

Rückgang von Klientelismus

Klientelismus ist eine Politikform, die in Brasilien üblich ist und auch durch demokratische Strukturen nicht durchbrochen werden konnte. Die Politikverdrossenheit der in Brasilien lebenden Menschen ist meistens auf die klientelistischen Traditionen und auf die damit alltägliche Korruption zurückzuführen.

Auch in Porto Alegre sind klientelistische Strukturen vorhanden (gewesen). Besonders wurden die Nachbarschaftsvereine in den 1980er-Jahren von einem populären, dominanten Mann geprägt, der durch Versprechen Wahlstimmen erkaufte. Die Versprechen wurden jedoch nie eingehalten. Ein Politiker wie dieser wird in Brasilien „cabo eleitoral" genannt: Er tauscht infrastrukturelle Ressourcen gegen Stimmen für eine bestimme Partei ein.[22] Die klientelistischen Vereine sind vertikal organisiert, zwischen dem Anführer und seinem Klientel besteht ein Unterschied im Status. In Porto Alegre konnte diese Politikform durch das OP vermindert und z.T. ganz verdrängt werden. Durch das OP werden mobilisierte Massen motiviert, die dann in den regionalen Versammlungen ihre Standpunkte verteidigen können. Je mehr Menschen sich zu einer Gruppe zusammenschließen, desto eher werden sie ihre Forderungen durchsetzen können. Auf diese Weise kommen die Meinungen der mitwirkenden Bürger(innen) zum Tragen und die „Wahlbosse" verlieren an Macht und Einfluss. Durch den partizipativen Haushalt wurde den Bürger(inne)n ermöglicht ihre Forderungen über einen anderen Weg durchzusetzen. Durch das OP konnte ein enormer Druck auf die „Wahlbosse" ausgeübt werden, die sich entweder zurückzogen oder an das neue Umfeld anpassten.

Zusammenfassend kann gesagt werden, dass durch das OP der Einfluss von klientelistischen Strukturen zurückgedrängt wird. Entmündigte Bürger(innen) sind schwer zu mobilisieren. Die Auflösung klientelistischer Beziehungsgeflechte hat jedoch dazu geführt, dass politische Entscheidungen auf einer breiteren Basis getroffen werden. Klientelistisch geprägte Nachbarschaftsvereine verlieren so nach und nach an Kraft und Durchsetzungsvermögen gegenüber den neuen, stark mobilisierten Vereinen, die durch das OP entstanden sind.

Rückgang von Korruption

Durch das OP konnte auch die Korruption auf verschiedenen Ebenen verhindert werden. Der personellen Verknöcherung im Beirat des partizipatorischen Haushaltes und im Delegiertenforum ist durch die Regel der höchstens einmaligen Wiederwahl ein Riegel vorgeschoben. Dazu kommt die Unvereinbarkeit von einem OP-Posten und Gemeindeposten. Durch diese Regeln besteht ein hoher Fluktuationsgrad innerhalb des OP, wodurch Machtkonzentration in wenigen Händen verhindert wird. Durch den jährlichen Rechenschaftsbericht und die Offenlegung der Finanzen wird die Hinterziehung von Geldern unmöglich. Die Schulung der Dele-

---

22 Abers 2000, 158.

gierten in Haushaltsfragen ermöglicht den Delegierten eine größere Kontrolle über die Gemeinde und beugt einer Verschwendung finanzieller Mittel vor.

Die effektive Durchsetzung der Regeln hat zur Folge, dass die Erhebung von Steuern und die Verteilung von öffentlichen Geldern und Leistungen nicht mehr korrumpiert werden. Die Transparenz des OP sorgt dafür, dass die Gelder tatsächlich an ihrem Bestimmungsort ankommen und zu ihrem vorgesehenen Zweck ausgegeben werden. Zum Beispiel konnte durch die Reform der Bodensteuer IPTU der Bodenspekulation entgegengewirkt werden. Die Umgehung der Steuerpflicht ist durch das OP und die Reformen von 20% auf 12% gesunken.[23]

Aufleben der Vereinskultur und Politisierung der Bürger(innen)

Durch die 16 Jahre OP ist es zu einer Politisierung der Bürger(innen) und zu einem Aufleben der Vereinskultur gekommen. Viele Nachbarschaftsvereine sind gegründet worden. Sie sind durch das OP das Sammelbecken der Interessensartikulation der Bürger(innen) eines Viertels geworden. Obwohl die Teilnahme am OP an keine Vereinsmitgliedschaft gebunden ist, ist es zu einem regelrechten Boom der Vereine gekommen. Aber nicht nur die Anzahl von Nachbarschaftsvereinen ist gestiegen, auch die Gründung von Mütterklubs, Sport- und Tanzvereinen, religiösen und kulturellen Vereinigungen und sozialen Bewegungen hat zugenommen.[24]

Diese Entwicklung stellt einen Kontrast zur Situation von 1988 dar. Während damals (Nachbarschafts)vereine in fünf bis sechs Stadtvierteln aktiv gewesen sind, sind sie heute in allen Vierteln zu finden. In den peripheren Gebieten ist der größte Aufschwung zu beobachten, da diese nie eine ausgeprägte Vereinskultur besessen haben.

Laut nationalem Statistikamt IBGE ist Porto Alegre die Stadt, in der am meisten Menschen in politischen Vereinen organisiert sind, wie etwa Gewerkschaften (fast die Hälfte im Vergleich zu nur einem Drittel im Landesschnitt). Bei der Mitgliedschaft in kommunalen Organen liegt Porto Alegre mit 22% sogar deutlich an der Spitze, gefolgt von São Paolo mit knapp 12%.[25]

Auch für die Gewerkschaften bedeutet das OP eine neue und erweiterte Form, die Interessen der Arbeiter(innen) zu vertreten. Die Gewerkschaftsbewegung möchte ihre Beteiligung am OP ausweiten und vertiefen. Der partizipative Haushalt steht mittlerweile auf jeder Tagesordnung der Gewerkschaft CUT und fördert ihr politisches Bewusstsein. Der Organisationsgrad der Gewerkschaften in Porto Alegre ist mit 22% der höchste von ganz Brasilien, gefolgt von dem in Belo Horizonte, der sich auf 17% beläuft.

Umkehrung von Prioritäten

Die Politik der Umverteilung von oben nach unten hat Fuß gefasst, es ist zu einer gerechteren Verteilung der Ausgaben gekommen. Ein Teil der Macht ist von traditionellen Eliten abgegeben worden und wird mit sozial Schwächeren geteilt. Die soziale Situation hat sich durch das OP vor allem in armen Gebieten verbessert. In den Gebieten sind Maßnahmen gegen Rassis-

---

23 Herzberg 2002, 94.
24 Baiocchi 2003, 66.
25 Vgl. dazu http://www.ibge.gov.br/home/estatistica/populacao/condicaodevida/indicadoresminimos/suppme/analiseresultados1.shtm, vor allem Grafik 4 (Zahlen von 1996).

mus und für Frauenemanzipation, Jugend- und Behindertenförderung gesetzt worden.[26] Durch die Steuerreformen sind Privilegien der traditionellen Eliten abgeschafft worden, die Wohlhabenden werden nun höher besteuert, gemäß dem Slogan „Wer mehr hat, zahlt mehr". Durch das Aufbrechen von klientelistischen und autoritären Strukturen konnte die Umkehrung der Prioritäten erfolgen. Es ist zu einer Verschiebung der Machtverhältnisse gekommen. Durch das OP konnten Eliten zurückgedrängt werden, da z.B. die lokalen Machthaber für die Durchsetzung der Interessen der Bürger(innen) nicht mehr nötig waren. Im Beteiligungshaushalt wurden durch das Volk andere Prioritäten gesetzt, wodurch traditionelle Eliten, wie z.B. Parteien, weiter ins Eck gedrängt wurden.

Empowerment der Bürger(innen)

Entscheidend bei dieser neuen Entwicklung ist das *empowerment* der Bürger(innen). Die Regierung teilt die Macht mit der Zivilbevölkerung. Bisher benachteiligte Gruppen können durch den Partizipationsprozess ihre Interessen artikulieren. *Empowerment* heißt nicht nur Machttransfer an die Bevölkerung, sondern auch Kontrolle dieser über den Staat. Es handelt sich hierbei um ein nachhaltiges *empowerment*: Die Bürger(innen) haben eine wachsende Kontrolle über den Staat. Deren Fähigkeiten, Themen, die ihr Leben betreffen, zu verstehen und über sie zu entscheiden, haben zugenommen.[27] Die „Stärkung" der Bürger(innen) findet durch verschiedene Prozesse statt. Durch das OP ist ihre Meinung gefragt, wichtig und unverzichtbar. Ihre Forderungen sind wesentlicher Bestandteil der Stadtpolitik. Durch diese unverzichtbare Einbindung der Bürger(innen) in die Haushaltspolitik kommt es automatisch zum *empowerment*. Einwohner(innen), die früher nur alle vier Jahre ihren Stimmzettel abgegeben haben, werden jetzt durch das OP in ihrem politischen Aktionismus gestärkt und gefördert.
Der deliberative Charakter der Versammlungen und des ganzen Prozesses macht aus den Bürger(innen) Individuen, die Diskussionen und Verhandlungen führen, Argumente formulieren und andere überzeugen lernen. Durch die Teilnahme an den Versammlungen werden die Einwohner(innen) zu geübten Redner(inne)n und lernen ihre Interessen vorzustellen und durchzusetzen. Gerade wegen seines Diskussionscharakters schult das OP die Bürger(innen) in der Auseinandersetzung mit Problemen, Konfrontationen und unterschiedlichen Interessen. Benachteiligte Menschen wie Arbeitslose, Rentner(innen), Frauen erlangen eine andere Wahrnehmung des eigenen Potentials.
Der dritte Faktor, der zum *empowerment* beiträgt, ist die Schulung der Bürger(innen) in Haushaltsfragen und der gesteigerte Informationsfluss zwischen Gemeindeverwaltung und Zivilbevölkerung. Der Einblick, den die Bürger(innen) (und die extra geschulten OP-Delegierten) in Haushaltsfragen bekommen, steigert ihre Kontrolle über die Gemeinde und führt somit zum *empowerment*. Die Bürger(innen) erlangen erweiterte politische Fähigkeiten, erwerben technisches Know-how und spezifische Kompetenzen in Fragen des Budgets. In den vergangenen zwölf Jahren haben sich über 2.500 Bürger(innen) in Haushaltsrecht und Mode-

---

26 Dierkes 2002b, 39.
27 Herzberg 2002, 100.

rationsmethoden qualifiziert.[28] Dadurch können sie einen qualitativ anderen Druck auf die Gemeinde ausüben.

Das Konzept des *empowerment* ist nicht zu unterschätzen. Denn aus unmündigen oder entmündigten Einwohner(inne)n werden aktive Bürger(innen) mit einem politischen Bewusstsein. Die Stärkung der Zivilgesellschaft ist ein wesentlicher Bestandteil ihrer Emanzipation.

Die Demokratieschule

Durch den partizipativen Haushalt hat sich die Rolle der Gemeindepolitik erweitert. Sie hat eine didaktische Dimension, eine Art „volkserzieherische Komponente"[29], bekommen. Die neue Form der Beteiligung, die „Demokratisierung der Demokratie", hat viele Beobachter(innen) dazu veranlasst, das OP als „Demokratieschule" zu bezeichnen. Die Schulung der Bürger(innen) und der Delegierten, die Schaffung eines Bewusstseins der politischen Rechte sowie die Wahrnehmung der eigenen Beteiligungs- und Gestaltungsmöglichkeiten führten dazu, dass die Zivilgesellschaft ein anderes, erweitertes Demokratieverständnis bekommt. Demokratische Verfahren werden gelebt und nicht nur auf theoretischen Ebenen wahrgenommen.

Bei den offiziellen Versammlungen stehen von der Gemeinde gestellte Assistent(inn)en zur Verfügung, die eine didaktische Funktion haben. Sie versuchen die Logik der Konkurrenz durch solidarische und kooperative Elemente zu ersetzen. Die Teilnehmer(innen) lernen mit Hilfe der Assistent(inn)en die Praxis der Demokratie: eine Tagesordnung aufzustellen, ein Treffen zu organisieren, eine Diskussion zu koordinieren. Das *Orçamento Participativo* hat Instanzen ins Leben gerufen, die eine Vernetzung und Verbindung zwischen der Gemeinde und der Bevölkerung darstellen.

In den Diskussionen lernen die Bürger(innen) die Forderungen anderer Bezirke kennen. Angesichts dringlicher Probleme reduzieren viele ihre Forderungen oder schließen Allianzen mit anderen Vierteln; die Vertreter(innen) der regionalen Versammlungen beraten über gemeinsame Forderungen, solidarisches Verhalten wird aufgebaut und gefördert.

Durch das OP wird ein neues demokratisches Verständnis geschaffen. Es fördert die politische Sozialisation und wird als basisdemokratisches Instrument genutzt. Der partizipative Haushalt ermöglicht die Demokratisierung des politischen Aktionismus.

Fazit

Die neue Beziehung zwischen Staat und Zivilbevölkerung und die politischen Auswirkungen sind wichtige Konsequenzen des partizipativen Haushaltes. Auf der einen Seite hat sich die Selbstorganisation durchgesetzt und die Staatsabhängigkeit an den Rand gedrängt. Auf der anderen Seite ist es zu einem Co-Management zwischen der Bevölkerung und der Gemeinde gekommen. Die Machtdezentralisierung hat aus Bürger(inne)n und Gemeinde verhandelnde Partner(innen) gemacht. Durch die Öffnung des Staatswesens ist es zu einer Reduktion der Barriere zwischen Politiker(inne)n und Bürger(inne)n gekommen und zu einer Verminderung

---

28 Nietschke 2002, 56.
29 Baiocchi 2003, 63.

des patriarchalen Charakters der Gemeinde. Die Bürger(innen) stellen nicht mehr passive Klient(inn)en und Konsument(inn)en dar, sondern sind aktive Subjekte, die mit der Gemeinde für eine höhere Lebensqualität kämpfen. Die neue Beziehung zum Staat, zur Öffentlichkeit, das Aufleben der Vereinskultur und die Politisierung der Bürger(innen) sind Wege, die politische Apathie und das allgemeine Desinteresse zu vermindern. Die politischen Auswirkungen des Beteilungsmodells haben bewiesen, dass Bürger(innen) die Möglichkeit der Partizipation wahrnehmen und in der Lage sind, Entscheidungen zu treffen. Angesichts der „Demokratiekrise" ist die Demokratieschule in Porto Alegre von äußerster Wichtigkeit. Durch die aktive Teilnahme an demokratischen Prozessen kann das Vertrauen in die Demokratie (wieder)hergestellt und der allgemeinen Ernüchterung entgegengewirkt werden. Wahlbeteiligung, Parteiensympathie und Vereinskultur haben sich positiv in den letzten 16 Jahren entwickelt. Die Erziehung zur Bürgerschaft findet in Porto Alegre in kleinen Schritten statt, langsam entwickelt sich ein öffentliches Bewusstsein.

Literatur

Abers, Rebecca Neaera: *Inventing Local Democracy. Grassroots Politics in Brazil.* Boulder/CO, Lynne Rienner, 2000.

Baiocchi, Gianpaolo: "Participation, Aktivism, and Politics: The Porto Alegre Experiment and Deliberative Democracy", in: Fung, Archon/Wright, Erik O. (Hg.): *Deepening Democracy. Institutional Innovations in Empowered Participatory Governance.* London, Verso, 2003, 45-76.

Barber, Benjamin: *Starke Demokratie. Über die Teilhabe am Politischen.* Hamburg, Rotbuch, 1994.

Benhabib, Seyla (Hg.): *Democracy and Difference. Contesting the Boundaries of the Political.* Princeton, Princeton University Press, 1996.

Dierkes, Hermann: „Neue Hoffnungen für die Armen. Wohnungspolitik in Porto Alegre", in: Nitschke, Ulrich: *Vom Süden lernen. Porto Alegres Beteiligungshaushalt wird zum Modell für direkte Demokratie.* Aachen, Misereor, 2002[a], 24-29.

Dierkes, Hermann: „Ein erfolgreiches Modell macht Schule", in: Nitschke, Ulrich: *Vom Süden lernen. Porto Alegres Beteiligungshaushalt wird zum Modell für direkte Demokratie.* Aachen, Misereor, 2002[b], 36-39.

Fedozzi, Luciano: *O poder da aldeia. Gênese e história do orçamento participativo de Porto Alegre.* Porto Alegre, Tomo Ed., 2000.

Fischer, Bueno Niton: *Por uma nova esfera pública. A experiência do orçamento participativo.* Petrópolis, Ed. Voces, 2000.

Friedmann, Miton: *Capitalism and Freedom.* Chicago, University of Chicago Press, 1962.

Genro, Tarso/de Souza, Ubiratan: *Quand les habitants gèrent vraiment leur ville. Le budget participatif: l'expérience de Porto Alegre.* Paris, FPH, 1998.

Gustmann, Hartmut: „Beteiligung an der kommunalen Haushaltsplanung – mit dem Bürgerhaushalt zur Bürgerkommune?", in: Verband für sozial-kulturelle Arbeit (Hg.): *Rundbrief*

01/2000: Bürgergesellschaft und Sozialstaat – Zivilgesellschaft gestalten. Berlin, Paritätische Akademie, 2000, 80-87.

Hees, Wolfgang: „Partizipative Haushaltsplanung in Porto Alegre", in: *EPD-Entwicklungspolitik* 11/12/2000, Juni 2000, 15.

Herzberg, Carsten: *Der Bürgerhaushalt von Porto Alegre. Wie partizipative Demokratie zu politisch-administrativen Verbesserungen führen kann.* Münster, LIT Verlag, [2]2002.

Mouffe, Chantal: *Dimensions of Radical Democracy. Pluralism, Citizenship, Community.* London, Verso, 1992.

Navarro Zander: „Democracia e controle social de fundos públicos: o caso do ‚orçamento participativo' de Porto Alegre (Brasil)", in: Bresser Pereira, Luis Carlos/Cunill Grau, Nuria (Hg.). *O público não-estatal na reforma do Estado.* Rio de Janeiro, Fundação Getúlio Vargas, 1999, 293-334.

Nietschke, Ulrich: „Deutsche Kommunen wagen mehr Demokratie", in: Nitschke, Ulrich: *Vom Süden lernen. Porto Alegres Beteiligungshaushalt wird zum Modell für direkte Demokratie.* Aachen, Misereor, 2002, 54-57.

Sousa Santos, Boaventura de: *Democratizar a democracia. Os caminhos da democracia participativa.* Rio de Janeiro, Civilização Brasileira, 2002.

Wampler, Brian: *A guide to Participatory Budgeting.* Mimeo, International Budget Project, 2000, online unter: http://www.internationalbudget.org/resources/library/GPB.pdf.

Zimmermann, Clóvis: „Direkte Demokratie auf Landesebene", in: Nitschke, Ulrich: *Vom Süden lernen. Porto Alegres Beteiligungshaushalt wird zum Modell für direkte Demokratie.* Aachen, Misereor, 2002, 40-43.

Michaela Ralser

Migration – Marginalisierung – bio-ökonomischer Imperativ
Schubhaft und Abschiebung: Instrumente gegen Armutsflüchtlinge

Millionen von Menschen sind weltweit auf der Flucht.[1] Auf der Flucht vor Verfolgung, vor Krieg oder vor der Verknappung der Lebens- und Überlebensmittel. Die wenigsten von ihnen gelangen nach Europa. Von diesen wenigen erwerben sich manche hier eine Art Bleiberecht, weil ihr Asylantrag angenommen, weil ihre Arbeitskraft auch offiziell nachgefragt wird, weil irgendein anderes Gesetz ihren (Aufenthalts)status legitimiert. Die anderen leben unter den prekären Bedingungen der Illegalisierung im Schatten eines ethnisch segmentierten Arbeitsmarktes und unter dem Zugriff immer neuer „Grenzregime", „Ausnahme"-Gesetze und „Ausnahme"-Institutionen.

Ich möchte hier vor allem von einer Gruppe erzählen, den „Armutsflüchtlingen" aus der Peripherie oder Semiperipherie[2], weil ihre Fluchtgründe, Fluchtbedingungen und Daseinsmöglichkeiten hier wie dort direkter noch als die anderer mit der ökonomischen Globalisierung zusammenhängen. Würde ich von Asylwerber(inne)n erzählen, die vor politischer Verfolgung geflohen sind und die aufgrund eines in der Genfer Flüchtlingskonvention aufgezählten Verfolgungstitels auf Anerkennung ihres Asylantrags hoffen können, müsste ich eine andere Ge-

---

1 Wer sich über die aktuellen Flüchtlingszahlen, -ströme und Verteilungsmuster etc. ein Bild machen möchte, konsultiere die stets aktualisierten Zahlen des UNHCR (UNO-Hochkommissariat für Flüchtlinge). Als derzeit aktuellste Publikation gilt der Bericht State of the World's Refugees: Human Displacement in the New Millennium (vgl. UNHCR 2006).

2 Die Begriffe „Zentrum", „Peripherie" und „Semiperipherie" (erstmals auf diese Weise 1974 von Immanuel Wallerstein verwendet; vgl. Wallerstein 1986, die deutsche Version) dienen jeweils der Bezeichnung der Relationen zwischen Ökonomie und (Umgebungs)raum im Sinne ökonomischer Zonen. Mit „Zentrum" sind demnach die traditionellen ökonomischen Zentren der Welt gefasst, mit „Peripherie" die an den „Rändern der Welt" liegenden (Armuts)ökonomien und mit „Semiperipherie" die neuen, dazwischenliegenden Schwellenländer. Alle Zonen stehen zueinander in einem Verhältnis wechselseitiger Beeinflussung und (ungleicher) Abhängigkeit. Die relationale Konstellation (Ökonomie/Raum) der Begriffe ermöglicht insbesondere den neuen Entwicklungen und Globalisierungseffekten Rechnung zu tragen: der Ausbildung von Peripherien in Zentrumsnähe und umgekehrt von ökonomischen Zentren inmitten von Peripherien.

schichte erzählen, die sich an manchen Punkten vielleicht überschneiden, nicht aber decken würde.[3] Berichtete ich von der saisonalen, transnationalen Arbeitsmigration eines polnischen Landarbeiters oder einer rumänischen Krankenschwester, wäre die Geschichte ebenfalls eine andere. Auch dann, wenn sie sich – unter Umständen, die leicht eintreten können – in der Putzkolonne als „Gleiche" wiederfänden – sie sind es nicht. Warum ich auf dieser Unterscheidung beharre, erklärt sich aus dem Umstand, dass die Herkunftsorte und Lebenswege nicht nur die Biografien der Einzelnen bestimmen, sondern auch den Status, den sie – einmal im Zentrum angekommen – erhalten. Denn dieser wird alles bestimmen, was dann folgt. Wer sich sicher sein kann, die „richtige" Staatsbürgerschaft zu besitzen, hat mitunter Schwierigkeiten, sich vorzustellen, was es heißt, ohne eine solche zu leben.

Ein Ziel des vorliegenden Beitrags soll also sein, in uns die Vorstellungskraft für die besondere Situation von Flüchtlingen zu schärfen, ein anderes, das Unterscheidungsvermögen zu erhöhen in Bezug auf die Frage, was die ungerechtfertigt ungleichen Lagen der Menschen, abhängig von ihren Herkunfts- und Geburtsorten, jeweils ausmacht, welche Rolle schließlich die Fragen des Zugangs zu oder der Beschränkung von Mobilität in diesem Zusammenhang spielen und wie diese unter anderem mit der ökonomischen Globalisierung zusammenhängen.

Die Orte, von denen aus ich spreche: die Einrichtung Arge Schubhaft und ihr Nachfolgeprojekt, die Beratungsstelle FLUCHTpunkt[4]

Die Arge Schubhaft, eine NGO zur psychosozialen Betreuung von Menschen in Schubhaft mit Sitz in Innsbruck, ist eine jener Organisationen, die sich – wie viele andere – im weiten Feld der Subpolitiken ausgebildet haben.[5] In der Entstehungsphase selbstorganisiert, im Verlauf der Jahre prekär institutionalisiert und bis zuletzt auf ein hohes Maß an Selbsttätigkeit, Selbstverwaltung und Selbstprofessionalisierung gegründet, gehört die „Arge", wie sie geläufig genannt wird, zu jenen Einrichtungen im Feld der Flüchtlingsarbeit, die „Hilfe und Protest" oder die „Hilfe unter Protest"[6] sein will und muss. Hilfe, um das unmittelbar Notwendige vor Ort und im eigentlichen Wortsinn (das die Not Wendende) zu tun, und Protest, weil sie als NGO mit einer der menschenrechtspolitisch fragwürdigsten Institutionen eines modernen

---

3 Vgl. Ralser 2002.

4 Die auf Bitte der Organisatoren der Lehrveranstaltung „Globalisierung. Transdisziplinäre Ringvorlesung" getroffene Entscheidung, den Vortrag teilweise aus der Perspektive und dem Wissensbestand einer NGO im Feld zu gestalten, habe ich auch für den darauf aufbauenden schriftlichen Beitrag beibehalten. Ich erachte es als einen besonderen Vorzug transdisziplinären Arbeitens, nicht nur unterschiedliche disziplinäre Zugänge zur Erörterung einer Problemstellung zu vernetzen, sondern auch unterschiedliche Wissensformen miteinander in Dialog zu bringen, beispielsweise Praxis- und Erfahrungswissen (im Fall meines Beitrages etwa von einer Menschenrechts-NGO), kritische Gesellschaftsanalyse und explizit wissenschaftliche Verarbeitungen der Fragestellung. Als Mitarbeiterin und Vorsitzende des Vereins Arge Schubhaft und des Projekts FLUCHTpunkt gebe ich diesen beiden Einrichtungen im Beitrag breiten Raum.

5 Vgl. Ralser 2006, 117-133.

6 Die für mehrere NGOs im Feld paradigmatische Wendung „Hilfe unter Protest" ist eine Formel, die selbst wiederum einigenden Charakter besitzt in Bezug auf das Verhältnis zwischen den diversen NGOs, etwa den kirchlich-humanitären (Diakonie & Caritas) und den explizit menschenrechtspolitischen.

Rechtsstaates, mit der sogenannten Schubhaft[7], befasst ist. Einer Einrichtung, die Freiheitsentzug ohne Delikt erlaubt, Menschen allein aufgrund der Tatsache mangelnder oder mangelhafter Aufenthaltspapiere gefangen hält und bis zur Abwicklung der Identitätsfeststellung, der Vorbereitung der Rückschiebung oder der Organisation der Abschiebung respektive bis zum Erweis ihrer Nichtrealisierbarkeit oder der Feststellung ihrer Unrechtmäßigkeit in Haft behält. „Schubhaftgefängnisse sind in mancher Hinsicht Orte des Ausnahmezustandes. In ihnen herrschen Bedingungen, die mit nichts vergleichbar sind, was wir üblicherweise in einem demokratischen Rechtsstaat für möglich halten. Sie erzeugen eine Struktur, die eine immer gleiche Wirkung hervorbringt: in letzter Konsequenz ‚rechtlose‘ Menschen, deren ‚Verschub‘ erlaubt ist und deren Leben insofern nicht gilt, als ihre Geschichten, ihre Lebensperspektiven und ihre je spezifischen Notlagen nicht interessieren, weil sie (staatlicherseits) hier und meist auch anderswo *nicht sein* sollen.“[8]

In der alltäglichen Arbeit der NGO freilich haben „Hilfe und Protest“ konkret zu sein und sie sind es auch: In den meisten Fällen ist weder das eine noch das andere spektakulär: eine Telefonwertkarte für den Mann aus dem Maghreb, damit er aus der Schubhaft Kontakt mit seinen Freunden und Verwandten aufnehmen kann; ein klärendes Gespräch mit einer der fremdenpolizeilichen Behörden, den Aufenthaltsstatus eines Klienten betreffend; ein Wörterbuch und eine Zeitung in Landessprache für die angehaltene Frau aus Rumänien; die Einleitung eines Haftprüfungsverfahrens für Salif aus Marokko; einen Pullover und Hygieneartikel für Kelly aus Nigeria und die Prüfung, ob in ihrem Fall nicht das „Projekt für Betroffene des Frauenhandels“[9] einzuschalten wäre; ein Verlegungsansuchen an den diensthabenden Kommandanten für den Jugendlichen aus Sierra Leone, der die Einzelhaft, eine „Schutz“-Maßnahme für Jugendliche in Haft, nicht mehr erträgt; die Vermittlung einer dringenden Rechtsvertretung für einen anderen; ein neuerliches Gespräch mit dem Amtsarzt wegen der Schmerzen des jungen Mannes aus Indien; eine Presseaussendung – und eine weitere –, um die Öffentlichkeit (über unzureichende Haftbedingungen oder anderes) zu informieren; immer wieder die Ermöglichung eines persönlichen Kontakts mit den Menschen in Schubhaft durch muttersprachliche Betreuer(innen) oder mit Hilfe beigezogener Dolmetscher(innen). Über diesen Kontakt wissen die Mitarbeiter(innen) des Projekts oft mehr, als sie ertragen können, und jedenfalls mehr, als sie in die Öffentlichkeit tragen können.

Entstanden ist das Projekt – nach massiven Protesten von Menschenrechtsorganisationen über die Bedingungen der Haft in den österreichischen Schubgefängnissen – auf Initiative von Studierenden der Sozialakademie Innsbruck bereits 1996 und bis heute trägt es den Namen dieser Arbeitsgruppe: Arge Schubhaft. Ein Jahr später formierte sich gleichnamig der Verein und wurde zum Träger des neuen Arbeitsvorhabens einer psychosozialen Betreuung und Be-

---

7 Der Begriff „Schubhaft“ wird ausschließlich in Österreich verwendet, im übrigen deutschen Sprachraum ist der Terminus „Abschiebehaft“ geläufiger, international wird der Ausdruck „Detention“ oder, bezogen auf die diversen „Abschiebeorte“ (Lager, Gefängnisse etc.), die Sammelbezeichnung „Detention Camps“ verwendet.

8 Arge.Schubhaft 2006, 5 (Zitat leicht abgeändert von M.R.).

9 In nahezu allen europäischen Staaten existieren in der Zwischenzeit Projekte oder zumindest Initiativen zur Bekämpfung des Frauenhandels, in Österreich etwa die Interventionsstelle für Betroffene des Frauenhandels, getragen vom Verein LEFÖ (Lateinamerikanische Exilierte Frauen in Österreich) in Wien.

ratung von Menschen in Schubhaft. Und 1998 – nach einem weiteren Jahr – gelang die Aushandlung eines Vertrags mit dem Bundesministerium für Inneres, der erstmals Zutrittsmöglichkeit, Kooperationsverpflichtung der Behörden sowie basale Betreuungsstandards regelte und eine minimale Förderung der Betreuungs- und Beratungsarbeit für Menschen in Schubhaft garantierte – nicht nur in Innsbruck, sondern überall dort, wo Österreich Schubgefängnisse eingerichtet hatte und wo ebenfalls bereits Arbeitsgruppen im Vorfeld tätig gewesen waren: das war insbesondere in Graz, Linz und Salzburg der Fall.

Seither war es den Mitarbeiter(inne)n der Arge Schubhaft möglich, annähernd 10.000 Betreuungsbesuche in Schubhaft zu organisieren, Hunderte von Interventionen zu setzen, zahlreiche Male die Öffentlichkeit zu informieren und in vielen Fällen ein wenig hilfreich zu sein. Nach acht Jahren Tätigkeit wurde Ende 2005 der Vertrag mit der Arge Schubhaft durch das Kabinett der Innenministerin Liese Prokop nicht mehr verlängert und die „Arbeit in Schubhaft" einem anderen Verein, dem Verein Menschenrechte Österreich, überantwortet, der als „verlässlicher(er)" Partner des Ministeriums galt. Eine Entscheidung, die, trotz massiver Proteste und dem entschiedenen Einsatz verschiedenster Kräfte für eine unabhängige und qualitätsvolle Schubhaftbetreuung in Tirol, nicht mehr rückgängig zu machen war.[10] Der Zutritt zur Schubhaft und der Kontakt mit den dort ausharrenden Menschen, wofür der ausgelaufene Vertrag die Grundlage gebildet hatte, waren dem Verein Arge Schubhaft von nun an verwehrt. Das ist im Übrigen noch heute so und wird bis auf Weiteres auch so bleiben. Im Wissen um die Auswirkungen des neuen Asyl- und Fremdenrechts (2005), des restriktivsten, das Österreich je in der Zweiten Republik gehabt hatte, entschied sich der Verein daraufhin, ein neues Projekt ins Leben zu rufen: FLUCHTpunkt. Beratung, Hilfe und Intervention für Flüchtlinge.[11] Es wendet sich an Flüchtlinge und Migrant(inn)en, die im gegenwärtigen Aufnahme- und Betreuungssystem nicht, prekär oder unzureichend mit sozialen Versorgungsrechten ausgestattet sind, die oft über keinen ärztlichen Versicherungsschutz verfügen und deren (Aufenthalts)status ungeregelt oder unsicher ist. Auch von ihnen wird im vorliegenden Beitrag die Rede sein. Denn unter ihnen sind einige, die der Gruppe der „Armutsflüchtlinge" angehören, und um diese soll es hier ja – wie schon gesagt – vorrangig gehen.

Über den Zusammenhang von Globalisierung und Lokalisierung

Zygmunt Bauman beschreibt Globalisierung als einen Prozess der weltweiten Neuverteilung von Souveränität, Macht und Handlungsfreiheit unter den Bedingungen einer weltweit durchgesetzten kapitalistischen Ökonomie.[12] Im Zuge dieses Prozesses rücken einige Gebiete, die

---

10 Eine umfassende Dokumentation enthält das Buch *Haft ohne Delikt. Acht Jahre arge.Schubhaft* (vgl. Arge-Schubhaft 2006).

11 Näheres zu Projektaufbau, Gestalt und Dienstleistung von „FLUCHTpunkt. Beratung, Hilfe und Intervention für Flüchtlinge" erfahren Sie unter: http://www.fluchtpunkt.org.

12 Zygmunt Bauman, der in zahlreichen Publikationen auf die mit der Moderne und ihren Transformationen verbundenen Aus- und Einschließungsmechanismen hinweist, beschäftigte sich zuletzt auch mit den widersprüchlichen Bedingungen ökonomischer Globalisierung. Richtungsweisend in diesem Zusammenhang wurde sein – erstmals 1996 von Nora Räthzel – ins Deutsche übersetzte Aufsatz *Glokalisierung oder Was für die einen Globalisierung, ist für die anderen Lokalisierung* (vgl. Bauman 1996).

zuvor in der Peripherie waren, etwas näher an das Zentrum, manche im Zentrum etwas näher an die Peripherie[13] *und* es entsteht eine neuer Typus der Peripherie: belebte Orte – gänzlich unwirtlich, ohne Anschlussfähigkeit an irgendetwas, abseits jeder Regulierung, aufgegebene Landschaften mit ausgesteuerten Bewohner(inne)n. Das können ganze Staaten sein, die wegen ihres Mangels an souveräner Regulierungskompetenz kaum den Namen verdienen, das können Grenzlandgegenden sein, Relikte aus den zahlreichen „deregulierten" Grenzkriegen (Kriege z.B. außerhalb des Völkerrechts), das sind jedenfalls all die großen Flüchtlingslager in der Peripherie, das sind die informellen Siedlungen oder randstädtischen Elendsviertel in der Semiperipherie, z.T. auch die Armenghettos und Trabantenstädte der Metropolen des Zentrums, das sind auch die Gegenden, in denen große Föderationen kleine Minderheiten kriegerisch bedrängen und am Leben hindern, wie etwa in Tschetschenien. An diesen Orten leben Menschen, die aus nationalstaatlichen, sozialen und meist auch kulturellen Zusammenhängen ausgeschlossen wurden und an deren Reintegration niemand mehr Interesse hat, sozusagen für „überflüssig gehaltene Menschen"[14], die keiner mehr braucht – nicht einmal, um Ausbeutung zu betreiben. Auf diesen Aspekt werde ich noch zurückkommen und die scheinbare Ersetzung des Ausbeutungsbegriffs durch den der Exklusion aufgreifen und im Sinne eines neuen bio-ökonomischen Imperativs zu wenden suchen.

Zygmunt Bauman bestimmt Integration auf der einen und Fragmentierung (also politische Zerstückelung der Weltszene) auf der anderen Seite, Globalisierung und Territorialisierung als zwei sich jeweils ergänzende Prozesse. Globale Märkte benötigen Staaten, schwache Staaten zwar, aber solche, die jenes Minimum an Ordnung aufrechterhalten, das erforderlich ist, um die Geschäfte zu erledigen. Politische „Tribalisierung" und „ökonomische Globalisierung"[15] wären demnach Verbündete. „Paradoxerweise hat gerade der Untergang staatlicher Souveränität die Idee der Staatlichkeit außerordentlich populär gemacht".[16] Immer eiliger wollen – so Bauman weiter – rechtzeitig erfundene Ethnizitäten einen eigenen Staat, ohne auch nur annähernd fähig zu sein, die traditionellen Staatssouveränitätstests (Gewaltenteilung etc.) zu bestehen. In jenen Gegenden, wo selbst eine prekäre Staatsgründung nicht gelingt, oder wo der Staat in seiner sozialen und politischen Regulierungskompetenz ineffektiv ist, oder er eine Regulierung gar nicht versucht und ohnehin ausschließlich am Erhalt der Staatselite Interesse zeigt, in diesen Zwischenzonen leben Menschen, denen ihre bewährte (Über)-lebensgrundlage im biologischen wie meist auch im soziokulturellen Sinne genommen wurde. Meist haben sie schon eine Flucht hinter sich, eine Landflucht oder die Flucht vor einem der deregulierten Kriege in ein Lager oder die Auswanderung in eine Grenzlandgegend, oder aber sie waren immer schon dort und ihr Umgebungsraum hat sich in eine Wüste verwandelt, manches Mal im real-ökologischen Sinne (durch Ausbeutung der Ressourcen), öfter aber im sozialen oder ökonomischen. Von hier müsste eigentlich weggegangen werden, aber gerade

---

13 Zu den widersprüchlichen Auswirkungen globaler Modernisierung, in deren Rahmen Akteure und Räume privilegiert (auch vormals deprivilegierte), andere diskriminiert werden, siehe u.a. Lenz 2001.

14 Diesen Zusammenhang entwickelt Zygmunt Bauman in seinem letzten in deutscher Sprache erschienen Buch im Konzept der „verworfenen Leben", welches der Publikation auch den Titel gibt. Vgl. Bauman 2005.

15 Bauman 1996, 658.

16 Bauman 1996, 656.

hier ist die Möglichkeit, zu gehen, besonders eingeschränkt – nicht ausgeschlossen, aber besonders erschwert: Gerufen wird von hier ohnehin keiner und auch nicht vermisst. Hier herrscht eine absolut lokalisierte Welt, keine globale.

Die rasche Überbrückung von virtuellem wie realem Raum, eine der Kennzeichnungen der Globalisierung, gilt nur für die einen, für die anderen, die Armen in der Peripherie wie im Zentrum, gilt sie nicht. Diese Welttrennung in eine lokalisierte und in eine globalisierte Welt – durch den Begriff „Glokalisierung" zu fassen gesucht – polarisiert Mobilität.[17] Das ist entscheidend und wird uns noch beschäftigen. „Einige bewohnen den Globus, andere sind an ihren Platz gefesselt", schreibt Baumann.[18] Wenn sie aufbrechen, was selten der Fall ist, weil ihnen ihre unmittelbare Umgebung kaum die Möglichkeit dazu bietet, so erfolgt ihre Reise unfreiwillig und unter ungleich prekären, meist sogar unter lebensgefährlichen Bedingungen. Sie umwandern den Globus auf der Suche nach einem Auskommen und versuchen sich dort niederzulassen, wo sie ein solches Auskommen finden.[19] Auf dem Weg und bei jedem kurzfristigen Aufenthalt sind sie außerhalb jedes Gesetzes. Es schützt sie keiner: kein Nationalstaat, keine supranationale Formation, bescheidene Hilfe erhalten sie ab und an durch humanitäre Organisationen. Ihr Weg ist gefährlich, auch und besonders an den Außengrenzen Europas: Allein an der Südgrenze der EU starben nach Schätzungen der Berliner Forschungsgesellschaft Flucht und Migration[20] seit 1992 mehr als 10.000 Menschen bei dem Versuch, in die Staaten der Europäischen Union zu flüchten.[21] Hunderte Menschen werden jede Woche dank des Rücknahmeabkommens der EU mit Marokko mitten in der Wüste nahe der algerischen Grenze ausgesetzt. In den spanischen Exklaven Ceuta und Melilla wurden im Oktober 2005 junge Männer von Maschendrahtzäunen geschossen, die sie zu übersteigen suchten. Die beispiellose Brutalität, mit der die Exekutivkräfte dabei gegen die nordafrikanischen Flüchtlinge vorgegangen waren, ging damals durch die Medien. Von anderen Fällen dagegen erfahren wir nichts oder erst nach mühsamen Recherchen von Menschenrechtsorganisationen vor Ort.[22]

Ein knappes Viertel der 22 Millionen weltweit *registrierten* Flüchtlinge – das ist mit Sicherheit nur ein Bruchteil der realen Zahl – schafft es, den Weg bis nach Europa zurückzulegen. Der rechtlose Status ändert sich für viele von ihnen dadurch meist nicht. Manche allerdings erhalten einen vorübergehenden Aufenthaltstitel als Asylwerber(in), anderen gelingt es nach Jahren, sich über ein reguläres Arbeitsverhältnis zu legalisieren, manche andere werden sogleich aufgegriffen und zurückgeschoben, andere leben länger hier. Die meisten Flüchtlinge

---

17 Bauman 1996, 661.

18 Bauman 1996, 661.

19 Bauman 1996, 90.

20 Die Forschungsgesellschaft Flucht und Migration (FFM) besteht seit 1994. Sie recherchiert und veröffentlicht zur Situation von Flüchtlingen und Migrant(inn)en an der Peripherie der Europäischen Union (EU) sowie zur Abschottungs- und Lagerpolitik an den EU-Außengrenzen (siehe dazu auch http://www.ffm-berlin.de).

21 Es muss die Frage heute noch offen bleiben, ob wir in historischer Distanz dieses Massensterben an den (Außen)grenzen Europas nicht irgendwann auch als ein Massenmorden werden qualifizieren müssen und wie unser aller Verantwortung in Kenntnis der Lage und des Vorgangs dann beurteilt werden wird.

22 Vgl. Milborn 2006.

aber sind laut Angaben des Unabhängigen Flüchtlingshochkommissariats nach wie vor in Asien (40%) und Afrika (30%) registriert.

Über Mobilität als geteiltes Gut und die Relation des Raums als Aspekt weltweiter Ungleichheit

Ich plädiere dafür, die Kategorie der Mobilität und die des Umgebungsraums in die internationale Ungleichheitsforschung mit aufzunehmen. Dass im Prozess der ökonomischen Globalisierung sowohl das wirtschaftliche Wachstum wie die internationale Ungleichheit zunehmen, wissen wir.[23] Dass in ihrem Rahmen Orte absoluter Lokalität und Unwirtlichkeit entstehen, habe ich soeben zu beschreiben versucht. Dass diese Orte die Möglichkeitsbeziehungen der dort lebenden Menschen in einem hohen Ausmaß begrenzen, auch. Es verwundert in diesem Zusammenhang, dass die (Ungleichheits)forschung insgesamt von einem Rückgang der quasi ständischen Schließung, dem Ende der Privilegierung oder der Deprivilegierung qua Geburt, Geschlecht und ethnischer Zugehörigkeit spricht.[24]

Die Soziologin Anja Weiß[25] hält dem entgegen: Durch die Geburt an dem einen oder an einem anderen Ort sind große Teile der Bevölkerung auf sehr stabile Weise von jeder Teilnahme ausgeschlossen, andere in verschiedene Formen von Teilnahme eingeschlossen. Die Anschlussfähigkeit an Umwelten bzw. die Raumrelation von Personen aber ist eine wichtige Variable in der Feststellung von Ungleichheit. Globale Oberklassen sind weltweit anschlussfähig, sie wirtschaften in global operierenden Organisationen, sie leben weitgehend losgelöst von den Niederungen der nationalstaatlich organisierten Welt.[26] Für sie sind nationalstaatliche Grenzregime (Grenzkontrollen, Migrationspolitik und sogenanntes Fremdenrecht) meist nur eine Formalie. Globale Unterklassen sind an delegitimierte soziale Räume gebunden. Selbst dann, wenn sie wegziehen für ein besseres Leben, bleiben sie an ihr Herkunftsland gebunden, oft auch noch ihre Kinder, die im Einwanderungsland geboren sind und schon lange dort leben. Die qua Geburt erworbene Staatszugehörigkeit ermöglicht Rechtszutritt zu Privilegien für die einen – in Österreich eben für Österreicher(innen) und andere EU-Bürger(innen) – und Ausschluss von diesen für die anderen. Die offensichtliche Abschottung nationaler oder supranationaler Räume, wie etwa der Europäischen Union, gegenüber internationaler Ungleichheit bleibt im begrifflichen Horizont der Ungleichheitssoziologie randständig. Für Flüchtlinge und Migrant(inn)en aus der (Semi)peripherie stellen nationalstaatliche Grenzregime in materiellen, juristischen und symbolischen Formen ein zentrales Moment sozialer Ungleichheit

---

23 Vgl. dazu u.a. die jeweiligen Jahresberichte des United Nation Developement Program (UNDP). Der aktuellste der vorliegenden Bände, *Beyond Scarcity: Power, Poverty and the Global Water Crisis*, betrifft das Jahr 2006.
24 Diese Auffassung ist kennzeichnend für einen Großteil der modernen, die allgemeinen Individualisierungsprozesse ins Zentrum rückenden Soziologien (wie z.B. jene von Antony Giddens, Ulrich Beck oder Scott Lash), wenn auch nicht in allen Fällen gleichermaßen.
25 Weiß 2002, 76-91.
26 Weiß 2002, 82 f.

dar.[27] Bis zum – wie noch zu zeigen sein wird – Ausschluss von den fundamentalen Menschen- und Freiheitsrechten.

„Eine Ungleichheitssoziologie, welche die Staatszugehörigkeit als unhinterfragtes und primäres Kennzeichen sozialer Lagen akzeptiert, verliert die Ungleichheitsrelevanz von Migrations- und Grenzregimen für die Fragen sozialer Ungleichheit aus dem Blick."[28] Ein solcher Blick aber wäre entscheidend, um die Frage des Umgangs mit Armutsflüchtlingen in eine Frage der Gleichheits-/Ungleichheitsrelation zu übersetzen und in eine allgemeine Debatte um Gerechtigkeit einzutragen. Angesichts der Zunahme globaler Verflechtung – so Weiß – sind die weitgehende Unmöglichkeit transnationaler Mobilität bzw. die weitgehende Beschränkung auf benachteiligte soziale Räume und die soziale Delegitimierung bei deren Überschreitung zu zentralen Aspekten von Ungleichheit im Weltmaßstab geworden.

Die drei Formen der Exklusion: Verbannung, Beschränkung, Marginalisierung

Die Verwendung des Begriffs „Exklusion" ist heute fast schon inflationär. Er wird für alles Mögliche gebraucht, nicht selten hat er den Begriff der Ausbeutung ersetzt, oft flankiert er ihn, oft wird er als gänzlich frei von irgendeinem Herrschaftsbezug eingesetzt. Für die hier zu erörternde Frage kann er in einer spezifischen Bedeutung nützlich sein, weil er die Lebensbedingungen der „Ausgesteuerten in der Peripherie" ebenso zu bezeichnen vermag wie die der „radikal Delegitimierten" im Zentrum. Mit Michel Foucault ließe sich die äußerste Grenze der Exklusion im Sinne der Trennlinie zwischen dem, „was leben soll, und dem, was sterben muss", beschreiben. Sterben müssen heißt hier soviel wie der Gefahr des Todes ausgesetzt sein oder auch „nur" dem politischen Tod, der Vertreibung, Zurückweisung oder radikalen Zurücksetzung.[29] In ähnlicher Weise unterscheidet auch Robert Castel[30] drei Formen von Exklusion, die jeweils verschiedene Bedeutungen von Tod artikulieren und auf Gruppen mit einem präzisen Status zutreffen, der sie in eine exterritoriale Position zur normalen Gesellschaft bringt: erstens eine vollständige Ausgrenzung aus der Gemeinschaft im Sinne einer Vertreibung, Verbannung oder gar Vernichtung, zweitens den Aufbau geschlossener Räume, die von der Gemeinschaft abgetrennt sind wie etwa Ghettos oder Gefängnisse, und drittens die Reservierung eines speziellen Status für einzelne Gruppen der Bevölkerung, der es ihnen ermöglicht, in der Gemeinschaft zu koexistieren, sie aber bestimmter Rechte und der Beteiligung an bestimmten Ressourcen beraubt.

Für Armutsflüchtlinge gelten meist alle drei dieser Exklusionsbedingungen, oft nacheinander, recht oft sogar nebeneinander oder im raschen Wechsel. Viele sind Opfer einer Vertreibung im Wortsinne durch Bürgerkrieg, Grenzlandkonflikt oder durch Verfolgung als Minderheit, oder sie sind indirekt Opfer einer Vertreibung durch Beraubung der bewährten (Über)lebensgrundlagen im biologischen wie meist auch im sozialen und kulturellen Sinn, viele von ihnen leben an abgetrennten, beschränkten und sie beschränkenden Lebensorten: in Ghettos, La-

---

27 Weiß 2002, 81.
28 Weiß 2002, 84.
29 Vgl. Foucault 1992.
30 Castel 2000, 11-24, insbesondere 20 f. Vgl. dazu umfassender Castel 2005.

gern, in randständigen, abgeschirmten Gebieten. Die meisten entbehren der elementaren Rechte. Diese Vorgänge sind jeweils als soziale Aktivitäten zu betrachten – sie sind nicht einfach, sondern werden in Gang gesetzt, erhalten und reproduziert.

„Ökonomien" des nackten Lebens

Wie aber verhält es sich mit der dritten der Castel'schen Exklusionsbedingungen, der untergeordneten (unterordnenden) Inklusion (im Weltmaßstab)? Würden wir mit Zygmunt Bauman[31] argumentieren, würde die große Gruppe der Armutsflüchtlinge diese letzte Bedingung nicht mehr erfüllen, schildert er sie doch als Gruppe, die in jeder Hinsicht randständig, überflüssig und nutzlos gehalten wird. Für diese gilt, dass jedes Band zwischen den Aus- und Eingeschlossenen zerrissenen und damit auch jeder wechselseitige oder einseitige Nutzen verspielt ist, den die eine Gruppe aus dem Kontakt mit der anderen ziehen könnte. Ich stimme mit Bauman in vielen Punkten überein, aber eben nicht in allen. Denn um diese Gruppe lagert sich eine neue Ökonomie, die mehr als Ausbeutung ist und mit dem klassischen (marxistischen) Begriff von Ausbeutung als Widerspruch zwischen Arbeit und Kapital nicht annähernd erfasst werden kann. Hier wird keine Arbeitskraft verkauft, hier werden keine Produkte erzeugt, nicht einmal im eigentlichen Sinne Dienstleistungen angeboten, hier geht es um den Zugriff auf das nackte Leben des ganzen Menschen oder seiner Teile. Es geht um Leben und Tod. Es werden Organe gehandelt für die Organtransplantationen in den Zentren, hier werden Kinder verkauft an Adoptionsagenturen, hier werden Jugendliche angeworben und akquiriert für die zahllosen Söldnerheere, um dort ihr Leben zu lassen oder es beschädigt zurückzubekommen. Hier wird mit Menschen, insbesondere mit Frauen, gehandelt und ihr Export in die Prostitutionslokale der Zentren organisiert, hier wird das ganze Leben der Frauen verkauft für eine bezahlte Heirat in die Erste Welt. Hier entsteht eine ganz neue Ausbeutungsökonomie, die noch am ehesten mit Sklaverei zu vergleichen wäre, aber eigentlich auch nicht mit dieser. Sie findet unter den Bedingungen der ökonomischen Globalisierung statt und wäre ohne sie so nicht zu denken – sie lebt von den Verflechtungen zwischen den Eliten aus den Zentren und den Peripherien, von deren Austausch von Kommunikations-, Technik- und Kriegsmitteln und von ihrer Verfügung über den Faktor Mobilität. Sie profitiert von der Schutz- und Rechtlosigkeit dieser Menschen, von ihrer, wie vielleicht Giorgio Agamben[32] sagen würde, bloßen Existenz, die nichts anderes hat und ist als ungeschütztes Leben.

Die Festgesetztheit an diesem benachteiligten Ort und der ungleiche Zugang zu Mobilität sind die Voraussetzung für einen weiteren Wirtschaftszweig, der sich in diesen randständigen Gebieten zusehends etabliert: der Verkauf von Mobilität und das Versprechen, über Grenzen zu bringen, die allein nicht überwindbar wären. Das ist dann der Fall, wenn – wie Mitarbeiter(innen) von NGOs wissen – ganze Familien, Clans und Communitys das wenige Geld, das sie haben, zusammenlegen, um für einen von ihnen – meist für den, dem sie es am ehesten zutrauen: meist ist er jung, gesund und ein Mann – die Reise zu ermöglichen, d.h. in der Regel seine Schlepper zu bezahlen, auf dass er das Zentrum erreiche, um dort für sich, meist aber in

---

31 Bauman 2005, 90 ff.
32 Vgl. Agamben 2002.

Voraussicht für den ganzen Clan ein besseres Leben zu ermöglichen. Das Ziel ist oft Europa. In vielen Fällen aber endet die Fahrt schon in einem der Nachbarländer und in Auffanglagern, die zusehends mit europäischen Geldern in der Peripherie eingerichtet werden, z.B. in Tunesien oder Libyen, oder sie endet an einer der Außengrenzen Europas oder dann an einer der Binnengrenzen oder der meist junge Mann kommt tatsächlich an. Fluchtwege dieser Art können Wochen, meist Monate, oft sogar Jahre dauern: weil das Geld ausgeht und neues verdient werden muss, weil kein Weiterkommen mehr ist, weil der brutale Rückschlag an der einen Grenze erst überwunden und neuer Mut gesammelt werden muss, weil die Zuversicht dahin ist u.v.a.m. Auch diese Mobilitätsökonomie, wenn sie als Ökonomie überhaupt zu bezeichnen ist, ist ein Effekt der Globalisierung: der Vergrößerung der Schere zwischen Arm und Reich respektive der ungleichen Verteilung von Mobilität und nicht zuletzt der Migrations- und Grenzregime der Zentren.

Letztere regulieren – wie wir aus der Migrationsforschung[33] wissen – die eigentliche Migration nur in sehr bescheidenem Maße, aber sie ermöglichen es, zu bestimmen, unter welchen Gefahren und mit welchem Einsatz an Leben die Grenzen überwunden werden müssen, und vor allem, unter welchen Bedingungen und mit Ausstattung welcher Rechte die, welche die Grenzen überwunden haben, dann in den Zentren leben.[34]

Der Ausschluss aus sozialen Räumen – in diesem Fall vom regulären und legitimen Aufenthalt einer Person ohne entsprechenden Reisepass in Europa oder in einem seiner Staaten, z.B. Österreich – schlägt in Ausbeutung um, wenn sich die so Delegitimierten dennoch in diese sozialen Räume begeben. Dass die iranische Ärztin nicht erwünscht ist, legitimiert ihre dequalifizierte Beschäftigung, falls sie sich dennoch in Österreich aufhält. Dass der junge, nicht speziell ausgebildete Mann aus Sierra Leone hier staatlicherseits nicht erwünscht ist, heißt, dass er ein unterstes Segment des Arbeitsmarktes bedient unter Ausschluss jeder Rechtssicherheit. Die prekäre Legalisierung (befristete Aufenthaltsgenehmigungen ohne Rechtsansprüche auf (Weiter)bildung und Arbeit) oder die gänzliche Illegalisierung (keine entsprechende Aufenthaltsbewilligung) schafft „auf dem Arbeitsmarkt ein unterstes Segment prekär und prekärst Beschäftigter"[35] mit guten Gewinnen für das Unternehmen oder – bei geringem Einsatz – mit hohem Ertag für Privatpersonen. Die so beschäftigten Kindermädchen, Putzfrauen, Küchengehilfen, Fensterputzer, Zeitungsträger und Gelegenheitsarbeiter erzeugen eine neue – längst überwunden geglaubte – „Dienstbotisierung der Gesellschaft"[36], jedenfalls aber einen oft geschlechtlich und ethnisch segmentierten Arbeitsmarkt, der von billiger Lohnarbeit (in den seltensten Fällen) bis zur entrechteten Dienstbotin im Haushalt reicht, vom modernen „Sklavenhandel" am Arbeitsstrich vor den österreichischen Arbeitsämtern – z.B. für ein paar Stunden den Müll einer Firma entsorgen – bis zur erzwungenen Sexarbeit in Bordellen und

---

33 Vgl. hier beispielsweise Alt/Bommes 2006 und Schwenken 2006.
34 Die Grenzregime schließen nicht Grenzen, sie erhöhen, wie Sabine Hess und Vassilis Tsianos bei ihrem Vortrag 2004 bei der Heinrich-Böll-Stiftung Hessen sagten, den Preis, und sie hierarchisieren die Rechtslagen bis hinunter zur vollständigen Illegalisierung. Dies lässt sich auch als wirtschafts- und innenpolitische Strategie der Kontrolle eines Arbeitskräftesegments werten, welches wirtschaftlich nachgefragt, dessen soziale Reproduktion und politische Artikulation aber ausgelagert bleiben soll. Vgl. Hess/Tsianos 2004.
35 Vgl. Knapp/Langthaler 1998, 11-19, insbesondere 14.
36 Vgl. Knapp/Langthaler 1998.

Nachtclubs. Stetig überkreuzen sich Prozesse von Segregation, untergeordnetem Einbezug und Ausschluss.[37]

Wenn Armutsflüchtlinge in Europa also sehr, sehr viel Glück haben, wären ihre Lebensbedingungen vor Ort und mit der Zeit in die dritte Kategorie der Castel'schen Bestimmung von Exklusion einzutragen: in eine geduldete Koexistenz bei Entzug entscheidender sozialer Rechte und unter Ausschluss von speziellen sozialen Aktivitäten. Für die meisten von ihnen sind jedoch durch die Verschärfungen des Fremdenrechts – die Migrationsregime wandeln sich sehr rasch[38] – nicht einmal solche Lebensverhältnisse zu erreichen. Selbst die prekäre Legalisierung ihres Status gelingt den wenigsten. Der Staat demonstriert am „untersten" Segment sein ganzes Gewaltmonopol: die Verteilung der Möglichkeit, zu sein oder nicht zu sein. Und dieses ihm im Fremdenrecht zugebilligte Recht vollzieht er durch eine Reihe von Instrumenten: Die zentralsten Punkte der Vollziehung seines Rechts, zu entscheiden, wer (hier) sein darf und wer nicht, sind die Verhängung von Schubhaft über Menschen ohne gültiges Aufenthaltspapier und die Abschiebung, die Möglichkeit also, jemanden gegen seinen Willen auszuweisen, im Zweifelsfall mit legitimierter Gewaltanwendung. Das hat schon bisher gegolten und gilt jetzt noch mehr, und zwar seit Inkrafttreten des neuen Asyl- und Fremdenrechts im Jänner 2006 nicht nur für Menschen, die vor der Beschränktheit ihrer Lebensbedingungen oder dem Entzug ihrer (Über)lebensgrundlage geflohen sind – auf der Suche nach einem minimalen Auskommen für sich und oft auch für die Daheimgebliebenen –, das gilt ab nun auch für jene, die um politisches Asyl angesucht haben und deren Antrag in erster Instanz am Bundesasylamt abgewiesen worden ist, was übrigens bei fast 90% der Anträge der Fall ist – die Anerkennungsquote steigt erst bei dem gründlicher und unabhängiger arbeitenden Unabhängigen Bundesasylsenat –, das gilt für jene politischen Flüchtlinge, die zum Verfahren nicht zugelassen worden sind mit der Begründung, dass Asylverfahren von dem sicheren Drittland abzuwickeln seien, welches die Flüchtlinge auf ihrer Reise nach Österreich durchquert haben oder haben könnten, und für noch einige andere Gruppen von Menschen, die ich hier nicht alle aufzählen kann. 15.000 solcher Gefangener sind es in Österreich im Jahr, vorwiegend Männer, ein Fünftel Frauen und immer wieder auch Jugendliche, allein in Innsbruck im letzten Jahr 33, in ganz Österreich Hunderte.[39]

Armutsflüchtlinge verfügten bereits in ihren Herkunftsländern oft über nichts anderes mehr als über ihr Leben, lebten in rechtlosen Zwischenzonen ohne Aussicht auf Veränderung und machten sich – oft mit großer Kraftanstrengung und entgegen allem, was die sie festsetzende Lebensumgebung gebot – auf den Weg, um hier erneut Opfer einer Festsetzung zu werden und einer Vertreibung: der Schubhaft und Abschiebung. Damit wären wir an die zwei ersten Bestimmungsmomente der Castel'schen Definition von Exklusion zurückgelangt: an die der Ghettoisierung und Einsperrung oder an die der Verbannung[40]. Mit Michel Foucault könnten

---

37 Vgl. Lenz 1995, 19-47.
38 Seit den 1990er Jahren liegen, was Österreich betrifft, schon mehrere Novellen vor: Das Fremden- und Asylrecht ist im Verhältnis zu anderen Gesetzen den größten Wandlungen unterworfen – kein anderes Gesetz hat in den letzten Jahren derart viele Novellierungen erfahren.
39 Vgl. dazu die halbjährlich erscheinenden Statistiken des Österreichischen Bundesministeriums für Inneres, die auch auf der Homepage des BM.I einzusehen sind (http://www.bmi.gv.at/).
40 Vgl. Castel 2000 und 2005.

wir auch sagen: an den Ort des politischen Todes oder in die Zone, wo jemand im äußersten Fall der Gefahr des Todes ausgesetzt wird,[41] oder noch einmal anders mit Giorgio Agamben:[42] an den Ort eines Ausnahmezustands inmitten des Rechtsstaates, an dem Menschen auf ihre bloße Existenz zurückverpflichtet werden und an dem sie ihrer politischen – mit Rechten ausgestatteten – Existenz beraubt werden.

Die Instrumente Schubhaft und Abschiebung als zentrale Momente im Rahmen der Grenz- und Migrationregime der Zentren

Im Rechtsjargon hört sich die Bestimmung der Schubhaft folgendermaßen an: sie bedeutet die „Festnahme eines Fremden zur Sicherung fremdenpolizeilicher Maßnahmen. Schubhaft dient der Sicherung der Erlassung einer Ausweisung oder eines Aufenthaltsverbotes sowie der Sicherung der Abschiebung oder Zurückschiebung."[43] Schubhaft ist demnach formaljuristisch keine Gefängnishaft aufgrund einer Straftat, sondern Schubhaft ist ein Verwaltungsakt, der gesetzt wird, damit der Zugriff auf jene gesichert wird, die der Staat Österreich wieder über Österreichs Grenzen hinausbefördern will. Seit 2006 ist die Verhängung der Schubhaft in Österreich für einen Zeitraum von bis zu 10 Monaten, in Intervallen von jeweils zwei Jahren, erlaubt,[44] in anderen Staaten ist es weniger, in manchen ist die Existenz von Abschiebegefängnisse gar nicht vorgesehen. Was bedeutet das nun? Schubhaft ist also ein Ort, an dem eine Gruppe von Menschen angehalten wird, der das Recht zu bleiben fehlt. Dieses hat sie in der Regel durch nichts verwirkt – also sie hat nichts verbrochen und ist auch sonst der Gemeinschaft nicht gefährlich geworden –, dieses kann sie aber auch durch nichts oder nichts mehr für sich erwirken. Die Menschen in Schubhaft haben es einfach nicht, weil sie zur Gruppe der Unerwünschten gehören, zumindest staatlicherseits. Für Unternehmen und Wirtschaftsverbände gehören sie eher zur Gruppe der Teil- bzw. versteckt Erwünschten. Schubhaft stellt in meinen Augen nicht deshalb einen Ort des Ausnahmezustands dar, weil etwa kein Gesetz sie regelte, sondern weil mit ihr inmitten eines Rechtsstaates ein Ort eingerichtet worden ist, an dem für eine Gruppe von Menschen das fundamentalste Recht, nämlich das zu sein, nicht gilt und an dem die Konsequenz dieses Nicht-Rechts organisiert wird: die Ausweisung.

Das Recht zu sein aber ist schließlich das Recht, auf dem alle anderen aufbauen. Wir könnten mit Hannah Arendt[45] sagen, dass diese Menschen auf den Status als Lebewesen reduziert sind, oder mit Giorgio Agamben[46], dass ihnen das rechtliche Dasein fehlt, sie nur noch über ihr natürliches Dasein, ihre physische Existenz verfügen. Dabei darf nicht übersehen werden, dass dieser Zustand eine Folge ist, die Folge einer politischen Strategie nationaler oder supranationaler – hier europäischer – Grenz- und Migrationsregime: Dieser rechtlose Status ist

---

41 Vgl. Foucault 1992.
42 Vgl. Agamben 2004.
43 § 76 des Fremdenpolizeigesetzes 1992.
44 § 80 des Fremdenpolizeigesetzes 2005.
45 Vgl. Arendt 2003, 462.
46 Vgl. Agamben 2002.

hergestellt, also Folge einer sozialen Aktivität. Diesen Zustand zu erfassen und in seiner Tragweite zu ermessen und zu ertragen, das waren mit die schwierigsten Momente in der Arbeit der haupt- und ehrenamtlichen Betreuer(innen) der Arge Schubhaft. Die sagten dann: „Es ist schrecklich, du kannst nichts mehr machen, alle (rechtlichen) Möglichkeiten sind ausgeschöpft – nichts geht mehr." Die Beschreibung dieses Zustandes ähnelt den Beschreibungen, die Armutsflüchtlinge von ihrem Leben in den unwirtlichen Gegenden und „lokalisierten" Räumen geben, aus denen sie zu uns kamen.

Manche der in Schubhaft angehaltenen Menschen widersetzen sich dem rechtlich Unabwendbaren, der bevorstehenden Abschiebung. Sie setzen dabei, weil sie nicht mehr haben, ihr Leben und ihre Gesundheit ein: Sie treten in Hungerstreik oder verletzen sich selbst – das sind die bewussteren Strategien – oder sie werden verrückt, geraten selbst in einen Ausnahmezustand. Denn die Haftunfähigkeit ist bei formaler Rechtmäßigkeit von Schubhaft und Abschiebung derzeit die einzige Möglichkeit, das Gefängnis wieder zu verlassen und die Vorbereitungen zur Abschiebung zumindest zu unterbrechen. Doch was bleibt, was an die Stelle der Schubhaft tritt, ist ein Leben unter Bedingungen der Illegalisierung und in der ständigen Angst, erneut aufgegriffen zu werden. Zudem werden die Möglichkeiten seit 2006 dadurch eingeschränkt, dass Zwangsernährung auch bei Menschen in Schubhaft angewandt werden darf.

Ausblick

Was nun wäre zu tun und was kann eine kleine, lokale NGO im Migrations- und Flüchtlingsbereich bewegen? Ich komme noch einmal auf den Anfang des Beitrags zurück. Wie kann sie, abhängig von den Grenzregimen, den nationalen und europäischen Entwicklungen der Migrations- und Flüchtlingspolitik sowie den Restriktionen des österreichischen Fremden- und Asylrechts, den Menschen in Schubhaft und denen mit prekärem Aufenthaltsstatus außerhalb noch ausreichend hilfreich zur Seite stehen und dem System ausreichend kritisch gegenüber. Eigentlich müsste sie nur einer einfachen Losung zum Durchbruch verhelfen: „… weder das Recht zu beanspruchen, noch anderen zuzugestehen, jemals entscheiden zu können, wer die Erde bewohnen soll und wer nicht", wie Christina Thürmer-Rohr, sich an Hannah Arendt anlehnend, in ihrem Aufsatz „Die Kehrseite der Globalisierung"[47] schreibt.

Dazu müsste alles getan werden, „Wege mit den vorhandenen Menschen zu finden"[48] – hier wie dort – und zu verhindern, dass sie die verschiedenen Arten des realen und sozialen Todes sterben, auf welche die dreifach abgestufte Bedeutung von Exklusion (Verbannung, Beschränkung, Marginalisierung) letztlich hinausläuft. Die Bedingungen der ökonomischen Globalisierung bieten dafür nicht allzu gute Voraussetzungen, weil ökonomische Globalisierung – wie ich zu zeigen versucht habe – von hierarchischer Differenzierung ebenso profitiert wie von prekärer Egalisierung, vom untergeordneten respektive unterordnenden Einschluss ebenso wie vom vorübergehenden oder sogar vom stabilen Ausschluss, seit Letzterer neue Formen eines bio-ökonomischen Zugriffs hervorbringt: den Handel mit Körpern und Leben

---

47 Vgl. Thürmer-Rohr 2000.
48 Vgl. Thürmer-Rohr 2000.

und so eine neue „Ökonomie" (ein neues Verbrechen) auf „unterster" Ebene begründet. „Wege mit den vorhandenen Menschen finden" kann auf analytischer Ebene auch heißen, eine gemeinsame Begriffssprache zu entwickeln, die hilft, das Ineinanderwirken der Herrschaftsbezüge transparent zu halten – so etwa die Marginalisierung von Migrant(inn)en vor Ort als Teil aktiver und globaler Exklusionsunternehmungen sichtbar zu machen, als Frage der Ungleichheitsforschung, national und international, auszuarbeiten und sie mit den sozioökonomischen Aspekten einer modernen Biopolitik zu verbinden.

Nützen könnte uns aber eine kulturelle und soziale Globalisierung, es sei denn, dass sie sich in der weltweiten Verbreiterung des westlichen Systems erschöpft, aber das ist nicht der Fall, zumindest nicht durchgängig. Noch nie wussten wir so viel von so verschiedenen Weltorten wie heute, noch nie war so viel Gegeninformation zu beschaffen, noch nie gab es so viel Bewusstheit auch um die Kämpfe der Ausgeschlossenen und schließlich „kommt heute niemand mehr um den konkreten Anderen innerhalb und außerhalb des eigenen Territoriums herum"[49]. Er ist da. Auch ein Effekt der Globalisierung. Die Tatsache der Anwesenheit der Anderen zu bejahen und für diese Anwesenheit zu sprechen, ist eine Möglichkeit: je konkreter, je präziser und informierter, umso besser – das kann eine NGO leisten, die ihr Wissen aus dem direkten Kontakt und aus der direkten Auseinandersetzung mit den Geschichten, den Lebensperspektiven und den je spezifischen Notlagen illegalisierter Menschen vor Ort bezieht. Wenn Gerechtigkeit nicht nur als Endzustand begriffen wird, sondern auch als Prozess, so kann auch der Protest gegen restriktive Grenzregime[50], so kann auch die öffentliche Thematisierung und Kritik der Existenz von und der Bedingungen in Schubhaft Sinn machen und so kann das Erstreiten eines minimalen Rechtsanspruches, die Unterstützung bei dessen Durchsetzung sowie die Auslotung aller sich noch für den oder die je Einzelne(n) bietender Möglichkeiten und die Erfindung neuer sinnvoll sein, welche die begrenzten Möglichkeitsbeziehungen dieses oder dieser Einzelnen erweitern, wenn auch oft nur um ein Eckchen, das allein zum knappen (Über)leben reicht.

Schließlich aber sind der Kontakt und die Anteilnahme die einzige und unhintergehbare Bedingung dafür, konkret zu zeigen, dass wir wissen wollen, was ist, und „die Geschichten des fernen Kriegslärms und der verbrannten Häuser und stillgelegten Dörfer"[51] nicht scheuen und auch die Beschädigtheit der Menschen, die sie erlebten, nicht ignorieren. Denn ein Flüchtling – Zitat Bertold Brecht – ist immer auch ein Bote des Unglücks.[52] Christina Thürmer-Rohr zitiert in ihrem Aufsatz zum neuen Weltverhältnis in Zeiten der Globalisierung noch einmal Zygmunt Bauman, der in seiner Analyse trotz allem ein optimistisches Ende findet – ich weiß nicht genau, ob es stimmt, aber wenn, dann ist es gut. Er meint: „Sobald die Idee der Gerech-

---

49 Vgl Thürmer-Rohr 2000.
50 Denn so kompakt die Losung „Festung Europa" auch erscheinen mag, letztlich ist keine Grenze etwas Statisches, sondern unterliegt sozialen Dynamiken und Kräfteverhältnissen. „Angesichts des Strategienreichtums und des Drucks der Migration" ist die offiziell propagierte Null-Einwanderungspolitik nicht zu halten, „ebenso wenig wie sie aufgrund der ökonomischen und demografischen Entwicklung" wünschenswert ist (vgl. Hess/Tsainos 2004).
51 Bauman 2005, 95.
52 Bertold Brecht aus dem Gedicht „Die Landschaft des Exils", 1941.

tigkeit und die der Selbstbestimmung einmal erfunden sind, ist es unmöglich, sie zu vergessen. Sie werden uns bis zum Ende der Welt verfolgen und bedrängen."[53]

Konkret hieße das in diesem Rahmen, nicht nur die nationalstaatlich gebundenen Gleichheits- und Rechtsvorstellungen auf die Recht- und damit Schutzlosen auszuweiten, sondern ein neues Recht zu erfinden, „das die Differenz von Mensch und (Staats)Bürger insgesamt aufhebt und ein Rechtskonzept überwindet, das die Trennung zwischen ‚politischer Existenz' und ‚natürlichem Dasein' voraussetzt und fortschreibt"[54]. Damit stünden auch die Konzepte von Staatsbürgerschaft und Nationalität zur Disposition. Davon allerdings sind wir noch weit entfernt.

Literatur

Agamben, Giorgio: *Homo sacer. Die souveräne Macht und das nackte Leben.* Frankfurt/M., Suhrkamp, 2002.

Agamben, Giorgio: *Ausnahmezustand. Homo sacer II.* Frankfurt/M., Suhrkamp, 2004.

Alt, Jörg/Bommes, Michael (Hg.): *Illegalität. Grenzen und Möglichkeiten der Migrationspolitik.* Wiesbaden, Verlag für Sozialwissenschaften, 2006.

Arendt Hannah: *Elemente und Ursprünge totaler Herrschaft. Antisemitismus. Imperialismus. Totale Herrschaft.* München, Piper, ^{9}2003.

Arge-Schubhaft (Hg.): *Haft ohne Delikt. Acht Jahre arge-schubhaft.* Innsbruck, Eigenverlag, 2006.

Bauman, Zygmunt: „Glokalisierung oder Was für die einen Globalisierung, ist für die anderen Lokalisierung", in: *Das Argument* 217, 1996, 653-664.

Bauman Zygmunt: *Verworfene Leben. Die Ausgegrenzten der Moderne.* Hamburg, Hamburger Edition, 2005.

Castel, Robert: „Die Fallstricke des Exklusionsbegriffs", in: *Mittelweg 36*, 9(3), 2000, 11-24.

Castel, Robert: *Die Stärkung des Sozialen. Leben im neuen Wohlfahrtsstaat.* Hamburg, Hamburger Edition, 2005.

Foucault, Michel: „Leben machen und sterben lassen", in: Reinfeldt, Sebastian/Schwarz, Richard (Hg.): *Bio-Macht.* Duisburg, Duisburger Institut für Sprach- und Sozialforschung, 1992, 27-50.

Hess, Sabine/Tsianos, Vassilis: „Killing me softly: ‚Festung Europa' oder Grenzregime als soziales Kräfteverhältnis?", Vortrag bei der Heinrich-Böll-Stiftung Hessen am 17. Juli 2004, online unter: http://www.hbs-hessen.de/archivseite/pol/hess_23_03_05.htm.

Knapp, Anny/Langthaler, Herbert: „Die Geburt der Drittausländer aus dem Geist der europäischen Vereinigung", in: Knapp, Anny/Langthaler, Herbert: *Menschenjagd. Schengenland in Österreich.* Wien, Promedia, 1998, 11-19.

Lemke, Thomas: „Die Regeln der Ausnahme. Giorgio Agamben über Biopolitik und Souveränität", in: *Deutsche Zeitschrift für Philosophie* 52(2), 2004, 943-963.

---

53 Zitiert nach Thürmer-Rohr 2000.
54 Lemke 2004, 958.

Lenz, Ilse: „Geschlecht, Herrschaft und internationale Ungleichheit", in: Becker-Schmid, Regina/Knapp, Gudrun-Axeli (Hg.): *Das Geschlechterverhältnis als Gegenstand der Sozialwissenschaften*. Frankfurt/M., Campus, 1995, 19-47.

Lenz, Ilse: „Globalisierung, Ethnizität, Geschlecht: Gibt es Chancen sozialer Gestaltung?", in: Ralser, Michaela (Hg.): *Egalitäre Differenz. Ansätze, Einsätze und Auseinandersetzungen im Kampf um Anerkennung und Gerechtigkeit*, Innsbruck, Studia-Universitäts-Verlag, 2001, 155-179.

Milborn Corinna: *Gestürmte Festung Europa. Einwanderung zwischen Stacheldraht und Ghetto*. Wien, Styria, 2006.

Ralser Michaela (Hg.): *Kein Land zum Bleiben. Auf der Flucht durch und nach Österreich. Siebzehn Porträts*. Innsbruck, Studienverlag, 2002.

Ralser Michaela: „Inklusion und Exklusion. Die Institution Schubhaft und das Instrument der Abschiebung", in: Erna Appelt u.a. (Hg.): *Globalisierung und der Angriff auf die europäischen Wohlfahrtsstaaten*. Hamburg, Argument-Verlag, [2]2006, 117-133.

Schwenken Helen: *Rechtlos aber nicht ohne Stimme. Politische Mobilisierung um irreguläre Migration in die Europäische Union*. Bielefeld, transcript, 2006.

Thürmer-Rohr Christina: „Die Kehrseite der Globalisierung. Sorge um die Welt und Sorge um sich selbst", in: *Freitag* 06/2000, 4. Februar 2000, 5-6.

UNHCR (Hg.): *State of the World's Refugees: Human Displacement in the New Millennium*. Oxford, Oxford University Press, 2006.

Wallerstein, Immanuel: *Das moderne Weltsystem: Die Anfänge kapitalistischer Landwirtschaft und die europäische Weltökonomie im 16. Jahrhundert*. Frankfurt/M., Syndikat, 1986.

Weiß Anja: „Raumrelationen als zentraler Aspekt weltweiter Ungleichheiten", in: *Mittelweg 36*, 11(2), 2002, 76-91.

Belachew Gebrewold

Der Zivilisierungsprozess im Rahmen von Globalisierung und afrikanischer Integration*

Einleitung

Die Terroranschläge gegen US-Botschaften in Kenia und Tansania im August 1998 sowie die Ereignisse vom 11. September 2001 haben auf dramatische Weise die Weichen für die internationale Kooperation in der Sicherheitspolitik gestellt. Seit damals konzentriert sich die Zusammenarbeit mit afrikanischen Staaten, was die internationale Sicherheitspolitik betrifft, auf deren Konsolidierung und Koordination. „Friede", „Entwicklung" oder „der Krieg gegen den Terror" werden nur in einer vereinten Welt, in einer „internationalen Gemeinschaft", für möglich gehalten. Einheit und Vereinigung sind demgemäß die Säulen des gegenwärtigen Zivilisierungsprozesses. In nationalen, regionalen und globalen politischen Entscheidungen und Handlungen wird der Staatsbildung und regionalen Integration Priorität eingeräumt.

Die afrikanischen Staaten bildeten im Jahr 2002 die sogenannte Afrikanische Union mit dem Ziel, die politische Kooperation zu festigen und ihre ökonomischen Aktivitäten zu integrieren. Die Gründungsakte der Afrikanischen Union von 2002 legt die auf Vereinigung gerichteten Ziele im Einzelnen fest. Artikel 3 etwa beinhaltet: Schaffung einer größeren Einheit und Solidarität zwischen den Ländern und Völkern Afrikas; Verteidigung der Souveränität, territorialen Integrität und Unabhängigkeit ihrer Mitgliedstaaten; Förderung der politischen und sozioökonomischen Integration des Kontinents; Unterstützung gemeinsamer Positionen der

* Übersetzt von Alexander Eberharter und Andreas Exenberger. Eine der Übersetzung zugrunde liegende ältere Version dieses Texts ist im englischen Original unter dem Titel „The Civilizing Process of Globalization and Integration" 2007 als Nummer 16 in der Reihe „Innsbrucker Diskussionspapiere zu Weltordnung, Religion und Gewalt" erschienen (siehe http://www.uibk.ac.at/plattform-wrg/idwrg/idwrg_16.pdf).
Anmerkung der Übersetzer: Für die deutsche Version dieses Textes (im Original spielt dieses Problem keine Rolle) wurde in bestimmten Fällen bewusst auf eine geschlechtsneutrale Formulierung verzichtet. Wo dies geschieht, kann der/die Leser(in) davon ausgehen, dass speziell die Rolle von Frauen als vernachlässigbar angesehen wird, wie das etwa im Falle der europäischen Kolonisatoren in Afrika offensichtlich ist, die im hier relevanten Kontext praktisch ausnahmslos Männer waren.

Afrikaner(innen) zum Vorteil des Kontinents und seiner Menschen; Vorschubleistung für Frieden, Sicherheit und Stabilität auf dem Kontinent; Verwirklichung demokratischer Prinzipien und Institutionen, von Bürger(innen)beteiligung und von *good governance*.[1]

In gleicher Weise hält Artikel 1 Absatz 1 der UN-Charta fest, dass die Vereinten Nationen zum Ziel haben, „den Weltfrieden und die internationale Sicherheit zu wahren und zu diesem Zweck wirksame *Kollektiv*maßnahmen zu treffen, um Bedrohungen des Friedens zu verhüten und zu beseitigen, Angriffshandlungen und andere Friedensbrüche zu unterdrücken und internationale Streitigkeiten oder Situationen, die zu einem Friedensbruch führen könnten, durch friedliche Mittel nach den Grundsätzen der Gerechtigkeit und des Völkerrechts zu bereinigen oder beizulegen."[2] Für eine friedliche Welt scheint es mehr und mehr keine Alternative zu Einheit, Vereinigung und Universalisierung zu geben. Frieden ist nur durch die Einheit von Ländern möglich, Einheit wiederum kann nicht ohne Sicherheit verwirklicht werden, was militärische Präsenz mit sich bringt. Also bedeuten Frieden und Sicherheit mehr oder weniger dasselbe.

Dieses Kapitel behandelt daher einige zentrale Fragen zum Thema der Einheit: Worum geht es bei der Vereinigung? Wer wird vereinigt? Was sind die Ursachen und Folgen? Im Zeitalter der Globalisierung ist es besonders wichtig, die kulturellen und psychologischen Folgen der Ereignisse während der Kolonisierung und der postkolonialen Ära zu erörtern. Dieser Beitrag hat daher zum Ziel, die Folgen kultureller Globalisierung und internationaler wie interkontinentaler Kooperation zu diskutieren, die Folgen eines Zivilisierungsprozesses. Dieser Zivilisierungsprozess wird durch drei wichtige Phänomene auf den Weg gebracht: einen Minderwertigkeitskomplex, das Streben nach Ebenbürtigkeit und – paradoxerweise – einen Überlegenheitskomplex, die alle den kolonisierten afrikanischen Intellektuellen eigen sind. Das Phänomen, das dieser Text herauszustellen sucht, besteht darin, dass der Konflikt, ebenso wie der Dialog, zwischen dem Westen und Afrika speziell in Afrika auf eine privilegierte Ebene beschränkt bleibt, jene der afrikanischen intellektuellen und politischen Klasse, während die Mehrheit der Afrikaner(innen) vom gesamten Prozess der politischen und kulturellen Ereignisse ausgeschlossen ist, die letztlich einen radikalen Einfluss auf sie ausüben. Im Zentrum steht die Idee, dass die epistemische Gemeinschaft in ihrer gegenwärtigen Struktur die Voraussetzungen für kulturelle Gewalt, strukturelle Gewalt (ökonomische Ungerechtigkeit) und physische Gewalt (Mord, Vertreibung, Vergewaltigung, Verstümmelung) gegen die marginalisierte afrikanische Mehrheit schafft.

Darum richtet dieser Text sein besonderes Augenmerk auf die Neuauflage der kolonialen Intoleranz gegenüber den kolonisierten Kulturen. Nach der Diskussion einer *Integration, die vielmehr desintegrierend wirkte*, behandelt er den *Zivilisierungsprozess als die Negation des Anderen in kolonialen Beziehungen*. Die Kolonisatoren betrachteten die Afrikaner(innen) als minderwertige Wesen: Einerseits sahen sie sie als minderwertig an, um so ihre Ausbeutung und Unterjochung zu rechtfertigen, anderseits behaupteten sie, es wäre ihre ethische und

---

1 Vgl. Gründungsakte der Afrikanischen Union, Artikel 3, in der englischen Version (die AU ist viersprachig) online unter: http://www.africa-union.org/root/au/AboutAU/Constitutive_Act_en.htm. Schon die Startseite der AU beginnt übrigens mit dem Slogan „Africa must unite".
2 Deutsche Version der UN-Charta, Artikel 1, Absatz 1; online unter: http://www.unric.org/UN_Charter/1 (Hervorhebung B.G.).

christliche Pflicht, die Afrikaner(innen) zu zivilisieren. Letztlich aber negierten sie ihren Wert als menschliche Wesen.

Eine desintegrierende Integration

Für Nationen, Staaten und regionale, kontinentale sowie globale politische Organisationen ist Frieden das Ergebnis eines politischen Zivilisierungsprozesses. Der Zivilisierungsprozess des aktuellen politischen Systems läuft auf die Bildung einer kollektiven Identität hinaus, die als eine Struktur außerhalb des Individuums oder Kollektivs gedacht wird, als eine Abstraktion.[3] Angesichts ihrer räumlichen und quantitativen Ausdehnung verlangen der Zivilisierungsprozess und die Abstraktion eine Professionalisierung von Politik und Kultur. Das heißt, Politik ist ein von Politiker(inne)n verwaltetes Amt, eine Aufgabe für Expert(inn)en oder Repräsentant(inn)en – ein akademisches und politisches Erbe von Max Webers Konzept der *Politik als Beruf*. Um es mit Lyotard zu sagen, der/die Repräsentant(in) versucht das *Nichtpräsentierbare* zu präsentieren;[4] durch seine im Vorhinein festgelegten Regeln bestimmt er/sie das Erstrebenswerte und unterminiert so die eigene Kreativität und das Unvoraussagbare. Ähnlich hat Derrida betont, dass das bezeichnete oder repräsentierte Konzept niemals in sich selbst oder seiner selbst in einer ausreichenden Präsenz, die sich auf sich selbst bezieht, gegenwärtig ist.[5] Im Zivilisierungsprozess unternehmen die politischen Repräsentant(inn)en ebendiesen Versuch, das Nichtpräsentierbare zu bezeichnen und zu präsentieren. Dadurch befördern sie einen Prozess der Entpolitisierung des politischen Individuums sowie seiner Gruppe und Kultur. Diese kritische Bewertung des Universalismus ist kein Plädoyer für Ethnozentrismus, der nichts anderes darstellt als die Festlegung von Regeln für bestimmte politische Gruppen oder Kulturen durch politische Expert(inn)en. Die kritische Reflexion über die Universalisierung und Homogenisierung führt vor Augen, dass der Zivilisierungsprozess, durch seinen teleologischen Ansatz, die Menschen ihren kulturellen und politischen Verpflichtungen entfremdet. Diese Entfremdung ist der Beginn der Marginalisierung, der geographischen ebenso wie der politischen. Marginalisierung bedeutet, im Zivilisierungsprozess die Mehrheit zu übergehen, und paradoxerweise vollzieht sie sich gerade im Prozess der Integration. Der Zivilisierungsprozess formt die Geschichte und zwingt sie den Menschen von außen auf.

Die Afrikanische Union versucht, dem Beispiel der Europäischen Union folgend, „Entwicklung und Frieden" durch kontinentale Vereinigung zu erreichen. Ihr grundlegendes Konzept besteht darin, die *Zivilisierung* Afrikas durch Integration zu verwirklichen, und ihr höchstes Ziel ist die Humanisierung der Afrikaner(innen). Die „Bürde des weißen Mannes", der Rehumanisierungs- und Zivilisierungsprozess der Kolonialzeit, ist nun in die „Bürde des/der schwarzen Intellektuellen" verwandelt. Deren Bürde besteht darin, die Zivilisierungsmission fortzusetzen, die die Kolonisatoren begonnen haben. Die Mehrheit der Afrikaner(innen), die noch nicht in die globale Zivilisation integriert ist, wird im Zuge dieser Mission wiedergeboren werden. Durch die Übernahme dieser Bürde (die Durchführung des Zivilisierungsprozes-

---

3 Vgl. Elias 1978.
4 Vgl. Lyotard 1999.
5 Vgl. Derrida 1991, 63.

ses) haben die kolonisierten afrikanischen Intellektuellen gelernt, die Kolonisatoren nachzuahmen und in ihre Fußstapfen zu treten. Wie es ihre Herren getan haben, üben sie Gewalt aus,
wenn sie die marginalisierte und entpolitisierte Mehrheit zivilisieren.

Die negierten (existentiell verneinten) und kolonisierten Intellektuellen fingen an, sich selbst
gegen die Negation ihrer Werte zu verteidigen. Sie fingen an, ihrem Kolonisator zu beweisen,
dass sie erreichen können, was er erreicht hat, dass auch sie über Kultur und Philosophie verfügen, und anerkannten damit diese importierten Kategorien. Sie bemühten sich, zu zeigen,
dass sie dem Kolonisator nicht unterlegen sind. Im Rahmen der Kolonisierung des Verstandes
wurde Frantz Fanon zufolge den Kolonisierten eingeschärft, nicht eher zu ruhen, als sie dem
Kolonisator bewiesen haben, dass sie an Materiellem und Geistigem all das zu erreichen vermögen, was er erreicht hat.[6] Was das Materielle betrifft, waren die ökonomischen und technologischen Errungenschaften der Kolonisatoren das höchste Ziel der Kolonisierten. Im Bereich
des Geistigen galten ihnen deren Philosophie, Kultur und politisches System als der Maßstab
für Menschlichkeit. Um ihre Ambitionen zu verwirklichen, brauchten sie daher nichts anderes
zu tun, als dem Zivilisierungsprozess zu folgen, durch den die Kolonisatoren sie unterdrückt
hatten. Sie setzten damit die Unterdrückung ihrer selbst fort und wollten beweisen, dass es
keine Alternative zum Denken der Kolonisatoren gibt. Die lokalen Philosophien in den kolonisierten Gebieten wurden durch eine einzige kontinentale afrikanische Philosophie ersetzt,
die der westlichen Philosophie vergleichbar ist. Dabei wurde jedoch übersehen, dass es unterschiedliche Auffassungen über Politik, Frieden, Konfliktlösung und Konflikttransformation
gibt – je nach kulturellem Verständnis von Gesellschaft und Natur.

Auf globaler Ebene steht heute der „gerechte Krieg" für den Zivilisierungsprozess. Michael
Walzer, Fachmann auf dem Gebiet der politischen Philosophie, behauptet, dass der gerechte
Krieg moralisch begründbar und universalisierbar sei.[7] In Fällen von Genozid, wie Ruanda,
wäre demnach eine Intervention von außen moralisch rechtfertigbar. Auf den ersten Blick
würde dem eingedenk der Brutalität des Genozids auch niemand widersprechen. Seltsamerweise macht sich Walzer aber keine Gedanken über die Ursachen des Genozids, er spricht das
Thema des Systemversagens in Gesellschaften, die gegeneinander Krieg führen, nicht an, was
aber nötig wäre, nicht nur um einen bereits ausgebrochenen Genozid zu beenden, sondern
auch und gerade, um ihn von vornherein zu verhindern.

Der Zivilisierungsprozess als die Negation des Anderen in den kolonialen Beziehungen

In der Kolonisation manifestiert sich die Einstellung des Kolonisators zu Natur und Mensch.
Der Kolonisator gestaltet und definiert beides neu und dieses neue Verständnis von Umwelt
und Mensch ist der Anfang der Ausbeutung. Auszubeuten heißt, zu entfremden. Der Kolonisator entfremdet sich dem Rest der Menschheit bereits dadurch, dass er Kolonisator wird. Er
entfremdet sich selbst der Natur, indem er sie gnadenlos unterjocht. Dadurch jedoch kommt
es nicht zu einer vollständigen Negation seines Nicht-Ich (also der Kolonisierten) und der un-

---

6 Vgl. Fanon 1966.
7 Vgl. Walzer 2004.

terjochten Natur. Der Kolonisator ist somit ein ambivalentes Wesen, das sich von seinem Objekt (den Kolonisierten) distanziert und gleichzeitig von ihm abhängig ist.

Die Ambivalenz liegt in dem Umstand, dass einerseits durch die koloniale Vernichtung der/die Andere zum Untermenschen herabgesetzt (zerstört) wird und andererseits der Kolonisator seine Identität aus diesem herabgesetzten Objekt bezieht. Deshalb ist Vernichtung gleichzeitig Negation und Kreation. Durch das vernichtete und kolonisierte Wesen gewinnt der Kolonisator seine eigene Identität. Durch die Negation des Gegenübers weiß er, wer er ist, denn seine Identität beruht auf der Nichtigkeit der/des Anderen. Die fremde Natur und deren frühere Besitzer(innen) auszubeuten, ist nicht nur ein historisches Phänomen, sondern ein Indiz für das ewige Verlangen, das Ich zu bereichern und das Fremde, das Nicht-Ich, zu bestimmen und auszubeuten.

Das Verlangen der Kolonialmächte zielte darauf ab, ihre Länder stark zu machen, indem sie andere ausbeuteten.[8] König Leopold II. von Belgien z.B. hat sein Privatvermögen seit den 1870er-Jahren in den Auf- und Ausbau des Handels in Afrika investiert. Jene Kolonialmächte, die sich als erste in Afrika etablierten, bereiteten den Boden für den freien Handel der später Kommenden (Portugal z.B. legte die Basis für den britischen Handel am Unterlauf des Kongo). Für einige Kolonialmächte war der Schutz von Handelsinteressen in Afrika eine politische Verpflichtung (um dieser nachzukommen, gründete etwa 1884 Deutschland Protektorate in Namibia, Kamerun und Togo). Neben Handelsinteressen und Protektoraten war die Verdrängung konkurrierender Kolonialmächte in den verschiedenen Regionen eine wichtige koloniale Strategie (Frankreich besetzte z.B. 1881 Tunesien, um eine italienische Vorherrschaft in der Region zu verhindern, und unter dem Vorwand der „Stabilisierung" der Regierung und der Finanzen des Landes wurde Ägypten 1882 von Großbritannien besetzt).

Während der sogenannten Berliner Konferenz goss man den Kolonialismus in internationales Recht. Von nun an waren die europäischen Ansprüche auf afrikanisches Land substantieller als die informelle Vorherrschaft, die Großbritannien wegen seiner Dominanz zur See und als Handelsmacht z.B. in Indien oder Nigeria genossen hatte.[9] Die Politik der Protektorate ermöglichte es Deutschland, 1886 Tansania zu besetzen, und infolge der bei der Berliner Konferenz erzielten Einigung übernahm Großbritannien 1890 Uganda als sein Kolonialgebiet und dehnte 1886 seinen Einflussbereich durch das Recht auf ein Protektorat im Nigerdelta aus. In derselben Region besetzte Frankreich Benin und die Elfenbeinküste sowie gegen Ende des 19. Jahrhunderts die Gebiete am Oberlauf des Niger und am Tschadsee.

Der Wettkampf um Kolonien setzte sich auch in Nordostafrika fort. Aufgeschreckt durch die französischen Ambitionen in Äthiopien, drängte Großbritannien die Italiener, den Franzosen zuvorzukommen, was die italienische Besetzung Eritreas 1889 zur Folge hatte. Außerdem versuchten die Italiener, ihr Territorium in das äthiopische Kaiserreich hinein auszudehnen.[10] Ab 1898 wurde der Sudan von Großbritannien kontrolliert. Im Tausch gegen den britischen Anspruch auf Ägypten erhielt Frankreich Westafrika und Italien Libyen als Einflusssphäre. 1885 erklärte Großbritannien Botswana zu seinem Protektorat und die Goldvorkommen in

---

8 Vgl. Iliffe 1997, 251.
9 Vgl. Iliffe 1997, 254.
10 Vgl. Iliffe 1997, 255.

den Burenrepubliken erhöhten sein Interesse, sein Kolonialgebiet nach Norden auszudehnen. Die Bedrohung der Interessen Portugals durch die britische Besetzung von Nordrhodesien (Sambia) und Nyassaland (Malawi) wurde dabei durch eine Einigung über den Grenzverlauf mit Mosambik und Angola geregelt.[11]

Die koloniale Besetzung gründete auf der Hoffnung auf langfristige Ausbeutung. Die entscheidenden ökonomischen Gründe für die Aufteilung der Kolonialgebiete waren die globalen imperialen Interessen Großbritanniens, Langzeithoffnungen und -ängste wegen der Visionen König Leopolds II. in Bezug auf den Reichtum des Kongo, französische Träume von einem Eldorado in Timbuktu und britische Ängste vor einem Ausschluss aus den Kolonien unter französischer Kontrolle.[12] Die durch die Aufteilung erlangten Gebiete und Besitztümer mussten nun aber auch kontrolliert werden. Dieses Bemühen um die Etablierung und Aufrechterhaltung von Ordnung endete in Gewalt gegen Natur und Menschen. Ein Aspekt der Gewalt gegen Menschen zeigte sich in der Einhebung von Steuern bei den Unterdrückten. Es kam sehr oft vor, dass die Kolonisierten die vorgeschriebenen Steuern nicht zahlen konnten und deshalb sogar Selbstmord begingen. Besonders Zwangsarbeit, wie der Einsatz als Träger, Bauarbeiter, Soldat etc., war eine Art von „Vertierung" (Entmenschlichung) der kolonisierten Afrikaner(innen). Die Franzosen zwangen jeden Menschen, zwölf Tage im Jahr unbezahlte Arbeit für sie zu versehen. 1903 wurden die Menschen im Kongo-Freistaat (dem Privatbesitz Leopolds II.) gezwungen, 40 Stunden pro Monat unentgeltlich zu arbeiten. Zwangsarbeit war in den portugiesischen Kolonien nur in den Jahren 1961 und 1962 offiziell abgeschafft. In den britischen Kolonien wurden die Beherrschten bis in die 1920er-Jahre hinein gezwungen, jährlich fünf Monate unbezahlt zu arbeiten.[13] Das nächste Stadium dieser Entmenschlichung der Anderen und der Universalisierung des kolonisierenden Ich stellt die geistige und kulturelle Vernichtung bzw. immaterielle Kolonisierung dar.

Immaterielle Kolonisierung als Negation der Kommunikation im Zivilisierungsprozess

Da die Beziehung zwischen Kolonisatoren und Kolonisierten auf Unterdrückung und Einschüchterung beruht, ist Kolonialismus eine Beziehung ohne Verständigung. Diese Brutalität wurde durch gnadenlose Experten oder Wissenschafter gesteigert. Psychoterror und Gehirnwäsche sind keine modernen Erfindungen. Trotz aller Versuche wurde das Ziel nirgendwo erreicht: nicht im Kongo, wo Arme abgehackt wurden, noch in Angola, wo Löcher in die Lippen der aufbegehrenden Afrikaner(innen) gestanzt wurden, um sie zusammenzubinden, noch anderswo. Einen Menschen zu vertieren, d.h. zu entmenschlichen, ist nicht unmöglich, aber es bedarf der Zermürbung. Die Kolonisatoren wussten, dass reines Schlagen nicht ausreichen würde, um die Kolonisierten zu unterdrücken. Darum hielten sie sie unterernährt. So wurden die geschlagenen, unterernährten, kranken, verängstigten Kolonisierten – in den Augen der Kolonisatoren – faul, listig, diebisch und gewalttätig.[14]

---

11 Vgl. Iliffe 1997, 256

12 Vgl. Iliffe 1997, 257.

13 Vgl. Iliffe 1997, 264.

14 Vgl. Sartre 1966, 14.

Kolonisierung ist ein Akt der Verneinung des anderen Ich. Diese Verneinung hat ihre Ursache im Bewusstsein des eigenen Mangels. Paradoxerweise wird der Geist des Kolonisators auch von den Kolonisierten kolonisiert; er bedarf der Anderen, um sich selbst zu erkennen. Der Kolonisator versucht ständig einen Unterschied zwischen sich und den Kolonisierten zu schaffen. Darum ist jede universalistische Tendenz kein Prozess der oder Verlangen nach Gleichheit, sondern ein Prozess, um die Überlegenheit und Andersheit des Ich zu demonstrieren.

Universalismus steht für die Überlegenheit des Subjekts.[15] Die kolonialen Soldaten wiesen die Ideologie des Universalismus ihrer Länder zurück. Denn niemand, der von der universellen Gleichheit der Menschen überzeugt ist, beutet andere aus ohne das Bewusstsein, dabei Gräueltaten zu begehen. Die Kolonisatoren und ihre Soldaten folgten dem Prinzip, dass die Kolonisierten keine Menschen, sondern nur Tiere sind. Dazu mussten die Kolonisierten auf die Ebene der Affen heruntergedrückt werden. Diese Entmenschlichung erlaubte den Kolonisatoren, die Kolonisierten als Arbeitsstiere einzusetzen. Verweigerung von Respekt und Entmenschlichung gingen Hand in Hand. Die Traditionen der Kolonisierten musste vernichtet, ihr Sprachen durch die der Unterdrücker ersetzt, ihre Kulturen zerstört und die Kolonisierten ausgelaugt werden.[16]

Indem er versucht, Menschen zu *vertieren*, entmenschlicht der Kolonisator sich selbst: Er degradiert sich selbst zur reinen Peitsche und zum reinen Gewehr, er ersetzt Sprache durch Gewalt. Daher muss sich der Kolonisator, bevor er die Anderen entmenschlicht, selbst entmenschlichen. Seine Kommunikation besteht in nichts anderem als Negation. Die Kolonisierten antworten auf diese verweigerte Kommunikation, indem sie darauf verweisen, dass sie nur durch radikale innere Verneinung dessen, was der Kolonisator aus ihnen gemacht hat, wurden, was sie sind. Das ist ein ontologischer Kampf, der darin besteht, dass die Negierenden das Andere negieren und es qualitativ zum Nicht-Existenten erklären. Die Negierten wiederholen den gleichen Prozess in umgekehrter Richtung: Sie negieren nicht nur die Negation, sondern auch das negierende Subjekt. Das Ziel der Kolonisierten ist es, sich nicht nur aus der Negation zu befreien, sondern auch durch den Akt des Negierens die Oberhand zu gewinnen. Das Verhältnis des Kolonisators zu den Kolonisierten basiert daher auf einem Paradoxon. Einerseits erlangt er die Fülle seiner Existenz, indem er die Kolonisierten kolonisiert, demütigt und entmenschlicht. Andererseits bedeutet dieser Vorgang nicht eine totale existenzielle Vernichtung, vielmehr müssen die Verneinten wiederbelebt werden, damit sie weiter für den Kolonisator als Opfer dienen können. Indem der Kolonisator weiß, dass er es nicht bloß mit einem Tier zu tun hat, sondern mit einem menschlichen Wesen, fühlt er sich in seiner Machtposition und kulturellen Überlegenheit bestätigt.

Die Wirkungen des Kolonialismus haben sich in den Verstand der Kolonisierten eingeprägt. Unermüdlich unternehmen sie den Versuch, den Kolonisatoren deren eigene Zivilisation und Kultur vorzuführen, d.h. sich selbst von der Kolonisierung des Geistes zu befreien. Die Kolonisierten wollen die Negation negieren. In den Augen der Kolonisatoren sind die kolonisierten Afrikaner(innen) hingegen nicht nur „schwarz", sondern auch eine personifizierte Anti-

---

15 Vgl. Silverman 1999, 40.
16 Vgl. Sartre 1966, 13.

these zur „weißen" Welt. Sie sind nicht nur verachtete Wesen, sondern in ihrem kolonialen Selbstverständnis aller guten Eigenschaften beraubt, die „der Weiße" als Wert personifiziert Sie fühlen sich innerlich dazu angetrieben, die Vorurteile der Kolonisatoren zu verneinen und zu widerlegen, d.h. ihre Handlungen haben zum Ziel, die Existenz der ihnen unterstellten Eigenschaften, wie schmutzig, geistesschwach, unpünktlich, unzivilisiert etc., zu widerlegen.

Das Ich der Kolonisierten versteht sich als Ich in Opposition.[17] Die Kolonisierten bewegen sich von der negativen Identität zur negativen Dialektik. Ihr Ich gründet sein Sein auf dem Strandgut der Anderen.[18] Auf der Suche nach Identität versucht das negierte Ich sich selbst durch die Negation des Anderen wiederzugewinnen, wodurch es sich auch überlegen glaubt: ein Überlegenheitskomplex als Resultat des Minderwertigkeitskomplexes. Was die Afrikaner(innen) dazu bringt, zu revoltieren, ist in erster Linie die soziale und historische Empfindung eingeprägter Minderwertigkeit. Durch die Forderung nach Anerkennung versuchen die Kolonisierten die Ungewissheit des Selbst zu überwinden. Das Streben nach Anerkennung ist nichts anderes als der Versuch, die subjektive Ungewissheit in eine universelle, objektive Wahrheit zu transformieren,[19] was im Gegenzug die subjektive Gewissheit erhöht. Das ist ein metaphysisches Streben: Die Kolonisierten wollen, dass ihr negierender Akt anerkannt wird, jene Behauptung, dass sie keine Un-Wesen sind. Fanon schreibt dazu: "I demand that one has to take into consideration my negating act as far as I look for something other than life; as far as I fight for the birth of a human world, for a world of mutual recognition. The one who does not recognise me opposes me. In a wild struggle I accept the shattering death, the irreversible dissolution, but also the possibility of the impossible."[20]

Der Kolonisator begreift sich selbst als das Subjekt der Geschichte. Für ihn ist Entkolonisierung daher gegebene Freiheit, was z.B. in Phrasen wie „in die Unabhängigkeit entlassen" deutlich wird. Der Kolonisator befreit die Kolonisierten oder „vertreibt" sogar die unwilligen Kolonisierten in die Freiheit, da ja „entlassen" sowohl die Bedeutung von „entbinden" oder „befreien" als auch von „kündigen" oder „verjagen" hat. Die Kolonisierten sind jedenfalls passiv. Die ehemals entmenschlichten Afrikaner(innen) sind nun – dank der Großzügigkeit der Kolonisatoren – auf die Ebene der Menschen, der Kolonisatoren, gehoben. Diese gnädige und großzügige Einstellung der Kolonisatoren verlangt von ihnen Dankbarkeit. Allein die Kolonisatoren rauben den Kolonisierten die Freiheit und geben sie zurück, anerkennen ihre Menschlichkeit und sagen: „Es gibt keinen Unterschied zwischen uns."[21]

Der Kolonisator liebt einerseits die Kolonisierten, weil sie ihm untergeordnet sind, auf der anderen Seite aber auch, weil sie ihm durch ihre Wiederbelebbarkeit die Existenz ermöglichen. In diesem widersprüchlichen Verhältnis verleihen die Kolonisierten dem Kolonisator eine doppelte Macht, indem sie für ihn vernichtbar (minderwertig) und wiederaufwertbar (mit menschlicher Qualität) sind. Nach der Kolonisierung „in die Unabhängigkeit entlassen" heißt genau das: Der Kolonisator merkt wieder, das er es mit Menschen zu tun hat und dieses Bewusstsein macht ihn noch mächtiger. Bei ihrem Versuch, sich zu entkolonisieren, gefährden

---

17 Vgl. Fanon 1991, 141.
18 Vgl. Fanon 1991, 133 ff.
19 Vgl. Fanon 1991, 138.
20 Fanon 1991, 139.
21 Vgl. Silverman 1999, 41.

andererseits die Kolonisierten ihre Existenz. Sie wollen den Unterschied zwischen sich und dem Kolonisator aufheben, ihn vernichten, indem sie sich selbst zum Menschen machen. Doch was ist das Sein des Menschen ohne Bewusstsein des Unterschiedes? Die Überlegenen sind bestrebt, ihr Sein zu bewahren, das auf dem Unterschied beruht; die Untergeordneten wollen ihr Sein erlangen, das durch den Unterschied blockiert wird. Fanon etwa meint, dass der Blick der Kolonisierten auf die Städte des Kolonisators bestimmt ist von Eifersucht und dem Traum vom Besitz dessen, was er besitzt: an seinem Tisch zu sitzen, in seinem Bett zu schlafen, wenn möglich mit seiner Frau. Die Kolonisierten sind eifersüchtig und der Kolonisator weiß das genau. Er weiß, dass sie seinen Platz einnehmen wollen, jeden Tag träumen sie davon.[22]

Das wahre Sein der Kolonisierten wird anerkannt, wenn die Vertierung (Entmenschlichung) durch die Kolonisatoren nicht weiter aufrechterhalten werden kann und wenn sich die Kolonisierten im Prozess der Befreiung von der von außen auferlegten Entmenschlichung befinden. In diesem Prozess der Entkolonisierung, wie Fanon behauptet, appellieren die Kolonisatoren plötzlich an die Rationalität der Kolonisierten.[23] Als Zeichen für den Beginn einer neuen Kommunikation wird ein Dialog mit den kolonisierten Eliten geführt werden, die die universelle Rationalität der Kolonisatoren verinnerlicht haben.[24]

Die Wiedervermenschlichung ist die Negation der Entmenschlichung und Vertierung der Kolonisierten durch die Kolonisatoren. Die Kolonisierten müssen sich nun eine neue Identität erschaffen. Den Auftakt dazu bildet die Konstruktion eines Seins, das die Kolonisierten an die gemeinsame „Kolonisiertheit" und den kollektiven Prozess der Vermenschlichung (Befreiung) erinnert. Diese neue Entität, d.h. die gemeinsame Identität, existiert so lange, wie das Bewusstsein der Kolonisiertheit und die Erinnerung an die Kolonisierung existiert. Sie ist die Negation des gemeinsamen Feindes und damit zugleich seine Aufrechterhaltung und existiert so lange, wie der Feind existiert. Darum ist paradoxerweise der Feind (in diesem Kontext der Kolonisator) der Schöpfer des sich selbst befreienden Subjekts. Die Afrikaner(innen) hatten eine solidere kollektive Identität während der Unabhängigkeitskriege in den 1950er- und 1960er-Jahren als danach. Die Organisation für Afrikanische Einheit (OAU) verfügte über eine bessere theoretische und ideologische Basis als die aktuelle Afrikanische Union. Eines ihrer Hauptziele war der Kampf gegen den Kolonisator. Das konstituierte Identität. Dasselbe gilt auch für Europa: Über seinen kolonialen Rassismus konstruierte es seine Identität in einem dialektische Spiel mit dem afrikanischen Anderen.[25]

Die zweite unerlässliche Entität für die Konstruktion einer Identität ist das Land, in dem man sesshaft geworden ist. Die Tatsache, dass das Land der Kolonisierten von Fremden besetzt worden ist, verleiht ihm eine besondere Natur und Qualität. Der Fremde ist das Wesen, das das Land gleichzeitig geheiligt und geschändet hat. Er hat es entweiht, weil er ein Fremder ist, er hat es aber auch geheiligt, denn durch ihn konnte das Land den Kolonisierten eine gemeinsame Identität geben. Das Land, das befreit werden musste, befreit so die Kolonisierten

---

22 Vgl. Fanon 1966, 33.
23 Vgl. Fanon 1966, 36.
24 Vgl. Fanon 1966, 36 f.
25 Vgl. Hardt/Negri 2001, 103.

– ein gegenseitiger Schöpfungsakt. Dieser Akt wäre aber ohne die Existenz und Einbeziehung des Fremden, des Kolonisators, unmöglich. Und auch seine Existenz ist relativ: Das Sein des Kolonisators ist gebunden an das erniedrigte Sein der Kolonisierten. Diesem Schema gemäß wollen die Unterdrückten nach ihrer Befreiung nicht nur gleich behandelt werden, sondern auch (oder vielmehr) den Platz des Unterdrückers einnehmen.

Der Kolonisator sucht nach Werten, die ihn charakterisieren und zum einzigen wahren Wesen machen. Letztlich muss er seine ökonomische Entwicklung, Industrialisierung und „Zivilisation" festigen. Er gleicht nicht den Kolonisierten und hält sich zugute, Demokratie und Menschenrechte erschaffen zu haben, seine Prinzipien beruhen auf rationaler Entscheidung. Nichtdemokratische Regierungen und Verstöße gegen die Menschenrechte in den Entwicklungsländern bestätigen die moralische Überlegenheit des Kolonisators und begründen damit seine Existenz. In jedem Moment der Angst, in die Gleichheit zu verfallen, die in der Negation liegt, verherrlicht der Kolonisator seine Kultur, seine Werte und Zivilisation und universalisiert sie. Zu solcher Gleichheit kommt es aber, wenn die Kolonisierten befreit werden. In dieser Freiheit wird die Überlegenheit des Kolonisators aufgelöst und die Kolonisierten werden zu Gleichgestellten.

Der auf ontologisch unsicherem Terrain stehende Kolonisator vermag seine Werte nur dann zu universalisieren, wenn er verkündet, dass er diese Werte exklusiv besitzt. Er kann seine Angst vor dem Nicht-Sein nur unterdrücken, indem er die Außergewöhnlichkeit seines Seins proklamiert und universalisiert. Das wird zunächst durch die Monopolisierung der westlichen Werte eingeleitet, als ob diese die Zivilisation schlechthin repräsentieren würden. Die Kolonisatoren glauben, dass sie allein über überlegene und universelle menschliche Werte verfügen, obwohl die Kolonisierten grundsätzlich weder besser noch schlechter sind als sie. Beide Gruppen spielen keine vorherbestimmten Rollen, sondern zufällige. Die Kolonisierten könnten selbst Kolonisatoren sein. „Der Kolonisierte ist", wie Fanon sagt, „ein Verfolgter, der ständig davon träumt, Verfolger zu werden."[26] Nichtsdestotrotz konstruieren die Kolonisierten ihre gemeinsame Identität in der Auflehnung gegen die Kolonisatoren.

Die konstruierte kollektive Identität ist freilich auch der Ursprung einer entmenschlichenden Destruktion. Im Prozess der Vermenschlichung (Entkolonisierung) zerstören die Kolonisierten sich selbst. Sie konstruieren „Brüder", „Schwestern" und „Genossen": Sie werden wieder Menschen, indem sie Afrikaner(innen) werden. Sie glauben an eine illusionäre Einheit der Afrikaner(innen), die sich aber nicht verwirklichen lässt. Die Kolonisierten erschaffen eine irreale Welt der *Brüderlichkeit* und *Schwesterlichkeit* mit ihren kolonisierten Mitmenschen, in gleichzeitiger Bewunderung und Abscheu gegenüber den Kolonisatoren: Bewunderung, weil die Erinnerung an die Kolonisatoren ihre Identität als Afrikaner(in) aufrechterhält; Abscheu, weil die Kolonisatoren sie erniedrigt haben.

Die Kolonisierten glauben, ihre Rettung durch die Nachahmung der Kolonisatoren zu erlangen. „Auf die Lüge der kolonialen Situation antwortet der Kolonisierte mit einer gleichen Lüge. Sein Verhalten ist offen gegenüber den eigenen Leuten, verkrampft und undurchsichtig gegenüber den Kolonialherren. Wahr ist, was die Auflösung des Kolonialregimes vorantreibt, was das Entstehen der Nation begünstigt. Wahr ist, was die Eingeborenen schützt und die

---

26 Fanon 1966, 44.

Ausländer verdirbt. Im kolonialen Kontext gibt es keine unbedingte Wahrheitsregel. Und das Gute ist ganz einfach das, was *ihnen* schadet."[27] Andererseits versucht der Kolonisator, während er seine moralischen oder kulturellen Werte zu verallgemeinern versucht, sein Verlangen nach Kolonisierung zu verhüllen. Der Kolonisator konstruiert Geschichte. Er ist der absolute Anfang. Es war „die Bürde des weißen Mannes", die Kolonisierten zu zivilisieren. Der Kolonisator ist die immerwährende Ursache für alles Gute. Als er Afrika verließ, erklärte er: „Wenn wir weggehen, ist alles verloren, dieses Land wird ins Mittelalter zurückfallen."[28] Der Kolonisator rechtfertigt und perpetuiert seinen kolonialen Willen, indem er sich selbst als den Retter der kolonisierten Welt präsentiert. Seine politischen und kulturellen Taten sind eine messianische Mission: Zivilisierung der „Schwarzen". Was ist das für ein Widerspruch, wenn der Kolonisator, der Jahrhunderte lang die Afrikaner(innen) versklavte, tötete und ausbeutete, nun seinen Widerwillen gegenüber der Entkolonisierung mit selbstlosem Messianismus vermischt, mit dem Vorwand, die Wilden zivilisieren zu müssen. Denn schließlich, so behauptet er, sind die kolonisierten Afrikaner(innen) Tiere, denn sie bringen sich in fast allen Teilen Afrikas gegenseitig um.

Die Faktoren, die kolonisierte Identität konstituieren, sind also der gemeinsame Kampf, das nationale Schicksal und die kollektive Geschichte. Die Nation der Kolonisierten ist eine aus Blut und Wut geknüpfte Bindung, sagt Fanon. Als der Kolonisator vertrieben worden war, dachten die Kolonisierten, das Ende der Gewalt wäre gekommen. „Afrikanität", Gemeinschaftlichkeit und Gastlichkeit wurden verkündet und viele nationale Parteien wurden „afrikanische" Parteien genannt (in Kenia, Tansania, Simbabwe etc.). Die kolonisierten Afrikaner(innen) versuchten, die Kolonisatoren nachzuahmen und ihr Andenken folglich mit allen Mitteln zu bewahren: durch die Aufrechterhaltung der von den Kolonisatoren gezogenen Grenzen; durch die Kopie ihrer politischen Kultur und Ökonomie; durch die Schaffung einer Afrikanischen Union nach dem Vorbild der Europäischen Union etc. Die Erschaffung der Afrikaner(innen) gilt als Meilenstein in der Verwirklichung von Frieden, Sicherheit und Entwicklung.[29] In der Verteidigung ihres Identitätskonstrukts blieben die Kolonisierten jedoch in ihrer Kolonisiertheit gefangen.

Die Apologetiken der Kolonisierten

Wenn er an die Möglichkeit glaubt, die Afrikaner(innen) entmenschlichen zu können, täuscht sich der Kolonisator darüber hinweg, dass sie wie alle Menschen durch Wettbewerb und Nachahmung geprägt sind. Gerade durch ihr Nacheifern trachten die Afrikaner(innen) zu zeigen, dass sie nicht einfach nur Tiere sind, sondern rational denkende menschliche Wesen. Die Kolonisierten wollen dabei nicht einfach den Kolonisator imitieren, sie wollen selbst zu „Herren" werden. Es bestimmt jedoch der Kolonisator, was einen Menschen ausmacht, und diese Projektion wird zum Ziel des Nacheiferns. Dadurch, dass sich die Kolonisierten wirtschaftlich und technologisch entwickeln, verliert der Kolonisator allmählich diese exklusive Stellung,

---

27 Fanon 1966, 42 (Hervorhebung im Original).
28 Fanon 1966, 43.
29 Vgl. Francis 2006.

zuerst indem sie ihm gleich zu werden suchen, schließlich aber, indem sie ihn zu überholen trachten. Fanon sagt dazu: „Die europäischen Völker haben, wie es heißt, diese Entwicklungsstufe dank ihrer eigenen Anstrengungen erreicht. Beweisen wir also der Welt und uns selbst, daß wir zu den gleichen Leistungen imstande sind."[30] Um die Afrikaner(innen) und ihre Kultur gegen koloniale Vorurteile und Diskriminierungen zu verteidigen, sagte etwa Léopold Sédar Senghor (Präsident von Senegal 1960-80): „[In Afrika ist d]er Boden und alles, was sich natürlicherweise auf ihm befindet [...] Gemeingut, das unter die Familien [...] verteilt ist. [...] Jeder Mensch ist materiell gesichert, er hat das Lebensminimum gemäß seinen Bedürfnissen. ‚Wenn die Ernte reif ist', sagt der Wolof, ‚gehört sie allen.' [...]"[31] Reine Gleichwertigkeit ist nicht das endgültige Ziel, es geht auch darum, eine afrikanische Überlegenheit zu konstruieren.

Der Kolonisator ist der Maßstab für die Werte, den Wohlstand, die Entwicklung und die Kultur der Kolonisierten. Durch „Afrikanität" wollen diese nun nicht nur den Kolonisator zerstören, sondern auch die von ihm monopolisierten Werte, die zudem Erinnerungen an die Kolonisation in sich tragen. Vor diesem Hintergrund konnte Robert Mugabe (Staatsoberhaupt von Zimbabwe seit 1980) in seiner Wahlkampagne von 2005 die für mehr Demokratie und Menschenrechte kämpfenden oppositionellen Gruppen als „Männer mit schwarzer Haut, aber weißem Blut" diffamieren. Er versteht sich selbst als personifizierte Afrikanität und erklärt, dass er und seine Partei (die ZANU-PF) für diese Ziele ja eintreten. Zugleich sieht er alle Appelle für Menschenrechte und Demokratie von außerhalb des Landes oder seitens der Opposition als das andauernde Verlangen der Europäer, zu kolonisieren und ihre Werte zu universalisieren, und lehnt sie daher strikt ab. Das ist nicht einfach ein Widerspruch zwischen Wort und Tat, sondern vielmehr das Produkt der Kolonisation, die die Ambivalenz zwischen einem in einen Überlegenheitskomplex umgeschlagenen Minderwertigkeitskomplex einerseits und der Empfänglichkeit für die universellen (also eigentlich kolonialen) Werte im Zivilisationsprozess andererseits fest in das Denken der Kolonisierten eingebrannt hat.

Wie das Verhalten der afrikanischen politischen Eliten erkennen lässt, speist sich die Afrikanität aus einem Minderwertigkeitskomplex. Panafrikanismus ist die Antriebsfeder der Gewalt und der Homogenisierung der afrikanischen Kulturen im Namen der Staatsbildung und der afrikanischen Einheit. Die Idee der Afrikanität ist aber im Grunde genommen eine Erfindung der Kolonisatoren und steht in der Tradition der Auslöschung der traditionellen Identität. „[D]ie Idee vom ‚Schwarzsein' [wurde] durch einen Mangel an revolutionärem Bewusstsein erzeugt. Indem wir den Minderwertigkeitskomplex in uns tragen, weder Zivilisation noch Kultur zu besitzen, kamen wir soweit zu glauben, daß wir die Leiter der Kultur und Zivilisation nur erklimmen können, wenn wir uns im Vergleich mit jenen, die unsere Persönlichkeit entfremdeten, definieren. Indem wir so handelten, erlaubten wir ihnen einen Rassismus, den wir eigentlich verhindern wollten, und wir gaben ihnen neue Waffen, uns zu zerstören und zu unterdrücken, indem wir sogar soweit gingen, der Welt ins Gesicht hinein zuzugeben, daß, wenn die Vernunft ‚hellenisch' sei, sei das Gefühl [‚schwarz']."[32]Nach der Weltanschauung

---

30 Fanon 1966, 78.
31 Senghor 1967, 18.
32 Doppelfeld 1994, 211.

der Kolonisatoren ist die *ratio* (der Verstand) höherwertig als sinnliche Gefühle, wobei sie diese als minderwertig empfundene Eigenschaft den kolonisierten „Schwarzen" zuschreiben. Die Beziehung zwischen den Kolonisierten und Kolonisatoren ist die einer ständigen gegenseitigen Negation, also Zerstörung. Der so verleugnete, kolonisierte Mensch möchte sich auflehnen, weil er nicht mit seinem Status des Nicht-Seins leben kann, der ihm vom Kolonisator verliehen wurde. Er möchte überleben, und das bedeutet seine Identität nachzuweisen, seine Zerstörung abzuwehren. In der Kolonisationsbeziehung erreicht er das durch die Fähigkeit, die *Weiß*-heit der Schwarzen zu zeigen und zu verteidigen. „Man sagt – und man hat es oft wiederholt – daß der [… Schwarze] auf dem Gebiet der Religion nichts Neues geschaffen habe. Kein Dogma, keine Moral, nur eine gewisse Religiosität. Aber, wenn man darüber nachdenkt, liegt dann das Wesentliche nicht vielmehr in dieser verächtlichen Behauptung als in der Sache selbst?"[33] Angesichts eines auch religiösen Minderwertigkeitskomplexes und um einen spezifisch afrikanischen Monotheismus zu postulieren, behauptet Senghor weiter: „Der [… Schwarze] ist Monotheist allenthalben, und soweit man auch in seiner Geschichte zurückgehen mag, es gibt nur einen einzigen Gott, der alles geschaffen hat, der allmächtig und ganz Willenskraft ist. Alle Kräfte, alle Willenskräfte der Geister und der Ahnen sind nur Emanationen von Ihm."[34]

Der Kolonisator behauptet, dass die Afrikaner(innen) keine Kultur haben. Indem er das tut, maßt er sich die Definitionsmacht darüber an, was Kultur und Kunst sind. Dadurch zwingt er die Kolonisierten, Kultur und Kunst von ihm zu lernen und auf dieser Basis eigene Kultur zu schaffen, um zu beweisen, dass sie dazu in der Lage sind. Die Kolonisierten distanzieren sich dabei von ihrer eigenen Kultur und verinnerlichen die ihrer Kolonisatoren. Die Besonderheit traditioneller afrikanischer Kultur beschreibt Senghor wie folgt: „Es ist praktische, aber keine utilitaristische Kunst, und sie ist in diesem ursprünglichen Sinne klassisch. Vor allem ist sie eine geistige Kunst – man hat sie zu Unrecht idealistisch und intellektuell genannt –, weil sie religiös ist. Die wesentliche Funktion der Bildhauer besteht darin, die toten Ahnen und die Geister durch Statuen darzustellen, die zur gleichen Zeit Symbole und Wohnsitz sind."[35] Als ein weiteres Zeichen der Besonderheit afrikanischer Kultur betont Senghor den Aspekt des Rhythmus. Um diese Eigenart afrikanischer Musik zu unterstreichen, kritisiert er die Musik der Kolonisatoren als bloße Simulation.[36] Demzufolge kann afrikanische Musik die europäische bereichern. „Sie vermittelt der verarmten okzidentalen Musik, die sich immer auf die gleichen zufälligen, vor allem zu engen Regeln stützte, den nötigen Saft."[37] Senghor versteht die Afrikaner(innen) als Verkörperung von Rhythmus. „Der Dienst des [… Schwarzen] wird daher darin bestehen, mit anderen Völkern die Einheit von Mensch und Welt wiederherzustellen; den Geist mit dem Fleisch zu versöhnen, den Menschen mit seinesgleichen, den Kiesel mit Gott."[38]

---

33 Senghor 1967, 13.
34 Senghor 1967, 13.
35 Senghor 1967, 23.
36 Vgl. Senghor 1967, 25.
37 Senghor 1967, 26.
38 Senghor 1967, 28.

Es sind die afrikanischen Intellektuellen, die an einer Identitätskrise leiden. Eine konstruierte Identität schützt sie nicht vor den Auswirkungen des über sie gekommenen Kolonialismus, ihrer Nichtsheit. Um diese Nichtsheit zu überwinden, unterstreichen die Kolonisierten ihre Andersheit: „Die weiße Vernunft ist um der Nutzbarmachung willen analytisch, die [… schwarze V]ernunft ist aus Anteilnahme intuitiv.“[39]

Aus der Angst vor dieser Nichtsheit entspringt eine dualistische Weltsicht. Da das Sein des Kolonisators auf einem simultanen Sein und Nicht-Sein der Kolonisierten beruht, muss er die Kolonisierten in einen Zustand der Nichtigkeit versetzen und sie zugleich, wenn auch in anderem Kontext, in einer Paradoxie von Existenz und Nichtigkeit wiederbeleben. „Weiße“, koloniale Kunst stellt die kolonisierten „Schwarzen“ als kulturlos dar. Die Afrikaner(innen) sind zudem ohne Religion oder bestenfalls Polytheist(inn)en. Die anhaltende und gefährliche Auswirkung des Kolonialismus auf die Kolonisierten besteht nun darin, dass sie eine afrikanische Apologetik entwickeln, um so dem Kolonisator eine „afrikanische Hochkultur“ vor Augen zu führen. Die Kolonisierten müssen auf das entmenschlichende Trauma der Kolonisation reagieren, indem sie sich selbst verteidigen und den Kolonisator als Gegenbild konstruieren. Senghor zitiert dazu, was Jean Paul Sartre über den kolonisierten Intellektuellen geschrieben hat: „Wenn also ein Schwarzer der Vereinigten Staaten in sich die Berufung zum Schriftsteller entdeckt, dann entdeckt er gleichzeitig auch seinen Stoff: er ist der Mensch, der die Weißen von draußen sieht, der sich von draußen der weißen Kultur angleicht und bei dem jedes Buch die Absonderung der schwarzen Rasse innerhalb der amerikanischen Gesellschaft zeigen wird. Nicht objektiv, in der Art der Realisten, sondern leidenschaftlich und um seine Leser bloßzustellen.“[40]

Der Kolonisator konstruiert, „essentialisiert“ und universalisiert seine Kultur. Da die koloniale Welt dualistisch ist (differenziert in die moralisch überlegenen „Weißen“ und die minderwertigen „Schwarzen“), versuchen die Kolonisierten, letztlich um zu überleben, ihre vom Kolonisator konstruierte Nichtigkeit zu widerlegen. Die Apologetik gegen die koloniale Negation entspricht dabei der des Kolonisators. Auch die Kolonisierten konstruieren, „essentialisieren“ und universalisieren ihre Kultur: die Afrikanität. "The capitalist attitude of mind which was introduced into Africa with the coming of colonialism is totally foreign to our own way of thinking. In the old days the African had never aspired to the possession of personal wealth for the purpose of dominating any of his peers. He had never had labourers or 'factory hands' to do his work for him. But then along came the foreign capitalists. They were wealthy. They were powerful. And the African naturally started wanting to be wealthy too."[41]

"The foundation, and the objective, of African socialism is the extended family. The true African socialist does not look on one class of men as his brethren and another as his natural enemies. He does not form an alliance with the 'brethren' for the extermination of the 'nonbrethren'. He rather regards all men as his brethren – as members of his forever extending family."[42] Trotz dieser Darlegung eines afrikanischen Sozialismus von Julius Nyerere (Präsi-

---

39 Senghor 1967, 157.
40 Jean-Paul Sarte, zitiert in: Senghor 1967, 192.
41 Nyerere 1968, 6.
42 Nyerere 1968, 11.

dent von Tansania 1962-85) sind die kollektive Einheit und Identität, und damit die Afrikanität, bloß Konstrukte mit Ablaufdatum. Indirekt räumt Nyerere sogar ein, dass es keine kontinentale afrikanische Kultur gibt, mit der sich alle Afrikaner(innen) identifizieren würden. "It
was in the struggle to break the grip of colonialism that we learnt the need for unity. We came
to recognise that the same socialist attitude of mind which, in the tribal days, gave every individual the security that comes of belonging to a widely extended family, must be preserved
within the still wider society of the nation. But we should not stop there. Our recognition of
the family to which we all belong must be extended yet further – beyond the tribe, the community, the nation, or even the continent – to embrace the whole society of mankind."[43]

Um afrikanischen Idealismus und seine Apologetiken zu veranschaulichen, empfiehlt es sich,
auf weitere Arbeiten von afrikanischen Staatsmännern während und nach den Kämpfen um
die Unabhängigkeit zu sprechen zu kommen. Kenneth Kaunda (Präsident von Sambia 1964-
91) erklärt etwa: „Diese hohe Einschätzung des *Menschen* und die Achtung vor der Menschenwürde, die ein Erbe unserer Tradition sind, sollten im neuen Afrika nicht verloren gehen. Wie ,modern' und ,fortschrittlich' im westlichen Sinne diese junge Nation Sambia auch
werden mag, wir sind leidenschaftlich entschlossen, diesen Humanismus durch nichts ver-
dunkeln zu lassen. In der afrikanischen Gesellschaft stand immer der Mensch im Mittelpunkt.
So sollte es auch sein."[44] Sekou Touré (Präsident von Guinea 1958-84) meint: „Jeder einzelne
muß zurückkehren zu den afrikanischen kulturellen und moralischen Quellen, sein eigenes
Gewissen wiederentdecken, sich selbst bekehren in seinem Denken und Handeln zu den Werten, Bedingungen und Interessen Afrikas."[45] Ähnliches erklärt Kwame Nkrumah (Präsident
von Ghana 1957-66): „In der traditionellen afrikanischen Gesellschaft konnten keine Grup-
peninteressen als die höchsten angesehen werden, ebensowenig unterstützten die Legislative
und die Exekutive irgendeine Gruppe. Das Allgemeinwohl stand an erster Stelle."[46]

Der Hauptgrund für einen solchen afrikanischen Idealismus ist koloniale Negation. In der
westlichen Kultur ist Philosophie ein integrales Element. Während der Kolonisation wurde
behauptet, dass Afrikaner(innen) keine Philosophie besitzen, letztlich mit der Begründung,
dass sie weniger Mensch sind. Die so angegriffenen afrikanischen Intellektuellen begannen
daraufhin, die Existenz einer afrikanischen Philosophie im westlichen Sinn aufzuzeigen. Sie
sahen sich gezwungen, dem Kolonisator ihre Fähigkeit zum abstrakten Denken zu beweisen,
um als vollwertige Menschen anerkannt zu werden, um also Teil des Universellen zu sein.
Um die Existenz einer solchen afrikanischen Philosophie unter Beweis zu stellen, griffen
dann etwa manche afrikanische Philosophen auf die Behauptung starker ägyptischer Einflüsse
auf die griechische Philosophie zurück. "Little do some of us know that the first woman phi-
losopher, Hypathia, was from Alexandria and was murdered by Christians. Names like Saint
Augustine, Origen, Cyril, Tertulian are not unfamiliar to you; they are black Africans. More
pertinent to our subject is the fact what today we call Greek or Western Philosophy is copied
from indigenous African philosophy of the 'mystery system'. All the values of the mystery

---

43 Nyerere 1968, 2.
44 Kenneth Kaunda, zitiert in Doppelfeld 1994, 189 (Hervorhebung im Original).
45 Sekou Touré, zitiert in Doppelfeld 1994, 208.
46 Kwame Nkrumah, zitiert in Doppelfeld 1994, 219.

system were adopted by the Greeks and Ionians who came to Egypt to study, or studied elsewhere under Egyptian-trained teachers. These included Herodotus, Socrates, Hippocrates, Anaxagoras, Plato, Aristotle and others [...]."[47] Das Problem beim Nachweis der afrikanischen Wurzeln westlichen Denkens besteht darin, dass der Kolonisator nicht daran interessiert ist. Seine Hauptmotivation ist es, sich selbst von den Kolonisierten und Kolonisierbaren abzuheben, um sich für etwas Besseres halten zu können. Schließlich ist sein Selbstverständnis (als Mensch) von der Nichtigkeit der Anderen abhängig.

In ihrem Versuch, die kulturelle Gleichwertigkeit und die Fähigkeit zur Philosophie zu demonstrieren, zeigt sich zugleich der Minderwertigkeitskomplex der kolonisierten Intellektuellen.[48] Die Afrikaner(innen) kämpfen für Anerkennung und Rehabilitierung ihrer Andersheit, indem sie die westliche Konstruktion von Afrika internalisieren.[49] Sie versuchen, die Ähnlichkeit einer afrikanischen Philosophie und ihre Zusammenhänge mit der der Kolonisatoren herauszuarbeiten, Wenn sich dies als schwierig herausstellt, ist das kein Nachteil, sondern die kolonisierten Intellektuellen zeigen sich stolz auf die konstruierte Eigentümlichkeit. "We must construct an African Philosophy with categories that are typically African and where these categories do not correspond with those of either East or West; we dare to be different."[50] Das bleibt nicht ohne Gegenreaktion. "Several other authors could be quoted to show what I would regard as a concerted effort on the part of Western scholars to deny Africa any contribution in the field of Philosophy."[51]

Der erste Schritt zur Befreiung ist aber Selbstbewusstsein. Dieses Selbstbewusstsein setzt das Erkennen des Anderen voraus. Es meint daher nichts anderes als die Wiedervereinigung des Selbst. Ein zerrissenes Selbst ist sich hingegen seiner nicht bewusst.[52] Zudem gibt es eine fundamentale Einheit zwischen dem Denker, dem Gedanken und dem Denken sowie dem, worüber nachgedacht wird. Dieser geistige Akt ist die Vereinigung des denkenden Subjekts mit sich selbst und dem Objekt des Gedankens. Eine Befreiung der afrikanischen Gesellschaft muss demselben Muster folgen: Einheit der Denker, der Eigenartigkeit des Objekts, das bedacht wird und der Art des Denkens. Mit anderen Worten: Ontologisch gibt es nur eine Sache, über die nachzudenken ist, nämlich afrikanische Freiheit, und epistemologisch gibt es nur einen Weg, dies zu denken, nämlich eine einheitliche, den gesamten Kontinent umfassende afrikanische Kooperation. Daher war es während der Befreiung praktisch geradezu verboten, Mehrparteiensysteme zu etablieren, weil mehrere Parteien als die Antithese zur kollektiven, afrikanischen Identität gesehen wurden.

Die Konstruktion der afrikanischen Identität, der Négritude und des Panafrikanismus beruht auf Selbstbewusstsein und – in politischer Terminologie – Selbstregierung. Dieses Selbstbewusstsein beinhaltet wirtschaftliche, soziale und kulturelle Entwicklung, das Vermeiden von Konflikten zwischen afrikanischen Staaten und das Fördern der afrikanischen Einheit und des

---

47 Onyewuenyi 1998, 250.
48 Vgl. Fanon 1991.
49 Vgl. Kebede 2004, 179.
50 Ruch 1998, 267.
51 Onyewuenyi 1998, 245.
52 Vgl. Fanon 1991.

afrikanischen Einflusses in der Weltpolitik.[53] Panafrikanismus ist dabei zugleich Protest und Verweigerung.[54] V. Bakpetu Thompson versteht ihn als "a campaign to rehabilitate the value aspects of African culture" und ist der Ansicht, "that the phenomenon means the political unification of the continent."[55]

Für die Kolonisierten gibt es zwei Wege, sich selbst zu befreien: entweder paradoxerweise durch Assimilation mit dem negierenden Wesen (dem Kolonisator) und das Annehmen seiner Werte, einen Prozess der Anbiederung; oder – wo das nicht möglich ist – durch die Konstruktion einer eigenen Identität, einen Prozess der Loslösung. Das trifft etwa für viele Afroamerikaner im 18. und 19. Jahrhundert zu. Nachdem sie versucht hatten – unter Schmerzen – sich in das Land von Fremden zu integrieren, indem sie deren Kultur angenommen und sich angeglichen hatten, machten sich einige auf, um unter der Flagge des Panafrikanismus nach Afrika zurückzusegeln. Nach Olisanwuche Esedebe sind die Hauptelemente dieser Idee: "the homeland of African persons of African origin, solidarity among men of African descent, belief in an African personality, rehabilitation of Africa's past, pride in African culture, Africa for Africans in church and state, hope for a united and glorious future Africa."[56]

Einige westliche Wissenschaftler verfochten auch die Unmöglichkeit der Assimilation durch die Afrikaner(innen) und deren angeborene Minderwertigkeit und untermauerten dies durch Argumente aus den Naturwissenschaften und der Theologie. So behaupteten manche, dass in der Evolution des Menschen, seiner Kultur und Zivilisation die Grundlagen der Moderne als die letzte (und zugleich höchste) Stufe von den Griechen an die Römer vererbt wurde und von den Römern an die Nordeuropäer. Da letztere nicht einfach die ältere Zivilisation übernommen, sondern sie weiterentwickelt haben, überragen sie andere Menschen, die an diesem evolutionären Akt nicht teilgenommen haben und die daher weniger menschlich sind. Eher aus der Theologie stammt das folgende teleologische Argument: "God deliberately made men unequal. He gave intelligence to the whites to enable them to direct the activities of others wisely. To the non-whites, this usually meant blacks, he gave strong backs fortified with a weak mind and an obedient temper so that they might labour effectively under the supervision of the white masters"[57]

Das verdeutlicht, wie die Identitäten von Kolonisatoren und Kolonisierten kolonial geschaffen wurden. Mehr als für eine klare Unterscheidung zwischen diesen Gruppen ist die Auffassung von der Nicht-Assimilierbarkeit und Minderwertigkeit der Kolonisierten aber wichtig für die Befreiung der unterdrückten und verachteten Afrikaner(innen). In der ständigen Konfrontation mit solchen diskriminierenden und vorurteilsbehafteten Behauptungen der Kolonisatoren verstärken paradoxerweise die Afrikaner(innen) ihr Selbstbewusstsein. Die Definition des Selbst der Kolonisierten durch die Kolonisatoren ist so der Anfang der Selbstdefinition der Kolonisierten. So wurde die OAU zu einem Zeitpunkt gegründet, als es noch Kolonien gab. In diesem Kontext wurde der Kolonisator und Unterdrücker geradezu zum wichtigsten Vereinigungsfaktor und die Befreiung zur Innenpolitik des gesamten Kontinents, was sogar

---

53 Vgl. Esedebe 1982, 1.
54 Vgl. Esedebe 1982, 2.
55 Esedebe 1982, 3.
56 Esedebe 1982, 3.
57 Esedebe 1982, 19.

Staatsgrenzen bis zu einem gewissen Grad verwischte. Entscheidend war, Afrika als Einheit zu sehen und in seiner Gesamtheit zu befreien, wie das Nyerere auch auf der Gründungsversammlung der OAU 1963 in Addis Abeba (Äthiopien) zum Ausdruck brachte: "I ask your Imperial Majesty [Haile Silassie I. von Äthiopien] and my brothers assembled here that we collectively should now view the continued occupation of Africa by any foreign power with the same gravity and in the same seriousness as each one of us would have viewed the occupation by a foreign power of a part of the country that he has the privilege and the honour to lead. We can no longer go on saying that Angola is not free or Mozambique is not free etc., and that we are helping Angolans or Mozambicans to free themselves. Such statements are hiding the truth. The real humiliating truth is that Africa is not free; and therefore, it is Africa which should take the necessary collective message that should go from here to the security council of the United Nations."[58]

Die direkten und indirekten Folgen der Kolonisierung unterminieren nachhaltigen Frieden, respektvolle interkulturelle Beziehungen und Toleranz. Die Kolonisatoren monopolisierten zuerst ihre Werte als menschliche, zivilisierte Werte und zwangen die Kolonisierten oft direkt und gewaltsam, diese Werte zu internalisieren, indem auch der Geist und die Kultur kolonisiert wurden. Da diese immaterielle Kolonisierung erfolgreich gewesen ist, folgen die kolonisierten afrikanischen Intellektuellen unverändert dem Vorbild der Kolonisatoren: Sie gründen Staaten, regionale und kontinentale Institutionen kollektiver Sicherheit und die Afrikanische Union, um innerhalb von Afrika die Fiktion eines universalisierten wie homogenisierten Wertesystems und einer ebensolchen Kultur zu schaffen. Die fatalen Konsequenzen dieses Zivilisierungsprozesses sind die Zerstörung von verschiedenen politischen Kulturen, verschiedenen Wegen der Friedensschaffung und verschiedenen sozialen Beziehungen, die ihren jeweiligen Orten und Zeiten angemessen waren. Diese Universalisierung ist daher nichts anderes als der Tod von „vielen Frieden"[59]. Damit sind der „Tod" von verschiedenen Friedenskonzepten, Kulturen und Weltanschauungen und der Tod der politischen Kreativität und Verantwortung jedes Einzelnen gemeint. Ohne kulturelle Pluralität ist es aber unmöglich, geeignete Formen der Politik und eines seines Kontexts bewussten kulturellen Ausdrucks zu gestalten.

Die Entpolitisierung der Kulturen

Das Ende vieler Kulturen in Afrika begann also, als die Kolonisatoren begannen, die Afrikaner(innen) und ihre Umwelt zu unterwerfen. Ungeachtet der Zerstörung und Ausbeutung beschönigten die Kolonisatoren die Kolonisierung als Zivilisierung. Vor dem Hintergrund der Zerstörung der Natur und der sozialen Strukturen der Kolonisierten machten sie sich daran, die Kolonisierten zu erpressen, sich unterzuordnen, entweder durch Drohungen oder durch das Versprechen von Belohungen für die, die im Ausbeutungsbetrieb mitarbeiteten. So hob während der Kolonisation für afrikanische Gesellschaften die *great transformation*[60]an und setzte sich nach der Befreiung fort. Den gemeinsamen Nenner beider historischer Ereignisse

---

58 Julius Nyerere, zitiert in Ansprenger 1975, 31.
59 Vgl. Dietrich/Sützl 1997.
60 Vgl. Polanyi 1957.

bildete die Zerstörung traditioneller soziokultureller Strukturen, die zur Bewältigung bestimmter sozioökonomischer Probleme unverzichtbar waren. Zudem verkümmerte bei den
einfachen Menschen die politische Kreativität und Verantwortung, weil die von oben gesteuerte Ausbeutung, Zivilisierung, Universalisierung der Werte und die Staatsbildung (durch ter-
ritoriale Integrität) die politische Debatte dominierten. Als Konsequenz vernachlässigten die
politischen Eliten die bestehenden soziokulturellen Strukturen und jene Systeme, die zugunsten von Minderheiten wirkten. Politikern, die am Aufbau des Staates und der nationalen Identität interessiert waren, erschienen differenzierte politische Kulturen nicht nur als irrelevant,
sondern sogar als Hindernis für ihre Ziele. In kleinräumigen Strukturen war das Individuum
nicht anonym und sorgte sich um die Gemeinschaft (und umgekehrt). Im modernen Megasystem Staat ist das Individuum hingegen anonym geworden, die Gesellschaft quantitativ, aber
nicht qualitativ gewachsen und der natürlich entstandene Gemeinschaftssinn verschwunden.
Eine neue Megagesellschaft begann, andere Gesellschaften zu verdrängen, die darauf Wert
legten, dass der Einzelne nicht vereinsamt und überlebt.[61] Im modernen Staat fällt diese
Schutzfunktion hingegen nicht mehr einer Gemeinschaft zu, in der das Individuum nicht anonym ist, sondern den Herrschern, die nicht mehr Personen, sondern nur noch Zahlen repräsentieren.

Im Zuge des von den afrikanischen Intellektuellen betriebenen Zivilisierungsprozesses wurde
auch das System der repräsentativen Demokratie eingeführt. Gruppen, die vor der Formation
des modernen Staates gewöhnlich aktiv und persönlich an politischen Aktivitäten teilnahmen,
werden nun nur noch von Eliten repräsentiert. Es kommt zur Professionalisierung der Politik
und zu steigender Distanz zu Entscheidungsträgern. Die Repräsentanten sitzen weit von ihrer
Basis entfernt in der Hauptstadt und sind längst zu mächtig, um noch von ihr beeinflusst werden zu können.[62] Schließlich bestimmen der Staat und die politischen Repräsentanten, was
legitim ist und was verboten, was gut und was schlecht. Das Individuum tendiert dazu, nicht
mehr aus Überzeugung zu handeln oder etwas zu unterlassen, sondern aus Pflichtgefühl.
Selbst Gesetze entfremden die Menschen von ihrem Sinn für Verantwortung, ihre moralischen Urteile werden abhängig. Der Staat entmündigt das Individuum und übt selbst Verantwortung aus. Durch diesen Prozess aber entfremdet und schwächt er die Unmittelbarkeit der
Verantwortung und das moralische Bewusstsein und Urteilsvermögen der Individuen. Dabei
sind Sicherheit, Stabilität und Einheit zugleich Pfeiler und Mittel der Bildung einer kollektiven Identität und des Zivilisierungsprozesses. Der vereinigende, stabilisierende und sichernde
Akteur ist der Staat, die Staatsbürger werden durch seinen Apparat neutralisiert.

Trotz dieser Entpolitisierung des Individuums war der Zivilisierungsprozess erfolgreich darin,
einen kollektiven Sinn der Zusammengehörigkeit zu erzeugen. Der Staat schuldet diesen Erfolg freilich einer gewaltsamen Entfremdung der vorstaatlichen politischen und sozialen
Gruppen von deren Kulturen. Die durch die Entpolitisierung beschädigten Menschen suchten
einen Ersatz für die verlorene Unmittelbarkeit und die Architekten der modernen Staaten begannen, zu diesem Zweck Nationen als neue Stifter von Identität und Zusammengehörig-
keitsgefühl zu formen. Dies gelang gerade deshalb so gut, weil im Zuge des Zivilisierungs-

---

61 Vgl. Polanyi 1957, 165.
62 Vgl. Kohr 1995, 65 f.

prozesses behauptet wurde, dass die Welt voll Gefahren sei und daher die Staaten übergreifende Organisationen mit globaler Reichweite erforderlich seien (wie z.B. die Vereinten Nationen, aber auch die Afrikanische Union oder die Europäische Union), um Sicherheit, Einheit und Stabilität zu garantieren. Die Überzeugung, dass Einheit eine unverzichtbare Voraussetzung für Fortschritt sei, bildet sogar den Ausgangspunkt für den Zivilisierungsprozess. Die Einheit – in der Form des modernen Staates oder, in einem größeren Kontext, in Form von Globalisierung – schafft aber eine neue Welt: eine Welt des „alles ist überall", weil es kein anderswo gibt, eine Welt, in der das „hier" zum „überall" wird, weil alles hier ist. Hier wie dort gibt es nur eine Kultur, eine Sprache, eine Technik, ein System. Im Monokulturalismus dieser Welt, in der alles, was klein ist, assimiliert und absorbiert wird, verschwinden Kulturen – sie verschwinden in der Welt des Durchschnitts, im Universellen.[63]

Solche Megaorganisationen, Ausdrucksformen der Globalisierung, sind damit zugleich die konstituierenden Elemente des Zivilisierungsprozesses. Beinahe alle Staaten in der Welt sind ökonomisch oder politisch integriert, nicht zuletzt um Herausforderungen kollektiv zu begegnen. Aber mittlerweile gibt es kein bedrohendes „Außerhalb" mehr, das Bedeutung hätte. Die Welt wird zur Einheit, verbunden mit der Hoffnung, dass dadurch der Kampf von Nationen gegen Nationen immer unwahrscheinlicher wird. Der einzige verbleibende Feind (möglicherweise für immer) ist das Individuum. Das Paradox des Zivilisierungsprozesses, der sich im modernen Staat ausdrückt, ist daher, dass er einerseits von Individuen getragen wird, dass er aber andererseits in jedem Individuum eine potentielle Gefahr für das Prinzip der Einheit, Sicherheit und Stabilität sieht. Seine Natur, d.h. seine Größe, macht den Zivilisierungsprozess paradox.

Eine von Leopold Kohr aufgeworfene Frage ist grundlegend für das Verständnis und den Umgang mit dem Problem der Spannung zwischen dem Modernismus und den Kulturen von marginalisierten Völkern. "What are the advantages the individual owes the community and would miss, if he were alone?"[64] In seinen Arbeiten erkannte Kohr von jeher im modernen Staat, einem Megasystem, die Gefahr der Entpolitisierung der Menschen, ihrer Mobilisierung für Krieg und des Aufkommens von Totalitarismus und Expansionismus.

Mit seiner Strategie der Entmenschlichung und der Nicht-Kommunikation verachtet und zerstört der Kolonisator die indigenen Kulturen und universalisiert seine Werte unter dem Banner des Zivilisierungsprozesses, der kulturellen und wirtschaftlichen Entwicklung. Auf der anderen Seite versuchen die kolonisierten Intellektuellen – in ihrem Bemühen, zu zeigen, dass sie eine der seinen ähnliche Philosophie und Kultur haben – in eine universelle Kultur integriert zu werden, die vom Kolonisator als neue Weltordnung entworfen worden ist.

Schlussfolgerung

In diesem Kapitel sollte das Problem der Integration Afrikas in den Globalisierungsprozess, der zugleich ein Zivilisierungsprozess ist, aufgezeigt werden. Wegen des geringen Anteils der Bildungseliten an der afrikanischen Gesamtbevölkerung fand bisher diese Integration, vor al-

---

63 Vgl. Kohr 1995, 67.
64 Kohr 1995, 128.

lem in ihrer epistemischen Dimension, nur zwischen einer Minderheit (den afrikanischen Intellektuellen) und der westlichen Welt statt. Wegen der epistemischen Heterogenität in der wirtschaftlichen, politischen und kulturellen Integration zwischen dem Westen und Afrika kam es zudem eher zu einer Teilung Afrikas als zu einem Zusammenwachsen. Wenn eine Gruppe aufgenommen wird, wird zugleich eine andere ausgestoßen. Innerhalb des afrikanischen Kontinents vereinigen sich politische, wirtschaftliche und epistemische Eliten, während in beinahe allen afrikanischen Ländern die wirtschaftlichen und die politischen Systeme die Bevölkerung eher entzweien als vereinigen. Im Rahmen moderner Staaten ist es nicht mehr möglich, lokale Epistemologien oder politische, kulturelle und wirtschaftliche Systeme zu berücksichtigen. Diese Pathologie hat ihren Hintergrund im Minderwertigkeitskomplex, der sich während der Kolonisation entwickelt hat. Diesen zu überwinden ist aber unausweichlich, selbst wenn es nur gilt, Teil des westlichen Zivilisierungsprozesses zu werden.

Langfristig ist dieser Prozess aber ohnehin kontraproduktiv. Afrika muss eine Afrikanität dekonstruieren, die darauf basiert, einen Feind zu konstruieren, um ihn anschließend in Nachahmung kolonialer Gewalt zu negieren. Mehr noch, Afrika wird weiter kolonisiert, so lange westliche Werte als universell monopolisiert und gegen afrikanische Kulturen durchgesetzt werden. Friede bedeutet hingegen, den Anderen zu respektieren, zu akzeptieren und zu verstehen. Es ist eine Herausforderung, aber auch ein wichtiger Schritt, die Pluralität von Gesellschaften, ihrer Wahrheiten und ihrer Friedenskonzepte anzuerkennen. Der universalisierende Zivilisierungsprozess, der auf einer einzigen, objektiven Wahrheit basiert, hat kulturell mehr Nachteile, als er Vorteile bringt. Entwicklungskonzepte und -strategien der ausgebildeten und verwestlichten (also kolonisierten) Afrikaner(innen) werden so weiter den kulturellen Kontext der Friedensschaffung und Konfliktlösung untergraben. Wenn Frieden aber als Fundament von Entwicklung und Stabilität angesehen wird, dann müssen seine Nachhaltigkeit und kulturelle Kontextualität ernst genommen werden. Noch bringt der Integrationsprozess in Afrika mehr Desintegration und Gewalt als Hoffnung für Frieden und Entwicklung hervor.

Literatur

Ansprenger, Franz: *Die Befreiungspolitik der Organisation der afrikanischen Einheit (OAU) 1963 bis 1975*. München, Kaiser, 1975.

Best, Steven/Kellner, Douglas: *The Postmodern Turn*. New York, Guilford Press, 1997.

Camilleri, Joseph A./Falk, Jim: *The End of Sovereignty? The Politics of a Shrinking and Fragmenting World*. Aldershot, Elgar, [2]1993.

Kamuf, Peggy (Hg.): *Jacques Derrida: A Derrida Reader. Between the Blinds*. Brighton, Harvester Wheatsheaf, 1991.

Dietrich, Wolfgang/Sützl, Wolfgang: *A Call for Many Peaces*. Schlaining, Friedenszentrum Burg Schlaining, 1997.

Doppelfeld, Basilius: *In der Mitte: der Mensch. Wie Afrika Entwicklung versteht*. Münsterschwarzach, Vier-Türme-Verlag, 1994.

Elias, Norbert: *The Civilizing Process. The History of Manners*. Oxford, Blackwell, 1978.

Esedebe, Olisanwuche P.: *Pan-Africanism. The Idea and Movement 1776-1963*. Washington/DC, Howard University Press, 1982.

Fanon, Frantz: *Die Verdammten dieser Erde*. Frankfurt/M., Suhrkamp, 1966.

Fanon, Frantz: *Black Skins, White Masks*. London, Pluto Press, 1991.

Francis, David J.: *Uniting Africa: Building Regional Peace and Security Systems*. Aldershot, Ashgate, 2006.

Galtung, Johan: "Peace", in: Krieger, Joel u.a. (Hg.): *The Oxford Companion to Politics of the World*. New York, Oxford University Press, 1993, 688-689.

Gebrewold-Tochalo, Belachew: *The Impact of the Socio-Cultural Structures of the Kambata on Their Economic Development*. Wien, ÖFSE, 2002.

Hardt, Michael/Negri, Antonio: *Empire*. Cambridge/MA, Harvard University Press, 2001.

Iliffe, John: *Geschichte Afrikas*. München, Beck, 1997.

Kebede, Messay: *Africa's Quest for a Philosophy of Decolonization*. Amsterdam, Rodopi, 2004.

Kohr, Leopold: *„Small is beautiful": Ausgewählte Schriften aus dem Gesamtwerk*. Wien, Deuticke, 1995.

Lyotard, Jeaan-Francois: *The Postmodern Condition: A Report on Knowledge*. Manchester, Manchester University Press, 1999.

Nyerere, Julius K.: *Ujamaa. Essays on African Socialism*. Dar es Salam, Oxford University Press, 1968.

Onyewuenyi, Innocent Chilaka: "Is There an African Philosophy", in: Sumner, Claude (Hg.): *African Philosophy*. Addis Abeba, Addis Abeba University Press, [2]1998, 243-259.

Polanyi, Karl: *The Great Transformation. The Political and Economic Origins of Our Time*. Boston, Beacon Press, 1957.

Ruch, Ernest A.: "African Philosophy. Regressive or Progressive?", in: Sumner, Claude (Hg.): *African Philosophy*. Addis Abeba, Addis Abeba University Press, [2]1998, 261-275.

Senghor, Léopold Sedar: *Freiheit, Band 1: Négritude und Humanismus*. Düsseldorf, Diederichs, 1967.

Silverman, Max: *Facing Postmodernity. Contemporary French Thought on Culture and Society*. London, Routledge, 1999.

Walzer, Michael: *Arguing About War*. New Haven, Yale University Press, 2004.

Pier-Paolo Pasqualoni

Identifikationsangebote für Bürgerinnen und Bürger zweier Welten
Bilder von der „Heimat" im Wahlkampf zum österreichischen Nationalrat

„Der Wanderer an den Mond

Auf Erden – ich, am Himmel – du
Wir wandern beide rüstig zu:
Ich ernst und trüb, du hell und rein,
Was mag der Unterschied wohl sein?

Ich wandre fremd von Land zu Land,
So heimatlos, so unbekannt;
Berg auf, Berg ab, Wald ein, Wald aus,
Doch bin ich nirgend, ach! zu Haus.

Du aber wanderst auf und ab
Aus Ostens Wieg' in Westens Grab,
Wallst Länder ein und Länder aus,
Und bist doch, wo du bist, zu Haus.

Der Himmel, endlos ausgespannt,
Ist dein geliebtes Heimatland;
O glücklich, wer, wohin er geht,
Doch auf der Heimat Boden steht!"

Johann Gabriel Seidl[1]

Der Begriff *Heimat* hat wieder Konjunktur.[2] Eines der jüngeren Beispiele stellt die österreichische Nationalratswahl 2006 dar, für die mehrere Parteien Heimatrhetorik zu ihrer maßgeblichen Wahlkampfstrategie erkoren. Indem sie mit Slogans wie „Lust auf Heimat", „Recht auf Heimat", „Mut zur Heimat" etc. aufwarteten und ihr spezifisches Heimatverständnis im gleichen Atemzug als Menschenrecht stilisierten, konnten etwa Heinz-Christian Strache (FPÖ) und Peter Westenthaler (BZÖ) ihren Wahlkampf auf die solide Grundlage einer Begrifflichkeit stellen, die in ihrer Rückwärtsgewandtheit allein den Ausschluss von „Ausländern" und die fiktive Gleichschaltung aller Österreicher und Österreicherinnen zum Thema hatte – nicht ohne daraus beträchtliches politisches Kapital zu schlagen.[3] Andere Parteien und zivilgesell-

---

1 http://www.recmusic.org/lieder/get_text.html?TextId=14747.
2 Vgl. hierzu Romberg 2005; Larcher 2005 sowie Kirchengast 2006, 83 ff.
3 11,04% der abgegebenen, gültigen Stimmen für die FPÖ und 4,11% für ihr Abspaltungsprodukt BZÖ – dies entspricht einem Prozentsatz von 8,5 respektive 3,2% der Wahlberechtigten.

schaftliche Gruppen sahen sich dazu veranlasst, auf diese Strategie zu reagieren – unter Rückgriff auf denselben Begriff und eine alternative Heimatsymbolik. Wenn Begriffe derart inflationär verwendet werden, stellt sich die Frage, worauf dies zurückzuführen ist.

Im Gedicht von Johann Gabriel Seidl (1804-1875) sieht sich das lyrische Ich mit einem vermeintlich freieren Gegenüber konfrontiert: Der Ruhelosigkeit des Wanderers, seiner Sehnsucht nach Bodenhaftung stellt der Autor die Abgehobenheit des Weltbürgers gegenüber, der sich überall gleichermaßen heimisch fühlt und letztlich nicht auf Erden, sondern im Himmel beheimatet ist. Das Gedicht weist damit auf unterschiedliche Konnotationen des Heimatbegriffes hin und bringt den utopischen Charakter beider Positionen zum Ausdruck. Im Alltagsdiskurs wird aus der Haltung, in die sich der Wanderer versetzt, auf eine Verwurzelung in der Heimat Bezug genommen, einer Heimat, die in der Vergangenheit liegt oder jedenfalls prekär, gefährdet bleibt: Die Heimat lässt ihre Gegenwart vermissen, sie droht dem Menschen zu entschwinden. Demgegenüber fällt es dem Mond bedeutend leichter, sich auf eine Metaposition zurückzuziehen, von der aus ihn die brennende Frage seines Weggefährten kaum berührt. In beiden Fällen handelt es sich um Gegenentwürfe zur Glokalisierung, der fortschreitenden Konvergenz globaler und lokaler Prozesse im weltweiten Maßstab. Die zunehmende Interdependenz lokaler und globaler Veränderungen geht mit Entgrenzungsprozessen einher, für welche die beiden Weggefährten in unterschiedlichem Maße gerüstet sind. Während der eine die Verwurzelung in der Heimat beschwört, die ihm auf dem gemeinsamen Weg längst verloren gegangen ist, repräsentiert der andere in seiner enthobenen und erhebenden Geste den *Weltbürger*. Dabei stellen sich diese Diskurse keineswegs allein dem jeweils anderen entgegen: Beide kämpfen an gegen eine Alternative, die offensichtlich im Raum steht und sich in ihren komplexen Wechselwirkungen unserem Verständnis entzieht.

Wie diese Diskurspositionen den Stoff und zugleich den Anlass für eine politische Auseinandersetzung abgeben, soll im Folgenden anhand ausgewählter Wahlplakate veranschaulicht werden.[4] Wie lässt sich jedoch erklären, dass im Alltag oft genug zwischen diesen Positionen gewechselt wird? Der tiefere Grund erschließt sich in der Tat nur vor dem Hintergrund eines gemeinsamen Dritten, das beide Diskurspositionen gleichermaßen auf Distanz halten. Dieses ruft die Konnotation radikalen Wandels hervor und bleibt beiden Positionen äußerlich, zumal es sich einer Aneignung zu widersetzen scheint: „Die Welt von heute zeichnet sich durch ein Paradox aus, auf das zwar gelegentlich hingewiesen, über das aber wenig nachgedacht wird: Die wachsende Globalisierung geht einher mit der Zunahme neuer Differenzierungen, es gibt immer weitgreifendere Verbindungen bei immer verwickelteren Teilungen. Kosmopolitismus und Provinzgeist sind keine Gegensätze mehr, sie sind miteinander verbunden und verstärken sich wechselseitig."[5]

---

4 Der vorliegende Beitrag steht im Kontext des Forschungsprojektes *European Governance: Multi-level or Post-democratic?* (Bundesministerium für Wissenschaft und Forschung, http://www.node-research.at). Danken möchte ich Alan Scott für die Ermutigung zur Vertiefung und Publikation der Überlegungen, die wir im Rahmen des Symposiums *Stadt und Bürger – eine Beziehungsfrage* (Stadtkomitee Bruneck, 12.-13. Oktober 2006) zur Diskussion gestellt haben, sowie Mishela Ivanova, Christian Kayed, Christoph Kirchengast, Silvia Rief, Gilg Seeber, Helga M. Treichl und den Herausgebern dieses Bandes für ihre vielfältigen Anregungen.

5 Geertz 1996, 69; vgl. auch Bua 2006, 73.

Die allgegenwärtige Rede vom Standortwettbewerb[6] oszilliert zwischen diesen beiden Polen, indem sie einen inneren Kreis auf seine äußere Umwelt bezieht und ihn zu dieser in ein spezifisches Konkurrenzverhältnis setzt. Um im Wettbewerb mit *Anderen* zu bestehen, wird dieses Verhältnis von Kooperationsrhetorik flankiert. Im Gesellschaftsspiel, das sich um den Heimatbegriff in seinen unterschiedlichen Konnotationen entspinnt, geht es – so die hier vertretene These – weniger um begriffliche Unterscheidungen als vielmehr um den politischen Zugriff auf Bürger(innen). *Heimat* fungiert dabei als leerer Signifikant: Gerade die Unbestimmtheit des Begriffs trägt dazu bei, dass seine Bedeutungsdimensionen überdeterminiert erscheinen – die begriffliche Unschärfe bedingt den bezeichnenden Nachdruck und die emotionale Schärfe, mit der er in die Debatte Eingang findet.

Dass *Heimat* sich in besonderer Weise für die politische Agitation und für die Mobilisierung von Wähler(innen)stimmen eignet, kann somit nicht verwundern. Der Einsatz in diesem Spiel, das vordergründig über die altbekannten Mechanismen der Inklusion und Exklusion von Gruppen funktioniert, ist höher, als dies auf den ersten Blick erscheinen mag. Die nachfolgenden Ausführungen berühren denn auch die Frage nach der Reichweite politischer Identifikationsprozesse und demokratischer Institutionen: „Solange sich mit der Einheit höherer Ordnung keine Gefühle der persönlichen Identität, keine Wir-Gefühle verbinden, erscheint das Verblassen oder gar das Verschwinden der Wir-Gruppe niedrigerer Ordnung in der Tat als eine Art Todesdrohung, als ein kollektiver Untergang und so ganz gewiß als eine Sinnentleerung höchsten Grades."[7]

Wahl-*Heimat*

Für die vorliegende Analyse wurden Wahlplakate zur österreichischen Nationalratswahl 2006 herangezogen, in denen entweder der Begriff *Heimat* in seinen vielfältigen Abwandlungen vorkam oder auf den Gebrauch von Personalpronomen rekurriert wurde. Die Aufmerksamkeit für Personalpronomen ergibt sich aus ihrer besonderen Identitätsrelevanz. Gegenüber dem klassischen Rollenkonzept hebt die *positioning theory* die aktive Komponente der Verortung von Personen in einem Diskurszusammenhang hervor: "Personal identity is one's sense of being located in space and having a position in the moral order of the little group with which one is conversing. [... S]elfhood is discursively produced for others by the use of the first person pronoun, and at the same time is discursively produced for ourselves."[8]

Der zugrunde liegende Ansatz gewinnt seine wesentlichen Bestimmungsstücke aus einem sozialkonstruktivistischen Verständnis. Identität kommt als diskursives Phänomen in den Blick, d.h. als ein Phänomen, das sich im Diskussionsverlauf ergibt und auf den Kontext dieser Auseinandersetzung zugeschnitten ist: "[T]he constructive force of each discursive practice lies in its provision of subject positions. A subject position incorporates both a conceptual repertoire and a location for persons within the structure of rights [and obligations] for those that use that repertoire. [...] Among the products of discursive practices are the very persons who en-

---

6 Vgl. Brenner 2003; Attac 2006.
7 Elias 1987, 299.
8 Harré/Gillett 1994, 107 f.

gage in them. [...] Positioning [...] is the discursive process whereby selves are located in conversations as observably and subjectively coherent participants in jointly produced story lines. There can be interactive positioning in which what one person says positions another. And there can be reflexive positioning in which one positions oneself."[9]

Die vielfältigen Formen interaktiver und reflexiver Positionierung sind im Hinblick auf die Bedingungen ihres Zustandekommens sowie bezüglich der Konsequenzen, die sie im Kommunikationsfluss generieren, zu beleuchten. Dies eröffnet einen identitätstheoretischen Zugang, welcher der nachfolgenden Analyse als Ausgangspunkt dient: "[T]here are multiple choices in relation not only to the possible lines that we can produce but to the form of the play itself. We are thus agent (producer/director) as well as author and player and the other participants coauthor and coproduce the drama."[10]

So betrachtet, enthalten – oder besser: entfalten – Wahlbotschaften eine Reihe von Identifikationsangeboten, die sie möglichst großen Zielgruppen innerhalb der wahlberechtigten Bevölkerung unterbreiten. Angesprochen werden soziale Identitäten (als Österreicherin, Migrant etc.), die durch gesellschaftliche Erwartungen konstituiert werden[11] und von genuin politischer Bedeutung sind. Die hier vorgestellten Interpretationen stützen sich jedoch nicht allein auf die *positioning theory*, sie werden darüber hinaus in den breiteren Kontext einer Diskursanalyse gestellt. Hierbei kommt folgenden Fragen besondere Aufmerksamkeit zu: Wie wird ein Diskurs konstruiert? Welchen Erfordernissen soll er gerecht werden? Wozu dient eine bestimmte Form der Darstellung in dem *Kontext*, in dem sie zutage tritt? Welche *alternativen Versionen* derselben Erzählung sollen – durch welche rhetorischen Mittel oder Argumente – unterschlagen oder untergraben werden?

Das *Problem der Wahrheit*, des Zutreffens einer Aussage, und die Zuschreibung zugrunde liegender Kognitionen verlieren in dieser Betrachtungsweise an Gewicht. Der Ansatz lässt sich auch schwer dem Bereich der Medienwirkungsforschung zuordnen, zumal diese bislang kaum von ihrem kognitivistischen Forschungsparadigma abgerückt ist. Umso mehr Beachtung findet die Art und Weise, wie die Gesprächsteilnehmer(innen) – etwa wahlwerbende Gruppen – selbst ihre jeweiligen Belange aneinander herantragen und gegeneinander ausspielen.[12]

Neben der Diskursivität, die den Wahlplakaten als Eigenschaft eingeschrieben ist, ist im Anschluss an Susanne Langer allerdings auch der spezifischen Wirkungsweise präsentativer Symbole Rechnung zu tragen.[13] Diese eröffnen den Weg für eine Reihe von Assoziationen, die in der sequenziellen Ordnung diskursiver Symbole nicht zutage treten[14] oder dies auf besondere Weise tun. Nach Vilém Flusser ließen sich Wahlplakate als Technobilder beschreiben, deren Funktionsweise dem Betrachter bzw. der Betrachterin durch eine mehrfache Überlagerung von Verfremdungseffekten verschlossen bleibt: „Es gibt zwei Arten von Bildern: (1) traditionelle Bilder, welche von Menschen gemacht werden, und (2) Technobilder, welche

9 Davies/Harré 1990, 46 ff.; vgl. Harré/van Langenhove 1999.
10 Davies/Harré 1996, 52.
11 Vgl. Goffman 1967.
12 Vgl. Edwards/Potter 1992, 154 ff.
13 Langer 1984.
14 Vgl. Bua 2006, 24.

von Apparaten gemacht werden. Die von Menschen gemachten Bilder sind Flächen, auf denen diese Menschen versuchen, eine Szene abzubilden, so wie sie sie sehen. […] Technobilder sind Flächen, auf denen sich die Szenen selbst mit Hilfe von spezifisch dafür hergestellten Apparaten abbilden. […] Traditionelle Bilder sind ‚symbolisch' – man muss die Bedeutung der in ihnen vorkommenden Elemente erlernen, weil der Mensch, der sie gemacht hat, auf die abzubildende Szene deutet –, und Technobilder sind ‚symptomatisch': Die Elemente, die in ihnen vorkommen, sind ‚Spuren' (Symptome) der abgebildeten Szene selbst […]. Fotografien auf Plakaten oder Kinojournale werden empfangen, als ob sie objektive Bilder, Symptome von ‚Wirklichkeiten' und Folgen der abgebildeten Szenen wären, und der Glaube, man müsse nicht erst lernen, sie zu entziffern, trägt zu der Verfremdung bei, welche diese Bilder bewirken. […] Technobilder sind Flächen, die mit Symbolen bedeckt sind, welche Symbole linearer Texte bedeuten. […] Sie bedeuten nicht Szenen, sondern Begriffe."[15]

Flusser schreibt Technobildern in besonderem Maße die Fähigkeit zu, uns im Alltag zu programmieren: „Die Undurchsichtigkeit der Technobilder beruht auf dem Umstand, dass sie auf einer Bewußtseinsebene ausgearbeitet werden, auf der Bilder von Begriffen gemacht werden und auf der wir nur mit äußerster Schwierigkeit Fuß fassen können."[16] Für ihre Interpretation ergibt sich ein einfacher Imperativ: „Technobilder zu entziffern muss heißen, sie zu demaskieren."[17]

Die nachfolgend wiedergegebenen Wahlplakate machen deutlich, auf welche Weise sich ein Diskurs entspinnt – ein Diskurs, der den politischen Zugriff auf Bürger(innen) sichern soll, indem er den Charakter einer Anrufung annimmt. Als Produkte dieser Anrufung sind nach Luis Althusser die angesprochenen Subjekte selbst anzusehen.[18] Die Identifikationsangebote, die für wahlberechtigte Bürger(innen) bereitgestellt werden, eignen sich offenbar als Pflaster, welches die Komplexität realer Zusammenhänge überdecken kann: „In dieser Situation des Umbruchs, Aufbruchs, Abbruchs wird ‚Heimat' zur politisch und medial verordneten Ersatzprogrammatik. Ausgewählte Versatzstücke der Vergangenheit, der Alltagskultur, der Landschaft werden verklärt", hält Dietmar Larcher in seinem jüngsten Buch[19] fest: „Je mehr die Welt vom Turbokapitalismus in einen Supermarkt verwandelt wird, desto größer wird bei manchen Menschen der Bedarf nach Tranquilizern, also nach romantisierenden und verklärenden Heimatbildern, die suggerieren, dass zwar die Welt ein wenig aus den Fugen geraten sei, dass es aber immer noch ein Fleckchen Erde gebe, auf dem man in Harmonie und Frieden leben könne – Heimat eben, so wie sie einst in den Liedern der Romantik besungen […] wurde […], ein verlorenes Paradies. Populistische Politik macht sich auch heute mit Erfolg diesen Regressionswunsch zunutze, mahnt die Bevölkerung, die Heimat ‚rein' zu halten, warnt permanent vor Bedrohung von außen, sei's durch feindliche Übernahmen heimischer Unternehmen, sei's durch Einwandererströme, und verspricht zugleich, der einzige Garant zum Schutze dieses Heimatbiotops vor ‚Überfremdung' zu sein."[20]

---

15 Flusser 1998, 137 ff.
16 Flusser 1998, 178.
17 Flusser 1998, 147.
18 Althusser 1977.
19 Larcher 2005, 141.
20 Larcher 2005, 148.

Paul Parin[21] erkennt im Heimatkonstrukt eine Plombe, welche die von einem fortschreitenden Wandel hinterlassene Leere nur äußerst dürftig füllen könne. Um der Verunsicherung zu begegnen, genügt jedoch kein Kunststoff – und erst recht kein Provisorium. Vielmehr ginge es wohl eher darum, ein Gefühl der Vertrautheit und der Geborgenheit wiederzuerlangen und zu versuchen, tatsächlich erfüllt zu sein, oder zu erkennen, dass dieses „ursprüngliche" Gefühl auf einer Fiktion beruht – eben eine Utopie darstellt – und dass die Welt nie weniger komplex war, als sie uns jetzt erscheint.

Hält man sich an ihre Wahlbotschaften, so wird genau diese Auseinandersetzung von den meisten Parteien verweigert. Man könnte auch behaupten, die Wahlplakate kommen einer solchen Auseinandersetzung zuvor – in mehrerlei Hinsicht: Wenn Abbildung 8 den österreichischen Bundeskanzler und die Europäische Union in traditioneller, bewährter Weise als „die da oben" vom „kleinen Mann" und zugleich von der eigenen Partei („*WIR* für Österreich") zu entrücken sucht,[22] gelingt ihm in einem ersten Schachzug eine Distanzierung von all jenen Missständen, die den Mächtigen („Schüssel & Brüssel") angelastet werden. Die Verantwortung teilt sich Bundeskanzler Schüssel insofern mit der Europäischen Union, als er sich auf dieser entrückten Ebene in einer geschlossenen Gesellschaft bewegt, die gegenüber den Anliegen Österreichs („Wir für *ÖSTERREICH*") blind oder gleichgültig ist, einer Gesellschaft, welcher der Bundeskanzler Priorität einräumt. „Heimat" – das Wort, das unterstrichen am Satzanfang prangt – lässt uns bereits vermuten, wer oder was das Opfer dieses verbrecherischen Komplottes darstellt. Der Anschein des Komplotts der Machthaber Europas und der eigenen Unbeflecktheit ist von der Warte der Opposition aus jedenfalls leichter aufrechtzuerhalten als von jener der Regierung, die noch im ersten Halbjahr 2006 die Ratspräsidentschaft in der Europäischen Union innehatte.

Für eine Partei, welcher der Ruf vorauseilt, EU-Skeptiker(inne)n eine Stimme zu verleihen, scheint es – zumal angesichts von Umfrageergebnissen, die Österreichs Bevölkerung regelmäßig einen der höchsten Prozentsätze an Euroskeptizismus bescheinigen[23] – wahlstrategisch nur konsequent, im Wahlkampf diese Taste anzuschlagen. Politische Inhalte bleiben weitgehend ausgespart, sie werden der Phantasie der Betrachter(innen) überlassen. Ebenso erinnert „DIE SOZIALE HEIMATPARTEI" als Inschrift, die neben dem Parteilogo geführt wird, nur über eine lose Assoziationskette an eine ähnliche Wortfolge im Namen einer früheren Bewegung. Die Assoziation zu national-sozialistischem Gedankengut ist nicht neu, sie wurde durch ideologische Anleihen einzelner Parteimitglieder, durch eine Reihe von kritischen Stellungnahmen und eine lebhafte mediale Berichterstattung auch in der Vergangenheit immer wieder ins öffentliche Bewusstsein gerückt, nicht ohne darin Erinnerungsspuren zu hinterlassen.

---

21 Parin 1996; vgl. Larcher 2005, 141.

22 Vgl. Reinfeldt 2000.

23 Dies geht aus den Daten des Eurobarometers hervor: Im Frühjahr 2006 wies die österreichische Bevölkerung die geringste Zustimmungsquote zur Mitgliedschaft in der Europäischen Union auf. Die Befürwortung belief sich – bei einem gesamteuropäischen Durchschnitt von 55% – in Österreich auf 34%, die Ablehnung auf 24% der Befragten (Europäische Kommission 2006a, 9 f.). Die Herbstumfrage bescheinigte Österreich eine um zwei Prozentpunkte erhöhte Zustimmungsquote (36%), während die positive Bewertung der Mitgliedschaft des eigenen Staates europaweit im selben Ausmaß zurückging (Europäische Kommission 2006b, 7; vgl. hierzu auch Europäische Kommission 2006c, 18 ff.).

Abbildung 8: Wahlplakat der FPÖ – „WIR für ÖSTERREICH" mit „<u>Heimat</u> statt Schüssel & Brüssel"[24]

Abbildung 9: Wahlplakat der FPÖ – „WIR für EUCH" mit „Daham statt Islam"[25]

Abbildung 10: Wahlplakat der FPÖ – „WIR für EUCH" mit „Deutsch statt Nix versteh´n"[26]

---

24 http://stampfer.fpoe.at/download/NRW2006/plakate/24bg_Es_bleibt_dabei.pdf.
25 http://stampfer.fpoe.at/download/NRW2006/plakate/A0_FPOE_Daham_06.pdf.
26 http://stampfer.fpoe.at/download/NRW2006/plakate/A0_FPOE_Deutsch_06.pdf.

Die Plakatserie „WIR für ÖSTERREICH" soll zunächst die Abgrenzung „nach oben" bewerkstelligen und die Verantwortung für alle erdenklichen Missstände auf den Bundeskanzler abwälzen. Das Kürzel „Heimat" nimmt dabei die Stelle konkreter Anliegen oder Kritikpunkte ein, lässt diese jedoch bewusst eher offen, als dass es sie näher umschreiben würde. Demgegenüber stellen die beiden Abbildungen 9 und 10 mit ihrem vertraulichen Schriftzug „WIR für EUCH" den Versuch dar, sich „nach unten" abzugrenzen und der Distinktion die Ausgrenzung folgen zu lassen: Die Wahlsprüche „Daham [Daheim] statt Islam", „Deutsch statt Nix versteh'n", aber auch „Sozialstaat statt Zuwanderung" sowie „Sichere Pensionen statt Asyl-Millionen" zielen deutlich darauf ab, die eigene (Ziel)gruppe zugleich als bedroht und als überlegen zu stilisieren.[27] Eine Abwendung der Gefahren, die sich in der Zuwanderung manifestieren sollen, wird allein durch eine Person garantiert: „Der Patriot – ER für EUCH"[28] soll uns explizit in Erinnerung rufen, was ohnehin als Wahlempfehlung, oft auch verdoppelt mit einem Portrait, auf allen Wahlplakaten der FPÖ prangte.

Aber nicht nur: Für die Wahl wurde ein eigener Popsong angefertigt, mit dem Strache wohl vor allem jüngere Wähler(innen) mobilisieren will. Stilistisch lehnt sich der Song an die EAV (Erste Allgemeine Verunsicherung) und an den international erfolgreichsten österreichischen Popsänger Falco an. Der Text selbst hält dabei nur wenige Überraschungen bereit:

> „Ich sag' nur das, was sich alle denken:
> Wir wollen unser Land nicht mehr verschenken
> An Menschen, die unsere Kultur nicht schätzen,
> Sich über unsere Gesetze 'wegsetzen.
>
> Wer sich nicht integrieren will,
> Für den hab ich ein Reiseziel:
> Ab in die Heimat, guten Flug!
> Arbeitslose haben wir hier selbst genug.
>
> Einbruch, Raub und Überfall,
> Verbrechen steigt schnell und überall.
> Die Ostöffnung ist eine tolle Sache –
> Es grüßt Dich herzlich Dein HC Strache."[29]

Neben einer Dringlichkeitsrhetorik, die offensichtlich darauf abzielt, den Ausnahmezustand auszurufen, ist immerhin bemerkenswert, dass sich der Refrain ebenso wie das Medium des Popsongs selbst als prägnantes Beispiel eines Phänomens verstehen lässt, das sich in den letzten Jahren auch in Österreich immer deutlicher abzeichnet: Der Trend zur Personalisierung

---

27 Eine kreative Abwandlung der ersten dieser Wahlkampfparolen lautet „Hammam statt daham." „Hammam" bedeutet (orientalisches) Bad.
28 http://stampfer.fpoe.at/download/NRW2006/plakate/A0_HC_Der_Patriot_06.pdf.
29 http://wirgebendentonan.fpoe.at/index.php?id=8824. Zwölf von 50 Popsongs, die als musikalische Antworten auf den Strache-Rap für den *HC-Diss-Contest* eingereicht wurden, sind unter folgender Webadresse abrufbar: http://derstandard.at/?url=/?id=2590740%26_index=1.

der Politik, der sich an den Wahlplakaten aller Parteien ablesen lässt, wird damit geradezu auf die Spitze getrieben. In Fortführung der Akzente, die Bundeskanzler Schüssel mit der Herausgabe zweier Liederbücher sowie – im Zuge der EU-Ratspräsidentschaft – mit der Veranstaltung *Sound of Europe* gesetzt hatte,[30] sind sich die Spitzenkandidaten einiger Parteien (Spitzenkandidatinnen gab es keine) offensichtlich nicht mehr zu schade, zum Zweck der Stimmenmaximierung auf den in der Popkultur gängigen Starkult zu setzen:

> „HC – das ist unser Mann,
> HC – der Österreich retten kann.
> HC – wer alles hat jetzt mal die Wahl?
> Er führt uns aus dem Jammertal!"

Wettbewerbsfreudiger gibt sich demgegenüber das BZÖ: Die Slogans „Lust auf Heimat" und „Anpfiff für Österreich" (Abb. 11) appellieren an den Sportgeist des Konsumenten, der sich einem Fitnessprogramm unterzieht und sich davon ein neues Lebensgefühl oder doch zumindest einen Wettbewerbsvorteil beim Spiel um die Weltkugel, die zu kicken man sich offensichtlich vornehmen will, verspricht. Das Plakat stellt einen losen Zusammenhang zur Fußball-Weltmeisterschaft in Deutschland her, die medial als entscheidender Wendepunkt dafür verhandelt wurde, dass man nun auch in Deutschland wieder stolz auf die eigene Heimat sein könne. Als ehemaliger Vorstand der österreichischen Bundesliga kann Westenthaler zudem auf einschlägige Kompetenzen in der Branche verweisen. Die hochgekrempelten Hemdsärmel deuten allerdings darauf hin, dass er durchaus willens wäre, im bevorstehenden Spiel selbst mit anzupacken.

Trotz seines offensiveren Tons und der Tatsache, dass die Regierung (aufgrund eigener Beteiligung) von jeglicher Polemik ausgenommen bleibt, hat dieses Heimatszenario mit jenen der FPÖ mehr gemeinsam als die strahlenden Augen der Spitzenkandidaten beider Parteien: In beiden Fällen tritt ein österreichisches „Wir" an, im Wettbewerb oder gar im Ringen mit anderen Gemeinwesen zu bestehen, dem (insbesondere demographischen) Wandel standhaft zu trotzen und sich gegen alle seine Repräsentanten und Mitbewerberinnen – als Österreicher – zu behaupten. Auch dies wird nicht nur durch andere Wahlplakate (etwa „Ausländeranteil minus 30%")[31] operationalisiert, sondern steht auch hier im Zentrum eines eigenen Wahlkampfsongs, mit dem sich der Spitzenkandidat des BZÖ als Popsänger versucht:

---

30 Im Vorfeld der Nationalratswahl sandte auch die ÖVP an registrierte Mitglieder der Jugendplattform *www.zukunft.at* eine CD aus, die neben dem Lieblingslied des Bundeskanzlers die von mehreren Parteifunktionär(inn)en gesungene Bundeshymne enthielt. „Das rot-weiß-rote Liederbuch" aus dem Jahr 2002 wurde anlässlich der Nationalratswahl zudem mit einem neuen Cover versehen. Während dieses wie bereits das 1999 verbreitete Liederbuch vor allem Wanderlieder enthielt und dazu diente, die Musikalität, Geselligkeit und Kulturverbundenheit des Bundeskanzlers zu unterstreichen und seine Persönlichkeit, Bürger(innen)nähe und „Heimatliebe" unter Beweis zu stellen, zielte das Salzburger Event *Sound of Europe* nach dem Scheitern der Bemühungen um eine europäische Verfassung darauf ab, die Kulturkarte zu spielen, um eine europäische Identität zu proklamieren. Als Identifikationsfigur hierfür wurde jedoch nicht Schüssel selbst, sondern Wolfgang Amadeus Mozart stilisiert.

31 http://www.wien-konkret.at/politik/nationalratswahl-nationalratswahlen-parlamentswahl-nrw/wahlplakate -nationalratswahl-2006/.

„[…]
Wir halten 'zam [zusammen]
Ein Leben lang.
Wir halten ganz fest 'zam
Für unser Heimatland.

Wir Österreicher leb'n im schönsten Land der Welt.
Schaut's euch um, wir haben doch all's, was zählt:
Berge, Flüsse, Wälder und die klaren Seen.
Dieser Fleck der Erde ist doch wunderschön.
[…]

Wir wollen do net [da nicht] nur eine Heimat auf Zeit,
Deshalb müss' ma schaun [müssen wir schauen], dass es immer so bleibt.
Dafür muass ma heit [muß man heute] schon die Weichen stellen […]"[32]

Abbildung 11: Wahlplakat des BZÖ – „Lust auf Heimat" mit „Anpfiff für Österreich"[33]

---

32 http://www.bzoe.at/home/Peter%20Westenthaler%20-%20Wir%20halten%20zamm.mp3.
33 Auf Nachfrage per e-mail vom März 2007 dankenswerterweise vom BZÖ zur Verfügung gestellt.

Die Grünen sahen sich offensichtlich dazu veranlasst, auf diese Wahlbotschaften zu reagieren. Schließlich sprechen sie – keineswegs nur im Wahlkampf – eine ganz andere Zielgruppe an. Ein Wahlplakat (Abb. 12) zeigt einen südländisch aussehenden Mitbürger vor einem imperialen Gebäude und trägt die Aufschrift: „Ich wähle Grün, weil Österreich auch meine Heimat ist." Hier wird das Wahlvolk einerseits nicht als ethnisch homogen konstruiert, andererseits wird auch Migrant(inn)en zugestanden, in Österreich *Wurzeln zu schlagen*. Allein dadurch, dass das Wahlplakat Migrant(inn)en diese Möglichkeit einräumt, bricht es mit einem Diskurs, in dem man Wurzeln nur *haben* kann (gegebenenfalls auch nachweisen muss), und setzt einen deutlichen, durchaus kosmopolitisch inspirierten Kontrapunkt. Zugleich präsentieren sich die Grünen auf dem Plakat (mit) ihrer multikulturellen Wähler(innen)schaft und treten mit dem Anspruch auf, weltoffene Bürger(innen) in Österreich politisch zu vertreten.

Die Plakate der Grünen kommen weitgehend ohne Nationalflagge aus,[34] welche – als Symbol eines (Kulturmonopols des) Nationalstaates – auf den Werbematerialien der anderen Parteien unverzichtbar scheint – schließlich lässt sich der für eine nationale Wahl relevante Heimatbezug allein durch die Farbwahl herstellen. Stattdessen schafft das Wahlplakat der Grünen einen Konnex zur Geschichte des Landes und zur Bildung: Ein Migrant posiert auf dem geschichtsträchtigen Heldenplatz vor der imposanten Kulisse der Hofburg. Das imperiale Gebäude, in dem heute die Nationalbibliothek untergebracht ist,[35] erinnert an die glanzvolle Vergangenheit im österreichisch-ungarischen Vielvölkerstaat. Zugleich ist das Bild aus einer Perspektive aufgenommen, die – wenngleich sie vom Bild selbst nicht erfasst wird und auf der Wirkungsebene wohl eher in den Hintergrund tritt – einen gebrochenen Heimatbegriff thematisiert: Unser Blick wird vom Heldenplatz als dem historischen Schauplatz für den Aufmarsch Hitlers auf die Hofburg gerichtet, wobei er beiläufig einen Migranten streift und dessen Botschaft mitnimmt. Indem Heimat gerade dort thematisiert wird, wo sie verraten wurde, suggeriert das Bild eine Interpretation der bislang beschriebenen Wahlplakate vor der Folie einer belasteten Vergangenheit. Die Perspektive, aus der die Aufnahme getätigt wurde, ruft uns Verbrechen in Erinnerung, gegen die ein affirmativer Heimatbegriff niemals gefeit ist: Heimat wird mit den Gräueln des Nationalsozialismus in Beziehung gesetzt – sie wird verortet, wo diese auch Österreich ergriffen haben, was den Blick auf die glanzvolle Vergangenheit der Donaumonarchie nun doch etwas trübt. Das österreichische Parlamentsgebäude, das gewiss eine ebenso aussagekräftige Kulisse für das Wahlkampfthema Migrations- und Integrationspolitik abgegeben hätte, könnte als die relevante Institution zur demokratischen Repräsentation aller Bürger(innen) – jedenfalls jener, die zur Wahl aufgerufen sind – figurieren. Diesem politisch-institutionellen Signifikanten wird ein Motiv vorgezogen, das nicht weniger politisch ist: „Es geht auch ohne Ausländerhetze. Garantiert", heißt es denn auch in der zweiten Plakatierungswelle.[36]

---

34 Vielmehr werden die Österreich- und die EU-Flagge im Kleinformat in den Rahmen des Bildes versetzt und dort aneinadergereiht.

35 Von Studierenden, Hochschulabsolvent(inn)en und dem Bildungsbürgertum als den wohl relevantesten Zielgruppen der Grünen wird an der Fassade des Gebäudes am ehesten der Haupteingang zur Nationalbibliothek erkannt. Entschlüsselt wird somit neben dem Bezug zur Donaumonarchie zumeist jener zur nationalen Bildung und Kultur.

36 http://www.gruene.at/multimedia/wahlplakate2_06/.

Abbildung 12: Wahlplakat der Grünen – Hinwendung zu einem multikulturellen Heimatbegriff: „Ich wähle Grün, weil Österreich auch meine Heimat ist.“[37]

Beide Wahlbotschaften lassen sich als Indiz dafür heranziehen, dass sich die Grünen angesichts der Heimatrhetorik der anderen Parteien tatsächlich zu einer Reaktion veranlasst sahen. Die Grünen präsentieren sich als die Alternative zu den Agenten eines affirmativen Heimatdiskurses. Dass diese Abgrenzung unter Rückgriff auf einen in progressiven Kreisen zumeist verabscheuten Heimatbegriff erfolgt, ist überraschend und verdeutlicht einmal mehr den hegemonialen Stellenwert dieses Begriffes, der jedenfalls jüngeren Datums ist.

Hätte die Österreichische Volkspartei nicht selbst zu den Initiator(inn)en einer im Zeichen des Heimatbegriffes entfachten Wahlkampfdebatte gehört, so könnten wir in gleicher Weise behaupten, dass auch der damals amtierende Bundeskanzler sich dem einmal entfachten Diskurs nicht verschließen konnte. Tatsächlich kam das nachfolgend wiedergegebene Wahlplakat der offiziellen Festsetzung des Wahltermins im Nationalrat zuvor.[38] Auch ist der Rückgriff auf Heimatsymbole im Wahlkampf der ÖVP keineswegs neu. Allein die Farbwahl zielt darauf ab, den Heimatbezug zu unterstreichen: So ist es gewiss auch hier kein Zufall, dass die Plakate durchgängig in rot-weiß-rot gehalten sind, eine Farbkombination, die keines der Werbematerialien vermissen lässt und die offensichtlich auch die „Sommerkampagne“ mit der eigentlichen Wahlkampagne verbindet.[39] Reagieren musste die ÖVP wohl vornehmlich auf die Kritik seitens der SPÖ, die sich im Wahlkampf weitgehend darauf beschränkte, in unterschiedlichen Bereichen ihre Globalisierungskritik anzubringen und damit über ihre traditionelle Wäh-

---

37 http://www.gruene.at/multimedia/wahlplakate06/.

38 ÖVP-intern wird dementsprechend darauf Wert gelegt, die so genannte „Sommerkampagne“ (Affichierungszeitraum: Mitte Juni bis Ende August) von der eigentlichen Nationalratswahlkampagne zu unterscheiden.

39 Allein diese mediale Strategie wäre es wert, als ein prägnantes Beispiel für „banalen Nationalismus“ im Sinne Michael Billigs (vgl. Billig 1999) näher beleuchtet zu werden.

ler(innen)schaft hinaus wohl auch die jüngere Generation und einige christlich-sozial inspi-
rierte Wähler(innen) anzusprechen.

Abbildung 13: Wahlplakat der ÖVP: „Österreich. Hier geht's uns gut."[40]

In Fortführung des Werbeslogans der Österreichischen Wirtschaftskammer („Geht's der
Wirtschaft gut, geht's uns allen gut") nimmt die vorweggenommene Entgegnung des Bundeskanzlers die Gestalt seiner eigenen Person an, die bei einer Wanderung durch die heimat-
liche Natur in demütig gebeugter Haltung innehält, um sich nach den Mühen des Aufstiegs an
einem reinen Quell zu laben (Abb. 13).[41] Daneben prangt die Aufschrift: „Österreich. Hier
geht's uns gut." Dieser Schriftzug soll daran erinnern, dass niemand vom Konsum der Natur-
güter ausgeschlossen ist, welche „die Heimat" nach wie vor für alle gleichermaßen bereithält.
Gleichzeitig ruft das Gebirgswasser eine Reihe von Assoziationen und positiven Konnotationen – Natur, Reinheit, Kraft, Gesundheit etc. – hervor, die sich noch dazu mit dem Umstand
verknüpfen lassen, dass Wasser in Österreich im Überfluss vorhanden ist und seit der Zweiten
Republik keineswegs nur zur Energiegewinnung, sondern auch zur Herausbildung einer nationalen Identität genutzt wird.[42]
Einem späteren Wahlplakat war zu entnehmen, dass Österreich auch bezüglich seiner Wettbewerbsfähigkeit anderen Standorten in nichts nachstehe: „Österreich. Bleibt besser."[43] Die
frohe Botschaft der Österreichischen Volkspartei soll gleichzeitig in den Köpfen der Österrei-
cher(innen) – wie es im NLP-Jargon heißt – „geankert" werden, etwa mit einer Fülle von
Heimatrhetorik, die der Website als Begleitmusik zu entnehmen war:

---

40 Auf Nachfrage per e-mail vom März 2007 dankenswerterweise von der ÖVP zur Verfügung gestellt.
41 Dass die Pose religiöse Assoziationen hervorruft, ist gewiss beabsichtigt.
42 Dass Westenthaler in seinem Song auf diese Metaphorik zurückgreift, kann somit wenig überraschen.
43 http://www.wien-konkret.at/politik/nationalratswahl-nationalratswahlen-parlamentswahl-nrw/wahlplakate
-nationalratswahl-2006/.

„Auf der Wahlkampfseite ‚Österreich. Hier geht's uns gut!' findet sich kaum ein Absatz, in dem nicht das Wort *Heimat* betont wird.

Österreich – Lebensraum

… bietet unsere *Heimat* eine ausgezeichnete Lebensqualität.

Österreich - Naturraum

… Landschaftseindrücke, die unsere *Heimat* so einzigartig und vielfältig machen.

Österreich - Kulturraum

… und unserer *Heimat*verbundenheit zum Ausdruck.

Österreich – Wirtschaftsraum

Österreich – Kraftraum

Österreich – Wissensraum

Bildung und lebenslanges Lernen werden in unserer *Heimat* großgeschrieben."[44]

Abbildung 14: Die Zivilgesellschaft schreibt mit: Heimatidylle im Hochwasser[45]

Zu dieser Botschaft, die sich wie ein roter Faden durch den Wahlkampf der ÖVP zog und offenbar für einen Stimmenzuwachs nicht ausreichend war, kamen Bilder in Umlauf, die Bundeskanzler Wolfgang Schüssel der Schönfärberei überführen (vgl. etwa Abb. 14). Diese zeigen das oben beschriebene Wahlplakat in einer überschwemmten Region – und damit auch,

44 http://www.kraehwinkel.at/heimatraum.php.
45 http://www.bimminger.at/content/mm_image.php?bild=605&bereich=hochwasser_steyr. Ein anderer Schnappschuss, der ein ähnliches Motiv aus einem breiteren Aufnahmewinkel erfasst und der über diverse E-Mail-Verteiler und Websites verbreitet wurde, findet sich etwa unter dem Eintrag vom 29. August 2006 unter http://piskernig.at/blog.

wie zivilgesellschaftliche Gruppen im Wahlkampf keineswegs nur als Zielgruppen präsent sind, auch wenn sie – selbst in der politikwissenschaftlichen Wahlforschung – zumeist als solche repräsentiert werden. Vielmehr können sie sich über konkrete Initiativen zu Wort melden und versuchen, wahlstrategische Unterfangen bestimmter Parteien zu konterkarieren. Das heimische Wasser erscheint in seiner zerstörerischen Kraft und die Verantwortung der Politik – auch für angebliche Naturkatastrophen – steht außer Zweifel. Durch die Präsenz des Bundeskanzlers nehmen das Hochwasser und seine Politik verwandte Konnotationen an: Von seiner abgehobenen Position aus scheint er die realen Verhältnisse zu verkennen und sich – bewusst oder unbewusst – am Elend der Bürger(innen) zu stärken. Das Bild führt uns vor Augen, wie ein „uns" seines inklusiven Gebrauchs beraubt und in einen exklusiven Gebrauch übergeleitet werden kann.

Die hier gewählte Strategie wurde von Naomi Klein als *Culture-Jamming* beschrieben:[46] „Die raffinierteste Art von Culture-Jamming ist [...] die kreative Umgestaltung von Anzeigen – Gegenbotschaften, die in die Kommunikationsmethode eines Konzerns so eingreifen, dass eine Botschaft entsteht, die zu der beabsichtigten in starkem Widerspruch steht. [... E]in guter Jam ist eine Röntgenaufnahme des unbewussten Gehalts einer Werbekampagne. Er enthüllt keine gegensätzliche Bedeutung, sondern die tiefere Wahrheit hinter den Euphemismen der Werbung."[47]

Zwischenresümee

Auf dem Spiel steht somit der Zugang zu Bürgerinnen und Bürgern zweier Welten: Wer in der größeren Welt verkehrt, wird wohl am ehesten durch das Plakat der Grünen angesprochen. Andere fühlen sich durch Veränderungen in ihrem unmittelbaren Umfeld, die nicht ihrem Einfluss unterliegen, bedroht und werden sehr leicht zur Manövriermasse einer Politik der Abschottung, die in einer globalisierten Welt – und verstärkt in einem europäischen Binnenmarkt – mit stark emotionalisierenden Bildern aufwartet. Zumal die realpolitischen Aussichten einer Abschottung mehr als beschränkt sind, begnügt sich diese Politik, mit einer negativen Utopie aufzuwarten; mittels provokanter Parolen und radikaler Lösungen wird – auf der symbolischen Ebene – ein Abwehrkampf inszeniert, der keineswegs nur eine traditionell rechte Wählerschaft aufhorchen lässt. Die ÖVP hält in ihrem Plakat für beide „Zielgruppen" eine Botschaft bereit, indem sie die eigene Regierungszeit mit den besonderen Attributen des Standortes Österreich, die sich mit Heimatsymbolik verbinden lassen und die beiden Legislaturperioden tatsächlich überdauert haben, kurzschließt – nicht ohne den Vorwurf der Schönfärberei heraufzubeschwören.

Den wenigen Blitzlichtern aus den Wahlkampagnen der einzelnen Parteien sind zudem deutliche Zeichen einer Trivialisierung der Politik zu entnehmen. Diese erschließt den Parteien immerhin neue alte Wege der Instrumentalisierung, ein Potential, das ihnen gerade unter veränderten Rahmenbedingungen nicht nur offensteht, sondern – wie dies die Geschichte und nicht zuletzt auch die hier erbrachte Analyse der Wahlplakate lehren – geradezu innewohnt.

---

46 Klein 2001, 289 ff.
47 Klein 2001, 291 f.

Das mediale Hochglanzformat, das als flankierende Maßnahme eine schöne *alte* Welt (als politisch eingelöstes oder einzulösendes Versprechen) vorgaukeln und mit dem Charisma einzelner Persönlichkeiten verbinden soll, konterkariert die althergebrachte Vorstellung einer mündigen, kritischen Öffentlichkeit und trägt dazu bei, jeden Makel zu beseitigen, zu beschönigen, zu retuschieren oder – umgekehrt – nach dem bewährten Schema „alte Freunde – neue Feinde" den Ausnahmezustand auszurufen und einen Sündenbockmechanismus in Gang zu setzen. Als Sündenböcke müssen nicht zufällig Migrant(inn)en herhalten, sind sie doch in der politisch überkommenen und rechtlich verankerten Tradition der Gleichsetzung von *demos* und *ethnos*[48] zum überwiegenden Teil aus dem Wahlvolk ausgeschlossen.

Ein letztes Bild (Abb. 15), auf dem sich erneut die Farben der österreichischen Nationalflagge eingeschlichen haben, soll uns vergegenwärtigen, dass diese Heimatrhetorik untrennbar mit einem ideologischen Gebilde verstrickt ist, das bereits im 18. Jahrhundert Gestalt angenommen hat: mit der Figur des Nationalismus.

Abbildung 15: Heimat ist geil – Bewegte Botschaft bei einer FPÖ-Wahlkampfveranstaltung[49]

Die Aufschrift „Heimat ist geil" ist offensichtlich frei nach dem Werbeslogan der Elektronikhandelskette *Saturn* („Geiz ist geil") gewählt, was einmal mehr die Durchdringung des politischen Diskurses von einem überbordenden Werbe- und Mediendiskurs veranschaulichen kann. In Anlehnung an den Werbeslogan „Geiz ist geil", der auf die „natürliche" und zugleich

48 Zum Gewaltpotential, das einer solchen Gleichsetzung des politisch definierten Gemeinwesens mit einer (imaginären) Abstammungs- und Schicksalsgemeinschaft innewohnt, vgl. Mann 2005.
49 http://fotoarchiv.fpoe.at/main.php?g2_itemId=839 (PICT0315).

„rationale" Neigung von Kund(inn)en anspielt, im Zweifelsfall das billigste Produkt zu wählen, soll – so ließe sich vielleicht folgern – auch mit Österreich als Heimat gegeizt werden.

Von der *Heimat* zum Nationalstaat und wieder zurück

Nationaldichter, Nationalhelden und Nationalisten haben sich allerorts der Metapher des „Erwachens" einer schlummernden oder unter „Fremdherrschaft" betäubten Nation bedient: „Diese Doktrin dient dazu, die Vorstellung eines allgegenwärtigen Nationalismus mit der unbestreitbaren Tatsache zu versöhnen, daß sich der Nationalismus in der Geschichte allzu oft nicht hat blicken lassen. Sie kommt der heroischen Rolle entgegen, die der Nationalismus den Erweckern zuschreibt."[50] Den Pionieren des Nationalstaates, an die Denkmäler und Straßennamen erinnern, kommt gewissermaßen das Verdienst zu, den Nationalismus wachgeküsst zu haben, der daraufhin wie Dornröschen aus dem Schlaf erwachte und das ganze Land aus dem Bann erlöste. In der Ode „Marzo 1821"[51] verleiht der italienische Dichter Alessandro Manzoni (1785-1873) seiner Hoffnung Ausdruck, dass Piemont von der Fremdherrschaft befreit werde. Er verbindet dieses patriotische Motiv mit dem Bild eines Gottes, der ihm als Vater aller Völker („padre di tutte le genti") gilt und der Italien zur Freiheit verhelfen wird, einer Freiheit, die er seinem eigenen Volk ebenso wenig vorenthalten wird wie dem seiner Eroberer. Zur Bestimmung des Nationalstaates zieht er folgende Attribute heran (Verse 31-32):

> „Una d'arme, di lingua, d'altare,
> di memorie, di sangue e di cor."

Italien sei eins – in seinem Heer[52], seiner Sprache, seiner Religion, seinen Erinnerungen, seinem Blut (Blutsbande) und seinem Herzen (Nationalgefühl). Mit ähnlicher Inbrunst konstatiert sein deutscher Zunftgenosse Johann Gottfried Herder (1744-1803): „Denn jedes Volk ist Volk; es hat seine Nationalbildung wie seine Sprache".[53] Bei ihm findet Charles Taylor bereits jene Authentizitätsideale angesprochen, die seit der Moderne unserer Vorstellung von Identität zugrunde liegen: „Mir treu sein bedeutet: meiner Originalität treu sein, und sie kann nur ich allein artikulieren und entdecken. Indem ich sie artikuliere, definiere ich mich. Ich verwirkliche eine Möglichkeit, die ganz meine eigene ist. Diese Auffassung bildet den Hintergrund für die moderne Idee der Authentizität und für die Ziele der Selbsterfüllung und der Selbstverwirklichung, in denen sie meist zum Ausdruck kommt."[54]
Wie sich in dieser individuellen Bestimmung auch eine kollektive Bestimmung abzeichnet, wird in den weiteren Ausführungen deutlich: „Ich möchte darauf hinweisen, dass Herder die Idee der Originalität in zwei Hinsichten angewendet hat: sowohl in bezug auf den Menschen inmitten anderer Menschen als auch in bezug auf das Volk als Träger einer Kultur inmitten anderer Völker. Wie das Individuum, so sollte auch das ‚Volk' sich selbst, das heißt seiner

---

50 Gellner 1999, 27 f.
51 http://www.letteraturaitaliana.net/pdf/Volume_8/t340.pdf.
52 Zum Gewaltmonopol des Staates vgl. Weber 1972, Kapitel 1, § 17.
53 Herder 1971, 179.
54 Taylor 1993, 20.

Kultur treu sein. Deutsche sollten nicht versuchen, sich in künstliche und (unvermeidlicherweise) zweitklassige Franzosen zu verwandeln, wie es ihnen Friedrich der Große nahegelegt hatte. Die slawischen Völker sollten ihren eigenen Weg finden. Und der europäische Kolonialismus sollte zurückgedrängt werden, damit die Völker der Länder, die wir heute als Dritte Welt bezeichnen, eine Chance erhielten, ungehindert sie selbst zu sein. Wir erkennen hier die zukunftsträchtige Idee des modernen Nationalismus sowohl in ihrer gutartigen wie in ihrer bösartigen Version."[55]

Nach Anthony Smith ist dieses Authentizitätsideal das Einzige, was Nationalismen unterschiedlicher Prägung miteinander verbindet: „authenticity has become the litmus test for any cultural, and hence political, claims."[56] Die Vorstellung, dass die eigene Nation tief verwurzelt sei, eine Vermählung nur mit einem eigenen Staat in Frage komme und nur dadurch Legitimität beanspruchen könne, ist selbst verwurzelt im Denken des 18. und 19. Jahrhunderts. Der Nationalismus geht einher mit einer spezifischen Verwendung des Begriffs der Kultur: Mitglieder eines politischen Verbandes teilen *eine Kultur*, die zugleich als unterscheidendes und abgrenzendes Kriterium gegenüber Mitgliedern anderer politischer Verbände dienen soll. An dieser Stelle ist auf einen grundlegenden Unterschied hinzuweisen, der im Gebrauch des Kulturbegriffs zur Geltung kommt – einen jener Unterschiede, die tatsächlich einen Unterschied machen. In der öffentlichen Debatte stehen sich nicht selten zwei Diskurse gegenüber, die für ihren kontroversen Charakter verantwortlich zeichnen. Nach Thomas Fillitz haben wir „die Wahl […] zwischen einer essentialistischen (primordialen) und einer diskursiven Theorie"[57]. Letztere ist sozialwissenschaftlich untermauert: Sie betont den prozessualen Charakter von Kultur und den Wandel, der durch die Handlungsfähigkeit der Akteure und Akteurinnen garantiert wird. Diejenigen, die eine Kultur teilen, können und werden diese laufend umgestalten. Im Sinne einer permanenten Innovation passt sich eine Kultur an veränderte Umstände, Rahmenbedingungen und Erfordernisse an.

Essentialistische Kulturtheorien, die das Alltagsdenken nachhaltig prägen und denen entsprechend auch im Genre der zeitgenössischen Polemik ein prominenter Stellenwert zukommt, gehen hingegen von der Vorstellung aus, Kultur sei tief verwurzelt, beinahe naturgegeben und statisch; sie besitze eine Essenz, die überdauernd und nicht weiter formbar sei. Ähnlich wie die eingangs unterschiedenen Heimatvorstellungen folgt der Gebrauch dieser beiden Kulturbegriffe im Alltag pragmatischen Gesichtspunkten und findet daher – trotz ihrer markanten Differenz – bei einzelnen Akteuren und Akteurinnen je nach situativem Kontext und pragmatischer Zielsetzung abwechselnd Verwendung. In einzelnen Gruppierungen und Institutionen haben sich die Extrempositionen zum Kulturverständnis durchaus verfestigt. Indem sie eine institutionelle Ausformung erfahren, nehmen solche Konstruktionen in der sozialen Realität eine konkrete Gestalt an, deren Rekonstruktion und Dekonstruktion, indem sie zeitlich verzögert einsetzen, sich zunächst als weniger raumgreifend erweisen dürften. Sie finden bestenfalls nach einiger Zeit subkulturelle Nischen und einen gesellschaftspolitischen Nährboden vor, auf dem sie sich verbreiten und ihre Wirksamkeit entfalten können.

---

55 Taylor 1993, 20.
56 Smith 1996, 66, für eine weiterführende Differenzierung des Authentizitätsbegriffes vgl. Berman 1970.
57 Fillitz 2003, 28.

Der Heimatbegriff steht exemplarisch für ein primordiales Kulturverständnis. Er ist wie kein anderer dazu geeignet, den Begriff der *Kultur* in seinem essentialistisch gewendeten Bedeutungsgehalt zu veranschaulichen. Dies wird nicht zuletzt durch eine grammatikalische Besonderheit untermauert: Während für den Begriff „Kultur" die Pluralbildung zulässig ist, existiert „Heimat" ausschließlich im Singular. Wer sich mit diesem grammatikalisch induzierten Exklusivitätsanspruch nicht abfinden will, ist gezwungen, auf Formulierungen wie „zweite Heimat" auszuweichen, was eine Rangordnung oder doch zumindest eine zeitliche Abfolge vermuten lässt.[58] „Heimat" lässt sich auch schwer in andere Sprachen übersetzen: So verweisen etwa vom lateinischen *„patria"* abgeleitete Begriffe auf den Staatsverband und ermöglichen ausschließlich eine nationalistische Einbindung von Heimatvorstellungen. Daneben gibt es in romanischen Sprachen noch Bezeichnungen für den Geburtsort, ein Äquivalent zum heute vorherrschenden Heimatbegriff fehlt jedoch völlig. Auch das Englische verfügt über keinen Begriff, der sich unmittelbar mit „Heimat" übersetzen ließe, obgleich in jüngster Zeit die Regierung der Vereinigten Staaten – als Reaktion auf die Anschläge vom 11. September 2001 – den Begriff *„homeland"* lancierte und ihm eine vergleichbare Wendung zu verleihen suchte. Entsprechend kommt *Heimat* auch kaum ohne Bezug auf eine *Gemeinschaft* aus, die nach Roger Rouse[59] dadurch charakterisiert ist, dass sie zum einen die inhärente Verbindung einer näher bestimmten Gruppe mit einem umgrenzten Territorium postuliert und zum anderen die interne Kohärenz dieser Population überbetont, indem sie auf ein gemeinsames Erbe und/oder auf eine geteilte Lebensform – mit einem einzigen Kanon an Regeln, Werten und Glaubensinhalten – verweist. Dies kommt nicht zuletzt in der Begriffsgeschichte zum Ausdruck: „Heimat, althochdeutsch ‚heimouti', mittelhochdeutsch ‚heimüete', ist von dem Substantiv ‚heim' abgeleitet, das ursprünglich ‚Niederlassung', ‚Wohnsitz' bedeutete und von dem das Adjektiv ‚heimisch' im Sinne von ‚an einem bestimmten Ort ansässig' gebildet ist und dessen Gegenbegriff ‚fremd' und ‚Fremde' darstellt. So schwingt das positiv gefühlsmäßige ‚Vertrautsein, vertraut, vertraute Umgebung' mit. Heimat wird so seit frühmittelalterlicher Zeit und bis zum 18./19. Jahrhundert Gegenbegriff zur Fremde, zugleich der positiv emotional besetzte Gegenbegriff zu ‚Elend', das im ursprünglichen Sinne, abgeleitet von alt-hochdeutsch ‚elilenti' = ‚Fremde', ‚anderes Land' bedeutet. Im ‚Elend' befand sich demnach, wer seiner Heimat beraubt war."[60]

Die Frage, in welcher Situation *Heimat* bemüht wird, klingt bereits in der Etymologie des Wortes an. Diese gibt uns zudem ein Rätsel auf: Wenn Heimat als Ausweg aus dem Elend erscheint und diesem umso nachdrücklicher entgegengesetzt werden muss, je mehr das Elend überhandnimmt – welchem Elend sehen wir dann heute entgegen? Dietmar Larcher stellt fest, dass der Heimatbegriff „als Placebo diente, seit er – etwa zu Beginn des 19. Jahrhunderts – zur Kompensation eines Verlustes benutzt wurde: des Verlustes von intakten Lebensgemeinschaften mit gleichen Wertvorstellungen, Vorlieben, Ansichten, Einstellungen. Er wurde zu einer Art Beschwörungsformel, die zwar nicht das gute Leben, aber doch immerhin die Phan-

---

58 Vgl. hierzu die in Form eines Fragebogens ausformulierte Tagebuchnotiz von Max Frisch: „Haben Sie eine zweite Heimat? Und wenn ja: [...] Können Sie sich eine dritte und vierte Heimat vorstellen oder bleibt es dann wieder bei der ersten?" (Frisch 1972, 385, zitiert nach Larcher 2005, 150).
59 Rouse 2002, 158 f.
60 Schmitt 2001.

tasie vom guten Leben herbeizaubern sollte [...]. Zuvor jedoch war mit dem Wort nur die Wohnstätte, das eigene Haus und dessen nächste Umgebung gemeint, das Dorf also oder die Kleinstadt, ein enger Kommunikations-, Verkehrs- und Lebensbereich. [...] Heimat war an Haus und Besitz gebunden. Besitzlose, Zweitgeborene, Bettler, Vagabunden waren Heimatlose. Heimat band an einen genau definierten Ort, sie verlieh das Recht auf Nutzung der Ressourcen einer Gemeinde. [...] Die gesellschaftlichen Eliten, Adel, hoher Klerus, Gelehrte, aber auch Krieger lebten deterritorialisiert. Ihr Territorium war weniger ein bestimmter Ort, sondern bestand aus Institutionen mit ihren Einrichtungen: Höfe, Klöster, Universitäten, Feldlager des Heeres. Ihr System der Ordnung, keineswegs weniger streng, erfolgte durch institutionelle Regeln, also durch die Disziplin des Standes und des Ordens."[61]

Als Antithese zu diesem Heimatverständnis traten zunächst die Industrialisierung und der Nationalstaat auf den Plan: „Doch die Idee des Staates und insbesondere des Nationenbaus war es, welche die durch die industrielle Revolution freigesetzten Menschen erneut territorialisierte, und zwar in sehr viel größeren Einheiten als bisher: Heimat sollte nun der Nationalstaat werden – und der sollte geliebt werden: der ‚Vater Staat', die ‚Mutter Nation' und der ‚Altar des Vaterlands' … Wer nicht dazugehört, wer nicht die Staatsbürgerschaft hat, gehört nicht in diese Heimat."[62]

Betrachten wir diese beiden Positionen nach dem Prinzip dialektischer Veränderung als Übergangsstadien, die in teilweisem Widerspruch zueinander stehen und in denen sich doch eine historische Tendenz abzeichnet, so bestünde eine Synthese zwischen diesen beiden Heimatszenarien darin, auf lokaler und auf globaler Ebene gleichermaßen eingebettet und verankert zu sein. Realiter ist dies wohl am ehesten in konkreten Kontexten bzw. Bereichen zu erwarten, auf die eine solche Verankerung zumeist angewiesen und auch beschränkt bleibt – Bereichen, in denen ich mich als Bürger(in), als Produzent(in) und/oder Konsument(in) bewegen kann, in die ich auch in dem Sinne eingebunden bin, dass ich darin zur Kenntnis genommen werde und mir entsprechende Möglichkeiten zur Beteiligung offenstehen.

Indem er die Vorstellungen, die historisch mit Stadt- und Landluft verbunden waren, einander gegenüberstellt, hält Konrad Köstlin fest, dass der heute gebräuchliche Heimatbegriff ein Produkt des 19. Jahrhunderts ist: „Die historische Stadt also war die entschiedenste Absage an die Natur. ‚Stadtluft macht frei' sagte man zuvor. Da war die Luft gemeint, in der es keine Leibeigenschaft gab. Landluft, die wir heute die ‚gute' nennen, war jene Luft, die Menschen fesselte: durch die Bindung an die Scholle und den Grundherrn, ohne dessen Zustimmung es keine Mobilität geben konnte, später durch die Bodenideologie, die die Menschen als verwurzelte Wesen interpretierte und ihnen ‚Heimat' so erklärte, als ob der Mensch ein Baum sei und deshalb Wurzelgefühle nötig habe."[63]

Wollen wir auf die Baummetapher nicht verzichten und sie zur Selbstbeschreibung bemühen, so lässt sich diese immerhin noch ausbauen: Unsere „Wurzeln" blieben in dieser Metapher regional (wenn auch nicht immer in der Herkunftsregion) verankert, sie könnten jedoch

61 Larcher 2005, 142 f.

62 Larcher 2005, 144.

63 Köstlin 1996; der Begriff „geistiges Wurzelgefühl" findet sich etwa bei Spranger 1958, vgl. Romberg 2005, 114.

durchaus auf einen, ja auch auf mehrere Nationalstaaten und – in weiterer Folge – auf ein übergeordnetes politisches Gebilde ausgreifen. In diesem Wachstumsprozess dürften unsere Wurzeln allerdings immer dünner werden und es stellt sich die Frage, welches „Außen" für eine globale Gemeinschaft konstitutiv sein könnte. Köstlin weist darauf hin, dass gerade die Region unverzichtbarer Bestandteil und Bezugspunkt des zeitgenössischen Heimatbegriffes geworden ist. Diese Diskursverschiebung hat ihre eigenen Wurzeln in der Romantik; sie konnte sich parallel zur Herausbildung des modernen Nationalstaates durchsetzen: „Die Region ist die gezähmte Natur, die den Menschen nicht bedrohen kann. Dazu allerdings mußte sie hergerichtet werden, durfte nicht roh sein. Was man pflegt, ist freilich immer schon Kultur, ist domestiziert und handsam gemacht, verfügbar. Der Drang ins Grüne, in den Wald, den wir als ‚natürlich' erleben, ist ‚kultürlich' gelernt."[64] Unsere Identifikation mit übergeordneten Einheiten bliebe somit erwartungsgemäß schwächer ausgeprägt als jene mit den eigenen Bezugsgruppen bzw. mit jener Region, an der das Heimatetikett haftet.

Wenn Regionen heute den relevanten Ansatzpunkt für den Heimatdiskurs bieten, lohnt es sich, bei diesem Thema zu verweilen, um einige allgemeine Überlegungen zu skizzieren: Ebenso „wie Nationen sind auch Regionen ‚vorgestellte Gemeinschaften' oder ‚subjektive Räume' […]. Entscheidend ist, wie Regionen vorgestellt werden oder welche Vorstellung sie von sich selbst haben."[65] Neben der Option eines *affektiven Regionalismus,* der Regionen als „affektive Gemeinschaften" erscheinen lässt[66] und dessen deutliche Spuren wir im österreichischen Nationalratswahlkampf aufgelesen haben, zeichnet sich gegenwärtig jene eines stärker *kosmopolitisch inspirierten Regionalismus* ab: Ein solches Verständnis befördert neben einer Einbettung der Region in internationale, europäische oder globale Netzwerke den kulturellen Pluralismus, wie diese Offenheit umgekehrt auch der grenzüberschreitenden Verflechtung der wirtschaftlichen, kulturellen und sozialen Beziehungen zugutekommt.

In Zeiten zunehmender globaler Interdependenz und der Herausbildung von Strukturen, in denen die politische *citizenship* von monopolistischen Kulturansprüchen, wie sie für den Nationalstaat kennzeichnend sind,[67] entkoppelt wird, stehen Regionen demnach zwei Wege offen: Eine Möglichkeit, auf die aktuellen Herausforderungen zu reagieren, besteht darin, eine rückwärts gewandte und nach innen gerichtete Haltung einzunehmen. Eine gänzlich andere Perspektive zeichnet sich für eine Region ab, der es gelingt, eine vorwärts und nach außen gerichtete Haltung einzunehmen und sich als eine *Governance*-Ebene zu begreifen, die in einem mehrstufigen System eine – zugegebenermaßen mehr oder weniger – wichtige Rolle spielt, um Bürger(innen) in demokratische Prozesse einzubinden. Diese Option bietet Regionen eine Zukunft und konstituiert Bürger(innen) des dritten Typs, die sich dem prozessualen Charakter von Identitätsbildung nicht verschließen und sich zunehmend jenseits der Alternative begreifen, in der sie sich nur auf die Seite einer geschlossenen Gemeinschaft oder auf je-

---

64 Köstlin 1996. Ablesen lässt sich eine solche Tendenz etwa am Konsum regionaler Tageszeitungen, der die Lektüre von Printmedien mit größerer Reichweite zumeist um ein Vielfaches übersteigt (vgl. hierzu den Jahresbericht der Media Analyse, etwa für 2005: http://www.media-analyse.at/frmdata2005.html).
65 Scott 2003, 96 f.
66 Keating 1998, 14.
67 Gellner 1983.

ne der entbetteten Weltbürger(innen) schlagen könnten. Gleichzeitig stellt sich die Frage nach den institutionellen Voraussetzungen für eine solche Entwicklung.

Der Begriff *Heimat* entzieht sich keineswegs einer Anwendung auf bestimmte Vorlieben (wie etwa das Kaffeehaus) oder der Abstraktion einer *geistigen Heimat*. Ein nachdrücklicher Gebrauch ist umso wahrscheinlicher, je entfernter die Sprecher(innen) vom bezeichneten Ort sind oder je weiter sich dieser Ort vom „ursprünglichen", ihm eigentümlichen Zustand entfernt hat, in dem er in gängigen Vorstellungen und Beschreibungen angesiedelt wird: „,Heimat' ist eine leicht weinerliche Verlustanzeige."[68] Die bezeichnende ideologische Nähe und Anschlussfähigkeit zum Nationalismus ergibt sich aus einer einfachen Tatsache: „Unsere ursprüngliche Definition des Nationalismus beruhte auf der Verbindung von Organisation und Kultur: Nur die Einheit sei legitim, die Personen der gleichen Kultur umfasse. Formal trifft diese Definition zu, und doch vernachlässigt sie das vielleicht ausschlaggebende Element nationalistischer Haltung. Es definiert nicht nur die Grenzen des Verbandes, sondern es beansprucht ferner eine institutionelle Führerschaft für den Verband (den Staat). […] Einfach ausgedrückt heißt das: Kein Ausländer soll über uns herrschen!"[69]

Nationalistischen Anschauungen und nationalen Gründungsmythen hält Ernest Gellner ein nüchternes Argument entgegen: „Nationalismus ist keineswegs das Erwachen von Nationen zu Selbstbewußtsein: man erfindet Nationen, wo es sie vorher nicht gab."[70] – „Abbiamo fatto l'Italia, ora dobbiamo fare gli italiani" („Wir haben Italien gemacht, nun müssen wir die Italiener machen"), so lautet entsprechend ein viel zitierter Ausspruch Cavours. Auf ähnliche Weise ist „Heimat" immer etwas, das erfunden werden muss. In ihrer essentialistischen und affektiven Wendung wird sie auf eine Weise konstruiert, in der sie gegen jene verteidigt werden muss, die bestimmte Ansprüche auf Veränderung stellen (könnten) oder eine Abstimmung des vorgefertigten Bildes, das wir uns von der Welt machen, auf die Realität selbst erforderlich machen (und nicht umgekehrt: ein Ausblenden oder Abdrängen dessen, was nicht ins Bild passt). So kann es nicht verwundern, dass der Begriff sich gut dazu eignet, von rechtspopulistischen Parteien und Gruppierungen vereinnahmt zu werden, was uns die Nationalratswahl in Österreich deutlich vor Augen führte. Dabei ging es nicht nur um Begriffe, sondern auch darum, Bürger(innen) zweier Welten zu adressieren und damit letztlich auf den Plan zu rufen: Bürger(innen) kleinerer Welten, die überschaubar bleiben, „uns" vertraut sein sollten und zu diesem Zweck auf enge Grenzziehungen angewiesen sind, und Bürger(innen) der großen weiten Welt, die man sich kaum jemals zur Gänze aneignen kann.

Zum Umgang mit Fremden

Dass einige für diese größere Welt besser gerüstet sind als andere, wird uns von Zygmunt Bauman ins Gedächtnis gerufen: In Anlehnung an Georg Simmel beschreibt er einerseits den Wandernden, „der heute kommt und morgen geht"[71] – etwa als Flaneur, Spaziergänger, Tou-

---

68 Burger 1994, 162, zitiert nach Larcher 2005, 149.
69 Gellner 1999, 20 f.
70 Gellner 1964, 169, zitiert nach Anderson 1998, 15.
71 Simmel 1992, 764.

rist: „Lustgewinn wird genau aus der gegenseitigen Fremdheit gezogen, das heißt, aus dem Fehlen von Verantwortung und aus der Gewißheit, daß, was immer zwischen Fremden geschehen mag, es ihnen keine dauerhafte Verpflichtung auferlegt und in seinem Gefolge keine […] Konsequenzen hinterlässt."[72] Von diesem Motiv zu unterscheiden ist die Figur des Fremden, „der heute kommt und morgen bleibt – sozusagen der potentiell Wandernde, der, obgleich er nicht weitergezogen ist, die Gelöstheit des Kommens und Gehens nicht ganz überwunden hat".[73] Dieser Fremde *ante portas* „unterminiert die räumliche Ordnung der Welt – die ersehnte Koordination zwischen moralischer und topographischer Nähe, zwischen dem Zusammenhalt von Freunden und der Distanz von Feinden. Der Fremde stört den Einklang zwischen physischer und psychischer Distanz: er ist physisch nahe, während er geistig fern bleibt".[74]

Im gesellschaftlichen Gefüge entfacht die Konfrontation mit Fremden üblicherweise eine besondere Dynamik: „Wenn man den Platz, den sie einnehmen, wirklich nicht umgehen kann, ist die zweitbeste Lösung ein Treffen, das eigentlich keines ist, ein Treffen, das nicht als solches erscheinen will, eine (um Bubers Ausdruck zu verwenden) ‚Vergegnung' (im Unterschied zur Begegnung)."[75] Bauman versäumt es nicht, diese Problematik in einen gesellschaftlichen Rahmen zu stellen und ihre politischen Konsequenzen zu benennen: „Wir haben erwähnt, dass das bedrohliche/erschreckende Potential des Fremden zunimmt und dass das postmoderne Setting weniger den insgesamten Umfang der potentiellen Freiheit erhöht als sie in zunehmend polarisierter Form neu verteilt – und sie unter den Deprivierten und normativ Regulierten fast gänzlich verschwinden lässt. Angesichts dieser zügellosen Polarisierung kann man erwarten, dass die derzeitige Polarität des sozial produzierten Status des Fremden sich unvermindert fortsetzt. An dem einen Pol wird Fremdheit (und Verschiedenheit ganz allgemein) weiterhin als Quelle angenehmer Erfahrung und ästhetischer Befriedigung konstruiert werden, an dem anderen bedeuten die Fremden die furchteinflößende Verkörperung der Fragilität und Unsicherheit der Conditio humana."[76]

Dieser Befund wird gestützt durch eine Reihe von Studien zum Phänomen des „poor-white racism".[77] Er lässt die landläufige Alltagsannahme, wonach Rassismus ein Phänomen der Unterschicht darstellt, in einem anderen Licht erscheinen. Hier stoßen wir erneut auf die beiden Möglichkeiten, die Regionen und einzelnen Bürger(inne)n offenstehen und auf die materiellen Voraussetzungen, auf die eine kosmopolitische Öffnung angewiesen ist: „Die Angst vor Fremden, tribale Militanz und die Politik des Ausschlusses entstehen alle aus der anhaltenden Polarisierung von Freiheit und Sicherheit. Diese bedeutet für große Teile der Bevölkerung wachsende Ohnmacht und Unsicherheit, die in der Praxis verhindert, was der neue Individualismus in der Theorie beschwört und zu halten verspricht, aber nicht einlöst: die genuine und radikale Freiheit der Selbstbegründung und der Selbstanerkennung."[78]

---

72 Bauman 1997, 214 f.
73 Simmel 1992, 764.
74 Bauman 1992, 82 f.
75 Bauman 1991, 33.
76 Bauman 2000, 46.
77 Vgl. Wagner 1994.
78 Bauman 2000, 46.

Steuerungsfor(m)en für Bürger(innen) zweier Welten

Karl Polanyi[79] führt den Faschismus auf die Tatsache zurück, dass sich der Markt zunehmend aus den sozialen Beziehungen entbettet. In ähnlicher Weise ließe sich die obsessive Verwendung des Heimatbegriffes als eine Reaktion auf die fortschreitende Entbettung des Marktes verstehen, welche das soziale Gemeinwesen bedroht. Der entscheidende Unterschied zum Faschismus besteht gegenwärtig darin, dass die demokratischen Strukturen in den wenigsten Fällen angetastet, sondern höchstens umgangen werden.[80] Gleichzeitig zeigt der Rekurs auf Nationalismen und Regionalismen jeglicher Art, wie schwierig es ist, sich in der gegenwärtigen Welt zurechtzufinden, und wie dringend wir dabei auf Orientierungshilfen angewiesen sind. Je mehr Rhetoriken und Zeitdiagnosen gesellschaftlichen Umbruchs kursieren, umso entscheidender ist es, für diese Nachfrage alternative Antworten bereitzuhalten.

Angesichts der augenfälligen Diskrepanz zwischen einer im weltweiten wie im nationalen Maßstab zunehmenden sozialen Ungleichheit und dem Fehlen einer alternativen Modernisierungsstrategie, die dieser Tatsache etwas entgegensetzen könnte, stellt Amartya Sens Versuch, den Kapitalismus an seinen eigenen Ansprüchen zu messen, einen vielversprechenden Zugang zu den hier aufgeworfenen Fragen dar.[81] Zu seiner Rechtfertigung setzt der Kapitalismus Wohlstand und Freiheit als zentrale Bezugspunkte. Wird Freiheit als Kriterium für die Bewertung wirtschaftlicher Entwicklung herangezogen, so lässt sich Armut als Mangel an Handlungsfähigkeit definieren. Obgleich ökonomische Benachteiligung keineswegs den einzigen Deprivationsfaktor darstellt, kann diese doch gravierende Einschränkungen bis hin zum Verlust jeglicher Handlungsfähigkeit nach sich ziehen.[82]

Unter diesen Voraussetzungen wurden die Versprechungen des Kapitalismus bislang nicht eingelöst. Wenn die Schere zwischen Arm und Reich immer weiter auseinanderdriftet, wird der Selbstrechtfertigung des Kapitalismus der Boden entzogen. Die Freiheit der einen geht auf Kosten der großen Mehrheit, die unter diesen Bedingungen ihre Handlungsfähigkeit weitgehend einbüßt. Wird Handlungsfähigkeit zum Ziel erhoben, so stellt wirtschaftliche Entwicklung keinen Selbstzweck dar. Sie ist lediglich ein Mittel, das zur Erreichung eines höheren Zweckes beitragen soll: Die Nützlichkeit von Wohlstand liegt in dem, was er uns zu tun erlaubt.[83]

Als zentrale Regulierungssysteme sind Staat(en) und Märkte künftig auf dieses Ziel hin auszurichten: Politische Institutionen und Reformen sind verstärkt daran zu messen, inwieweit sie zur Handlungsfähigkeit der Bürger(innen) beitragen. Sie sind gefordert, einer relevanten Anzahl an Bürgern und Bürgerinnen die Gelegenheit zur politischen Willensbildung zu bieten und ihnen zugleich Beteiligungsmöglichkeiten zu eröffnen, die ihre Handlungsfähigkeit befördern, zugleich aber auch voraussetzen. Falls es gelingt, das Freiheitsversprechen des Kapitalismus einzulösen, könnte sich ein Gefühl der Beheimatung vielerorts wie von selbst einstellen.

---

79 Polanyi 1978.
80 Vgl. Crouch 2004.
81 Sen 1999; vgl. Scott 2002.
82 Sen 1999, 89.
83 Sen 1999, 14.

Literatur

Althusser, Louis: *Ideologie und ideologische Staatsapparate. Aufsätze zur marxistischen Theorie*. Hamburg, VSA, 1977.

Anderson, Benedict: *Die Erfindung der Nation. Zur Karriere eines folgenreichen Konzepts*. Berlin, Ullstein, 1998.

Attac (Hg.): *Zwischen Konkurrenz und Kooperation. Analysen und Alternativen zum Standortwettbewerb*. Wien, Mandelbaum, 2006.

Bauman, Zygmunt: „Moderne und Ambivalenz", in: Bielefeld, Uli (Hg.): *Das Eigene und das Fremde. Neuer Rassismus in der Alten Welt?* Hamburg, Junius, 1991, 23-49.

Bauman, Zygmunt: *Moderne und Ambivalenz*. Hamburg, Junius, 1992.

Bauman, Zygmunt: *Flaneure, Spieler und Touristen*. Hamburg, Hamburger Edition, 1997.

Bauman, Zygmunt: „Vereint in Verschiedenheit", in:: Berghold, Josef/Menasse, Elisabeth/Ottomeyer, Klaus (Hg.): *Trennlinien. Imagination des Fremden und Konstruktion des Eigenen*. Klagenfurt, Drava, 2000, 35-46.

Berman, Marshall: *The Politics of Authenticity. Radical Individualism and the Emergence of Modern Society*. London, Allen & Unwin, 1970.

Billig, Michael: *Banal Nationalism*. London, Sage, [2]1999.

Brenner, Neil: "Standortpolitik, State Rescaling and the New Metropolitan Governance in Western Europe", in: *DISP* 152(1), 2003, 15-25

Bua, Vincenzo: *Kulturspagat. Zackige Berge, grüne Wälder und verschiedene Kulturen. Eine kulturwissenschaftliche Untersuchung zum Länderimage „Südtirol/Alto Adige"*. Meran, alpha beta, 2006.

Burger, Rudolf: „Patriotismus und Nation. Bemerkungen zu einem (nicht nur) österreichischen Problem", in: *Leviathan* 2, 1994, 161-170

Crouch, Colin: *Post-Democracy*. Cambridge/UK, Polity Press, 2004.

Davies, Bronwyn/Harré, Rom: "Positioning: The Discursive Production of Selves", in: *Journal for the Theory of Social Behavior* 20(1), 1990, 43-63

Edwards, Derek/Potter, Jonathan: *Discursive Psychology*. London, Sage, 1992.

Elias, Norbert: *Die Gesellschaft der Individuen*. Frankfurt/M., Suhrkamp, 1987.

Europäische Kommission: *Standard Eurobarometer 65: Die öffentliche Meinung in der Europäischen Union. Frühjahr 2006: Erste Ergebnisse*, 2006[a]; auch online unter: http://ec. europa.eu/public_opinion/archives/eb/eb65/eb65_en.htm

Europäische Kommission: *Standard Eurobarometer 66: Die öffentliche Meinung in der Europäischen Union. Herbst 2006: Erste Ergebnisse*, 2006[b]; auch online unter: http://ec. europa.eu/public_opinion/archives/eb/eb66/eb66_en.htm

Europäische Kommission: *Standard Eurobarometer 66: Die öffentliche Meinung in der Europäischen Union. Herbst 2006. Nationaler Bericht: Österreich*, 2006[c], auch online unter: http://ec.europa.eu/public_opinion/archives/eb/eb66/eb66_en.htm

Fillitz, Thomas: „Zu ethnischer und kultureller Identität – Eine sozialanthropologische Begriffsklärung", in: Fillitz, Thomas (Hg.): *Interkulturelles Lernen: Zwischen institutionellem Rahmen, schulischer Praxis und gesellschaftlichem Kommunikationsprinzip*. Innsbruck, Studienverlag, 2003, 23-31.

Flusser, Vilém: *Kommunikologie*. Frankfurt/M., Fischer Taschenbuch Verlag, 1998.

Frisch, Max: *Tagebuch 1966-1971*. Frankfurt/M.: Suhrkamp, 1972.

Geertz, Clifford: *Welt in Stücken. Kultur und Politik am Ende des 20. Jahrhunderts*. Wien, Passagen Verlag, 1996.

Gellner; Ernest: *Thought and Change*. London, Weidenfeld and Nicholson, 1964.

Gellner, Ernest: *Nations and Nationalism*. Oxford, Blackwell, 1983.

Gellner, Ernest: *Nationalismus: Kultur und Macht*. Berlin, Siedler, 1999.

Goffman, Erving: *Stigma. Über Techniken der Bewältigung geschädigter Identität*. Frankfurt/M., Suhrkamp, 1967.

Harré, Rom/Gillett, Grant: *The Discursive Mind*. Thousand Oaks/CA, Sage, 1994.

Harré, Rom/van Langenhove, Luk (Hg.): *Positioning Theory: Moral Contexts of Intentional Action*. Malden, Blackwell, 1999.

Herder, Johann Gottfried: *Ideen zur Philosophie der Geschichte der Menschheit*. Wiesbaden, Löwit, 1971 (Erstauflage von 1784-1791).

Keating, Michael: "Is There a Regional Level of Government in Europe?", in: Le Galès, Patrick/Lequesne, Christian (Hg.): *Regions in Europe*. London, Routledge, 1998, 11-29.

Kirchengast Christoph: *ALP Austria. Programm zur Sicherung und Entwicklung der alpinen Kulturlandschaft. Kulturwissenschaftliche Perspektiven*. Wien, Bundesministerium für Land- und Forstwirtschaft, Umwelt und Wasserwirtschaft (Hg.), 2006, auch online unter: http://www.almwirtschaft.com/images/stories/fotos/alpaustria/pdf/Kirchengast_KulturwissenschaftlichePerspektiven.pdf

Klein, Naomi: *No Logo! Der Kampf der Global Players um Marktmacht. Ein Spiel mit vielen Verlierern und wenigen Gewinnern*. München, Riemann, [3]2001.

Köstlin, Konrad: *Versuchte Eigen-art: Region und Kreativität. Betrachtungen zur Betonung des Regionalen*. Mimeo, 1996 (30. Juni), online unter: http://www.nextroom.at/article.php?x=y&article_id=3913.

Langer, Susanne K.: *Philosophie auf neuem Wege. Das Symbol im Denken, im Ritus und in der Kunst*. Frankfurt/M., Fischer Taschenbuch Verlag, 1984.

Larcher, Dietmar (Hg.): *Fremdgehen. Fallgeschichten zum Heimatbegriff*. Klagenfurt: Drava, 2005.

Mann, Michael: *The Dark Side of Democracy. Explaining Ethnic Cleansing*. Cambridge/UK, Cambridge University Press, 2005.

Polanyi, Karl: *The Great Transformation. Politische und ökonomische Ursprünge von Gesellschaften und Wirtschaftssystemen*. Frankfurt/M., Suhrkamp, 1978.

Reinfeldt, Sebastian: *Nicht-wir und Die-da. Studien zum rechten Populismus*. Wien, Braumüller, 2000.

Romberg, Johanna: „Wo Heimat liegt – Was Heimat heißt: Die Geschichte eines deutschen Begriffs", in: *GEO – Das neue Bild der Erde* 10/2005, Heimat. Warum der Mensch sie wieder braucht, 2005, 103-119.

Rouse, Roger: "Mexican Migration and the Social Space of Postmodernism", in: Inda, Jonathan Xavier/Rosaldo, Renato (Hg.): *The Anthropology of Globalization: A Reader*. Oxford, Blackwell, 2002, 157-171.

Schmitt, Johannes: *Heimat und Globalisierung (I)*. Mimeo, 2001 (8. Juli), online unter: http://www.phil.uni-sb.de/projekte/imprimatur/2001/imp010708.html.

Scott, Alan: „Globalisierungskritik – Woher und Wozu?", in: *Skolast* 1/2002, 28-33, auch online unter: http://asus.sh/scott.233.0.html.

Scott, Alan: „Regionen und die Institutionalisierung der Demokratie", in: Meleghy, Tamás/ Niedenzu, Heinz-Jürgen (Hg.): *Institutionen. Entstehung – Funktionsweise – Wandel – Kritik*. Innsbruck, 2003, 87-100.

Sen, Amartya: *Development as Freedom*. Oxford, Oxford University Press, 1999.

Simmel, Georg: „Exkurs über den Fremden", in: Rammstedt, Otthein (Hg.): *Gesamtausgabe Band 11: Soziologie. Untersuchungen über die Formen der Vergesellschaftung*. Frankfurt/M., Suhrkamp, 1992, 764-771.

Smith, Anthony D.: *Nations and Nationalism in a Global Era*. Cambridge/UK, Polity Press, 1996.

Spranger, Eduard: *Der Bildungswert der Heimatkunde*. Stuttgart, Reclam, [3]1958.

Taylor, Charles: *Multikulturalismus und die Politik der Anerkennung*. Frankfurt/M., Fischer Taschenbuch Verlag, 1997.

Wagner, Ulrich: *Eine sozialpsychologische Analyse von Intergruppenbeziehungen*. Göttingen, Hogrefe, 1994.

Weber, Max: *Wirtschaft und Gesellschaft. Grundriß der verstehenden Soziologie*. Tübingen, Mohr, [5]1972.

Herausgeber und Autor(inn)en

Josef Berghold ist Sozialpsychologe und Politikwissenschaftler. Seine Forschungsschwerpunkte sind Globalisierungs- und Konfliktforschung (inbesondere Feindbilder, Identitäten und Ethnizität). Derzeit ist er u.a. Lehrbeauftragter am Institut für Psychologie der Universität Klagenfurt, am Institut für Erziehungswissenschaften der Universität Innsbruck und an der Fakultät für Bildungswissenschaften der Freien Universität Bozen.

Alexander Eberharter ist Philosoph und Germanist und seit 2006 Doktoratsstipendiat der Universität Innsbruck an der Philosophisch-Historischen Fakultät. Außerdem war er mehrere Jahre hindurch Lehrbeauftragter im Bereich Philosophie und ist Mitglied der Forschungsplattform „Weltordnung – Religion – Gewalt" an der Universität Innsbruck und der Arbeitsgemeinschaft „Religion – Politik – Gewalt" der Österreichischen Forschungsgemeinschaft.

Andreas Exenberger ist Wirtschaftshistoriker, Volkswirt und Politikwissenschaftler und seit 1999 wissenschaftlicher Mitarbeiter und Lehrbeauftragter am Institut für Wirtschaftstheorie, -politik und -geschichte der Universität Innsbruck mit dem Forschungsschwerpunkt Globalisierungsgeschichte. Zudem ist er Mitglied des wissenschaftlichen Beirats der Forschungsplattform „Weltordnung – Religion – Gewalt" an der Universität Innsbruck.

Belachew Gebrewold ist Politikwissenschaftler und Theologe mit Schwerpunkt Friedens- und Konfliktforschung. Seit 2002 ist er Lehrbeauftragter im Fach Internationale Beziehungen an den Universitäten Innsbruck, Hamburg, Salzburg, München und Frankfurt, seit 2005 auch wissenschaftlicher Mitarbeiter am Institut für Politikwissenschaft der Universität Innsbruck.

Ulrich Metschl ist Philosoph, Politikwissenschaftler und Sprachwissenschaftler. Er arbeitet am Institut für Philosophie der Ludwig-Maximilians-Universität München. Weitere Forschungsprojekte und Lehraufträge führten ihn auch an die Universitäten Innsbruck, Bayreuth,

Erlangen, die Technische Universität München, die Hochschule für Philosophie München und die University of Minnesota.

Wolfgang Palaver ist seit 2002 Professor für Christliche Gesellschaftslehre an der Universität Innsbruck. Er ist außerdem Sprecher der Forschungsplattform „Weltordnung – Religion – Gewalt", Leiter des Instituts für Systematische Theologie der Universität Innsbruck und Leiter der Arbeitsgemeinschaft „Religion – Politik – Gewalt" der Österreichischen Forschungsgemeinschaft. Sein Forschungsschwerpunkt liegt u.a. in der mimetischen Theorie René Girards.

Pier-Paolo Pasqualoni ist Psychologe und Philosoph, seit 2001 Lehrbeauftragter und seit 2003 Forschungsassistent am Institut für Soziologie der Universität Innsbruck. Außerdem ist er als Coach tätig, vor allem in den Bereichen Kommunikation, Konflikt und Rassismus.

Roland Psenner ist seit 1997 Professor für Limnologie am Institut für Ökologie der Universität Innsbruck sowie Sprecher der Forschungsplattform „Alpiner Raum – Mensch und Umwelt" an der Universität Innsbruck. Seine Forschungsschwerpunkte sind neben den Effekten der Klimaerwärmung die Ökologie hochalpiner Seen, insbesondere die Rolle der Umweltverschmutzung dabei.

Michaela Ralser ist Sozialwissenschaftlerin und Universitätsassistentin am Institut für Erziehungswissenschaften der Universität Innsbruck. Ihr Forschungsschwerpunkt liegt in der Migrationsforschung, zudem ist sie auch aktiv in der Migrat(inn)en-Beratung in Tirol tätig, vor allem als Vorsitzende der Arge Schubhaft und des Projekts FLUCHTpunkt.

Vera Sofia Sartori ist Politikwissenschaftlerin und Mitarbeiterin beim Projekt „Join In" im Zentrum für MigrantInnen in Tirol (ZeMiT) und dort zuständig für die Gesamtkoordination des Projekts.

Claudia von Werlhof ist seit 1988 Professorin für Politikwissenschaft und Frauenforschung am Institut für Politikwissenschaft der Universität Innsbruck. Sie beschäftigt sich insbesondere mit Globalisierungs- und Matriarchatsforschung und ist Sprecherin eines Forschungsclusters der Forschungsplattform „Weltordnung – Religion – Gewalt" der Universität Innsbruck.

www.ingramcontent.com/pod-product-compliance
Lightning Source LLC
Chambersburg PA
CBHW080403270326
41927CB00015B/3332